L'INSTITUT RAYMOND-DEWAR
ET SES INSTITUTIONS D'ORIGINE

STÉPHANE-D. PERREAULT ET SYLVIE PELLETIER

En collaboration avec Gilles Boucher et Dominique Lemay
pour la partie iconographique

L'INSTITUT RAYMOND-DEWAR

ET SES INSTITUTIONS D'ORIGINE

160 ans d'histoire avec les personnes sourdes

SEPTENTRION

Pour effectuer une recherche libre par mot-clé à l'intérieur de cet ouvrage, rendez-vous sur notre site Internet au www.septentrion.qc.ca

Les éditions du Septentrion remercient le Conseil des Arts du Canada et la Société de développement des entreprises culturelles du Québec (SODEC) pour le soutien accordé à leur programme d'édition, ainsi que le gouvernement du Québec pour son Programme de crédit d'impôt pour l'édition de livres. Nous reconnaissons également l'aide financière du gouvernement du Canada par l'entremise du Programme d'aide au développement de l'industrie de l'édition (PADIÉ) pour nos activités d'édition.

L'Institut Raymond-Dewar remercie la Fondation Surdité et Communication pour sa contribution financière à la réalisation de ce projet d'édition.

Illustrations de la couverture: Institution des Sourdes-Muettes en 1887; Institution des Sourds de Montréal, vers 1947; Aquarelle de l'Institut Raymond-Dewar de Johanne Giasson Trottier, 2004; Raymond Dewar (1952-1983), c'est en sa mémoire que l'Institut porte son nom.

Chargée de projet: Sophie Imbeault

Révision: Solange Deschênes

Mise en pages et maquette de couverture: Pierre-Louis Cauchon

Pré-maquette et collaboration au montage de la couverture :
Brigitte Ross, Service des communications de l'Institut Raymond-Dewar

Si vous désirez être tenu au courant des publications
des ÉDITIONS DU SEPTENTRION
vous pouvez nous écrire par courrier,
par courriel à sept@septentrion.qc.ca,
par télécopieur au 418 527-4978
ou consulter notre catalogue sur Internet:
www.septentrion.qc.ca

© Les éditions du Septentrion
1300, av. Maguire
Québec (Québec)
G1T 1Z3

Dépôt légal:
Bibliothèque et Archives
nationales du Québec, 2010
ISBN papier: 978-2-89448-614-6
ISBN PDF: 978-2-89664-573-2

Diffusion au Canada:
Diffusion Dimedia
539, boul. Lebeau
Saint-Laurent (Québec)
H4N 1S2

Ventes en Europe:
Distribution du Nouveau Monde
30, rue Gay-Lussac
75005 Paris

Membre de l'Association nationale des éditeurs de livres

Préface

Montréal, le 30 juin 2008

ÉCHANGE, PARTAGE, COMMUNICATION ! Être respecté dans ses diffé-rences et regarder ensemble, comme le dit Wiesel dans *un regard qui envisage* et qui se donne une perspective.

En bonne partie grâce à nos institutions, depuis 160 ans au Québec, de génération en génération, nous, les personnes sourdes, avons pu, chacun et chacune, cheminer, ajouter du mieux-être à notre vie, accroître notre autonomie et participer à la vie.

Les internats que l'évêché de Montréal et les communautés religieuses nous ont donnés au milieu du XIXe siècle ont été pour nous un havre. Soutenus par l'alphabet gestuel que nos premiers éducateurs et enseignants ont apporté de France, nous avons pu développer la langue des signes québécoise ; nous avons ainsi suivi le même parcours que les sourds de tous les pays industrialisés pour lesquels les écoles résidentielles ont été un ferment si essentiel à leur développement. Ces écoles nous ont ouverts au monde, nous ont donné accès aux connaissances et nous ont aidés à être citoyens, étudiants, travailleurs et parents. Elles ont constitué et constituent toujours nos *alma mater*.

Après 150 ans d'éducation en institution, les jeunes sourds voient les écoles publiques s'ouvrir à eux. Nous ne pouvions que vivre avec une certaine appréhension la disparition de nos écoles. Toutefois, si le véritable accès aux études demeure toujours problématique pour les personnes sourdes, il demeure heureusement qu'aujourd'hui les jeunes sourds québécois fréquentent les écoles de leur région et peuvent aller au cégep et à l'université.

Avec le développement de nouvelles professions en réadaptation et l'arrivée de nouvelles technologies, nos deux institutions, soit l'Institution des sourdes-muettes et l'Institution des sourds de Montréal, se sont progressivement transformées en centre de réadaptation spécialisé pour les personnes sourdes, malentendantes, sourdes-aveugles ou présentant un trouble du langage. Ainsi est né l'Institut Raymond-Dewar qui dessert maintenant une clientèle de tout âge et qui constitue toujours le principal centre de réadaptation spécialisé en surdité et en communication au Québec.

Aussi, nous ne pouvions passer sous silence le 25ᵉ anniversaire de l'Institut Raymond-Dewar, cet établissement qui a pris la relève des deux institutions religieuses pour jeunes sourds. C'est un grand honneur pour moi et pour mon digne prédécesseur, monsieur Pierre-Noël Léger, comme présidents de l'Institut Raymond-Dewar, de vous présenter ce livre sur l'Institut Raymond-Dewar et ses institutions d'origine, institutions socio-éducatives des plus durables au Québec.

Jean TALBOT, personne sourde-aveugle
Président du conseil d'administration
Institut Raymond-Dewar

Remerciements

À tous ces amis de l'histoire et des personnes sourdes,
l'Institut Raymond-Dewar offre ce livre.

NOUS TENONS À REMERCIER tous ceux qui ont permis la production de ce livre. Notamment les communautés des sœurs de la Providence et des Clercs de Saint-Viateur qui nous ont soutenus dans la consultation de leurs archives. Nos remerciements s'adressent aussi aux acteurs que nous avons consultés et qui nous ont permis de mieux comprendre le contexte dans lequel ont évolué l'Institution des sourdes-muettes, l'Institut des sourds de Montréal et l'Institut Raymond-Dewar. Merci aux membres de la communauté sourde du Québec et au personnel de l'Institut qui nous ont donné leurs avis, fourni les photos et la documentation et encouragés tout au cours des cinq années où nous avons travaillé à ce projet. Nous sommes aussi redevables à la Fondation surdité et communication de l'Institut Raymond-Dewar et à ses généreux donateurs qui nous ont donné l'appui financier essentiel à la production de ce document de l'histoire des Québécois et des Québécoises.

Nous avons eu le bonheur de travailler à la construction de ce livre avec un comité fort engagé. Ces personnes ont mis leur cœur et leur énergie à conseiller les auteurs, à les éclairer et à les encourager. Les membres de ce comité sont Julie-Élaine Roy, Gilles Boucher, Martin Bergevin, Jules Desrosiers, Dominique Lemay et Gisèle Gauthier, anciens élèves et usagers des institutions pour personnes sourdes de Montréal, ainsi que sœur Laurette Frigon, s.p., frère Robert Longtin, c.s.v., Lise Bolduc, Louise Livernoche, Pierre-Paul Lachapelle et François Lamarre, intervenants ou gestionnaires de ces institutions.

La révision des textes et la recherche documentaire, en particulier sur la période « Institut Raymond-Dewar », ont été confiées à Louise Comtois, Judith Plante et Louise Blouin dont les contributions méritent d'être soulignées.

Enfin mille mercis aux auteurs de notre livre, Sylvie Pelletier et Stéphane-D. Perreault, qui ont fait généreusement un immense travail de recherche et d'analyse dans un domaine jusqu'ici inexploré. Pour les sections iconographiques du livre, nous avons demandé à deux personnes sourdes de faire les recherches et de sélectionner des photos et des illustrations qu'ils voyaient intéressantes aux yeux des personnes sourdes. Gilles Boucher et Dominique Lemay ont pris en charge cette section avec patience et ardeur appuyés du soutien technique exceptionnel de Brigitte Ross, agente administrative du Service des communications. L'Institut Raymond-Dewar se considère chanceux d'avoir pu bénéficier de la très grande compétence et du profond engagement de ces artisans.

Le comité permanent du livre

1ère rangée : Dominique Lemay, Lise Bolduc, Philippe Jules Desrosiers, François Lamarre, Pierre-Paul Lachapelle ; 2e rangée : sœur Laurette Frigon, Julie-Élaine Roy, Gilles Boucher, Louise Livernoche, frère Robert Longtin.

Julie-Élaine Roy, ancienne élève de l'Institution des sourdes-muettes et du Centre Mackay, elle obtient en 1973 son baccalauréat en histoire de l'Université Gallaudet de Washington. Du même coup, elle devient la première diplômée québécoise de cette université pour personnes sourdes. Elle a également obtenu sa maîtrise en éducation du Western Maryland College en 1975. Enseignante à la polyvalente Lucien-Pagé puis conseillère pédagogique au cégep du Vieux Montréal, elle s'implique dans la communauté sourde avec ferveur et engagement, et ce, depuis toujours.

Philippe Jules Desrosiers, membre d'une des « familles phares » dans la communauté sourde, a grandi et vécu dans le monde sourd. Ancien élève de l'ISM, il détient un baccalauréat en sciences sociales de l'Université du Québec à Hull. Chargé de cours au cégep du Vieux Montréal, il a participé à la rédaction de plusieurs ouvrages et publications scientifiques, ainsi qu'aux éditoriaux de la revue *Voir dire*. Il est reconnu comme un expert dans le domaine de la culture sourde au Québec.

Gilles Boucher, devenu sourd à l'âge de 10 ans des suites d'une méningite, a fréquenté l'Institut des sourds de Montréal de 1961 à 1968. Typographe au journal *La Presse* depuis plus de 36 ans, il ne cesse de s'investir dans la communauté sourde avec une grande énergie. Depuis 1996, il est président du Centre québécois de la déficience auditive. Passionné par l'histoire des sourds, il a écrit plusieurs articles dans la revue *Voir dire* et sa motivation à faire connaître sa communauté à l'ensemble de la population est présente et marquante dans son cheminement de vie.

Dominique Lemay a étudié à l'Institution des sourdes-muettes de 1970 à 1975 et à l'Institution des sourds de Montréal de 1975 à 1979. Il travaille actuellement auprès des jeunes de l'école primaire Gadbois et de l'école secondaire Lucien-Pagé en tant qu'animateur de vie spirituelle et d'engagement communautaire et aussi en tant que formateur en bilinguisme (LSQ-français) avec les petits de 4 et 5 ans de la maternelle. Il est par ailleurs engagé de diverses manières dans la communauté sourde.

Laurette Frigon (sœur Clair-Aline) est sœur de la Providence. Elle a passé 25 ans de sa vie d'éducatrice à l'Institution des sourdes-muettes où elle a gravi successivement tous les échelons des services, notamment celui de directrice pédagogique, pour terminer comme directrice générale, la dernière en poste à l'Institution. Toujours à l'œuvre au sein de sa communauté, sœur Frigon garde des contacts ponctuels avec le monde des sourds et elle est heureuse d'apporter la contribution de son expérience dans l'élaboration de ce volume, riche d'un passé plein de réalisations garantes d'un présent fructueux.

Robert Longtin, clerc de Saint-Viateur depuis 1954, détient un baccalauréat en éducation ainsi qu'un certificat en interprétation. Il a été professeur dans des écoles primaires montréalaises pendant six ans. Par ailleurs, il a cumulé des expériences professionnelles enrichissantes et significatives à travers ses engagements d'éducation auprès des sourds à compter de septembre 1961 à l'ISM et à l'IRD comme professeur, éducateur de groupe, directeur des élèves et thérapeute du langage. Sa participation au monde associatif sourd est grande, citons notamment qu'il a été membre fondateur de la Bourgade et directeur fondateur du Service d'interprétation visuelle et tactile. Il œuvre toujours à la Maison de la foi.

Pierre-Paul Lachapelle est père d'une fille sourde, ce qui a profondément modifié sa carrière et surtout sa vie ; psychologue-gestionnaire issu du réseau de la santé et des services sociaux, il a dirigé un centre de réadaptation en toxicomanie et un CLSC avant de devenir le deuxième directeur général de l'Institut Raymond-Dewar de 1991 à 2004. Ses réalisations et contributions à l'IRD tout comme dans le milieu de la surdité sont nombreuses et on lui doit notamment l'émergence de ce projet d'édition d'envergure. Actuellement conseiller professionnel en réadaptation, sa carrière reste intimement associée aux personnes sourdes.

Lise Bolduc est actuellement directrice générale du centre de réadaptation Le Bouclier dans les régions Laurentides et Lanaudière. De janvier 2005 à juin 2006, ses services ont été prêtés à l'Institut Raymond-Dewar où elle a occupé le poste de directrice générale intérimaire. Elle a profité de son séjour à l'IRD pour approfondir sa connaissance de la culture sourde et a choisi, malgré son retour au Bouclier, de demeurer au comité du livre par intérêt personnel et professionnel pour cette belle histoire.

François Lamarre est directeur général de l'Institut Raymond-Dewar depuis le 30 juillet 2006. Pour ce gestionnaire accompli, la déficience auditive a été une préoccupation importante tout au long de sa carrière, notamment par son engagement au centre de jour Roland-Major et au CHSLD Manoir Cartierville où il a été directeur général. Habile communicateur, il a, de surcroît, une compétence reconnue en langue des signes québécoise qui est chaleureusement appréciée par les personnes sourdes gestuelles qui le côtoient.

Louise Livernoche est gestionnaire, chef du Service des communications à l'Institut Raymond-Dewar depuis 1992. Elle a œuvré comme archiviste à son embauche à l'IRD en 1985. Outre les communications, elle est notamment responsable de l'organisation des cours de langue des signes québécoise. Au sein de son équipe, elle supervise des personnes sourdes qui lui ont permis de développer une sensibilité importante à la culture sourde, qu'elle porte fièrement avec elle dans tous les projets de communication qu'elle coordonne à l'Institut.

Martin Bergevin est sourd de naissance et a poursuivi des études de maîtrise en anthropologie à l'Arizona State University. Il a occupé plusieurs fonctions en lien avec la surdité : directeur général du Centre québécois de la déficience auditive (CQDA), chargé de cours au cégep du Vieux Montréal, membre du conseil d'administration de l'IRD et du CSSS responsable du Manoir Cartierville. Il se dépense sans compter afin que la population et les gouvernements soient sensibilisés aux besoins et aux droits des sourds, incluant la reconnaissance de leur histoire et de leur culture. Il est actuellement conseiller en emploi au Centre de réadaptation MAB-Mackay. Il a participé aux travaux du comité jusqu'en février 2008.

Gisèle Gauthier, ancienne élève de l'Institution des sourdes-muettes, travaille comme agente de formation en déficience auditive depuis 1980 à l'Institut de réadaptation en déficience physique de Québec. Auparavant, elle agissait à titre de professeur de langue des signes québécoise et animatrice au centre communautaire Handi A. Elle a participé au début du projet en 2004.

Photos : Zabel photographe, juillet 2009.

Introduction

PLUSIEURS INSTITUTIONS DU RÉSEAU de la santé et des services sociaux ont un livre sur leur histoire. Celui qui nous a le plus touchés dans cette volonté de rendre compte est le livre publié en 2001 par notre principal partenaire dans l'intervention auprès des personnes sourdes-aveugles, *Les Instituts Nazareth et Louis-Braille 1861-2001 : une histoire de cœur et de vision*, écrit par Suzanne Commend.

Par ailleurs, depuis 2000, diverses études et publications québécoises sur la surdité et sur les personnes sourdes nous ont également influencés lorsque nous avons lancé le projet d'écriture d'un livre sur les institutions montréalaises francophones pour les personnes sourdes. Citons à titre d'exemples le livre de Marguerite Blais *Quand les sourds nous font signe*, *Histoires de sourds*, les recherches sur la langue des signes sous la direction de Colette Dubuisson de l'UQAM, ainsi que les recherches doctorales de Nathalie Lachance et de Stéphane-D. Perreault. Ainsi, en 2003, avec Louise Livernoche, chef du Service des communications de l'Institut Raymond-Dewar, nous avons choisi d'étudier et, si possible, de publier, pour le 20e anniversaire de l'Institut, l'histoire des institutions montréalaises francophones dédiées aux personnes sourdes, malentendantes, sourdes-aveugles ou présentant des troubles de communication. Notre projet, trop ambitieux pour le temps et pour les moyens dont nous disposions, deviendra ce livre préparé pour le 25e anniversaire de l'Institut.

Dans un premier temps, nous avions à convenir de l'objet particulier du livre. Nous avons alors choisi de consacrer notre livre aux contributions des institutions montréalaises francophones œuvrant auprès des personnes sourdes ; ces institutions sont de véritables *alma mater* pour les personnes sourdes. Cela nous a amenés à préciser les deux grandes périodes que ces institutions ont traversées. La première période dite « éducative » comprend essentiellement les contributions des œuvres de l'Institution des sourdes-muettes et de l'Institut des sourds de Montréal, alors que ces établissements étaient des internats scolaires et professionnels ou, comme on les appelle dans les milieux anglo-saxons, des écoles résidentielles. C'est Stéphane-D. Perreault qui a pris la charge de couvrir cette partie. La seconde période, dite « de réadaptation », concerne les débuts de l'Institut Raymond-Dewar, né du regroupement de l'Institution des sourdes-muettes avec l'Institut des sourds, alors que ce dernier quittait définitivement le domaine de l'éducation spécialisée qui était associé au ministère du Bien-Être social et de la Famille pour entrer dans celui de la Santé et des Services sociaux. C'est Sylvie Pelletier qui a assuré la recherche et la rédaction de cette partie. Enfin, nous avons défini, dès le départ, une troisième partie au livre, le volet iconographique, pour rappeler le mode de communication visuelle, si important pour les personnes sourdes. Cette partie a été confiée à Gilles Boucher et Dominique Lemay qui, depuis des années, fouillaient les archives pour découvrir des documents illustrés parlant aux personnes sourdes.

Comme base de documentation, nous avons utilisé surtout les archives des sœurs de la Providence et celles des Clercs de Saint-Viateur pour la période couvrant le milieu du XIXe siècle allant à la septième décennie du XXe, alors que nous avons puisé à même le centre de documentation de l'Institut Raymond-Dewar les informations concernant les vingt-cinq dernières années. Beaucoup de témoins et acteurs des époques de 1940 à nos jours, des tenants de la mémoire collective des personnes sourdes, ont également été rencontrés. Enfin, dans le but de soutenir nos historiens et de les orienter vers des domaines intéressant les personnes sourdes, nous avons créé un comité de lecture à qui ont été soumis tous les textes des auteurs. Ce comité était composé d'anciens élèves ou usagers, d'anciens professeurs ou intervenants, ainsi que des membres de la direction passée ou actuelle des institutions concernées, soit l'Institution des sourdes-muettes, l'Institut des sourds de Montréal et l'Institut Raymond-Dewar.

Tous les acteurs ont fait un travail passionnant et engagé afin de produire ce livre pour la population sourde ou présentant un trouble de communication, ainsi que pour la population en général. Ainsi, nous pourrons encore plus nous rappeler et nous réapproprier une œuvre pour les personnes sourdes, que des femmes et des hommes ont créée avec amour et générosité, soit pour des motifs chrétiens, soit pour des motifs sociaux.

Pierre-Paul LACHAPELLE
Directeur général (1991-2004)
Institut Raymond-Dewar

Chapitre I
Origines et fondation des institutions, 1840-1880

AU MOMENT OÙ OUVRENT les premières écoles pour les sourds au Québec, il règne un climat d'effervescence éducative un peu partout en Amérique du Nord. Il n'y a pas encore beaucoup de grandes industries ici. On sent toutefois déjà venir la révolution industrielle qui va complètement transformer la société. Les chemins de fer commencent à étendre leurs rails à travers le pays, rendant le transport plus régulier que celui par rivière qui dominait jusque-là. Le rail ouvre également la porte à l'industrie et au commerce modernes dont l'influence sera profonde. Au cours du siècle qui suit, on passera ainsi d'une économie et d'une société basées essentiellement sur l'agriculture et la vie rurale à une société urbaine et industrielle. L'industrialisation entraîne le déplacement de populations vers la ville et un changement de mode de vie. Or, l'un des outils privilégiés du développement d'une société de capitalisme industriel est l'éducation de masse. Ce contexte s'avère favorable aux sourds, puisqu'ils sont intégrés à ce mouvement éducatif et l'on vise à en faire des citoyens utiles et productifs. C'est cette société qui donne naissance aux institutions pour les sourds catholiques au Québec.

Un contexte éducatif particulier

Le gouvernement du Canada-Uni[1] nomme, dès sa création en 1840, deux « surintendants de l'Instruction publique » : un pour le Canada-Est et l'autre pour le Canada-Ouest. Au Canada-Est, il s'agit du docteur Jean-Baptiste Meilleur, dont l'intérêt pour la chose éducative s'est déjà manifesté par la fondation, en 1832, du collège de L'Assomption, dans le village du même nom. Au Canada-Ouest, un ministre protestant,

---

1. Avec l'Acte d'Union de 1840, les colonies du Haut et du Bas-Canada sont unies pour former le Canada-Uni, composé de deux éléments, le Canada-Ouest (aujourd'hui le sud de l'Ontario) et le Canada-Est (le Québec du bassin du Saint-Laurent).

Egerton Ryerson, autrefois prédicateur itinérant de la foi méthodiste, s'efforce lui aussi de développer un système d'éducation. Chacun à leur façon, les surintendants de l'éducation cherchent à mettre sur pied des programmes uniformes à la grandeur de leur territoire respectif. Ils désirent également établir chez leurs concitoyens un sens religieux qui forme la base de la citoyenneté responsable. Pour ce faire, ils visent particulièrement le développement de l'instruction élémentaire, sans pour autant négliger l'éducation supérieure.

Le développement de l'éducation ne va pas sans causer quelques froncements de sourcils. Ainsi, au Canada-Est, on assiste au phénomène de la «guerre des éteignoirs» au début des années 1840. Des habitants enragés à l'idée de payer une taxe scolaire pour une éducation dont ils ne veulent pas pour leurs enfants incendient écoles et maisons de commissaires[2]. Certains agriculteurs trouvent absurde de faire perdre du temps précieux à leurs enfants sur les bancs d'école alors qu'ils sont plus utiles à la maison en contribuant au travail de la famille pour la culture du sol et l'élevage du bétail. Graduellement, les promoteurs de l'éducation arrivent à faire ressortir la valeur de celle-ci, surtout dans une économie qui, de toute évidence, se transforme. Ainsi, un emploi urbain peut de plus en plus devenir utile ou même nécessaire à la survie de certains membres de familles rurales, qui n'arrivent plus à se trouver une terre suffisamment grande pour rentabiliser leur ferme. La crise agricole qui a en partie provoqué la rébellion de 1837-1838 n'est pas entièrement résolue, et les familles doivent imaginer des solutions de rechange à la vie rurale traditionnelle. Certaines émigrent aux États-Unis, d'autres quittent la vallée du Saint-Laurent pour s'installer dans les régions de colonisation, mais la plus grande partie de ceux qui quittent la campagne s'installent dans les villes du Québec, qui connaissent une croissance démographique impressionnante à partir de la seconde moitié du XIXe siècle. Cette nouvelle mobilité et ces changements de vie requièrent une éducation de base qui permet de lire et de compter.

Le désir d'éduquer les sourds s'insère dans cette mouvance vers une généralisation de l'éducation élémentaire. Il participe également à un mouvement religieux fort important au milieu du XIXe siècle. En effet, un regain de foi se fait alors sentir un peu partout en Amérique du

---

2. Louis-Philippe Audet, *Histoire de l'enseignement au Québec, 1608-1971*, tome 2, Montréal, Holt, Rinehart et Winston, 1971, p. 56-57.

Nord. L'arrivée de Mgr Ignace Bourget sur le trône épiscopal à Montréal en 1840 est l'occasion d'un fort mouvement de renouveau ou de réveil religieux dans la région. Par l'action de prédicateurs populaires, par l'arrivée massive de communautés religieuses, Bourget porte le projet de faire de son diocèse le modèle d'une société définie essentiellement par son catholicisme, par une foi qu'il veut ancrée au plus profond des êtres. Cette foi se doit aussi d'être active socialement et militante.

Ignace Bourget conçoit en outre son rôle comme équivalant à celui des représentants politiques. À ses yeux, l'Église doit avoir une influence sur le développement de la société, et pas seulement en lui fournissant les institutions de services sociaux dont elle a besoin. L'émergence en Europe de mouvements libéraux et nationalistes fait peur à l'Église. Puisque ces mouvements visent à remplacer les monarchies par des régimes démocratiques, ils menacent le fondement même de l'ordre social qu'a défendu l'Église depuis des siècles, ce qui amène le pape Pie IX à condamner le libéralisme sous toutes ses formes et à se replier dans des positions très conservatrices sur les plans politique et social. Bourget se range derrière le souverain pontife et se réclame de cette vision politique, que l'on appelle « ultramontanisme ». C'est d'ailleurs pour ses prises de position et sa lutte constante contre les « rouges » libéraux et radicaux que Bourget s'est fait connaître dans l'histoire politique du Québec. Outre son rôle politique, le prélat s'engage dans une grande variété d'œuvres sociales et caritatives. Pour lui, la création d'institutions d'éducation et de services sociaux à Montréal a pour but d'accroître l'encadrement de la population par l'Église. Sa présence lors des grandes crises sociales et des épidémies lui a valu parmi la population de l'époque une réputation de sainteté.

L'outil privilégié pour atteindre son but religieux est évidemment l'éducation du plus grand nombre de personnes possible afin d'enseigner les préceptes de la foi catholique. Il n'est pas seul : au XIXe siècle, toute éducation est de prime abord religieuse et vise, tant chez les protestants que chez les catholiques, à éduquer dans la foi. C'est le but des écoles tenues par des communautés religieuses que Bourget importe de France ou fonde lui-même au besoin. C'est dans ce contexte qu'arrivent les Clercs de Saint-Viateur pour prendre en charge le collège du village d'Industrie en 1847. C'est également dans ce contexte que Bourget transforme, en 1843, le projet d'œuvre pieuse portée par Émilie Gamelin en une communauté religieuse de femmes connue sous le nom de sœurs de la Charité[3]. Non seulement Bourget veut-il accroître l'emprise des communautés religieuses sur les institutions éducatives, mais il cherche aussi à développer des institutions de services sociaux, des hôpitaux et d'autres œuvres socialement utiles.

Bourget s'intéresse à toutes les strates de la population et l'éducation des sourds lui paraît un moyen de joindre un groupe négligé par la société, ce qu'il souligne dès les débuts de son épiscopat[4]. Il se trouve exposé, lors de ses nombreux voyages en Europe, au travail qui se fait auprès des sourds, particulièrement à Lyon dans l'école de Claudius Forestier. Là, il voit, en grande partie à travers Forestier et sa femme, ce dont les sourds peuvent être capables s'ils reçoivent une éducation. Il en tire trois constatations, qu'il expose en 1856 dans une lettre circulaire visant à la fois à faire connaître l'école montréalaise pour les sourds et à faire affluer vers elle les dons des personnes désireuses de la soutenir : « La première est que les sourds-muets, sans éducation, ne peuvent avoir de rapports avec la société que très-difficilement et très-imparfaitement [sic]. La seconde est qu'au moyen de l'éducation, ils peuvent devenir de bons citoyens. La troisième est que, moyennant l'éducation, ils peuvent surtout devenir de bons chrétiens[5]. » Pour lui, le bon citoyen sourd doit bien remplir son rôle dans la société, lequel change selon le sexe et l'époque de la vie. Éduqué, il est d'abord vu comme « bon enfant », puis « bon écolier », et comme adulte, comme « bon instituteur », « bon ami », « bon patriote », « bon époux », « bon père », « bon parent », bref, « il est bon citoyen. Car son cœur s'attendrit à toutes les misères de ses frères[6] ». Bourget voit ainsi clairement pour les sourds un rôle dans leur éducation. Il n'exclut pas la création de solidarités entre eux et, même, on pourrait penser qu'il les encourage en ce sens, puisque cela semble pour lui une garantie d'intégration des sourds à la société en tant qu'individus.

Le développement chez les sourds d'une éthique chrétienne et des valeurs sociales que cela peut apporter est au centre de l'éducation

---

3. La communauté naît d'une association de dames charitables responsables d'un « asile de la Providence ». Afin de ne pas les confondre avec les sœurs grises (aussi sœurs de la Charité), la population nomme spontanément les nouvelles religieuses « sœurs de la Providence » en l'honneur de leur première œuvre. Denise Robillard, *Émilie Tavernier-Gamelin*, Montréal, Méridien, 1988, p. 163.
4. *Les Mélanges religieux*, 11 décembre 1846, tome IX, p. 687-688.
5. Ignace Bourget, Circulaire de Sa Grandeur Monseigneur L'Évêque de Montréal au sujet des Sourds-Muets, Montréal, Presses de Louis Perrault, 1856.
6. *Ibid*.

que Bourget entrevoit pour les sourds. Cela ne diffère pas beaucoup de la mission des écoles en général ; l'évêque est bien de son temps et il vise à intégrer les sourds à la communauté canadienne-française catholique telle qu'il l'imagine. Pour la plus grande partie de l'existence des institutions catholiques, c'est surtout cette dimension de formation religieuse qui domine et qui colore l'éducation reçue par les pensionnaires, autant chez les garçons que chez les filles. Cependant, à la fin du XIXe siècle, on voit apparaître d'autres priorités dans l'éducation : la formation technique devient alors plus importante, d'où les initiatives que l'on mettra de l'avant chez les garçons pour construire des ateliers et même une ferme pour les sourds-muets au cours des années 1880. L'urbanisation et l'industrialisation nuisent à l'intégration sociale et économique du sourd et entraînent pour lui une marginalisation croissante, qu'il faut pallier par des moyens autres que la seule socialisation religieuse.

Ainsi, le mouvement éducatif nord-américain de même que la poussée religieuse contribuent à créer un contexte particulièrement favorable à la naissance et au développement d'écoles spécialisées à Montréal. L'initiative de Bourget n'est pas motivée simplement par la rencontre de personnes ayant pris sur elles de se lancer dans des entreprises audacieuses, mais elle se comprend dans un programme visant à construire un certain type de société, industrielle pour les uns, catholique pour les autres. L'histoire des institutions pour les sourds demeure marquée pour le reste de leur existence par ce double objectif économique et religieux. On cherchera à intégrer les sourds à l'économie capitaliste tout en essayant de les retenir à l'intérieur de métiers traditionnels et en insistant sur l'importance de la vie rurale et le bonheur que les sourds peuvent y trouver. Les éducateurs verront leur mission comme un apostolat, une mission qu'ils auront personnellement reçue d'améliorer la vie des sourds. Cette vision de l'éducation comme mission est ancrée dans une tradition qui remonte au siècle précédent et qu'il vaut la peine d'explorer, car elle offre un point d'ancrage à l'histoire sourde.

Les débuts de l'éducation aux sourds au Québec

L'éducation des sourds à Montréal prend naissance dans un contexte social, politique et économique particulier. D'une certaine manière, l'histoire des sourds montréalais plonge aussi ses racines dans le Paris d'avant la Révolution française, vers 1760. C'est là, en effet, que se crée la première école pour les sourds accessible à tous, fondée par l'abbé Charles-Michel de l'Épée. Ce prêtre sans paroisse a choisi pour apostolat – dans des circonstances qui demeurent un peu nébuleuses – de s'occuper de l'éducation des sourds[7]. Son approche s'appuie sur les signes utilisés par les sourds eux-mêmes, qu'il modifie ensuite de manière à respecter la syntaxe française. Nous n'en sommes pas encore à la langue signée telle que nous la connaissons aujourd'hui, mais il y a là à n'en pas douter un intérêt pour les sourds et leur formation. Pour les élites parisiennes de l'époque, cet intérêt s'inscrit dans le grand renouveau philosophique qui met à l'honneur le progrès humain, entre autres par l'éducation et la réhabilitation.

L'abbé de l'Épée a eu un nombre considérable de prédécesseurs, de Pedro Ponce de León à Samuel Heinicke, en passant par Thomas Braidwood et Jacob Pereire. Tous ces gens ont enseigné à des sourds, le plus souvent individuellement ou en très petits groupes. Ils étaient davantage des tuteurs que des enseignants au sens où ce métier s'est développé plus tard à Montréal. Leurs méthodes visaient à «démutiser», c'est-à-dire à enseigner aux sourds à parler, ce qui ne fut pas le cas des premiers éducateurs montréalais. De plus, ces tuteurs privés visaient une clientèle lucrative, celle de parents à l'aise financièrement qui pouvaient se payer leurs leçons et qui considéraient qu'une telle éducation en valait la peine. Dans un monde où l'éducation, même élémentaire, était l'apanage surtout d'un petit nombre de privilégiés, peu de sourds recevaient une éducation formelle. C'est aussi le cas à Montréal au début du XIXe siècle : l'éducation n'est pas encore devenue une priorité pour l'ensemble de la population. L'élite politique et cléricale s'en préoccupe, mais cela apparaît à beaucoup de gens comme une grosse dépense. Et dans le cas des sourds, il faut trouver le moyen de justifier l'investissement, donc de convaincre les gens qu'il est possible de faire des sourds des citoyens utiles par l'éducation.

Vers 1830, dans un mouvement de réforme de l'éducation, la Chambre d'Assemblée du Bas-Canada décide d'organiser une école de sourds à Québec. Elle fait appel à un certain Ronald Macdonald. Celui-ci a été séminariste, puis étudiant en droit et enfin éducateur à Québec et à Rivière-du-Loup[8]. À la demande de l'Assemblée,

---

7. Pour plus de détails sur sa vie, voir Maryse Bézagu-Deluy, *L'abbé de l'Épée : instituteur gratuit des sourds-muets, 1712-1789*, Paris, Seghers, 1990.
8. Jocelyn Saint-Pierre, « Ronald Macdonald », *Dictionnaire biographique du Canada*, vol. VIII, Québec, Presses de l'Université Laval, 1985, p. 593-594. Aussi Archives historiques

Macdonald passe l'année scolaire 1830-1831 aux États-Unis, plus précisément à l'American Asylum for the Deaf and Dumb de Hartford (Massachusetts) pour recevoir la formation nécessaire auprès des héritiers de l'abbé de l'Épée. Il revient à Québec et y ouvre une école en 1831. Il reçoit en tout quelques dizaines d'élèves entre l'ouverture de l'école et sa fermeture en 1836. Les circonstances politiques jouent contre lui ; les relations difficiles entre la Chambre d'Assemblée et le gouvernement britannique, responsable de la colonie qu'est le Bas-Canada à l'époque, explosent en 1836, empêchant le vote des subsides nécessaires au fonctionnement du gouvernement. Sans argent, Macdonald ne peut continuer son œuvre et l'école doit fermer. Il se recycle alors dans le journalisme, domaine dans lequel il fait carrière jusqu'à sa mort en 1854, à l'âge de 57 ans. Malgré la brièveté de sa carrière d'enseignant, l'idée de l'éducation des sourds est dorénavant lancée au Bas-Canada.

Dès 1836, l'abbé Charles-Émile Prince, du collège de Saint-Hyacinthe, prend contact avec l'un des anciens élèves de Macdonald, Antoine Caron. L'abbé Prince veut ouvrir dans son collège une classe spéciale pour ceux qu'on appelle alors les «sourds-muets». On ne sait pas trop combien de temps cette classe spéciale dure, ni combien d'élèves elle accueille. L'histoire a toutefois retenu son existence parce qu'elle permet à l'abbé Irénée Lagorce d'y rencontrer Antoine Caron. Lagorce est en effet envoyé réfléchir à Saint-Hyacinthe par Mgr Jean-Jacques Lartigue, alors mécontent de l'avoir vu quitter sa cure durant les troubles de 1837-1838 dans le Bas-Canada. Sur le moment, rien ne ressort de cette rencontre, mais elle fournit l'étincelle nécessaire pour que, une dizaine d'années plus tard, Lagorce ouvre à son tour une école, à Montréal cette fois[9].

L'Institution des sourds-muets de sa fondation à 1880

Nous sommes en 1848. L'abbé Irénée Lagorce est curé à Saint-Charles-sur-Richelieu et désire éduquer deux jeunes filles sourdes. Mgr Ignace Bourget, son évêque, lui suggère d'élargir la portée de son œuvre en fondant une école à Montréal. L'école de l'abbé Lagorce s'installe

Providence (ci-après AHP), AG Ac 29, M10.39 (23), «Notes et documents sur l'instruction du sourd-muet dans le Canada et plus spécialement dans la province de Québec par l'abbé F.-X. Trépanier, aumônier de l'Institution des sourdes-muettes à Montréal».

9. Stéphane-D. Perreault, «Les Clercs de Saint-Viateur et l'Institution des sourds-muets, 1848-1930 : berceau de la communauté sourde montréalaise», mémoire de maîtrise (histoire), Université d'Ottawa, 1996, p. 23-24.

originalement rue Brock[10]. Cette décision est probablement justifiée par des raisons de facilité de transport pour des élèves qui proviendront forcément d'un peu partout dans la province. À l'époque, les grandes institutions éducatives et sociales tendent à se concentrer à Montréal, ce que favorisent aussi les congrégations religieuses qui les tiennent[11]. L'école commence ses activités le 27 novembre 1848. Les débuts sont modestes, mais la croissance s'avère rapide et nécessite un déménagement. Dès 1850, un nouvel édifice est inauguré, rue Saint-Dominique, dans la ville de Saint-Louis-du-Mile-End, alors située en banlieue de Montréal. Sur un terrain donné par le docteur Pierre Beaubien pour l'établissement d'une école, au milieu d'un champ de pierrailles, un imposant édifice en pierre de trois étages se dresse, promesse de jours plus prospères. Toutefois, l'école de Lagorce n'y demeure pas très longtemps à cause des besoins de formation du prêtre-éducateur.

Lagorce semble surtout s'être engagé dans l'éducation des sourds dans un mouvement de générosité spontanée et par la volonté de relever un nouveau défi. Il lui reste à acquérir une réelle compétence : le peu de contact qu'il a eu avec l'éducation des sourds se résume à sa rencontre avec Antoine Caron au collège de Saint-Hyacinthe, quelque dix ans plus tôt, et sa bonne volonté suffit peut-être à donner aux sourds un fondement de catéchisme, mais pas à assurer leur formation scolaire générale. Pour parfaire ses connaissances, il lui faut s'exiler temporairement en Europe. Il quitte donc Montréal en 1851 pour se rendre en France. Son voyage a pour double but de perfectionner son art et d'établir les contacts nécessaires à la perpétuation de l'œuvre. Dans les circonstances, quelle meilleure institution peut assurer la continuité de son initiative qu'une communauté religieuse ? Deux communautés françaises jouissent déjà d'une certaine expérience dans l'enseignement aux sourds : les religieux de Sainte-Croix et les frères de Saint-Gabriel. Sur un refus de chacune d'elles, et par un concours de circonstances dont nous ignorons les détails, Lagorce se retrouve à Vourles, près de Lyon, chez Louis Querbes, fondateur des

---

10. Cette rue n'existe plus et l'endroit est aujourd'hui occupé par la brasserie Molson, près du pont Jacques-Cartier.
11. Ce phénomène fait partie d'une stratégie des communautés pour s'assurer une proximité des élites dirigeantes et des sources de financement. Gabriel Dussault et Gilles Martel, *Charisme et économie : les cinq premières communautés masculines établies au Québec sous le régime anglais (1837-1870)*. Laboratoire de recherches sociologiques, Université Laval, série « Rapports de recherches » n° 17, 1981, p. 47-48.

Clercs de Saint-Viateur. Celui-ci est déjà un bon ami d'Ignace Bourget, qui l'a convaincu, en 1847, d'envoyer quelques-uns de ses religieux au Canada pour répondre à une demande de Barthélémy Joliette, fondateur d'un petit village au nord de Montréal. Ceux-ci se sont établis à L'Industrie (aujourd'hui Joliette) et y tiennent le collège.

Lagorce se sent interpellé à se joindre à la communauté alors toute jeune (elle a été fondée en 1831). Il vit son noviciat à Vourles pendant qu'il reçoit également une courte formation à l'école de Forestier, à Lyon. Il rentre au pays pour reprendre l'école en main en 1852. Pendant son absence, le bâtiment de l'école est demeuré désert. Au retour de Lagorce, toutefois, les Clercs de Saint-Viateur canadiens ne savent trop que faire de cet hurluberlu qui s'entête à remplir son apostolat auprès des sourds. La communauté a d'autres œuvres qui mobilisent les faibles effectifs dont elle dispose, et elle ne voit pas comment elle réussira à prendre en charge une école aussi spécialisée et qui nécessite une formation particulière de la part de ceux qui y travaillent[12]. C'est ainsi que Lagorce se retrouve avec son école de sourds à Joliette pendant près d'un an. En effet, on cherche à regrouper les effectifs, mais la cohabitation des sourds et du noviciat de la communauté ne facilite aucunement les choses[13]. En 1855, après un passage par Chambly, l'école revient définitivement à Montréal, dans les locaux de la rue Saint-Dominique qu'elle occupait en 1850 et dont la construction a été terminée dans l'intervalle.

Malgré ce début incertain et l'évidente hésitation de la communauté à s'engager de manière durable dans l'éducation des sourds, l'idée qu'a eue Lagorce de se joindre aux Clercs de Saint-Viateur s'avère providentielle. En 1855, alors que Mgr Bourget se trouve à Lyon, un jeune homme sourd du nom de Jean-Marie-Joseph Young, d'origine alsacienne et professeur à l'école de Soissons, décide de s'agréger à la communauté des Clercs de Saint-Viateur. Au retour de Bourget au Canada, Young l'accompagne et il se joint au personnel de l'école naissante. Il en sera l'âme pendant près de cinquante ans, jusqu'à sa mort en 1897.

---

12. Dussault et Martel, *Charisme et économie*, chap. I ; Antoine Bernard, *Les Clercs de Saint-Viateur au Canada*, vol. I, Montréal, Clercs de Saint-Viateur, 1947 ; Perreault, « Les Clercs de Saint-Viateur et l'Institution des sourds-muets », p. 31-32.
13. ACSVM, P9, 1B, François-Tharaise Lahaye à Ignace Bourget, 9 septembre 1852. Cet établissement à L'Industrie est également motivé par l'état inachevé de l'édifice de Coteau-Saint-Louis et par le manque de ressources pour le compléter.

Les sources décrivent Young comme étant doté d'une « intelligence vive » et d'une grande capacité d'expression[14]. Il a travaillé un temps comme mime et son talent pour le théâtre est indéniable. De plus, son expérience comme enseignant s'avère profitable, puisque Lagorce quitte l'école et la congrégation des Clercs de Saint-Viateur à la fin de l'année 1855, alors que Young arrive au Canada au début de 1856. Lagorce n'en peut plus du manque de soutien de la communauté, qui ne voit vraiment pas à l'époque comment faire vivre une œuvre si différente de ses autres écoles. De plus, les autres Clercs de Saint-Viateur n'ont acquis ni l'expérience ni le profond désir d'aider les sourds qui animent le fondateur de l'institution. L'arrivée de Young, dont les talents le prédisposent particulièrement à l'enseignement aux sourds, force en quelque sorte la main de la communauté et assure que celle-ci continuera à faire vivre l'école naissante.

Fondée en 1848, l'Institution des sourds-muets ne prend vraiment son envol qu'à l'arrivée de Young. Celui-ci prend rapidement conscience des besoins de la population sourde adulte de Montréal, allant en cela au-delà de leurs besoins éducatifs. Dès son arrivée dans la ville, il regroupe autour de lui des sourds adultes désirant une certaine formation religieuse. On ne sait pas trop comment les sourds montréalais ont appris la venue parmi eux d'un religieux sourd qui peut leur faire « l'école du dimanche ». Il est vrai que Montréal n'est pas alors la grande ville d'aujourd'hui, ayant à peine commencé à déborder des murs de la vieille ville et de ses faubourgs immédiats[15]. On peut dès lors supposer que les nouvelles circulent rapidement dans cette ville où les réseaux sociaux sont encore tissés assez serré. Cela présuppose aussi l'existence de certains réseaux entre les personnes sourdes. Ces instructions dominicales demeureront une occupation importante pour le religieux tout au long de sa carrière à l'Institution, qui ne se termine qu'à son décès en 1897.

Young n'est cependant pas seul à défendre la cause de l'éducation des sourds. Il est secondé dans ses efforts par un jeune confrère canadien qui va lui aussi marquer l'Institution pendant la seconde moitié du XIXᵉ siècle : Alfred Bélanger. Celui-ci, dès son entrée en communauté, se voit assigné à l'Institution des sourds-muets. Quoiqu'il

14. Léo-Paul Hébert, « Jean-Marie-Joseph Young », *Dictionnaire biographique du Canada*, vol. XII, Québec, Presses de l'Université Laval, 1990, p. 1233-1234.
15. Carte de James Cane, 1846, dans Jean-Claude Robert, *Atlas historique de Montréal*, Montréal, Art global et Libre Expression, 1994, p. 90-91. Original au Musée McCord.

soit entendant, Bélanger prend à cœur la cause sourde. Entre 1856 et 1863, Young assume une fonction de direction qui donne sa couleur à l'école[16]. En 1863, Bélanger prend les rênes de l'Institution, qu'il conserve jusqu'en 1884, alors que sa santé chancelante le force à abandonner son poste pour une dizaine d'années avant de revenir de 1895 à 1900. Toutefois, pendant cet interlude de dix ans, il ne chôme pas et n'abandonne pas son intérêt pour la cause sourde. Il a consacré une grande partie de ce temps à l'éducation des sourds dans une institution catholique de New York. S'il n'est pas sourd, le frère Bélanger devient l'un de leurs plus chauds défenseurs auprès du gouvernement provincial et le propagandiste de l'œuvre dans la société.

Parmi les initiatives que prend Bélanger durant son long directorat, on relève d'abord l'établissement des premiers ateliers de formation (1863 ou 1865, selon les sources). Ces ateliers, qui existent dans la plupart des institutions pour les sourds à travers le monde, permettent la formation des sourds à un métier économiquement utile facilitant dans une certaine mesure leur intégration sociale. Nous reviendrons sur ces ateliers dans le deuxième chapitre. Alfred Bélanger prend également une initiative importante dans l'administration de l'Institution. En 1874, il pilote l'incorporation civile de l'Institution catholique des sourds-muets pour la province de Québec, faisant d'elle une personne morale séparée administrativement de la communauté religieuse des Clercs de Saint-Viateur. L'Institution peut ainsi gérer ses propres biens grâce à un conseil d'administration indépendant, même s'il est essentiellement formé de religieux. L'Institution peut dorénavant acquérir des propriétés et les administrer, ce qui lui permet d'assurer son soutien financier à une époque où le gouvernement ne considère pas de son devoir de soutenir financièrement l'éducation. Les écoles de sourds bénéficient depuis les années 1850 d'une modeste subvention gouvernementale (de l'ordre de quelques centaines de dollars annuellement), qui est manifestement insuffisante pour couvrir la totalité des coûts.

Comme directeur de l'Institution, Bélanger participe également au Congrès des éducateurs de sourds qui se tient à Milan en 1880. Il en rapporte des initiatives éducatives qui ne durent toutefois pas

---

16. Entre 1856 et 1863, une série de religieux sont officiellement «directeurs» de l'école, mais il semble que ce soit Young qui dirige véritablement. Après 1863, Young se consacre davantage à l'enseignement.

à cause des limites physiques de l'école. Nous avons d'ailleurs peu d'information sur le programme scolaire suivi à l'Institution à cette époque. Bélanger est un homme de son temps, qui croit en l'idée du progrès humain tel qu'on peut le définir à l'époque et qui désire ce qu'il y a alors de mieux pour son école. Les méthodes d'éducation qu'il promeut, essentiellement l'éducation orale, font alors partie de cette vision du progrès. À la fin du XIXe siècle, les gens sont fascinés par l'usage de moyens scientifiques et techniques pour améliorer la condition humaine et l'éducation est l'un de ces moyens.

L'école des sourds-muets demeure une bien petite entreprise avant les années 1880. Au moment de la fondation, il n'y a pas dix élèves. Les nombreux déménagements des premières années ne sont évidemment pas favorables à la croissance de la clientèle. Lorsque l'institution s'installe finalement à Montréal, rue Saint-Dominique, où elle demeure jusqu'à son déménagement sur la rue Saint-Laurent en 1921, elle bénéficie enfin de locaux à la fois vastes et adaptés à ses besoins. Cette stabilité est aussi favorable à ce que l'école soit connue du grand public et qu'elle s'accroisse. Il ne suffit toutefois pas qu'elle soit installée dans un local stable et permanent pour qu'affluent vers elle les dons : une campagne d'éducation de la population s'avère également nécessaire, ce qu'entreprend l'évêque de Montréal par la circulaire dont nous avons parlé plus haut. Il faut toutefois croire que la charité publique ne suffit pas à faire survivre l'Institution, car son procureur se lance dans la spéculation foncière à partir des années 1880.

L'Institution des sourdes-muettes de sa fondation à 1880

Les premières écoles pour sourds (celles de Ronald Macdonald, du collège de Saint-Hyacinthe et d'Irénée Lagorce) sont ouvertes aux enfants des deux sexes. Cela est toutefois contraire à la pensée éducative de l'époque, du moins dans le milieu catholique. On croit en effet que garçons et filles, à cause des rôles différents qu'ils auront à jouer plus tard dans la société en tant qu'adultes, doivent être éduqués séparément. Des préoccupations de morale sexuelle ne sont pas absentes de cette règle, qui interdit aux hommes d'enseigner à des filles au-delà de douze ans. Chez les protestants, la ségrégation sexuelle est également de mise, mais la cohabitation à l'intérieur d'une même école (dans des sections physiquement séparées) est toutefois possible ; c'est d'ailleurs ce que l'on voit dans la plupart des institutions pour les sourds aux États-Unis et au Canada. Aussitôt que cela s'avère possible, on cherche à séparer les garçons et les filles et à confier l'éducation de ces dernières à une communauté de religieuses. Encore une fois, l'histoire veut que ce soit à partir de l'initiative d'une personne, Albine Gadbois, soutenue par la fondatrice des sœurs de la Providence, mère Émilie Gamelin, et l'évêque de Montréal, Mgr Ignace Bourget, qu'est fondée l'école des sourdes. L'évêque portait depuis longtemps l'idée d'une institution séparée pour les sourdes, mais il lui manquait la personne nécessaire pour concrétiser cette idée.

Albine Gadbois est une sœur de la Providence connue en religion sous le nom de sœur Marie-de-Bonsecours[17]. Au début de sa vie religieuse, elle est assignée au pensionnat de Longue-Pointe, sur l'île de Montréal, près de ce qui deviendra l'asile Saint-Jean-de-Dieu (aujourd'hui l'hôpital Louis-Hippolyte-LaFontaine). Durant son noviciat, sœur Marie-de-Bonsecours assiste aux enseignements publics de l'abbé Lagorce, qui réunit chaque dimanche les sourds de la ville à l'asile de la Providence, où se trouve justement le noviciat. Sa biographie dit que c'est à ce moment que naît en elle le désir de se consacrer à l'éducation des sourds. Une fois nommée à Longue-Pointe, notre religieuse se voit confier l'éducation des deux enfants d'un certain monsieur Hanley, dont l'une, Margaret, âgée de neuf ans, est sourde[18].

Autour de Margaret Hanley se forme un petit noyau d'élèves qui constituent la première cohorte de l'Institution des sourdes-muettes, reconnue officiellement comme telle par la communauté et par le diocèse en 1851. Toutefois, un peu comme Lagorce, la religieuse désire acquérir la formation nécessaire à cet enseignement spécialisé

---

17. Les sources écrivent indifféremment Marie-de-Bonsecours et Marie de Bon Secours, selon les époques.
18. AHP, M10, Chronique de l'Institution des sourdes-muettes (ci-après « Chronique ISM »), vol. I, p. 8-9. Toutes les maisons religieuses tiennent à l'époque un volume dans lequel on consigne les événements de l'année pour mémoire. Chez les sœurs de la Providence, il s'agit d'une « chronique », rédigée une fois l'an par une secrétaire à partir de notes prises au gré de l'année. Cette chronique est une sorte de bilan annuel détaillé, rédigé par thèmes et dont une copie est envoyée à la direction générale de la congrégation pour être conservée aux archives. Chez les Clercs de Saint-Viateur, il s'agit plutôt d'un « journal » rédigé de manière semi-régulière, au gré des jours, un peu comme une personne écrit son journal personnel. C'est pourquoi dans ce texte nous référons à la « Chronique ISM » lorsqu'il s'agit de l'Institution des sourdes-muettes et au « Journal ISM » lorsqu'il s'agit de l'Institution des sourds-muets. Au lecteur qui pourrait craindre de s'y perdre, la grammaire peut aider la mémoire : le mot chronique est féminin alors que journal est masculin.

et, pour ce faire, elle s'adresse aux Clercs de Saint-Viateur, donc à Lagorce lui-même. Cela se déroule en 1852, alors que l'école se trouve au village de L'Industrie (Joliette). Avec la permission de sa supérieure, elle s'y rend donc, avec une compagne religieuse pour y recevoir l'instruction de base nécessaire. À son retour, sœur Marie-de-Bonsecours se voit déchargée de l'enseignement usuel et travaille exclusivement à l'enseignement aux sourdes ; elle a alors une dizaine d'élèves. Comme l'abbé Lagorce, elle se frappe à l'incompréhension de ses consœurs, qui conçoivent difficilement l'utilité de son œuvre au sein de sa communauté. Certaines voient aussi en elle une entrepreneuse qui cherche à se mettre en valeur, à l'encontre de l'esprit de simplicité religieuse. Le soutien inconditionnel de la supérieure générale et fondatrice de la communauté, mère Gamelin, et de l'évêque Bourget assure toutefois un avenir à l'institution naissante[19]. L'année suivante, sœur Marie-de-Bonsecours demande la permission d'aller parfaire ses connaissances à New York. Elle part une fois de plus avec une consœur assignée comme elle à l'éducation des sourdes. Durant ce voyage, les religieuses doivent « se travestir en séculières », c'est-à-dire quitter l'habit religieux en public pour éviter les remarques déplaisantes sur la rue, détail qui nous paraît aujourd'hui cocasse, mais qui a son importance à l'époque[20].

L'Institution se développe donc à Longue-Pointe, accueillant un nombre croissant d'élèves (en 1856, elles sont 19). Bientôt, on étouffe dans les locaux exigus que l'on partage avec les élèves du cours usuel. L'école des sourdes requiert ses propres locaux. De plus, on veut y créer un ouvroir, où les élèves pourront apprendre et exercer les habiletés manuelles que l'on s'attend à les voir développer au pensionnat. Les profits de la vente de leur ouvrage aideront également à soutenir l'école. Dans un premier temps, en 1858, l'Institution quitte Longue-Pointe pour s'installer à l'hospice Saint-Joseph, rue Mignonne (aujourd'hui boulevard De Maisonneuve). Cette manœuvre se veut toutefois temporaire, d'ici à l'érection d'un édifice approprié et propre à l'éducation des sourdes.

En 1863, l'avocat, homme d'affaires et politicien Côme-Séraphin Cherrier offre aux religieuses un vaste terrain sis près de la maison-mère de la communauté, dans le quadrilatère aujourd'hui délimité

---

19. Chronique ISM, vol. I, p. 13.
20. Chronique ISM, vol. I, p. 14.

par les rues Saint-Denis, Roy, Berri et Cherrier. L'école y déménage le 4 juillet 1864 et c'est à cet endroit qu'elle se développe jusqu'à sa fermeture en 1978. Le déménagement de l'institution dans le nouvel édifice de la rue Saint-Denis est malheureusement suivi d'un incendie dans le dôme un mois plus tard, entraînant son évacuation pendant la nuit. Les réparations sont rapidement effectuées et permettent la reprise des activités durant l'hiver. Toutefois, la croissance des effectifs exige bientôt un édifice plus vaste, dont la construction est entamée en 1872 et dans lequel on emménage l'année suivante. Ce bâtiment agrandi est toutefois rapidement éprouvé par la mauvaise qualité du sol sur lequel il se dresse. Sous une mince couche de sable, en effet, il y a une épaisse couche d'argile qui recouvre le socle rocheux, entraînant une grande instabilité et l'impossibilité pratique de construire un édifice plus élevé, à moins de recourir à des mesures exceptionnelles pour stabiliser le sol. Lorsqu'il devient à nouveau nécessaire d'agrandir en 1882, on envisage la possibilité d'un nouveau déménagement afin d'éloigner l'école des activités de la ville. Toutefois, on considère alors plus pratique d'être près de la ville, ce qui rapproche l'Institution de la plupart de ses anciennes élèves. Cela donne également à l'école une plus grande visibilité pour les philanthropes susceptibles de la soutenir financièrement. Enfin, les ouvroirs de l'Institution, inaugurés en 1858, dépendent de leur clientèle urbaine et ils sont déjà devenus essentiels à la survie de l'œuvre[21].

L'Institution des sourdes-muettes, c'est bien plus que des bâtiments. Il y a à l'intérieur de ces édifices plusieurs communautés de personnes qui vivent côte à côte. Chacune de ces communautés est dotée d'espaces de vie qui lui sont particuliers : chacune a des dortoirs, une salle à manger, un espace de récréation et, dans le cas des élèves, des classes. Une partie de l'édifice est consacrée aux services administratifs de l'école. Parmi les groupes qui habitent à l'Institution, nous retrouvons d'abord les sœurs de la Providence, dont le nombre atteint la vingtaine à l'aube des années 1880. Nous y retrouvons ensuite le groupe des élèves, qui forment jusqu'en 1880 un ensemble indifférencié qui comprend à la fois les jeunes d'âge scolaire et des élèves ayant terminé leur cours mais qui demeurent à l'Institution, soit parce que leur famille ne peut plus les accueillir soit parce qu'elles préfèrent ce milieu de vie. Il y a quelques jeunes filles entendantes, des

---

21. Chronique de l'ISM, vol. I, p. 151.

«juvénistes» qui pensent se faire sœurs de la Providence et qui véri-
fient leur vocation en collaborant à l'œuvre.

Enfin, des personnages plus effacés mais non moins présents
occupent les locaux de l'Institution : il s'agit de pensionnaires laïques,
généralement des célibataires assez âgés des deux sexes, qui choisissent
de loger dans un couvent. La pratique est courante dans les institutions
des sœurs de la Providence, et le loyer qu'ils paient contribue substantiellement à la survie de l'œuvre. Dans certains cas, également, ces pensionnaires deviennent des bienfaiteurs insignes en fournissant de leurs
deniers ce qu'il faut pour couvrir des dépenses extraordinaires. C'est
entre autres le cas de Mgr Janvier Vinet, qui prend pension à l'Institution
en 1874. Il contribue à divers achats de terrains et à l'érection ou à la
réfection de bâtiments jusqu'à son départ en 1886. En 1880, il se trouve
deux pensionnaires ecclésiastiques et huit laïques à l'Institution.

La chronique ne raconte pas en détail la vie quotidienne, mais elle
fait tout de même ressortir quelques éléments clefs de ce qui constitue
l'ordinaire des religieuses comme des élèves. Ces dernières partagent
leur temps entre les cours et les activités de l'ouvroir, avec quelques
moments de loisirs et de détente. Elles sont assez peu mentionnées
dans la chronique, même si elles constituent le cœur des préoccupations des religieuses. Il ne s'agit pas là de négligence : ce qui fait partie
du quotidien est rarement noté dans les annales et trop souvent ne
passe pas à l'histoire. Nous apprenons toutefois que chaque année
scolaire comporte une retraite de trois jours à l'automne, généralement prêchée par un père jésuite. Nous apprenons surtout que les
enfants causent souvent des ennuis de discipline et que le personnel
est toujours insuffisant à la tâche. Enfin, des circonstances exceptionnelles, comme la visite d'un dignitaire ou la préparation des travaux à
envoyer à l'exposition universelle de Paris de 1878 peuvent monopoli-
ser tout le temps des élèves pendant plusieurs jours, voire pendant des
semaines[22]. La lecture de cette seule source, parce qu'elle met l'accent
sur l'extraordinaire, pourrait laisser penser que l'essentiel des activités
des élèves vise à faire rayonner la réputation de l'Institution au-dehors,
entre autres pour en assurer le financement et l'expansion.

---

22. Chronique ISM, vol. I, p. 92 s.

Le programme éducatif est essentiellement orienté vers la formation religieuse. S'émerveillant de la démarche pédagogique employée,
la rédactrice de la chronique écrit, en 1880 :

> [S]i cette spécialité a ses difficultés, elle n'est pas sans consolations. Aucun
> enseignement ne permet d'observer avec autant d'exactitude la marche
> que suit naturellement le développement de l'intelligence humaine. Il
> y a là une matière abondante pour l'étude et le raisonnement. Ici rien
> ne peut se faire au hasard : tout doit être raisonné et s'enchaîner selon
> l'ordre naturel des faits et des idées : le connu conduit à l'inconnu et la
> progression doit être sagement réglée. L'enseignement est donc néces-
> sairement méthodique. Aussi, pouvons-nous suivre pas à pas les progrès
> des élèves.
>
> Nous sommes nécessairement les témoins de la transformation que
> l'instruction opère dans ces âmes jusque-là concentrées en elles-mêmes,
> et cependant poussées par la nature à se communiquer et à s'épancher.
> Il est difficile de se faire une idée des joies et du bonheur que l'acquisi-
> tion d'une nouvelle idée ou quelque fois [sic] même d'un mot procure à
> ces pauvres infirmes. Nous constatons surtout que la connaissance de
> Dieu exerce une puissante et douce influence sur leur esprit et leur cœur.
> Comme ces âmes s'ouvrent à l'espérance[23] !

L'objectif de la formation est ainsi rendu on ne peut plus clair. Puisque
les filles auront par la suite la lourde responsabilité d'élever des enfants,
la formation religieuse devient primordiale et surclasse l'acquisition
d'habiletés manuelles ou intellectuelles. Et cela n'est pas vrai que chez
les sourdes : les religieuses s'inspirent de ce qui se fait ailleurs[24].

L'enseignement autre que religieux n'est pas pour autant négligé.
Bien au contraire. Dès 1874, alors qu'on s'inquiète de ne pas avoir
assez de personnel pour mener à bien la tâche éducative, la chroniqueuse nous donne une idée des compétences recherchées chez celles
qui voudraient enseigner dans cette institution, ainsi que des conditions d'enseignement :

---

23. *Ibid.*, p. 124-125.
24. On consultera là-dessus l'ouvrage collectif dirigé par Micheline Dumont et Nadia
    Fahmy-Eid, *Les couventines : l'éducation des filles au Québec dans les congrégations
    religieuses enseignantes, 1840-1960*, Montréal, Boréal, 1986.

[P]our enseigner aux muettes avec succès, il faut être bien sûre de l'orthographe, posséder ses règles de grammaire à fond et avoir le talent de la composition ; en effet, tout se fait par écrit, en même temps que par signes. Par exemple, s'agit-il de prendre une courte leçon, après en avoir exigé de chaque élève le mot à mot écrit sur les tableaux, la maîtresse prend le livre et fait une foule de questions sur les divers sens de la leçon pour en faciliter l'éclaircissement et l'intelligence aux élèves. C'est ainsi que pour une leçon de quelques lignes, on peut trouver matière d'enseignement pour une avant-midi entière, surtout si l'on a soin de faire observer aux enfants les différentes manières de s'exprimer, tant pour les questions qu'on leur fait que pour les réponses qu'elles donnent.

Il faut aussi apporter un soin extrême à n'employer avec ces enfants que les termes les plus exacts, donner à chaque mot sa juste signification : la formation ou la rectitude de leur jugement en dépendent. Et cela se conçoit, tout est à faire dans ces intelligences absolument incultes, fermées à toutes communications [*sic*] avec leurs semblables jusqu'à ce que nous commencions à les instruire[25].

Dans le domaine pédagogique comme religieux, un personnage particulièrement important entre en scène en octobre 1871. Il s'agit de l'abbé François-Xavier Trépanier. En tant que premier aumônier résident, il occupe une place qui peut paraître démesurée dans la vie de l'école ; il y est souvent plus important que la supérieure de l'Institution. Cela tient entre autres au fait que, comme homme et comme prêtre, il occupe une position sociale supérieure à celle des religieuses et jouit par conséquent de libertés dont celles-ci ne bénéficient pas. Il joue un rôle de premier plan dans la mise en place d'un régime pédagogique calqué sur la méthode orale qu'il étudie en Europe en 1878-1879. Il constitue également le lien privilégié entre l'administration diocésaine et l'école, s'occupant de plusieurs détails matériels de la gestion de l'Institution. Il se charge entre autres du programme de souscription pour l'érection du nouvel édifice dans les années 1880.

L'abbé Trépanier figure de manière importante dans l'administration de l'école, à la fois en tant que pionnier de méthodes éducatives et comme administrateur temporel. Toutefois, il ne faut pas oublier la supérieure de l'Institution, qui est responsable du développement de l'œuvre. Durant cette période, l'histoire de l'Institution

---

25. Chronique ISM, vol. 1, p. 44-45.

des sourdes-muettes est liée à une famille en particulier, les Gadbois. Albine Gadbois (sœur Marie-de-Bonsecours), la fondatrice de l'école entraîne en effet dans son sillage trois de ses sœurs de sang qui lui succèdent à la direction après son décès en 1874. Il s'agit d'abord d'Azilda (sœur Ildefonse), qui prend la relève pendant trois ans avant de mourir à son tour pour être remplacée par Malvina (sœur Marie-Victor). Lorsqu'elle s'éteint en 1878, Philomène Gadbois (sœur Philippe-de-Jésus) entre en fonction. Cette dernière se fait remarquer par son caractère entreprenant et sa volonté de fournir à l'Institution les moyens dont elle a besoin pour remplir sa mission. C'est sous son long directorat que l'on lance les travaux de construction de l'immense édifice dans lequel l'Institution s'épanouira jusqu'à sa fermeture. Il existe entre ces quatre sœurs une unité de vision quant à la mission de l'Institution, et leur succession assure le développement de l'œuvre durant ses premières années d'existence.

À l'aube des années 1880, l'Institution des sourdes-muettes est en bonne voie de s'établir solidement dans le réseau des écoles et des institutions de charité montréalaises. La vingtaine de religieuses qui s'y affairent ont réussi à susciter des appuis nombreux dans la ville et s'apprêtent à se lancer dans un projet de construction ambitieux. Elles se tiennent également au fait de l'évolution des méthodes d'enseignement aux sourds. Depuis le voyage des sœurs Marie-de-Bonsecours et Philippe-de-Jésus en Europe en 1870 pour y acquérir les rudiments de l'éducation orale, un penchant vers cette forme d'enseignement se manifeste, mais il ne se réalise toutefois pleinement qu'à partir de 1880. La fascination qu'exerce sur les gens de l'époque l'idée de faire parler des sourds suscite des appuis pour les projets qu'entreprend la communauté.

Des visions éducatives

Les deux institutions pour les sourds fondées au XIXe siècle en milieu catholique montréalais sont semblables sous plusieurs rapports. Elles voient le jour presque simultanément et les premiers responsables puisent aux mêmes sources. Elles répondent de plus à un besoin social presque identique, celui de permettre aux sourds de s'insérer dans la société. Toutefois, derrière ces similarités se cachent des différences profondes dans la philosophie qui les anime et la nature des congrégations religieuses qui se chargent de ces écoles. Ces dissemblances originelles créent dans les deux écoles un écart de vision qui dépasse le seul fait que l'une est destinée aux garçons et l'autre aux filles, avec tout ce que cela peut vouloir dire quant aux attentes à l'égard des élèves des deux sexes qui sont bien différentes dans la société du XIXe siècle. Alors que l'on encourage les hommes à s'affirmer publiquement et à occuper des postes de responsabilité stratégiques dans la sphère publique, les femmes doivent jouer un rôle effacé. L'éducation des hommes est orientée vers ce but d'une forte responsabilité sociale et économique. Celle des filles repose davantage sur la gestion de l'économie domestique. Il s'agit là d'une dimension importante de la vie, il va sans dire, mais cela encourage également la surprotection des filles sourdes, qu'on croit doublement fragilisées par leur condition auditive et par leur sexe.

Contrairement à la communauté d'éducateurs que sont les Clercs de Saint-Viateur, les sœurs de la Providence ont d'abord été fondées dans un but caritatif, pour prendre soin des pauvres et des laissés-pour-compte de la société. D'ailleurs, à l'Institution des sourdes-muettes comme dans les autres œuvres de la congrégation, les religieuses effectuent des visites à domicile à des pauvres et à des infirmes en sus de leur tâche d'éducatrices. Les gens visités ne font pas partie de la communauté de vie de l'Institution, mais cette dynamique de service aux pauvres colore ce qui s'y vit. Nul doute également que la présence des religieuses auprès des personnes qu'elles visitent peut aider à faire connaître l'œuvre.

Si les sœurs de la Providence prennent en charge des écoles, c'est à la demande de leur évêque et fondateur, qui cherche par là à maximiser l'utilisation qu'il fait de ces religieuses. Les écoles constituent également pour les communautés un moyen de financer leurs activités caritatives[26]. L'engagement des religieuses dans le monde de l'éducation ressort également de la conception que l'on se fait alors du rôle des femmes en société. Au XIXe siècle, l'éducation élémentaire est considérée comme une extension de la fonction maternelle. La formation requise est minime et requiert l'obtention du brevet d'enseignement au moyen d'un examen de certification qui vérifie

---

26. Les écoles peuvent également être déficitaires, ce qui est le cas des deux institutions pour les sourds. Dans de tels cas, les congrégations subventionnent souvent ces institutions grâce à d'autres écoles payantes. Marie-Paule Malouin, *Ma sœur, à quelle école allez-vous ? Deux écoles de filles à la fin du XIXe siècle*, Montréal, Fides, 1985.

autant la qualité des mœurs de la candidate que ses connaissances[27]. Pour la plupart des femmes laïques qui enseignent, cela représente un travail temporaire, jusqu'à leur mariage. On considère que, lorsque la femme se marie, son rôle de mère prend le dessus sur sa carrière, alors que pour la religieuse l'enseignement est justement la manière par laquelle elle peut vivre son rôle de mère. Les membres d'ordres religieux sont dispensés de l'obligation d'obtenir un brevet, car l'éducation, jusqu'au milieu du xxe siècle, est vue comme un don, une vocation, et l'appartenance à une communauté éducative le certifie en quelque sorte. Dans les faits, la formation à la vie religieuse dans les congrégations éducatives exposait largement les candidats aux activités d'enseignement. Les communautés se dotent toutefois, surtout vers les années 1930, de maisons de formation en pédagogie destinées à leurs membres, montrant en cela un changement graduel dans les mentalités et une évolution vers un programme plus structuré de formation pour tous, sous la haute surveillance de l'État. À partir de ce moment, on ne considère plus l'éducation comme une extension du rôle maternel, et encore moins des activités caritatives.

Les sœurs de la Providence sont de prime abord des sœurs de charité, ainsi que leur nom officiel et leur devise le leur rappellent. Certaines religieuses se plaignent d'ailleurs lorsqu'elles sont assignées aux activités éducatives, alors qu'elles se sont plutôt jointes à la communauté en réponse à un appel à dédier leur vie au service des pauvres[28]. Cela donne un caractère particulier à la conception que se font à l'époque les religieuses de leur travail auprès des sourdes. Considérés par la majorité des entendants, comme une population gravement « infirme », les sourds sont prédestinés à devenir des objets de charité plutôt que des enfants à éduquer. Cela se traduit entre autres par ce désir marqué des sœurs de la Providence de conserver les jeunes filles le plus longtemps possible à l'Institution, de la même manière qu'elles hébergent des personnes dans le besoin. En plus, les religieuses enseignent à des filles, considérées naturellement plus fragiles que des garçons, et l'on craint toujours pour leur vertu une

---

27. Thérèse Hamel, *Un siècle de formation des maîtres au Québec, 1836-1939*, Montréal, Hurtubise HMH, 1995, p. 65-66.
28. Archives de la chancellerie de l'Archevêché de Montréal (ci-après ACAM), fonds « Sœurs de la Providence, 525-106 », Pr. 55* « Brouillon d'une note de Mgr Charles-Édouard Fabre au Cardinal Préfet de la Sacrée-Congrégation, au sujet d'un problème concernant l'esprit de la communauté des Sœurs de la Providence. » Non daté (vers 1890).

fois qu'elles seront sorties des murs de l'Institution, surtout en milieu urbain. L'éducation que donnent les sœurs de la Providence, du moins durant ces premières années d'existence de l'école, pourrait contribuer à maintenir les sourdes dans un état de dépendance sociale.

Lors des débats autour de la construction du nouvel édifice, on note à la chronique de l'école : « Ah ! oui, nous voudrions pouvoir les garder toujours toutes [les sourdes-muettes] sous notre tutelle et quelle âme chrétienne nous trouvera blâmables sur ce point[29] ? » Pour la rédactrice, l'Institution doit se doter d'un bâtiment capable d'héberger le plus grand nombre possible des anciennes élèves qui ne suivent plus les cours. Elle dit que les renvoyer à la fin de leur cours pour éviter un agrandissement « serait [...] un argument sans réplique si [l'] Institution était simplement une maison d'éducation, si comme tous les établissements des Sœurs de la Providence, elle n'était en même temps un abri, un refuge pour le malheur, un asile de charité[30] ». Cela montre clairement à quel point, dans son esprit, charité et éducation sont inextricables. La suite du texte donne clairement l'attitude de la direction de l'école au sujet des sourdes en 1881 : « Et cette portion de l'humanité souffrante à laquelle nous nous dévouons et consacrons n'a-t-elle besoin de notre secours, ne réclame-t-elle nos soins qu'aux jours de la jeunesse ? Non, c'est toute la vie[31]. »

Dans cette attitude face à la mission qu'elles remplissent auprès des sourds se trouve probablement le cœur de la différence qui existe entre les deux écoles catholiques. Si un certain paternalisme face aux sourds se fait également jour chez les Clercs de Saint-Viateur, il n'est certes pas question de les héberger à long terme à l'Institution ou de fournir à tous un emploi aux ateliers. Dans les cas où la chose se produira, elle demeurera une mesure d'exception. Le lien durable qui finit par s'établir entre l'Institution des sourds-muets et ses anciens est d'une autre nature : il passe par la création d'une association d'anciens et d'un club de loisirs. Chez les filles, les relations avec les anciennes, du moins celles qui trouvent écho dans les documents, sont entretenues surtout dans un but caritatif.

* * *

---

29. Chronique ISM, vol. I, p. 149.
30. *Ibid.*, p. 147.
31. *Ibid.*

Les premières décennies d'éducation des sourds au Québec sont marquées par des tentatives avortées ou de courte durée d'établissement d'une école. Ce fut d'abord à Québec, avec le soutien gouvernemental ; après le tarissement de celui-ci, c'est à Saint-Hyacinthe, puis à Montréal que se réalise le projet d'éduquer les sourds. À partir de ce moment-là, d'ailleurs, le soutien principal ne vient plus de l'État, mais bien de l'Église. Celle-ci développe, en particulier sous la houlette de Mgr Bourget, une capacité à prendre en charge les nombreuses œuvres de charité et d'éducation requises pour assurer la transition d'une société principalement agraire à une société urbaine et industrielle. La participation du gouvernement ne consiste qu'à appuyer par des mesures législatives et par un financement au compte-gouttes les initiatives prises par l'Église, ce qui assure une prépondérance à celle-ci dans le domaine éducatif. Ce partage des tâches correspond également aux idées de l'époque, qui placent la religion au cœur de l'existence humaine.

Cette évolution dans les structures globales d'éducation permet, à partir du milieu du xixe siècle, l'émergence d'institutions durables d'éducation aux sourds. Deux communautés religieuses prennent en charge la formation des sourds catholiques et concentrent leurs activités à Montréal, ce qui facilitera plus tard la formation de regroupements de sourds. Si la présence d'un sourd chez les Clercs de Saint-Viateur semble être la principale raison pour laquelle cette communauté n'a pas abandonné ce type d'enseignement, chez les sœurs de la Providence, c'est grâce à la persévérance de quatre membres d'une même famille ainsi qu'au soutien indéfectible de l'autorité ecclésiastique que l'Institution perdure et s'épanouit. Dans un cas comme dans l'autre, des personnalités fortes jouent un rôle déterminant.

En 1880, les deux institutions ont acquis une certaine maturité. Elles peuvent même, depuis 1869, rivaliser avec une institution mixte fondée par un sourd et qui prend elle aussi son essor : la Protestant Institution for Deaf-Mutes, qui prend le nom de Mackay Institution en 1878. Dans toutes les institutions, une crise de croissance semble toutefois se manifester au tournant des années 1880, qui coïncide avec un renouveau d'intérêt dans le monde pour l'éducation orale des sourds. Dans un marché de la charité compétitif, où il importe de faire sa marque, il n'est pas surprenant que cette nouvelle mode pédagogique prenne sa place dans les institutions montréalaises. Elle le fait toutefois d'une manière passablement plus nuancée qu'ailleurs dans le monde, et ce, différemment dans les deux institutions catholiques.

Abbé Charles-Michel de l'Épée (1712-1789). Fondateur de la première école publique pour sourds à Paris. Archives des Clercs de Saint-Viateur.

Mgr Ignace Bourget (1799-1885). Évêque de Montréal, initiateur des deux institutions catholiques pour sourds au Québec. Archives des Clercs de Saint-Viateur.

L'abbé Irénée Lagorce
dirige par intermittence
l'Institution des sourds-
muets de 1848 à 1856.
Archives des Clercs
de Saint-Viateur.

L'Institution catholique des sourds-muets pour la province de Québec de 1850
à 1878, incorporée en 1874 (rue Saint-Dominique, coin Laurier, Montréal).
Archives des Clercs de Saint-Viateur.

L'Institution catholique des sourds-muets pour la province de Québec après
l'agrandissement de 1887 et la construction des ateliers en 1881.
Archives des Clercs de Saint-Viateur.

Frère Jean-Marie-Joseph
Young, éducateur sourd
venu de France en 1856.
Il dirige l'Institution des
sourds-muets de 1856 à
1863 et en est l'âme jusqu'à
sa mort en 1897. Archives
des Clercs de Saint-Viateur.

Frère puis père Alfred Bélanger, directeur de l'Institution conjointement avec le frère Young, de 1863 à 1884 et de 1895 à 1900. Il a été l'un des bâtisseurs les plus importants de l'Institution de la rue Saint-Dominique. Archives des Clercs de Saint-Viateur.

Groupe d'élèves sourds de l'Institution des sourds-muets vers 1895, on reconnaît à droite le frère Young (avec la barbe blanche). Archives des Clercs de Saint-Viateur.

Providence Saint-Isidore, Longue-Pointe en 1851, première école
et œuvre des sœurs de la Providence pour sourdes-muettes.
Archives de la Bibliothèque nationale du Québec.

Hospice Saint-Joseph 1858-1864, rue De Montigny, Montréal. Aujourd'hui place
Émilie-Gamelin. Deuxième école des sourdes-muettes, rue De Montigny, près de
l'asile de la Providence (maison mère des sœurs de la Providence), 1858.
Archives des Sœurs de la Providence.

M. et Mme Côme-Séraphin
Cherrier ont fait don aux
sœurs de la Providence
vers 1860 du terrain
aujourd'hui délimité par
les rues Saint-Denis, Roy,
Berri et Cherrier pour la
construction de l'Institution
des sourdes-muettes.
Archives des Sœurs
de la Providence.

M. et Mme Victor Gadbois. Cinq de leurs filles sont devenues sœurs de la Providence et ont œuvré ou dirigé l'Institution des sourdes-muettes de 1851 à 1906. Archives des Sœurs de la Providence.

Chanoine François-Xavier Trépanier (1835-1906).
Premier aumônier résident de l'Institution des sourdes-muettes de 1871
jusqu'à sa mort, importante figure pédagogique avec les sœurs Gadbois et
fondateur des Petites-Sœurs (sourdes) Notre-Dame-des-Sept-Douleurs en 1887.
Archives des Sœurs de la Providence.

Sœur Marie-Victor (Malvina Gadbois). Supérieure de l'Institution des sourdes-muettes de 1877 à 1878. Archives des Sœurs de la Providence.

Sœur Philippe-de-Jésus (Philomène Gadbois). Supérieure de l'Institution des sourdes-muettes de 1879 à 1886 et de 1894 à 1906. Archives des Sœurs de la Providence.

Sœur Ignace-de-Loyola (Césarine Gadbois). Archives des Sœurs de la Providence.

Aucune photo

Sœur Marie-de-Bonsecours (Albine Gadbois).
La véritable fondatrice de l'Institution des sourdes-muettes en 1851, épaulée par la communauté des sœurs de la Providence ainsi que par ses quatre sœurs. Elle dirige l'Institution jusqu'en 1874.
Archives des Sœurs de la Providence.

Sœur Ildephonse (Azilda Gadbois). Supérieure de l'Institution des sourdes-muettes de 1874 à 1877. Archives des Sœurs de la Providence.

Chapitre II
La période charnière, 1880-1900

Les suites du Congrès de Milan au Québec

Nous avons mentionné dans le chapitre précédent la tenue du Congrès des éducateurs de sourds de Milan en 1880. Ce congrès consacre la suprématie de l'enseignement oral pour presque un siècle, ce qui lui donne mauvaise presse dans une bonne partie des milieux sourds. Les principaux intéressés n'ayant pas été consultés ni invités aux assises, ils n'ont pu faire valoir la nécessité de l'enseignement par signes pour certains types de surdité. De plus, ceux parmi les éducateurs entendants qui auraient pu faire ressortir l'utilité de ce que l'on appelait l'éducation « combinée », notamment Edward Miner Gallaudet, président de l'université étasunienne du même nom, se sont plaints de la vague oraliste qui a déferlé sur les débats[1].

Aux États-Unis, l'application des principes découlant du congrès dans les années 1880 suscite de vifs débats, alors que plusieurs écoles passent au mode oral et éliminent les enseignants sourds de leur personnel. Au Québec, les sourdes et les sourds (qu'ils soient protestants ou catholiques) ne bénéficient pas d'organisations sociales comparables à la National Association of the Deaf, organisation étasunienne fondée en 1880. Ils commencent à peine à jouir d'une certaine existence collective autour de Montréal et ils ne sont pas organisés en groupe de pression sociale. C'est peut-être la raison pour laquelle il ne semble pas y avoir de réaction comparable dans la province. Toutefois, d'autres facteurs entrent aussi en ligne de compte à l'égard de cette apparente tranquillité dans les rapports entre sourds et entendants, des facteurs économiques, sociaux et intellectuels.

---

1. James Denison, « Impressions of the Milan Convention », *American Annals of the Deaf*, 26, 1, January 1881, p. 47-48 ; Jean-René Presneau, *Signes et institution des sourds, XVIIIe-XIXe siècle*, Seyssel, Champ Vallon, 1998, p. 181.

L'attitude des écoles montréalaises pour les sourds quant aux méthodes éducatives est alors substantiellement différente de celle des écoles étasuniennes. À l'Institution Mackay, au moment où se tient le Congrès de Milan, le directeur, Thomas Widd, est sourd. Pas question, donc, d'y imposer unilatéralement l'enseignement de la parole. Il y a toutefois à cette école, depuis 1872, une enseignante chargée de la formation des élèves à la parole. Il s'agit d'abord de Clara Bulmer, dans les années 1870, puis de Harriet Elizabeth McGann, fille du directeur de l'Institution des sourds de Belleville, en Ontario. Celle-ci, une oraliste convaincue, en vient à remplacer Widd en 1883 et impose graduellement l'enseignement de la parole au cours des années suivantes. Il est fort possible que Widd ait alors été écarté sous la pression des bienfaiteurs de l'institution. Ceux-ci voyaient dans l'oralisme la marque d'une éducation «à la page», progressiste, qui correspondait à l'esprit victorien de progrès et d'élimination des différences[2]. Ce programme oraliste se renforce à Mackay dans les premières années du XXe siècle.

Dans les deux écoles catholiques, on tente d'installer dès 1880 un cours strictement oral, en séparant les élèves en deux groupes étanches : d'un côté, les élèves de la méthode « mimique » et, de l'autre, les « parlants ». Non seulement sont-ils placés dans des classes diffé-rentes, mais il leur faut des salles de récréation distinctes ou, à tout le moins, ils ne doivent pas être dans la même salle en même temps. Cela requiert des locaux immenses : la nouvelle construction de l'école des filles remplit certainement ces critères, mais celle des garçons est à ce titre tout à fait inadéquate, malgré un léger agrandissement en 1878. C'est pour cette raison que l'Institution des sourds-muets commence, dès les années 1880, à s'étendre au-delà de ses locaux de la rue Saint-Dominique. Le problème d'espace chez les sourds est exacerbé lorsque, en 1881, un incendie détruit les ateliers de l'Institu-tion, consumant en même temps une partie des locaux de classe et des dortoirs qui se trouvent à l'étage. La séparation absolue des élèves est dès lors abolie, temporairement, espèrent les éducateurs. Une sépa-ration rigide des élèves ne pourra être réinstaurée qu'en 1921, lors

---

2. Il s'agit là d'une hypothèse très personnelle, mais qui mérite considération. Une étude plus poussée des milieux philanthropiques anglophones de la fin du XIXe siècle mon-tréalais serait nécessaire. Stéphane-D. Perreault, «Intersecting Discourses : Deaf Institutions and Communities in Montréal, 1850-1920», Thèse de doctorat (histoire), Université McGill, 2003, p. 159-160.

du déménagement de l'Institution dans des locaux plus vastes sur le boulevard Saint-Laurent.

Cette insuffisance des locaux, souvent décriée dans la correspondance entre l'Institution des sourds-muets et les instances gouvernementales, n'empêche pas la mise en place et la croissance d'un cours oral. Ainsi, dans son rapport au gouvernement de 1882, le directeur de l'Institution, Alfred Bélanger, dresse une liste des élèves inscrits dans chacune des sections[3]. Sur 148 élèves, 83 sont inscrits au cours oral et les 65 autres, à la méthode « dactylologique » (manuelle). Quelques années plus tard, dans son dernier rapport au gouvernement rédigé en 1899, le même Bélanger donne le détail des classes[4]. La méthode orale compte six classes ordinaires (deux classes de première année et une classe pour chaque année de la deuxième à la cinquième) dont chacune regroupe entre huit et dix élèves. Une classe du soir de dix élèves fait également partie de la section orale. Ce sont au total 66 élèves qui suivent cette formation. Pour sa part, toujours en 1900, le service dactylologique compte trois classes (celles de deuxième et de troisième année sont regroupées, de même que celles de quatrième et de cinquième). Ces classes comptent un total de 26 élèves, auxquels il faut ajouter les cinq élèves de la classe anglaise et les 17 de la classe de catéchisme, destinée surtout aux sourds plus âgés, pour un total de 48 élèves.

L'Institution des sourdes-muettes jouit alors d'une longueur d'avance en ce qui concerne l'implantation de la méthode orale, puisqu'elle apparaît dès 1870 sous une forme atténuée. Les religieuses sont peut-être plus strictes que les religieux dans l'application du règlement concernant l'usage des signes dans l'école, comme on l'a souvent dit, même s'il n'est pas possible de le prouver pour cette période avec la documentation disponible. Chose certaine, elles ont une plus longue expérience de l'oralisme. De plus, les attentes sociales vis-à-vis des filles – qui sont destinées à devenir les gardiennes de la vertu dans leur famille lorsqu'elles seront mères – laissent croire qu'une certaine rigueur doit probablement exister dans l'enseignement dès les premières années. À tout le moins, la chronique de

---

3. Alfred Bélanger, Rapport annuel de l'Institution catholique des sourds-muets pour la province de Québec pour l'année 1881-1882, St-Louis-du-Mile-End, Imprimerie de l'Institution des sourds-muets, 1882, p. 29-30.

4. Idem, Rapport annuel de l'Institution catholique des sourds-muets pour la province de Québec, 1898-1899, Mile-End, Imprimerie de l'Institution des sourds-muets, 1900, p. 13-16.

l'Institution des sourdes-muettes fait souvent référence à des problèmes de discipline chez les élèves jusqu'au milieu des années 1880, alors
que chez les garçons ce genre de remarque est presque totalement
absent. Qu'est-ce qui motive les religieux à ainsi vouloir changer leurs
méthodes d'éducation pour adopter l'oralisme ? S'agit-il là, comme
on l'a surtout écrit aux États-Unis[5], d'un effort concerté de prise de
pouvoir sur les sourds ? Si tel est le cas, ce n'est certainement pas un
mouvement conscient. On pourrait dire que les éducateurs, dans leur
ensemble, visent à suivre une mode éducative originaire d'Europe, qui
prend alors graduellement racine aux États-Unis. Durant les années
1880, toutefois, l'oralisme est loin de rallier les éducateurs. Ceux-ci se
lancent dans des débats souvent virulents dans leurs périodiques spécialisés, tout particulièrement les *American Annals of the Deaf*[6]. Vers
les années 1890, on voit se dessiner une certaine unanimité parmi les
éducateurs étasuniens autour de la méthode orale. On n'éliminera,
par contre, jamais complètement l'enseignement par les signes pour
certaines catégories d'élèves.

Au Québec, les trois institutions adoptent, dans la mesure du
possible et à divers degrés, des programmes d'enseignement oral à
partir des années 1880. Plusieurs hypothèses peuvent être apportées
pour expliquer l'engouement que ce type d'enseignement remporte
auprès des responsables des institutions. Toutefois, il semble clair
qu'il ne s'agit pas purement et simplement d'une tentative d'évincer
les sourds des postes d'enseignement qu'ils occupent dans les écoles,
comme Harlan Lane l'a dit pour les États-Unis[7]. À l'époque, au Québec,
les quelques sourds qui enseignent dans les écoles continuent à jouir
d'un grand prestige, même s'ils ne sont pas remplacés à leur départ
par d'autres sourds à cause de règles d'admission en communauté religieuse de plus en plus strictes. Nous y reviendrons, mais les biographies des frères Young et Groc, deux Clercs de Saint-Viateur sourds,

---

5. Susan Burch, *Signs of Resistance: American Deaf Cultural History, 1900 to World War
II*, New York, New York University Press, 2002.

6. La revue publie des articles défendant chacun des deux points de vue tout au long des
années 1880-1890. Voir l'analyse que cet auteur en a faite dans Perreault, « Intersecting
Discourses », p. 119-131. Une analyse des statistiques rassemblées annuellement par
cette revue laisse également penser que la progression de l'oralisme aux États-Unis a
été moins dramatique et subite que le laisse croire la littérature la plus alarmiste à ce
sujet.

7. Harlan Lane, *When the Mind Hears, A History of the Deaf*, New York, Vintage, 1989
[1984].

montrent à quel point ils demeurent jusqu'à leur mort, en 1898 et en 1915 respectivement, engagés à fond dans la vie de l'Institution. D'autres facteurs stimulent la mise en place de l'oralisme, et il semblerait que l'attrait de la modernité[8] et des considérations financières ont pu jouer un rôle capital dans le changement des méthodes d'enseignement. Le tout se justifie par le but noble de permettre aux sourds de fonctionner dans un monde où domine la langue parlée.

En effet, dans un monde où le soutien gouvernemental à l'éducation et aux services sociaux est minime, les institutions dépendent largement des dons de personnes intéressées par l'éducation des sourds. Ces philanthropes se tiennent informés de ce qui se passe dans les écoles en assistant, entre autres, aux examens publics annuels des élèves et aux diverses célébrations qui peuvent avoir lieu durant l'année et où les élèves se produisent sur scène. Lors de ces événements, les commentateurs remarquent bien sûr l'« élégance » des signes, mais ils sont de plus en plus fascinés par ces sourds que l'on fait parler en public. Ils en viennent à croire que ceux-ci représentent l'avenir pour tous les élèves, alors qu'il s'agit le plus souvent d'élèves dont le degré de surdité est moindre ou qui sont particulièrement doués. Il se pourrait bien que les éducateurs, voyant l'intérêt que suscite l'enseignement de la parole, décident d'y investir leur énergie afin de satisfaire les attentes de ceux qui subventionnent leurs écoles, malgré leur propre connaissance des succès mitigés de l'enseignement de la parole aux sourds sur une large échelle. Cette fascination pour le progrès humain correspond bien aux sensibilités de l'époque. Pour les éducateurs, il s'agit aussi d'offrir ce qu'il y a de mieux à leurs élèves pour faciliter leur intégration sociale et de leur donner la meilleure formation possible. Afin de demeurer accessibles, les écoles catholiques de Montréal ne passent jamais à l'oralisme pur, même si les élèves de cette section ont la faveur de leurs formateurs.

Croissance et installation

Les deux dernières décennies du XIXᵉ siècle représentent une période de croissance physique pour les institutions catholiques. Elles se sont

---

8. Ce terme s'entend ici au sens d'une attitude philosophique mettant l'accent sur le progrès humain au moyen de la technique, dans un monde qui vise non plus la stabilité, mais le changement perpétuel. Voir Keith Walden, *Becoming Modern in Toronto: The Industrial Exhibition and the Shaping of a Late Victorian Culture*, Toronto, University of Toronto Press, 1997, p. 333-334.

toutes deux installées de manière durable sur leur site et leur visibilité dans la société montréalaise s'accroît. Elles font partie des œuvres
charitables méritoires que les philanthropes aiment à patronner. En
témoignent, par exemple, les visites que leur rend l'épouse du gouver-
neur général, la comtesse de Dufferin, en 1873. Elle fait alors le tour
des institutions pour les sourds à Montréal et visite également l'Institution protestante. Ces trois écoles prennent d'ailleurs de l'expansion durant cette période : l'Institution protestante déménage dans
un nouvel édifice en 1878 et prend le nom de Mackay en l'honneur
du principal donateur de la nouvelle construction. La même année,
l'Institution catholique des sourds-muets s'agrandit d'un étage. Cette
dernière se dote également de nouveaux ateliers en 1881.

Le changement le plus spectaculaire s'effectue toutefois du côté de
l'Institution catholique des sourdes-muettes. Le bâtiment original,
même considérablement agrandi en 1872, puis en 1877, ne suffit plus
à la demande et la solidité de la structure est cause d'inquiétudes.
Construit sur un terrain argileux, l'édifice repose en effet sur ce que
l'on appelle un « pilotis horizontal » de troncs d'arbres couchés sous le
solage. Il devient ainsi comme un bateau flottant sur un fond argileux
instable. De plus, le poids de l'ensemble est devenu trop considérable
et la structure se détériore, surtout avec l'arrivée des tramways sur la
rue Saint-Denis, qui produisent des vibrations affaiblissant sa solidité.
Non seulement faut-il agrandir, mais il faut surtout remplacer l'édifice
ancien qui menace de s'écrouler.

Le problème se déclare dès les années 1870, alors que l'on entreprend des travaux à l'intérieur de l'édifice pour le consolider temporairement, pour redresser des planchers et des cadres de portes qui
ne sont plus de niveau, mais le tout ne peut compenser la détério-
ration d'ensemble du bâtiment causée par l'effondrement progressif
des fondations. Comme la clientèle augmente aussi et que le cours
oral exige la séparation des groupes, donc des locaux supplémentaires, il faut se résoudre à entreprendre de nouvelles constructions.
Il s'agit d'une entreprise ambitieuse, à la mesure de la supérieure de
l'époque, sœur Philippe-de-Jésus (Philomène Gadbois, sœur de la
fondatrice de l'Institution), qui doit s'ingénier avec l'aide de l'aumônier François-Xavier Trépanier à financer le chantier. Les travaux
s'étalent en trois phases sur une vingtaine d'années et donnent à
l'édifice la forme qu'il a présentement, sauf pour l'aile Saint-Joseph,
ajoutée en 1954, et qui loge aujourd'hui l'Institut Raymond-Dewar.

Les plans de ce vaste ensemble, construit sur une véritable forêt de pilotis debout (c'est-à-dire des troncs d'arbres plantés verticalement jusqu'à rejoindre le roc pour soutenir les fondations), sont dressés par le père Joseph Michaud, c.s.v. Celui-ci s'affaire alors à surveiller la construction de la nouvelle cathédrale de Montréal, dont il a copié les plans sur la basilique Saint-Pierre de Rome. En 1882 s'amorcent les travaux de construction de la première aile, nommée Saint-Philippe, qui se dresse le long de la rue Berri. L'aile Saint-Ignace, qui contient la chapelle et sert de raccord entre les deux pattes du « H » que forme l'édifice vu des airs, est construite dix ans plus tard. Enfin, on termine l'aile Bonsecours, qui longe la rue Saint-Denis et remplace l'édifice original, en 1902. Ces travaux doivent faire face à de nombreuses crises de financement, mais ils permettent à l'Institution de remplir sa double mission : éduquer et héberger.

L'éducation agricole

À l'Institution des sourds-muets, les années 1880 vont voir se matérialiser une autre idéologie populaire parmi les élites : l'agriculturalisme, c'est-à-dire la glorification du mode de vie agricole comme idéal de développement économique, culturel et social pour les Canadiens français[9]. En effet, la plus grande partie des élèves des écoles montréalaises de sourds proviennent des milieux ruraux, et il paraît préférable à plusieurs de leurs éducateurs qu'ils retournent au travail de la terre, auprès des membres de leur famille, une fois leur éducation et leur apprentissage terminés. On craint, pour les sourds comme pour la population en général, que la vie en ville diminue leur sens moral par l'abrutissement que la pauvreté et les conditions de vie insalubres du milieu industriel provoquent. Toutefois, l'endettement de plusieurs agriculteurs, l'épuisement des terres, la rareté grandissante de celles-ci (ou leur morcellement en lots trop petits pour être rentables) entraînent un exil massif, soit vers les villes du Québec, soit – ce qui est pire encore selon les promoteurs de l'agriculturalisme – vers les villes manufacturières du nord-est des États-Unis. Entre 1840 et 1930, ce sont 900 000 Canadiens français qui émigrent ainsi vers les États de la Nouvelle-Angleterre et y établissent des « petits Canadas[10] ».

9. Voir à ce sujet l'étude de William F. Ryan, « Agriculturalism, A Dogma of the Church in Québec : Myth or Reality ? A Review of the Years 1896-1914 », *Canadian Catholic Historical Association Study Sessions*, 22 (1966) p. 39-49.
10. Yves Roby, *Les Franco-Américains de la Nouvelle-Angleterre*, Québec, Septentrion, 2000, p. 11.

Même si, dans ces regroupements d'exilés, les institutions de l'Église finissent par s'installer, on craint de perdre ces gens pour la nation. On craint surtout que, gagnés par l'appât de l'argent, ils oublient les valeurs chrétiennes et s'assimilent à la masse étasunienne.

. Deux solutions de rechange sont proposées aux familles canadiennes-françaises tentées par l'aventure urbaine ou l'émigration. D'un côté, on les invite à se lancer dans le projet de colonisation des nouvelles régions du Témiscamingue, des Laurentides et du Saguenay. La figure du curé de Saint-Jérôme, Antoine Labelle, vient ici naturellement à l'esprit. D'un autre côté, on recommande aux Canadiens français d'avoir recours à une agriculture plus scientifique. Cette approche requiert une formation en agriculture, alors que celle-ci avait toujours été le fruit du travail en famille sur la terre. Ces deux planches de salut contre l'urbanisation sont interreliées : l'une peut d'ailleurs contribuer à l'autre, puisqu'une agriculture scientifique bénéficie autant aux colons qui s'installent sur les terres plus difficiles à cultiver et au climat plus rigoureux du Nord qu'à ceux qui tentent de revaloriser les terres épuisées de la vallée du Saint-Laurent. L'éducation à l'agriculture va également de pair avec une recherche scientifique dans des fermes-écoles.

Dans les années 1880, le gouvernement provincial soutient la création d'écoles d'agriculture un peu partout dans la province. Ce mouvement n'est pas unique au Québec : à la même époque, le gouvernement fédéral, désireux de voir se remplir les terres de l'Ouest canadien, établit un réseau de fermes expérimentales à travers le pays. Celles-ci ont pour mission de contribuer à la recherche scientifique visant à développer des variétés de plantes commerciales plus résistantes, venant plus rapidement à maturité, qui pourront être cultivées dans les grandes plaines de l'Ouest et dans les régions de colonisation du Nord. L'Institution catholique des sourds-muets cherche à participer à ce mouvement en développant sa propre école d'agriculture, qu'elle tente de faire accréditer par le gouvernement provincial comme ferme modèle. Même si le projet de reconnaissance gouvernementale échoue, une telle démarche témoigne du fait que les éducateurs de sourds ne manquent pas d'ambition, ni de confiance dans le potentiel de leurs étudiants à réaliser les plus hautes attentes.

Une première initiative agricole auprès des sourds a lieu au cours des années 1850, alors qu'on cherche encore un site permanent pour l'Institution des sourds-muets. L'école s'installe temporairement à Chambly, où les Clercs de Saint-Viateur pensent pouvoir établir une ferme auprès de l'école. Le projet ne se réalise pas de ce côté, et les Clercs attendront jusqu'aux années 1880 pour tenter à nouveau l'aventure agricole. De leur côté, les sœurs de la Providence héritent en 1868 d'un vaste domaine à Belœil qui leur ouvre de nouvelles possibilités. Victor Gadbois, le père de la fondatrice et de trois des supérieures de l'Institution des sourdes-muettes, lègue son patrimoine foncier à ses filles, toutes devenues religieuses. Celles qui appartiennent à la communauté des sœurs de la Providence héritent de la maison paternelle et d'un vaste domaine, sur lequel elles installent une succursale de l'Institution des sourdes-muettes. Cette ferme devient bientôt un refuge pour les sourdes et les sourds arrivés à l'école trop âgés pour y suivre le cours usuel et qui trouvent là un lieu de vie protégé où ils se rendent utiles par le travail de la terre. Il ne s'agit nullement d'une école d'agriculture. L'édifice héberge également des pensionnaires payants, des infirmes, des personnes âgées et un externat primaire[11]. Avec le temps, cet établissement se consacrera surtout au service aux déshérités de la population locale et à l'éducation plutôt qu'aux sourds ; ceux-ci demeurent toutefois présents tout au long de l'existence de la « Providence Saint-Victor ». L'endroit sert également de lieu de repos périodique aux religieuses et même aux pensionnaires de l'Institution des sourdes-muettes.

En 1882, la seigneuresse Masson lègue aux Clercs de Saint-Viateur l'une de ses terres de la région de Terrebonne pour qu'ils y établissent une ferme modèle, voire l'ensemble de leur institution. Les religieux y installent quelques sourds adultes qui entretiennent la ferme en échange du gîte et du couvert. On leur donne également une instruction religieuse de base, afin de les amener à la première communion et éventuellement à la confirmation, mais l'éducation proprement « scolaire » est réduite. Les efforts de l'Institution pour assurer l'avenir de cette ferme par une reconnaissance de cet établissement comme ferme modèle par le gouvernement provincial demeurent toutefois infructueux. De plus, la grande distance entre cette ferme et l'école elle-même ne permet pas aux élèves du cours usuel de l'Institution d'aller régulièrement à la ferme pour participer aux travaux agricoles et y recevoir l'instruction agraire. On cherche donc une autre

---

11. AHP, M40.37 « Chronique de la Providence Saint-Victor de Belœil (1868-1942) ».

solution, qui passe par la vente de cette terre et l'achat d'une autre à Outremont, plus près de l'Institution.

Le 9 avril 1887, la ferme-école déménage de Terrebonne à Outremont[12]. La direction de l'Institution porte alors un projet d'installation permanente de l'école sur les terrains de la ferme elle-même, question de regrouper les efforts d'éducation et d'intégrer l'enseignement agricole à celui des métiers enseignés à l'école et d'éloigner l'Institution de la ville qui l'envahit de tous côtés. Il faut préciser qu'à l'époque Outremont n'est pas une banlieue résidentielle de Montréal, mais bien un vaste jardin potager dont la production nourrit les citadins. Toutefois, avec l'expansion de la ville vers le nord amenée par la croissance phénoménale de sa population à la fin du XIXe siècle, les terres agricoles d'Outremont entrent de plus en plus dans la mire des promoteurs immobiliers. Par conséquent, la valeur des terrains s'en trouve accrue. Cette nouvelle situation et le peu d'intérêt des élèves pour l'instruction agricole ont fait naître d'autres projets pour la ferme chez les Clercs de Saint-Viateur, qui n'arrivent toujours pas à recevoir l'agrément du gouvernement qui amènerait des subventions. Plutôt que d'installer l'école sur la ferme, il s'agit dorénavant de financer l'Institution en profitant de la fièvre de spéculation foncière pour vendre la ferme par lotissements en y favorisant le développement résidentiel.

Voyant peu d'espoir de voir se développer la ferme des sourds, la communauté décide, en 1896, d'abandonner son projet d'y fixer l'école. On a pourtant commencé à ériger un édifice en 1892 pour loger l'Institution ; ce nouveau bâtiment devient le site de l'administration provinciale des Clercs de Saint-Viateur, qui s'y trouve toujours. Le procureur (le responsable des finances de l'Institution) de l'époque décide d'entrer, dès la fin des années 1880, dans un programme de spéculation foncière, c'est-à-dire d'achat de terrains pour les revendre à profit. Il inclut la terre d'Outremont dans ses projets. Après quelques années, ce projet devient un boulet pour la communauté, parce que le développement résidentiel ralentit sa course à la fin du siècle. Malgré tout, la ferme de l'Institution des sourds-muets est graduellement divisée en lots et envahie par la construction de résidences. Les rues d'Outremont (Querbes, de l'Épée, Saint-Viateur,

---

12. ACSVM, P9, G, « Journal de l'Institution des sourds-muets » (ci-après Journal ISM), vol. 105, p. 47.

Champagneur) gardent la mémoire des noms de personnes importantes dans le développement de l'éducation des sourds et des Clercs de Saint-Viateur. Le manoir McDougall, où logeait la ferme à ses débuts, tient toujours également sur la rue du même nom, tout près du chemin de la Côte-Sainte-Catherine. Ces noms et cette maison rappellent à l'œil averti l'existence d'une ferme pour les sourds-muets à Outremont à la fin du XIXᵉ siècle.

Ateliers et ouvroirs

Dès les débuts, les responsables des institutions pour les sourds expriment le désir de voir naître dans leurs murs des ateliers de formation pour les élèves. De tels ateliers existent depuis longtemps à l'Institution nationale des sourds-muets de Paris ainsi que dans la plupart des institutions aux États-Unis. On croit leur existence nécessaire pour les sourds, car la formation à un métier réduit l'écart des chances entre eux et les entendants sur le marché du travail. Lors de sa première tentative pour fonder une école pour les sourds à Québec dans les années 1830, Ronald Macdonald réitère au gouvernement son désir d'obtenir les subsides nécessaires pour établir des ateliers visant à compléter la formation des élèves qui lui sont confiés. Lorsque l'école doit fermer ses portes, il affirme que l'absence d'ateliers a joué un rôle primordial dans l'échec de cette entreprise éducative[13]. La dépendance de l'école envers le financement gouvernemental qui fait alors défaut a cependant joué un rôle bien plus important dans sa fermeture.

Les premiers ateliers sont établis à l'Institution des sourds-muets quelques années après qu'elle fut fixée à Saint-Louis-du-Mile-End (on mentionne leur existence vers 1863). Il s'agit d'ateliers de cordonnerie, de reliure et d'imprimerie[14]. Après l'incorporation civile de l'Institution, Alfred Bélanger cherche à développer les ateliers. En 1878, l'école s'agrandit au nord de la rue Laurier (qui s'appelle alors Saint-Louis), où l'on construit une annexe contenant des ateliers. Cette annexe est reliée à l'édifice principal par une passerelle enjambant la rue. La nouvelle partie abritant les ateliers permet également de loger quelques apprentis et employés. Malheureusement, en 1881, un incendie dévaste les ateliers récemment construits. Les assurances

---

13. ACSVM, P9, A1, 6-2. Ronald MacDonald aux commissaires de l'Institution des sourds-muets, 21 janvier 1833.
14. [Jean-Baptiste Manseau], *Notices historiques sur l'Institution catholique des sourds-muets*, Montréal, Institution des sourds-muets, 1893, p. 13.

permettent leur reconstruction, mais les coûts engendrés par cette catastrophe hypothèquent sérieusement les ressources de l'école, qui doit rechercher de nouvelles sources de revenus, puisque le gouvernement provincial se refuse à avancer de nouveaux subsides. Il n'est toutefois pas question d'abandonner les ateliers, qui fournissent du travail à quelques sourds tout en permettant la formation d'autres apprentis. La vente des produits qui en sortent (qu'il s'agisse de livres imprimés puis reliés sur place ou de travaux de menuiserie) apporte un certain revenu à l'école dans son ensemble et facilite l'exécution de sa mission. De plus, après la reconstruction, le groupe électrogène installé dans les nouveaux ateliers ne fait pas que fournir l'énergie à l'Institution : les religieux en vendent le surplus à la ville de Mile-End pour l'éclairage des rues[15].

Les ateliers dépassent rapidement leur mission initiale de formation. Dès le début, quelques ouvriers sourds, anciens élèves de l'institution, y sont embauchés, soit pour donner la formation aux plus jeunes, soit pour permettre aux ateliers de fournir à la demande. Cette situation n'est pas unique à l'institution catholique. À Mackay, l'institution protestante, l'imprimerie embauche des anciens élèves (au début, il s'agit même d'élèves plus âgés) comme employés et contremaîtres pour répondre aux commandes[16]. Ces ateliers constituent pour les sourds une voie privilégiée d'entrée dans le monde adulte en tant que sourds. Ils leur permettent aussi de bénéficier de modèles de réussite parmi leurs pairs ou encore parmi les apprentis et les employés qui logent alors à l'Institution. Toutefois, ces seuls ateliers ne peuvent répondre aux besoins d'emploi de tous les anciens élèves. Un certain engorgement finit d'ailleurs par se manifester lors de périodes économiquement difficiles, alors que les usines hésitent à embaucher des sourds et que ceux-ci viennent demander de l'emploi à leur *alma mater*. Cette situation se produit notamment durant la première décennie du XXᵉ siècle, alors que la récession économique fait sentir son poids sur l'économie canadienne.

Avec le temps, cependant, les ateliers se transforment, pour certains anciens élèves, en emploi protégé, loin de la compétition des ouvriers entendants. En effet, au cours du XXᵉ siècle, une véritable entreprise d'imprimerie, de reliure, de menuiserie et de tôlerie prend naissance

---

15. ACSVM, P9, G, Journal ISM, vol. 105, 1ᵉʳ avril 1895, p. 232.
16. Archives du Centre Mackay, Journal de James McClelland, 28 septembre 1875.

dans les locaux des ateliers de l'Institution des sourds-muets. Les conditions de travail dans les ateliers ne sont pas idéales, puisque les ouvriers sourds semblent avoir été moins bien rémunérés que leurs compatriotes entendants. Les imprimeurs de la ville de Montréal logent d'ailleurs des plaintes pour compétition déloyale dans le secteur de l'impression des manuels scolaires durant les années 1930. Les ateliers sont séparés de l'école dans les années 1960, mais leur expansion d'une maison de formation à une entreprise industrielle et commerciale démontre d'une certaine façon les limites de l'éducation donnée par les institutions dans le contexte d'une société de plus en plus déterminée par la compétition capitaliste. Si des sourds sont embauchés aux ateliers, ce n'est pas seulement pour aider la situation financière de l'Institution, même si cela constitue une portion non négligeable de ses revenus. On les y embauche surtout par suite de demandes répétées de sourds désespérés dans leur quête d'emploi.

À l'Institution des sourdes-muettes, la nécessité d'établir un ouvroir destiné à former et à faire travailler les sourdes à des tâches que l'on juge appropriées pour leur sexe s'impose peu de temps après la fondation[17]. Cela pèse même lourd dans la balance lorsque le projet de déménager de Longue-Pointe prend forme à la fin des années 1850 : on veut se rapprocher de la ville, de manière à fournir aux ouvrières du travail que commanderont les dames bourgeoises (couture, dentelle, broderie fine, reprisage). Comme les garçons apprennent un métier qui correspond à leur futur rôle en société, les jeunes sourdes apprennent les travaux d'aiguille répondant à ce que l'on attendra d'elles comme femmes. À la différence des garçons, toutefois, le genre de travaux auxquels on forme les filles est souvent l'apanage d'une élite sociale, et non celui des classes dont elles proviennent pour la plupart, soit des familles rurales et relativement pauvres[18]. Cette formation reflète des attentes non seulement rattachées à leur sexe, mais aussi à une classe sociale vers laquelle on aspire à les diriger. Plus tard, les ouvroirs deviennent l'apanage des sourdes qui n'arrivent pas à quitter l'Institution et servent surtout de source de revenus pour celle-ci. Chez les hommes, l'acquisition d'un métier ne marque pas une différence de classe aussi accentuée entre leurs origines et le statut social

---

17. On désigne les ateliers de formation de l'Institution des sourdes-muettes sous le terme « ouvroir » car il s'y faisait surtout des travaux d'aiguille.

18. La plupart d'entre elles sont en effet admises gratuitement à l'école, preuve de leur peu de moyens.

auquel ils peuvent espérer en terminant leur éducation. La plupart des métiers enseignés leur permettent de retourner dans leur milieu, même si plusieurs demeurent en ville pour être près de l'école et des autres sourds avec lesquels ils établissent des liens.

Les élèves qui travaillent à l'ouvroir côtoient un autre groupe d'ouvrières, soit des femmes sourdes plus âgées, résidant souvent à l'institution, et que l'on traite comme des cas de charité. Comme dans les asiles, le travail manuel leur procure une occupation tout en les faisait contribuer aux frais de leur hébergement[19]. La vente de leur production fournit également un revenu pour soutenir l'entreprise éducative dans son ensemble. Les modèles adultes dont disposent les sourdes dans les ouvroirs sont donc différents de ceux des sourds. De plus, si les ateliers de l'Institution des sourds-muets se veulent ouverts sur le monde, visant à donner aux élèves un moyen de gagner leur vie, les ouvroirs de l'Institution des sourdes-muettes, en revanche, n'ont pas pour but d'offrir aux élèves une formation axée sur un emploi futur et sur l'atteinte d'une certaine indépendance. Ils cherchent plutôt à préparer les sourdes à la vie familiale telle qu'on la conçoit à cette époque. On peut supposer que les religieuses donnent en plus aux sourdes une formation à divers aspects de la vie de femme, qui serait semblable à celle qui est donnée aux autres pensionnaires des couvents[20]. Cette formation est largement axée sur des valeurs à transmettre à leurs enfants et sur le culte de la domesticité.

Vie parascolaire

Les classes et les ateliers ne constituent pas les seules occupations des élèves dans les pensionnats pour les sourds. L'institution est également leur milieu de vie. Il faut donc que les responsables des écoles organisent des activités pour les pensionnaires avec lesquels ils partagent leur quotidien du début de septembre à la fin de juin (au XIXe siècle, on ne renvoie pas les élèves dans leur famille durant le temps des fêtes).

---

19. Le travail manuel ou agricole fait partie de la révolution qu'apporte Philippe Pinel au traitement des aliénés au XVIIIe siècle. Il croit que le fait de travailler et de bénéficier du grand air leur permettra de se réinsérer plus facilement dans la société. Philippe Pinel, « Recherches et observations sur le traitement moral des aliénés », *Mémoires, recherches, observations, résultats* (Nendeln /Liechstenstein, Kraus Reprint, 1978).

20. Les sources ne nous permettent malheureusement pas d'accéder au détail du programme pédagogique. Pour comparer, Micheline Dumont et Nadia Fahmy-Eid, dir., *Les couventines : l'éducation des filles au Québec dans les congrégations religieuses enseignantes, 1840-1960*, Montréal, Boréal, 1986.

Comme, dans les deux cas, il s'agit de communautés religieuses qui voient leur mission auprès des sourds en matière d'évangélisation, les premières activités parascolaires organisées prennent la forme de confréries religieuses au sein desquelles les élèves peuvent s'enrôler. En plus d'occuper les élèves, celles-ci ont l'avantage d'être formatrices sur les plans social et religieux. Elles encouragent l'émulation par un système de récompenses diverses (rubans, médailles, nom au tableau d'honneur, privilèges divers) qui stimulent le bon comportement.

Comme dans les écoles ordinaires, ces associations pieuses se forment pour la plupart durant la décennie 1880-1890, période pendant laquelle la vie interne s'organise et s'institutionnalise après les années d'incertitude. Il n'est pas toujours possible de savoir combien d'élèves elles embrigadent ni d'évaluer leur influence réelle, mais les éducateurs insistent sur le bienfait qu'elles procurent par l'exemple de ceux et celles qui y participent. Chez les garçons, la Garde d'honneur du Sacré-Cœur est créée en 1884. Ses membres servent surtout lors des grandes liturgies et manifestations publiques, qui leur permettent, avec leurs uniformes et décorations, de donner du panache aux processions et cérémonies religieuses. La Congrégation des Saints-Anges est également présente quelques années plus tard à l'Institution des sourds-muets, comme dans la plupart des écoles des Clercs de Saint-Viateur. Il s'agit là aussi d'un groupement au rôle surtout liturgique. Les membres de ces confréries bénéficient de conférences et d'instructions religieuses plus poussées que le reste des élèves, dans l'espoir que leur exemple serve au bien général de la vie de l'école.

De même, chez les filles, on note la présence des Enfants de Marie le 8 décembre 1884, en la fête de l'Immaculée-Conception[21]. Quatre sourdes, dont une issue de la méthode orale, en constituent le noyau initial. L'année suivante, c'est au tour de la Congrégation des Saints-Anges de voir le jour. Présente déjà dans plusieurs autres maisons d'éducation de la communauté, elle vise les élèves plus âgées, c'est-à-dire celles qui ont terminé leur cours et qui résident à l'Institution[22]. Ces associations pieuses ont surtout pour but de compléter l'instruction religieuse des élèves en amenant ces dernières à mettre en pratique les enseignements reçus.

---

21. Chronique ISM, vol. I, p. 213.
22. *Ibid.*, p. 223-224.

Les confréries religieuses ne sont toutefois pas la seule activité parascolaire offerte aux élèves des institutions. À la fin du XIXᵉ siècle, on commence à prendre conscience, dans le monde de l'éducation en général, et tout particulièrement dans les pensionnats, qu'il ne suffit pas de donner une instruction académique aux enfants pour qu'ils se développent sur le plan cognitif et comme citoyens. De plus en plus, on intègre l'activité physique aux programmes des écoles : le sport organisé commence à prendre sa place dans la société en général et le milieu éducatif suit. On se souviendra que c'est à la même époque que la plupart des ligues sportives professionnelles s'organisent.

Au début, les programmes de « culture physique » s'apparentent à l'entraînement militaire. Une des raisons qui amène ces programmes est d'ailleurs liée à la défense nationale, dans une atmosphère de nationalismes exacerbés et de rivalités internationales croissantes. Les chefs politiques commencent en effet à s'inquiéter des effets pervers de l'industrialisation et de l'urbanisation sur les taux de natalité et sur la santé des enfants qui naissent[23]. Depuis le début du siècle, on assiste à une baisse généralisée des naissances dans le monde occidental. De plus, dans les villes, on remarque que les enfants sont plus maladifs et que la mortalité infantile urbaine est particulièrement élevée. Ce constat entraîne chez les élites politiques une préoccupation plus vive à l'égard des enfants que l'on désire voir devenir des adultes forts et capables d'être appelés sous les drapeaux en cas de guerre. Le sport semble constituer un moyen pour accroître la résistance physique des enfants.

C'est ainsi que, dans la plupart des écoles, des séances de gymnastique et des démonstrations d'adresse sont organisées. Chez les sourds, on voit un autre avantage à l'utilisation de l'activité physique : on prétend qu'elle sert aussi à développer la capacité respiratoire nécessaire à l'apprentissage de la parole. Bien entendu, les sports constituent également une récréation bien utile pour canaliser l'énergie des enfants, et les élèves de l'Institution des sourds-muets s'affairent chaque année à construire deux glissoires en neige dans la cour, une pour les élèves de la méthode orale et l'autre pour ceux de la méthode manuelle[24]. Nul doute que les longues soirées d'hiver passent plus

---

23. Mudina M. Desmond, *Newborn Medicine and Society: European Background and American Practice (1750-1975)*, Austin (Tx), Eakin Press, 1998, p. 67-69.
24. ACSVM, P9, G, Journal ISM, vol. 105, février 1900, p. 300.

rapidement lorsqu'il s'agit d'entretenir des glissoires et des patinoires, lesquelles deviennent le lieu rêvé de mille et un jeux.

Un véritable club de loisirs pour les élèves, appelé «Comité des jeux», s'organise progressivement à l'Institution des sourds-muets au cours des années 1890. Au départ, son rôle consiste surtout à distribuer le matériel nécessaire aux jeux extérieurs comme le hockey en hiver ou les jeux de balle de l'été. Ce comité est tenu par des élèves, sous la supervision d'un religieux. Par là, on cherche à donner aux élèves une certaine dose d'initiative dans leur vie, ce dont ils bénéficient peu dans le contexte des classes. Les installations extérieures sont également utilisées par des gens du milieu, qui louent les patinoires pour des tournois de hockey, apportant à l'Institution des revenus supplémentaires. Au début du XXe siècle, des compétitions amicales entre des équipes de l'Institution et celles d'autres écoles mettent les sourds en évidence en leur permettant de se mesurer à leurs pairs entendants autrement que sur le plan scolaire.

Des communautés religieuses sourdes

Les associations pieuses permettent aux élèves sourds d'accéder plus profondément à une formation religieuse intégrale, mais au cours de la période il leur devient impossible d'entrer en communauté comme l'ont fait les frères Jean-Marie-Joseph Young et Benjamin Groc chez les Clercs de Saint-Viateur et certaines des premières élèves de l'Institution des sourdes-muettes, dont Margaret Hanley et Olive Mondor, chez les sœurs de la Providence. Dans les deux institutions catholiques, le problème se pose face aux élèves qui expriment le désir d'entrer dans la vie religieuse pour répondre à leur vocation; après tout, on leur répète dans leurs cours d'instruction religieuse que l'état consacré est celui que Dieu préfère. Dans le monde des années 1880, alors que la philosophie éducative de l'oralisme promeut une intégration des sourds et tente de rendre invisible la différence que provoque la surdité, voilà que la vie religieuse, par ses critères d'admission, les distingue des entendants.

Le chapitre général des C.S.V. se penche sur la question de l'entrée des sourds dans la communauté en 1890 et interdit l'admission des sourds aux vœux de religion. En conformité avec l'évolution du droit canon, les règles de la congrégation ne permettent dorénavant plus d'admettre qui que ce soit qui ne remplirait pas les exigences pour être admis au séminaire. La surdité constitue alors un tel empêchement aux études préparatoires à la prêtrise, car les sourds ne peuvent prononcer les paroles de la consécration eucharistique. Pour pallier ce problème, on commence à penser admettre les sourds dans une congrégation parallèle, mais associée aux Clercs de Saint-Viateur C'est ainsi que naît l'idée de créer un ordre de «tertiaires», c'est-à-dire des laïcs engagés dans la communauté religieuse mais non tenus par des vœux publics[25]. Une telle initiative échoue à sa première tentative, en 1896, faute d'obtenir toutes les autorisations nécessaires. Toutefois, lorsque l'Institution déménage dans ses nouveaux locaux du boulevard Saint-Laurent, en 1921, le projet est relancé et aboutit en 1927 à la création des Oblats de Saint-Viateur. Nous y reviendrons au chapitre suivant.

Chez les filles, une congrégation de sourdes voit le jour beaucoup plus rapidement, dès 1887[26]. Cette congrégation féminine constitue en quelque sorte l'inspiration qui pousse les Clercs de Saint-Viateur à fonder une congrégation séparée pour les sourds. Durant les premières années d'existence de l'Institution des sourdes-muettes, les sœurs de la Providence admettent quelques anciennes élèves dans leur congrégation. Ainsi, Margaret Hanley, la première élève de sœur Marie-de-Bonsecours (Albine Gadbois), fait son entrée au noviciat et prononce ses vœux de religion le 4 février 1860, avant de mourir le 16 mars de la même année[27]. Au mois de septembre suivant, Olive Mondor, la troisième élève de l'Institution, recrutée en 1852 lors du stage de formation de sœur Marie-de-Bonsecours à Joliette, entre à son tour au noviciat, non sans avoir suscité un débat au sein des autorités de la communauté et même du diocèse. Elle prononce ses vœux le 19 novembre 1862 et elle devient sœur Côme-de-la-Providence, honorant ainsi Côme-Séraphin Cherrier, donateur du terrain de l'Ins-

---

25. Les «tertiaires», ou membres d'un «tiers-ordre», existent depuis longtemps dans la vie religieuse. Il s'agit à l'origine de laïcs vivant avec les moines, mais ne faisant pas de vœux de pauvreté, de chasteté et d'obéissance. Plus tard, les tiers-ordres prennent la forme d'associations de fidèles qui sympathisent avec la spiritualité d'un ordre, sans pour autant engager leurs membres à vivre avec la communauté. Le plus connu est le tiers-ordre franciscain. Le nom de «tiers-ordre», ce qui veut dire «troisième ordre», vient du fait qu'il s'agit d'une troisième manière de vivre la mission de la communauté, le premier ordre étant généralement celui des hommes consacrés et le second, celui des femmes.
26. Pour une étude détaillée de cette congrégation, Stéphane-D. Perreault, *Une communauté qui fait signe: les sœurs de Notre-Dame-des-Sept-Douleurs, 1887-2005*, Outremont, Carte blanche, 2006.
27. Chronique ISM, vol. I, p. 9.

titution[28]. Une troisième sourde, Élise Routhier (sœur Priscille), entre en communauté en 1880. Ces deux religieuses sourdes mourront à l'Institution la même année, en 1933, après une longue vie de services rendus. Dans les années 1850 et 1860, on admet donc clairement que les sourds et les sourdes ont ce qu'il faut pour devenir religieux. Toutefois, les attitudes sociales envers la surdité changent tellement que, vingt ans plus tard, de telles initiatives deviennent impossibles, et il faut désormais chercher d'autres solutions.

La religieuse qui tient la chronique de l'Institution des sourdes-muettes en 1886 montre de manière exemplaire ce changement d'attitude. Les sourdes sont alors perçues comme inadéquates à l'engagement à long terme que représentent les vœux perpétuels de pauvreté, de chasteté et d'obéissance. Peut-être les attentes ont-elles été irréalistes au regard de la formation qu'avaient reçue ces élèves, qui sait ? Voici ce que raconte la chroniqueuse :

> L'expérience pratique que nous avons acquise du caractère [...] des Sourdes-Muettes en général, [...] nous a démontré que ces pauvres infirmes restent toute leur vie à l'état d'enfance, et que toute leur vie, elles ont besoin, moralement surtout, des soins et des ménagements qu'il faut aux enfants, cette connaissance approfondie du malheur de nos pauvres sourdes-muettes nous a convaincues en même temps qu'il est imprudent pour ne pas dire téméraire de leur faire prendre des engagements perpétuels comme le sont par exemple les vœux de religion (nous ne parlons pas du mariage de ces infirmes qui est partout généralement blâmé, et que nous, leurs institutrices et directrices déplorons comme un malheur).
>
> Mais pour donner à ces existences un but et un encouragement, comprenant d'ailleurs qu'il y en a parmi elles qui sont appelées à une vie plus parfaite les unes que les autres, nous avons cru pouvoir tout concilier en érigeant parmi elles dans cette Institution, à l'instar de ce qui, pour les mêmes raisons se pratique dans des Institutions recommandables de France, une congrégation religieuse à vœux annuels de Pauvreté, Chasteté, Obéissance.
>
> On voit des Congrégations de ce genre à Gand (Belgique), Larnay (près de Poitiers, France). Les religieuses qui dirigent ces Sœurs Sourdes-

---

28. *Ibid.*, p. 11.

muettes ont toutes le même but : faire participer ces pauvres infortu-
nées au bienfait de la vie religieuse sans leur imposer des obligations au
dessus [sic] de leurs forces intellectuelles. Toutes reconnaissent et attes-
tent comme nous que la sourde-muette à cause de son infirmité n'est pas
du tout apte à être incorporée à nos communautés religieuses[29].

On peut s'interroger sur les raisons qui amènent les autorités
religieuses à considérer les personnes sourdes inaptes aux vœux de
religion dans les années 1880, alors qu'elles sont considérées adéquates vingt ans plus tôt. Les attitudes sociales envers les sourds évoluent
visiblement dans le sens d'une exclusion, ce dont la montée de l'oralisme est à la fois un symptôme et un facteur[30]. On peut penser qu'il
y a à la source de ce changement des préoccupations de la vie quotidienne. Des religieuses entendantes peuvent trouver difficile d'avoir
à constamment fonctionner à la fois en signes et par la parole dans
leur vie communautaire, notamment à table, de façon à faciliter la
vie aux sourdes. Cela ne pose pas trop de problème lorsqu'il n'y a que
quelques religieuses sourdes, mais pourrait devenir un défi si elles
étaient nombreuses. Ces contraintes de la vie quotidienne jouent également un rôle dans le désir de séparer entendantes et sourdes si ces
dernières sont admises à la vie religieuse. De plus, on remarque dans
cette citation une opposition au mariage des sourdes. Au-delà du fait
que les religieuses considèrent le mariage comme une vocation infé-
rieure à celle de la vie religieuse[31], on peut penser que les idées eugé-
nistes qui commencent à prendre forme aux États-Unis sous la plume
d'Alexander Graham Bell et d'autres ont également fait leur chemin et
propagent la peur de l'émergence d'une « race de sourds[32] ».

Le fait que l'on considère que les sourdes n'ont plus ce qu'il faut
pour entrer en religion dans une communauté usuelle ne signifie pas
pour autant que l'on doive complètement leur fermer la porte. Les
sœurs de la Providence et l'aumônier de l'Institution, François-Xavier
Trépanier, cherchent donc d'autres modèles possibles pour permettre

---

29. Chronique ISM, 1885-86, vol. I, p. 234-235.
30. Douglas Baynton, *Forbidden Signs: American Culture and the Campaign against Sign
    Language*, Chicago, University of Chicago Press, 1996.
31. Marta Danylewycz, *Profession : religieuse. Un choix pour les Québécoises, 1840-1920*,
    Montréal, Boréal, 1988.
32. Alexander Graham Bell, *A Memoir upon the Formation a Deaf Variety of the Human
    Race*, Washington (DC), Alexander Graham Bell Association for the Deaf, 1883 [réim-
    pression, 1969].

aux sourdes de s'engager dans la vie religieuse. Lors de ses voyages en Europe pour étudier les méthodes d'enseignement aux sourds, Trépanier visite des institutions tenues par les Filles de la Sagesse qui lui fournissent un élément de réponse. Il existe, entre autres à Gand, Bourg-la-Reine et Larnay, des communautés religieuses composées uniquement de sourdes, mais associées et subordonnées à la congrégation qui tient l'institution. Ces communautés s'apparentent aux tiers-ordres, sauf que leurs membres prononcent des vœux de religion (et non de simples promesses), mais elles ne le font jamais de manière perpétuelle. Les religieuses doivent renouveler leurs vœux chaque année. On veut ainsi contourner ce que l'on considère comme de l'inconstance chez les sourds en leur offrant uniquement un engagement limité dans le temps, mais perpétuellement renouvelable.

Sur le plan administratif, ces communautés de sourdes ont également pour caractéristique d'être entièrement dépendantes de la congrégation entendante responsable de l'institution. Les sourdes n'ont pas de supérieure propre, tirée de leur nombre : on leur assigne une « maîtresse de novices » responsable de leur formation religieuse et chargée de servir d'intermédiaire entre elles et la supérieure générale de la communauté, qui est en fait leur véritable supérieure. De même, elles ne peuvent pas résider à l'extérieur de l'Institution des sourdes-muettes, puisqu'elles existent essentiellement pour être au service de cette œuvre. L'option de la vie religieuse est donc offerte aux sourdes, mais sur des bases fondamentalement différentes de ce qui se passe pour les entendantes. Leur statut légal est bien celui d'une congrégation religieuse, mais pas à part entière, car elles n'ont ni l'autonomie ni la mobilité des religieuses apostoliques ordinaires.

Les sœurs de la Providence décident donc, sur l'avis favorable de l'aumônier de l'Institution, François-Xavier-Trépanier, de fonder une communauté de sourdes selon le modèle de ce qui existe alors à Larnay, en France. Une première demande est faite par l'administration de l'Institution au conseil général de la communauté des sœurs de la Providence le 6 novembre 1885, mais elle est initialement refusée[33]. L'année suivante, la question est débattue au chapitre général de la congrégation, présidé par Mgr Charles-Édouard Fabre, archevêque de Montréal. Celui-ci donne son aval au projet de communauté de sourdes ; la fondation est donc approuvée à l'automne 1886. Il

---

33. Chronique ISM, vol. I, p. 235.

prend forme le 1er avril suivant, lors de l'entrée de neuf postulantes au noviciat des petites sœurs de Notre-Dame-des-Sept-Douleurs[34]. Ces postulantes sont Clara Aumond, Eliza Baxter, Catherine Beston, Azilda Boivin, Ellen Cronin, Rosalie Geoffroy, Eugénie Lemire, Émilie Montpellier et Clara Perron[35]. Cinq d'entre elles persévèrent jusqu'à prononcer leurs vœux le 21 septembre 1890[36]. D'autres se joignent bientôt à elles, et la petite communauté se développe à l'intérieur de l'Institution. Elles n'ont jamais dépassé le nombre total de 60 membres en même temps, et 87 personnes ont prononcé leurs vœux dans la congrégation tout au long de son histoire.

Elles remplissent diverses tâches à l'Institution, mais n'ont aucun rôle d'autorité. Leurs obédiences, c'est-à-dire les postes qui leur sont confiés, sont variées et complètent le travail des sœurs de la Providence. Ces femmes se doivent d'être polyvalentes et disponibles. Elles sont souvent en contact direct avec les élèves, dans des tâches de surveillance de dortoirs ou d'aide en classe et aux ouvroirs. Elles travaillent également à divers services de soutien nécessaires à la vie de l'Institution, comme la cuisine, l'entretien ménager, l'infirmerie, la couture et l'entretien des vêtements. Ces religieuses fournissent un modèle de vie aux élèves et assurent une permanence d'adultes sourdes à l'intérieur de l'Institution.

L'expérience des communautés religieuses pour les sourds et les sourdes montre bien qu'à la fin du xixe siècle il se produit un changement profond de mentalités qui amène les sourds à devoir s'intégrer différemment à l'intérieur du personnel des institutions. Chez

---

34. La communauté prend ainsi non seulement les mêmes constitutions que sa parente de Larnay, en France, mais également le même nom. L'appellation «petites sœurs» est souvent donnée aux communautés de religieuses fondées pour le service d'autres congrégations ou de prêtres diocésains, par exemple les religieuses qui tiennent les cuisines et font le ménage dans les collèges classiques et les presbytères. En 1974, cette communauté perd son appellation de « petites » et devient les « Sœurs de Notre-Dame-des-Sept-Douleurs ». Ce dernier nom sera utilisé ci-après de préférence à «petites sœurs ».

35. Chronique ISM, vol. I, p. 252.

36. Pour rappeler l'histoire de l'institution, les premières professes prennent des noms tirés de son histoire. Catherine Beston devient sœur Marie-de-Bonsecours, honorant la fondatrice ; Rosaie Geoffroy devient sœur François-Xavier, honorant l'aumônier François-Xavier Trépanier, que les religieuses considèrent comme leur fondateur ; Azilda Boivin devient sœur François-de-Sales, du nom du patron des sourds ; Émilie Montpellier devient sœur Marie-Ignace, en souvenir de Mgr Ignace Bourget ; et Eugénie Lemire devient sœur Marie-Victor, rappelant le souvenir du père des sœurs Gadbois.

les religieuses, une communauté distincte regroupe les sourdes dès 1887 et leur donne une fonction précise à l'intérieur des murs. Chez les hommes, divers problèmes canoniques, puis le manque d'espace et une crise financière retardent l'exécution d'un projet semblable jusqu'en 1927, quarante ans après les religieuses. Les attitudes ne sont pas fondamentalement différentes chez les hommes et chez les femmes quant à l'engagement religieux des sourds. Des deux côtés, on cherche à mieux encadrer leur vie. Chose certaine, comme pour les adultes travaillant dans les ateliers, les religieuses et les religieux sourds fournissent des modèles de vie adulte aux élèves qu'ils fréquentent quotidiennement et ils contribuent au maintien d'une culture sourde dans les institutions.

Exposition internationale de Chicago en 1893

Le XIXe siècle voit s'étendre l'éducation de masse en Occident. Chez les sourds, on ne compte plus le nombre d'institutions qui sont fondées à travers le monde, mais surtout aux États-Unis et en Europe. Les débats autour des méthodes d'éducation (manuelle ou orale) témoignent d'ailleurs d'une certaine maturité du champ éducatif, puisque l'éducation des sourds n'est plus à débattre en soi : tout le monde s'entend pour dire qu'elle est une nécessité. Les opinions divergent, toutefois, sur sa mission sociale. Les désaccords quant à ce qui pourrait constituer *la* meilleure méthode d'éducation montrent comment le besoin d'éduquer les sourds est associé à l'image que l'on se fait alors de la société idéale que l'on cherche à ériger.

Tous ces enjeux convergent à l'exposition internationale qui se tient à Chicago en 1893 pour célébrer le quatrième centenaire de l'arrivée de Christophe Colomb en Amérique (ce qui lui mérite l'appellation d'« exposition colombienne »). Depuis l'exposition de Londres en 1851, de grandes foires internationales se tiennent à intervalles plus ou moins réguliers à travers les villes principales de l'Europe et de l'Amérique. Ces expositions ont pour but de glorifier l'industrialisation et le progrès humain dans le domaine économique et social. On y voit donc les dernières machines qu'a inventées le génie humain pour accélérer la production de biens, les techniques agricoles les plus avancées, les nouvelles races d'animaux et les variétés de plantes que l'on emploie pour accroître la productivité des fermes.

Les expositions internationales représentent également les sommets du progrès social tel que se le représentent les élites. Par ce moyen, on cherche à impressionner les visiteurs et à faire naître en eux le désir d'une vie meilleure. Par exemple, à celle de Chicago en 1893, l'architecture des bâtiments et leur disposition sur le site veulent représenter une ville « idéale », construite selon une architecture uniforme (néo-classique), avec des bâtiments d'une blancheur éclatante, remplis de lumière et d'espace. Cette conception du monde répond à certaines peurs des élites qui voient la réalité des villes industrielles, où les gens vivent entassés les uns sur les autres, dans des fonds de ruelles étroites, mal éclairées et mal nettoyées, dans des bâtiments sans architecture, laids et sales. Les expositions visent à rendre possible le rêve d'une société meilleure, sans pour autant s'attaquer aux véritables sources de la pauvreté et de l'injustice qui amènent les familles ouvrières à vivre dans des logements trop petits, à l'ombre des cheminées qui crachent une pollution qui réduit leur espérance de vie.

C'est dans ce rêve d'une société meilleure que s'insère l'idée de présenter des expositions sur l'éducation. L'éducation des sourds (comme celle des aveugles) fascine d'ailleurs l'imaginaire des gens à la fin du XIXᵉ siècle, alors qu'on rêve de transformer le monde au moyen du progrès technique. Les expositions permettent la rencontre d'éducateurs venus d'un peu partout dans le monde. Ainsi, à l'exposition internationale de Paris en 1878, on en profite pour improviser une conférence d'éducateurs de sourds qui sert surtout à préparer la tenue du Congrès de Milan de 1880. À Chicago, en 1893, on assiste un peu au triomphe des principes édictés à Milan, soit la consécration de l'enseignement oral aux sourds.

Les grands débats entourant l'enseignement oral aux sourds ont déjà été soulevés à Milan en 1880. Depuis, ils continuent à faire rage dans la littérature professionnelle (les revues d'éducateurs), mais on sent bien que, depuis 1885 environ, la question est plutôt réglée. Ce qu'il reste vraiment à débattre n'est plus si l'éducation orale est préférable (du point de vue des éducateurs) à l'éducation dite manuelle ou combinée, mais plutôt quels moyens il faudrait utiliser pour mieux dispenser l'éducation orale. Les discussions qui ont eu lieu à Chicago poursuivent ces débats, mais sans mener à des conclusions bouleversant l'ordre déjà établi.

On peut penser que, pour le public, ce n'est pas tant cette rencontre d'éducateurs qui est importante, mais le contenu de l'exposition et la publication des volumes de Fay. Ceux-ci entrent dans un courant important de changement des mentalités à la fin du xixe siècle. À cette époque, les nationalismes qui se développent dans le monde entraînent un intérêt renouvelé pour l'histoire en même temps que pour l'éducation. C'est le cas pour les sourds, mais aussi plus largement pour l'ensemble de la société. Cette période permet aux sourds de jeter un regard sur leur histoire pour la première fois, bien qu'il s'agisse d'une histoire écrite par des entendants et qui glorifie leur propre perspective sur l'éducation des sourds.

Mais qu'est-ce que cette exposition a à voir avec les institutions montréalaises ? Les trois écoles de sourds existant alors à Montréal envoient chacune à Edward Allen Fay un prospectus pour publication dans *Histories of American Schools for the Deaf*. Dans l'ensemble de l'ouvrage, la brochure de l'Institution catholique des sourds-muets est d'ailleurs la seule qui soit publiée en français (avec quelques sections traduites en anglais). Elle est également l'une des plus longues. Richement illustrée, elle raconte les débuts de l'Institution, ses méthodes pédagogiques, son accent religieux et enfin le travail qui se fait alors aux ateliers et à la ferme d'Outremont. Les brochures de l'Institution Mackay et de celle des sourdes-muettes sont plus courtes, mais non moins intéressantes[37]. De plus, les deux institutions catholiques envoient une sélection de travaux réalisés par leurs élèves pour être exposés à Chicago. Il n'y a cependant aucune trace de la participation de l'Institution Mackay à l'exposition.

En mai 1893, avant le départ des travaux des élèves pour l'exposition colombienne, les deux écoles catholiques pour les sourds organisent dans leurs murs une exposition des travaux des élèves qui vont être envoyés à Chicago. Cette initiative leur permet de faire d'une pierre deux coups : montrer à la population montréalaise la qualité de ce qui se fait dans ces écoles (et susciter leurs élans de charité) et faire étalage de la dimension internationale de cette éducation. Les pièces exposées comprennent des travaux manuscrits d'élèves de diverses classes ainsi que des objets réalisés dans les ateliers et les ouvroirs. De plus, dans le cas de l'Institution des sourds-muets, on fait imprimer 2 000 exemplaires supplémentaires du prospectus destiné à figurer dans la collection de Fay afin de les distribuer au clergé ainsi qu'aux

---

37. Edward Allen Fay, dir., *Histories of American Schools for the Deaf*, vol. III, Washington (DC), Volta Bureau, 1893.

hommes politiques, question de susciter parmi eux de l'intérêt pour cette œuvre d'éducation.

La participation des écoles de sourds à l'exposition colombienne montre bien le degré de maturité qu'elles ont atteint à la fin du XIXᵉ siècle. Elles sont bien ancrées dans le système d'éducation de la province et leur utilité n'est plus à démontrer. Toutefois, le soutien financier de ces œuvres demeure fragile, et un événement comme l'exposition colombienne peut aider à susciter de nouvelles entrées de fonds en montrant que les techniques d'éducation utilisées sont à la fine pointe du progrès de l'époque, ce qui inclut l'enseignement de la parole. L'oralisme, qui prend racine à Montréal dès 1870 et se renforce après 1880, se trouve ainsi justifié à la fois par une vision « moderne » du progrès éducatif et par des impératifs financiers.

Il y a également une rencontre d'éducateurs de sourds en 1893 autour de l'exposition de Chicago, mais ce rassemblement est organisé essentiellement par l'association étasunienne pour la promotion de l'enseignement de la parole, et il ne connaît pas le même rayonnement international que le Congrès de Milan. La réunion de 1893 mobilise surtout des représentants des écoles des États-Unis, venus discuter ensemble de questions qui touchent l'éducation dans leur pays. Lors de l'exposition colombienne, le « Volta Bureau » met sur pied une exposition sur l'enseignement aux sourds en Amérique du Nord. Cet organisme a été fondé à Washington par Alexander Graham Bell, bien connu à la fois pour l'invention du téléphone et pour ses positions en faveur de l'éducation uniquement orale. En complément à cette exposition, le Volta Bureau envoie, au printemps 1893, une commande spéciale à toutes les écoles pour les sourds des États-Unis, du Canada et du Mexique : rédiger et publier à leurs frais une brochure (prospectus) présentant leur histoire, les méthodes d'éducation utilisées, ainsi que les métiers enseignés. Le contenu précis de ces brochures est laissé libre à chacune des écoles, mais la brochure doit être imprimée dans un format standard, permettant de relier le tout pour constituer un volume.

Edward Allen Fay, rédacteur en chef de la revue *American Annals of the Deaf*, est chargé de diriger l'édition de ce volume. Il en résulte trois gros tomes, intitulés *Histories of American Schools for the Deaf*, dont les deux premiers contiennent les prospectus des institutions publiques étasuniennes, alors que le troisième rassemble ceux des écoles privées de ce pays ainsi que des diverses écoles du Canada et du Mexique. Ces trois volumes sont publiés pour l'exposition colombienne et bénéficient d'une large diffusion dans le réseau des institutions pour les sourds en Amérique du Nord et au-delà. Cette œuvre importante marque un point tournant dans l'histoire des sourds, puisque c'est la première fois que l'on considère l'ensemble des institutions pour les sourds d'Amérique du Nord séparément des écoles pour les entendants. Les volumes expriment également l'état de l'éducation en 1893 : on y sent nettement l'expansion de la popularité de l'éducation orale à travers les États-Unis et au-delà.

L'aumônier de l'Institution des sourdes-muettes, François-Xavier Trépanier, part pour Chicago le 25 septembre 1893 et se plonge dans la lecture des cahiers exposés :

> Le 25 septembre, après la retraite annuelle de nos chères filles, sur notre demande, M^r le Chapelain est parti pour l'exposition Colombienne d'où il est revenu le 9 novembre. À l'exception de cinq jours employés à visiter des écoles de Sourds-Muets, il a consacré tout son temps à examiner les travaux industriels de toutes les écoles de Sourds-Muets, à se rendre compte du nombre et du genre des cahiers de langue étrangère de ces mêmes écoles, puis à analyser, page par page, tous les cahiers d'exercices classiques français et anglais par les autres écoles de Sourds-Muets. Ces cahiers dont plusieurs très volumineux étaient au nombre de 140[38].

Cet extrait nous donne une idée du travail que peut représenter un examen approfondi de cette exposition. De la part de l'Institution des sourdes-muettes, cela montre également une ouverture remarquable aux courants de pensée et aux expériences qui se font alors à l'étranger. Si la pensée religieuse de l'époque demeure essentiellement conservatrice, elle est toutefois ouverte aux influences les plus diverses dans le domaine des méthodes et des techniques d'éducation.

* * *

Lorsque l'on regarde la période qui s'étend de 1880 à 1900 dans le monde de l'éducation des sourds, on est particulièrement frappé par le rapide renversement de la vapeur en faveur de l'éducation orale.

---

38. Chronique ISM, 1893-1894, p. 285-286.

Toutefois, même si ce changement s'est également produit dans les écoles québécoises, d'autres transitions sont à remarquer, comme le développement de la formation professionnelle et une vie institutionnelle qui favorise l'éclosion d'une culture sourde à partir des institutions. L'oralisme influence l'évolution interne des trois écoles pour les sourds à Montréal, mais on ne voit pas comme aux États-Unis ou en Europe de grands débats de fond pour savoir quelle méthode est la meilleure. Aucune des écoles montréalaises, il faut le dire, ne tente d'ailleurs durant la période d'éliminer complètement l'éducation par signes : leur mission d'accepter tous les sourds de la province qui s'y présentent ne leur permet pas d'adhérer à une telle pratique, car tous les éducateurs, même les plus doctrinaires, reconnaissent que l'éducation orale ne peut pas s'appliquer uniformément à tous les élèves sourds. Cela amène tout de même dans les écoles montréalaises une division des élèves en deux groupes.

La montée de l'oralisme peut être attribuée à une vague de modernité à travers l'Occident, c'est-à-dire un désir d'effectuer des changements et de susciter ce que l'on croit être du progrès au moyen de techniques humaines. Cette tendance s'applique dans le domaine de l'industrie, dans ceux de l'agriculture et de la médecine, alors pourquoi pas dans celui de l'éducation ? Même si les éducateurs reconnaissent les limites de telles transformations, le public qui soutient les institutions aime à croire que tous les sourds pourront un jour parler, à défaut d'entendre. Les meilleurs élèves de la méthode orale se retrouvent donc année après année sur une scène à faire étalage de leur talent lors des examens publics des écoles, alors que ceux de la méthode manuelle démontrent « l'élégance et la beauté » de leurs signes. Les premiers impressionnent beaucoup plus que les seconds parce qu'ils dépassent apparemment des limites naturelles des sourds. Dans ce domaine, les Clercs de Saint-Viateur tout comme les sœurs de la Providence suivent les tendances progressistes de leur époque.

Ils sont aussi influencés par d'autres courants de pensée, notamment l'agriculturalisme, dont nous avons fait état en parlant du développement des fermes. On veut éviter aux sourds d'être exposés aux « dangers » de la vie urbaine en les retournant à la ferme. Il ne s'agit toutefois pas d'un simple retour à la terre, mais de faire d'eux, par une formation appropriée à une agriculture scientifique, des pionniers d'une agriculture meilleure, destinée à permettre au peuple canadien-français de survivre sans devoir se plier au développement

de l'industrie. Cette tentative échoue, même si certains sourds retournent effectivement sur les fermes familiales. L'avenir pour eux n'est
plus là, mais en milieu urbain. Le fait que les sourds peuvent plus
facilement s'y regrouper et socialiser n'est pas étranger à leur désir
de demeurer à Montréal.

Les deux dernières décennies du XIXe siècle marquent surtout dans
les écoles montréalaises une période de consolidation de ce qui existe
déjà, ainsi que le début de nouvelles initiatives dans la vie interne
des écoles. C'est ainsi que naît, d'abord par l'entremise de confréries
religieuses destinées aux élèves, une vie parascolaire qui complète
le temps passé en classe et aux ateliers ou aux ouvroirs. Non seulement ces activités – auxquelles des loisirs sportifs se joignent bientôt
– constituent-elles des passe-temps et des formes d'éducation, mais
elles permettent aux sourds de fraterniser sur un autre plan, de nouer
des liens qui, sans nul doute, dureront dans certains cas toute la vie.
Des réseaux de solidarité entre sourds prennent forme bientôt autour
des institutions. Dès le début du XXe siècle, ces réseaux s'organisent
surtout à partir de l'Institution catholique des sourds-muets, alors
qu'est fondé un cercle pour les anciens élèves. Celui-ci devient rapidement un catalyseur des activités de la communauté sourde montréalaise et la base d'autres organisations à venir.

Premier bâtiment de l'Institution des sourdes-muettes sur la rue Saint-Denis, édifié en 1864. Rénové, il est intégré aux nouveaux bâtiments construits de 1870 à 1892 et finalement démoli en 1899. Archives de l'Institut Raymond-Dewar.

L'Institution des sourdes-muettes en 1887 vue de la rue Berri, angle Cherrier. Archives des Sœurs de la Providence.

L'Institution des sourdes-muettes vers 1895 alors qu'elle compte trois bâtiments
de plus qui portent le nom religieux d'une des sœurs Gadbois, vue de la
rue Saint-Denis, angle Cherrier. Archives des Sœurs de la Providence.

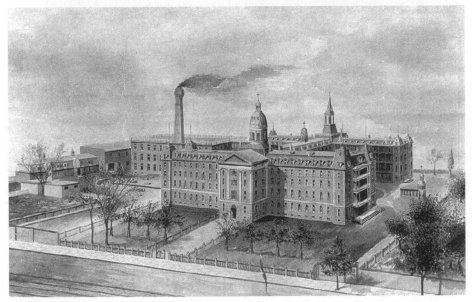

L'Institution des sourdes-muettes après la construction de l'aile Bonsecours
en 1902, vue de la rue Saint-Denis. Le dôme de l'édifice original a été installé sur
le petit pavillon que l'on aperçoit à droite. Archives des Sœurs de la Providence.

Résidences et constructions rurales où logeait l'école d'agriculture d'abord à Terrebonne puis à Outremont. Archives des Clercs de Saint-Viateur.

Maison de ferme Bouthillier vouée à l'enseignement agricole à Outremont, près de la Maison provinciale des Clercs de Saint-Viateur en 1887. Archives des Clercs de Saint-Viateur.

Sœur Côme-de-la-Providence
(Marie-Olive Mondor),
1842-1933.

Sœur Priscille
(Élise Routhier),
1850-1933.

Deux des trois sœurs sourdes admises à la congrégation des sœurs
de la Providence, avant même la fondation de la communauté des sœurs de
Notre-Dame-des-Sept-Douleurs. Archives des Sœurs de la Providence.

Groupe de fillettes avec l'aumônier François-Xavier Trépanier, 1898.
Archives des Sœurs de la Providence.

Première profession dans la congrégation des petites sœurs
de Notre-Dame-des-Sept-Douleurs, 22 septembre 1890.

1. Sœur Marie-de-Bonsecours (Catherine Beston)
2. Sœur François-Xavier (Rosalie Geoffroy)
3. Sœur François-de-Sales (Azilda Boivin)
4. Sœur Marie-Ignace (Émilie Montpellier)
5. Sœur Marie-Victor (Eugénie Lemire)

Archives des Sœurs de la Providence.

Chapitre III
Un nouveau siècle, 1900-1940

En 1900, un jeune directeur vient remplacer Alfred Bélanger à l'Institution des sourds-muets : il s'agit du père Michel Cadieux. C'est un peu comme une bouffée d'air frais, un signe des temps qui changent, sans pour autant opérer de rupture avec la tradition. Ce nouveau siècle amène également dans son sillage des initiatives inédites dans cette institution, qui donnent un regain d'élan à la vie associative sourde. On pense en particulier à la fondation, en 1901, d'un club de loisirs pour les anciens élèves de l'Institution, le Cercle Saint-François-de-Sales, qui mène à la publication du journal *L'Ami des Sourds-Muets* en 1908. Les petites initiatives prises à l'intérieur de l'Institution pour encourager le regroupement et la solidarité entre les sourds élargissent maintenant le rayon d'action de celle-ci auprès des sourds montréalais et de ceux d'ailleurs.

Du côté des femmes, le bâtiment de l'Institution, dont la construction a commencé en 1882, est enfin terminé en 1902. Pendant plus de 50 ans, ces murs de pierre suffiront à contenir les nombreuses activités de l'Institution des sourdes-muettes, dont l'œuvre principale consiste à éduquer des jeunes filles sourdes. Plus qu'un édifice, il s'agit ici d'un milieu de vie pour plusieurs groupes de personnes : élèves, sœurs de la Providence, sœurs de Notre-Dame-des-Sept-Douleurs, pensionnaires laïques et quelques prêtres. Enfin, le bâtiment abrite depuis le milieu des années 1880 un jardin d'enfance pour les jeunes du quartier, sans compter qu'il sert de base aux nombreuses œuvres de charité que les sœurs de la Providence exercent auprès des plus démunis.

Le siècle commençant soulève également des défis de taille. En 1904, l'Institution des sourds-muets doit faire face à une crise financière importante qui met cette école et les sourds sur la sellette, mais la publicité dont elle bénéficie soudain n'est pas à son avantage. Cette crise passée, l'Institution prend un nouvel essor après la Première Guerre mondiale. Elle s'installe à son tour dans un édifice à la mesure de ses besoins, ce qui élargit l'éventail des possibilités d'engagement social et éducatif de l'école. Plus tard dans le siècle, l'Institution des sourdes-muettes prend à son tour l'initiative en créant, en 1935, une école de formation des maîtres, l'Institut François-Xavier-Trépanier. À travers tous ces changements, les communautés religieuses perfectionnent leur art et continuent à bien asseoir l'éducation des sourds dans le système d'éducation au Québec. Les sourdes et les sourds commencent, pour leur part, à créer des réseaux associatifs plus serrés et se donnent des réseaux de communication à partir des institutions d'éducation.

Les difficultés financières à l'Institution des sourds-muets

Le 23 juillet 1904, le journal de l'Institution des sourds-muets est interrompu subitement par le départ de deux religieux pour leur retraite annuelle. Il ne reprend qu'au mois de janvier 1905, sous la rubrique « Récit particulier des affaires financières de notre Institution[1] ». Que s'est-il passé pour justifier une telle interruption dans le récit des affaires courantes de l'école ? Une crise profonde vient de la secouer, et, au moment où reprend le fil de la chronique, de graves conséquences viennent d'être évitées de justesse. Si tout n'est pas encore réglé (car les contrecoups directs de la crise de 1904 se feront sentir jusqu'en 1911), on peut toutefois souffler et avoir de nouveau confiance en l'avenir en ce début de l'année 1905. On a eu chaud !

Quelle est donc cette crise ? Voici ce qu'en dit le rédacteur du journal de la maison : « Vers la fin de Juin [1904], un entrefilet de la Patrie annonce au public que l'Institution est sommée par une compagnie d'assurance, la Standard, de payer un capital de $ 200,000.00 dont elle ne peut pas rencontrer les intérêts. Cette difficulté est réglée, mais l'éveil est donné dans le public que les affaires sont assez tendues à l'Inst[itution][2]. » Il va sans dire que cette crise financière est de nature à secouer la confiance des investisseurs en la solvabilité de l'école, à une époque où les fermetures de banques sont courantes, où il n'existe aucune assurance pour garantir les fonds qui y sont investis, et où la faillite d'une banque ou d'une institution peut signifier la perte de toutes ses économies. Dans de tels cas, on craint que les gens

---

1. Journal ISM, vol. 106, p. 110.
2. *Ibid.*, vol. 106, p. 110.

se précipitent sur l'Institution pour réclamer un remboursement, comme la Standard l'a fait.

Ici, il faut ouvrir une parenthèse pour expliquer un peu comment fonctionne l'épargne au début du siècle, avant que s'établisse la pratique courante des placements et des emprunts par l'intermédiaire exclusif des institutions financières (banques à charte ou coopératives d'épargne). À cause de nombreux scandales financiers et de fermetures fracassantes de banques, les épargnants et les investisseurs ne sont pas naturellement portés à investir leurs fonds dans un compte bancaire. C'est particulièrement vrai des petits épargnants, qui craignent la perte de leur argent si durement gagné. À cette époque, il n'y a ni assurance maladie, ni assurance emploi, ni non plus de pensions de vieillesse et il s'avère nécessaire d'épargner pour se prémunir contre les aléas d'une économie qui connaît des crises périodiques, entraînant des vagues de chômage. Les premières mutuelles d'assurance sont fondées à la fin du XIXe siècle. Elles regroupent des ouvriers plus prospères et leur fournissent une protection contre les crises cycliques, mais tous ne remplissent pas les conditions pour en faire partie.

Où placer son argent, sinon sous son matelas ? Où investir, si l'on cherche à réaliser un petit profit sécuritaire ? Dans un contexte d'insécurité bancaire, les institutions religieuses, toujours prêtes à accueillir des fonds pour financer leurs nombreuses œuvres, s'avèrent une option intéressante. L'Église a besoin de deniers pour ses œuvres, et elle ne risque pas de déclarer faillite et de disparaître avec l'argent des épargnants et des investisseurs. C'est ainsi que de modestes gens comme des grandes compagnies consentent des prêts à des institutions religieuses contre un taux d'intérêt modeste. Cette pratique a cours jusque dans les années 1960, alors que l'on interdit aux institutions religieuses de fonctionner comme des banques. Une crise financière comme celle de l'Institution des sourds-muets est inquiétante à plus d'un titre : non seulement l'Institution elle-même risque-t-elle de périr par faillite, mais le crédit de l'ensemble des institutions religieuses est mis en jeu aux yeux de milliers de petits épargnants qui ont mis leur confiance en l'Église. C'est d'ailleurs ce qu'affirme l'un des membres du comité créé pour sauver l'Institution : « Il faut sauver la position à tout prix. [...] Le crédit de nos communautés religieuses vaut plus que des millions[3]. »

---

3. Journal ISM, vol. 106, p. 115.

Pourquoi les institutions religieuses sentent-elles le besoin d'emprunter de l'argent? Ne reçoivent-elles pas des dons généreux pour leurs œuvres? À une époque où les gouvernements se désintéressent de la plupart des questions sociales, sinon pour légiférer occasionnellement afin de pallier les abus les plus graves, les institutions religieuses de services sociaux et d'éducation reçoivent bien de modestes subsides gouvernementaux, mais ceux-ci sont loin de suffire pour couvrir les frais ordinaires de ces écoles. Les deux institutions catholiques pour les sourds de Montréal reçoivent chacune au début du siècle un montant forfaitaire annuel de 5 000 $ du gouvernement provincial. Toutefois, un grand nombre de parents des élèves ne sont pas en mesure de payer l'éducation et la pension de leurs enfants; les institutions doivent alors solliciter une contribution d'un donateur de bourse (généralement le curé de l'endroit d'où proviennent les enfants) ou assumer elles-mêmes les frais liés à leur éducation.

Dans le but de trouver une solution définitive à ce problème de sous-financement chronique, le procureur[4] de l'Institution des sourds-muets, le frère Arsène Charest, se lance dans un ambitieux projet de spéculation foncière. Pour arriver à ses fins, il se fait accorder en 1890 une procuration spéciale lui permettant de signer des contrats sans devoir passer par le conseil d'administration de l'Institution. Les mains libres, il commence dès 1891 à acheter des terrains sur l'île de Montréal pour générer un profit par la revente de ceux-ci. Il dote également l'Institution de certains terrains qui lui permettraient soit d'agrandir son territoire, soit de déménager vers un site plus vaste. Évidemment, pour se procurer ces terres, il doit emprunter des sommes d'argent de plus en plus élevées à mesure que ses ambitions de propriétaire terrien augmentent. Toutefois, le remboursement de ces emprunts, dont plusieurs ont nécessité d'onéreuses hypothèques sur les terres déjà achetées, n'est pas nécessairement garanti par des liquidités suffisantes, surtout à mesure que croissent les biens fonciers possédés par l'Institution. Pour que le système fonctionne bien, il faudrait que les ventes génèrent un profit suffisant pour rembourser les emprunts. La conjoncture économique du début du siècle ne permet pas à Charest de réaliser son rêve. En effet, ne pouvant vendre ses terres à des prix qu'il juge suffisamment élevés, il se procure malgré tout d'autres propriétés, cherchant soit à les revendre à profit, soit à

---

4. Le procureur est le responsable des finances et de l'administration matérielle de l'Institution.

en tirer des ressources pour l'Institution. Il n'achète pas seulement à Montréal. Il fait ainsi l'acquisition, entre autres, de terres à bois dans les Laurentides, ce qui plus tard amènera l'établissement d'un lieu de villégiature pour les religieux et les sourds à Nominingue.

En juillet 1904, l'Institution possède pour un peu plus de 900 000 $ d'actif, alors qu'elle a, pour acheter ces biens au long des années, contracté une dette d'un peu plus d'un million de dollars. Lorsque le manque de liquidités force l'administration à ne pas payer l'intérêt dû à la Standard, le conseil d'administration de l'Institution lève l'immunité de Charest, inspecte ses livres et le relève ensuite de ses fonctions de procureur. Au mois d'août de la même année, un comité d'administration composé de cinq personnes extérieures à l'Institution, dont le curé de la paroisse Saint-Enfant-Jésus, Georges-Marie Le Pailleur, d'un autre curé et de trois laïcs éminents, est mis sur pied pour prendre en charge la liquidation de la dette de l'Institution[5].

Cette tutelle survient toutefois après une pénible période de diagnostic de la situation réelle des finances de l'Institution pendant l'été 1904. Au début de juillet, on constate que la situation est critique, mais elle ne paraît pas désespérée. On croit bénéficier d'une marge de quelques centaines de milliers de dollars. Sur cette information, on contracte un emprunt supplémentaire de 50 000 $ pour couvrir les dépenses les plus urgentes[6]. Toutefois, un examen attentif des finances par deux religieux dépêchés sur place pour remplacer Charest révèle non seulement que celui-ci a été un peu trop ambitieux, mais également qu'il tient une double comptabilité qui cache, entre autres, un emprunt secret de 400 000 $ consenti à un obscur marchand de bois :

> Pendant quinze jours les FF. Gendreau et Jalbert étudient ardemment les affaires lorsque, soudain, ils restent épouvantés en face d'un abîme en mettant la main sur une liste de 400,000.00 $ de billets signés par notre procureur à l'ordre d'un nommé Villani, marchand de bois dans le nord (Cté Labelle). Rien n'avait été entré dans nos livres. Le Révérend Père Provincial et son discrétoire particulier sont immédiatement informés

5. Journal ISM, vol. 106 (22 août 1904), p. 114. Les autres membres sont le curé de la paroisse du Sacré-Cœur, le chanoine F.-L.-T. Adam, ainsi que Louis Beaubien, le négociant Charles Chaput et le comptable A.-L. Kent. ACSVM, P9, Registre des délibérations de la corporation de l'Institution des sourds-muets, vol. 114, p. 31.
6. Journal ISM, vol. 106, p. 111.

de cette pénible cachette. On décide de consulter Maître Lamothe et le notaire Leclerc. M. Lamothe nous dit que vu le danger d'une banque-route il faut cesser de payer et de recevoir des impôts[7].

Des mesures d'urgence doivent être prises pour faire face aux obligations les plus immédiates de l'Institution et consolider sa situation financière de manière à ce qu'elle puisse liquider cette dette énorme, car son passif dépasse maintenant largement son actif.

Il serait trop long d'énumérer ici toutes les mesures qui ont été prises pour liquider cette dette entre 1904 et 1911. Dans la plupart des cas, on réussit à s'entendre avec les prêteurs pour effectuer les paiements selon un délai prolongé, mais certains investisseurs réclament tout de même leur argent, ce qui entraîne de longs procès. Il est également nécessaire de vendre plusieurs propriétés pour en réaliser la valeur. De même, les locataires de certains immeubles que l'Institution a fait bâtir sur ses terres doivent payer leur loyer plus régulièrement. Enfin, les dépenses de l'Institution – ainsi que celles de l'ensemble des maisons des Clercs de Saint-Viateur appelées à la rescousse – sont réduites de manière draconienne. Ces mesures demandent toutefois du temps et il faut redonner confiance à tous ces gens. Pour cela, il faut immédiatement obtenir de l'argent.

À la fin du mois d'août 1904, l'Institution s'adresse au Parlement provincial pour qu'il garantisse un emprunt de 300 000 $. Les délais législatifs causent toutefois problème : il ne sera pas possible d'obtenir cette garantie avant le début de la session parlementaire en février 1905. On décide donc de se tourner vers les autres communautés religieuses montréalaises pour qu'elles avancent les fonds nécessaires. Le 28 août, l'archevêque de Montréal, Mgr Paul Bruchési, fait appel aux communautés de son territoire, et l'on parvient à obtenir des garanties pour 265 000 $. Forte de ces dispositions, l'Institution emprunte cette somme de la Banque d'Hochelaga dans l'espoir qu'elle suffise aux besoins courants et permette la relance de l'Institution. De plus, le supérieur provincial des Clercs de Saint-Viateur de l'époque, le père Charles Ducharme, promet de faire ériger une chapelle à Notre-Dame pour en faire un lieu de pèlerinage si les communautés n'ont pas à débourser l'argent garanti. Malgré cette réussite, l'érection de la chapelle attendra l'agrandissement de la Maison provinciale d'Outremont en 1947 pour

---

7. *Ibid.*, vol. 106, p. 112.

être réalisée. En souvenir de cet événement, les religieux Clercs de Saint-Viateur de la province de Montréal se refuseront pendant de nombreuses années l'utilisation de beurre au repas du midi.

La crise financière que vécut l'Institution des sourds-muets ne peut être considérée comme une simple anecdote en raison des sommes engagées et surtout à cause de la valeur symbolique pour la population de cette quasi-faillite. C'est en serrant les rangs que les communautés donnent à l'Institution les moyens d'éviter le pire. Pour les sourds, il serait catastrophique que l'Institution des sourds-muets ferme ses portes à cause d'un scandale financier. Les trois écoles pour les sourds qui existent alors à Montréal s'adressent à des clientèles bien particulières et, advenant la fermeture de l'Institution, l'enseignement aux garçons catholiques sourds ne serait plus assuré. Ce problème se présentera d'ailleurs aux garçons aveugles entre 1940 et 1953. En 1940, à cause de problèmes financiers et des règles canoniques interdisant aux communautés religieuses féminines de s'occuper de l'éducation de garçons de plus de douze ans, les adolescents aveugles qui fréquentent l'Institut Nazareth des sœurs grises se trouvent alors sans éducation. Il faut attendre la fondation en 1953 de l'Institut Louis-Braille, tenu par les Clercs de Saint-Viateur, pour qu'ils puissent à nouveau recevoir un enseignement spécialisé[8]. Une pareille situation aurait pu se produire chez les sourds en 1904. La fermeture aurait été d'autant plus grave qu'elle se serait produite au moment même où l'Institution des sourds-muets commençait à rayonner hors de ses murs et qu'une communauté sourde se formait parmi les anciens élèves.

Le Cercle Saint-François-de-Sales

Le père Michel Cadieux arrive à la barre de l'Institution des sourds-muets en août 1900 pour y remplacer le père Alfred Bélanger, un pilier de l'école depuis ses débuts. Ce dernier, dont la santé commence alors à sérieusement chanceler, goûte enfin quelques années d'un repos bien mérité après presque 40 ans comme directeur de l'Institution. Son jeune remplaçant hérite d'une école où se développent des initiatives intéressantes en matière d'éducation, mais surtout sur le plan de la vie parascolaire. Pour ce qui est des méthodes d'éducation, Cadieux est un néophyte qui doit se familiariser avec cet aspect du fonctionnement de l'école, car il arrive à l'Institution sans jamais y

---

8. Susanne Commend, *Les Instituts Nazareth et Louis-Braille, 1861-2001: une histoire de cœur et de vision*, Sillery, Septentrion, 2001, p. 149-156.

avoir travaillé auparavant. Jusqu'à sa retraite en 1936, ce n'est toutefois pas à ce chapitre que son initiative se manifeste le plus ; ce sera plutôt la caractéristique de son successeur, le père Lucien Pagé. Cadieux, à l'instar des élèves pensionnaires, voit en l'Institution bien plus qu'une école ; pour lui, il s'agit d'un milieu de vie pour les élèves sourds et d'un lieu de rassemblement et de loisirs pour les adultes. En fait, le lien avec les anciens constitue un moyen de continuer l'œuvre d'éducation de la maison. Sa vision correspond à certains projets déjà en marche dans l'esprit de certains religieux plus expérimentés, dont le frère Louis Gareau. Celui-ci se dévoue auprès d'anciens élèves qui ont pris l'habitude de se rassembler le soir dans un local de l'Institution pour jouer aux cartes et converser. On rapporte d'ailleurs en 1898 que « la classe au-dessus de la salle des sourds-parlants est convertie en salle de récréation pour les sourds de la ville qui viennent aux instructions du dimanche[9] ».

En 1901, ces rassemblements informels donnent naissance à la première association formelle de sourds au Québec, le Cercle Saint-François-de-Sales. Le frère Gareau en est considéré comme le fondateur, mais dès le début la gérance en est confiée à un conseil composé uniquement d'anciens élèves sourds, dont Joseph Lamothe, qui est élu président. Les religieux s'y engagent, mais ils laissent tout de même une place aux sourds et prennent un rôle de conseillers. L'Institution se charge également de l'essentiel du soutien matériel et financier du Cercle. Le journal de l'Institution parle, en juin 1901, « du Cercle Saint-François de Sales, fondé il y a un mois par les S.-muets de la ville[10] », ce qui implique une reconnaissance claire par les religieux que cette fondation est issue d'une double initiative et que les sourds y jouent un rôle de premier plan. Le Cercle est à l'origine d'une relation qui bénéficie aux sourds qui trouvent là un noyau d'association alors qu'il permet également à l'Institution de continuer son activité auprès des sourds adultes.

À l'origine, cette association a pour but de « resserrer les liens d'amitié qui doivent unir tous les anciens élèves [et elle atteint] ce but par l'achat de jeux divers, variés, et au goût de chacun[11] ». Les hommes qui veulent s'y joindre – car le Cercle est fermé aux femmes

---

9. Journal ISM, vol. 105 (7 septembre 1898), p. 277.
10. *Ibid.*, vol. 106 (2 juin 1901), p. 34.
11. *Ordo* de l'Institution des sourds-muets, 1901-1902, p. 80.

– paient des frais d'admission de 25 cents, puis de 10 cents par mois pour demeurer membres. Pour financer les activités, on vend des produits de tabac dans la salle où se réunissent les membres. La salle du Cercle à l'Institution ouvre ses portes de 18 h 30 à 21 h 30 tous les soirs et le dimanche, entre 8 h et 21 h 30. Il s'agit au départ d'un club social modeste, sans prétention, qui réussit à rassembler 68 membres au cours de sa première année d'existence[12]. Il s'adresse à l'origine à des sourds demeurant à proximité, qui peuvent facilement se rendre à l'Institution pour les activités du soir, après leur journée au travail. Pour l'essentiel, ce club social ressemble à d'autres qui existent alors pour d'autres catégories de personnes dans la ville.

La diversité des activités du Cercle s'étend avec les années, alors que l'on sent un besoin de se rencontrer pour autre chose qu'une partie de cartes. Plus largement, le besoin pour les sourds de se rejoindre, de se connaître et de s'affirmer trouve dans le Cercle Saint-François-de-Sales un milieu propice au développement de moyens concrets pour faire face à l'adversité. Au début, ses activités d'envergure se limitent à l'organisation du banquet annuel célébrant la fête de saint François de Sales, le 27 janvier. Plus tard, un autre repas festif s'organise à l'automne pour souligner l'anniversaire de l'abbé de l'Épée. Toutefois, ces banquets donnent rapidement place à plus qu'un simple rassemblement social. Une telle tradition existe déjà en Europe, et particulièrement en France, où l'on avait fait de ces événements un moyen de contestation politique. Le gouvernement de Louis-Philippe, roi des Français de 1830 à 1848, impose des restrictions strictes à la liberté d'assemblée et d'expression. Des groupes politiques dissidents profitent de vastes rassemblements publics autour d'un repas pour parler ouvertement et pour organiser des mouvements de contestation. Les sourds français récupèrent dès lors la formule à leurs propres fins pour s'affirmer et se reconnaître. Ainsi, dès les années 1830, les associations de sourds transforment les banquets en espaces politiques où s'affirme l'identité sourde. Les sourds contestent alors de plus en plus les politiques oralistes de l'Institution nationale des sourds-muets dirigée par le baron de Gérando. S'ils ne parviennent pas à renverser la vapeur de l'oralisme, ils sont tout de même reconnus par les personnalités publiques invitées à présider les banquets[13].

---

12. *Ibid.*, p. 80-82.
13. Banquets des sourds-muets réunis pour fêter les anniversaires de la naissance de l'abbé de l'Épée ; relation publiée par la Société centrale des sourds-muets de Paris, Paris,

Aux banquets annuels du Cercle Saint-François-de-Sales, il n'est alors pas question de se lancer dans de grands débats politiques et encore moins de contester l'Institution. Contrairement aux sourds parisiens, qui louent une salle pour l'occasion, les sourds montréalais se rassemblent dans les murs de l'Institution des sourds-muets. Des Clercs de Saint-Viateur de l'Institution prennent également part aux agapes, rendant tout mouvement subversif impossible. Ainsi, les initiatives prises lors de ces rassemblements, qui viennent à la fois des sourds et peut-être de certaines suggestions des religieux, ont pour but de favoriser le développement chez les sourds des valeurs d'épargne, d'entraide et de soutien mutuel à l'intérieur du cadre défini par l'Institution et par la société. De cette manière, le Cercle Saint-François-de-Sales devient, dès la fin de la première décennie du XXe siècle, beaucoup plus qu'un club social et de loisirs.

Comme une bonne partie du financement et le lieu sont fournis par l'Institution, on peut se demander quelle influence peuvent avoir les religieux sur la tournure que prennent les discours dans ces occasions. Il serait certes mal venu de critiquer l'Institution ou les religieux. Mais la question n'est pas là. Les valeurs prônées dans ces discours ont également cours dans les milieux ouvriers que fréquentent les sourds et visent à contrer certains des grands défis sociaux de l'époque : face à une économie instable et à une pauvreté croissante, une partie de la population peut facilement se retrouver à la rue. Chez les ouvriers pauvres, souvent aux prises avec des défis qui dépassent leur capacité, l'alcoolisme ou le jeu peuvent prendre racine. Aussi, diverses associations mutuelles sont fondées dans le but d'encourager les ouvriers à se regrouper, à mettre ensemble leurs épargnes et ainsi à se doter d'assurances en cas de chômage ou de décès.

Les religieux ne peuvent qu'encourager le développement de semblables mouvements associatifs parmi les sourds. Il leur est déjà plus difficile de faire leurs preuves face aux employeurs ; il importe donc de ne pas exacerber cette attitude négative et plutôt de la contrer en stimulant d'une manière particulière l'économie et la tempérance chez les sourds. Toutefois, pour répandre cette idée, il faut plus que des rencontres sociales. Il faut aussi rejoindre les sourds partout où ils

Jacques Ledoyen, 1842 ; Bernard Mottez, « Les banquets de sourds-muets et la naissance du mouvement sourd », *Le pouvoir des signes. Sourds et citoyens*, Paris, Institut national des jeunes sourds, 1989, p. 170-177.

sont, et non seulement ceux qui demeurent à Montréal. Pour cela, il faut se doter d'un organe de communication, un journal. Encore une fois, le Cercle Saint-François-de-Sales joue un rôle primordial dans la diffusion de l'information et le rassemblement d'une communauté sourde naissante.

L'Ami des Sourds-Muets

Le banquet du Cercle Saint-François-de-Sales en 1908 donne lieu à la proposition de créer un journal pour permettre aux sourds de communiquer entre eux. Aux États-Unis et en Europe, il existe depuis longtemps une presse sourde[14], faite de journaux publiés aux imprimeries des institutions pour les sourds, écrits par les étudiants, les apprentis et les employés des ateliers. Collectivement, ces journaux sont connus sous le nom de *Little Paper Family* (la petite famille de papier), ce qui indique clairement à quel point leur rôle rassembleur pour les communautés sourdes dispersées géographiquement est important. Dans un pays comme les États-Unis, où une partie des sourds vivent dans des villes, mais où plusieurs se trouvent dispersés il devient important de permettre la circulation des nouvelles, et la presse sourde apparaît comme le moyen privilégié de le faire au moment où, de leur côté, les journaux à grand tirage se répandent parmi la population en général. Vers la fin du XIXe siècle, le journalisme traditionnel, axé sur la politique et réservé à une certaine élite, cède le pas à un journalisme populaire, avec, au Québec, des journaux comme *La Presse* ou *La Patrie*.

À Montréal, il existe apparemment pendant quelques années un petit journal sourd anglais, édité par l'Institution Mackay, mais il n'en reste aucune trace[15]. À l'Institution des sourds-muets, en 1891, on crée, pour les élèves, *Le Conseiller du sourd-muet*. Il s'agit d'un petit journal de quatre à huit pages, publié pour la première fois le 13 octobre 1890, puis tous les samedis du 17 janvier au 6 juin 1891. Il disparaît ensuite pendant dix ans, pour refaire surface le 18 mai 1901, aux environs de la date de fondation du Cercle Saint-François-de-Sales. Il reparaît enfin sur une base hebdomadaire entre le 19 mars

---

14. Le terme peut faire sourire les entendants, puisque la presse, par définition, n'entend pas. Toutefois, cette expression est passée dans l'usage pour désigner des journaux écrits par et pour des sourds.
15. Clifton F. Carbin, *Deaf Heritage in Canada: A Distinctive, Diverse and Enduring Culture*, Toronto, McGraw-Hill Ryerson, 1996, p. 295.

et le 16 juin 1903. Au début, cette feuille est manifestement destinée à permettre aux élèves de mettre en pratique leur apprentissage de la typographie, tout en exposant les travaux scolaires des meilleurs d'entre eux pour susciter l'émulation. Le journal est d'abord distribué à l'interne et aux familles des élèves, mais on peut supposer qu'il est également diffusé plus largement, surtout auprès du clergé, afin de susciter la charité publique.

Les quelques numéros publiés au début du XXe siècle incluent des articles destinés à un public plus étendu que les seuls élèves de l'Institution, car on y retrouve des nouvelles de l'Institution apparemment destinées aux anciens. Toutefois, il n'est pas vraiment question d'en faire un véritable organe de communication destiné à un public hors de l'école. Le ton et le contenu des articles demeurent centrés sur la vie interne de l'école. *Le Conseiller du sourd-muet* existe suffisamment longtemps pour rapporter la naissance du Cercle Saint-François-de-Sales, mais celui-ci ne le récupère pas immédiatement pour diffuser ses propres nouvelles. Néanmoins, il est impossible de nier la parenté entre cette modeste feuille interne et ce qui deviendra le journal du Cercle. Même le titre de ce dernier, *L'Ami des Sourds-Muets*, lui emprunte sa forme. C'est en 1908 que ce dernier journal paraît pour la première fois.

Ce journal donne au Cercle une nouvelle aire d'activité et accroît son rayonnement à l'extérieur de l'Institution, et même au-delà de Montréal. *L'Ami des Sourds-Muets* est publié jusqu'en 1975, changeant de nom pour devenir *L'Ami des sourds* en 1958. Son rôle demeure essentiellement le même tout au long de son existence, soit de faire connaître aux sourds de la « diaspora » (ceux qui vivent dispersés hors de Montréal) les nouvelles de l'Institution et les activités des membres du Cercle Saint-François-de-Sales dans la région montréalaise. Au début, l'empreinte éditoriale des Clercs de Saint-Viateur se fait sentir dans la teneur des articles. De toute évidence, plusieurs d'entre eux sont réécrits ou même rédigés par des religieux sous des pseudonymes, par exemple lorsqu'il s'agit de promouvoir la tempérance et l'économie. À l'occasion, ces articles de propagande prennent la forme de récits « vécus », mais on sent très bien que les prénoms utilisés ici et là sont vraisemblablement des noms de plume de religieux qui peuvent toutefois partir de l'expérience vécue que certains sourds leur ont racontée. En regard des normes journalistiques actuelles, cela peut sembler peu honnête, mais il n'est pas rare dans la presse de l'époque de voir de telles interventions éditoriales anonymes à travers des articles. Leur présence dans *L'Ami des Sourds-Muets* ne fait pas exception à la règle.

À côté de ces articles de propagande directe, on préfère prendre l'exemple de sourds véritables dont les histoires de succès permettent de donner un modèle aux sourds. *L'Ami* se nourrit de l'abondante correspondance qu'envoient les sourds d'un peu partout et certaines lettres reflètent des exemples de réussite sociale particulière. Il est bien évident que les éditeurs passent les articles au peigne fin et sélectionnent ceux qui reflètent le mieux les idées que l'Institution valorise. L'article dans l'encadré suivant est accompagné d'une photographie de son auteur, l'air prospère dans ses atours du dimanche. Les valeurs du travail, de persévérance, d'épargne et de vie familiale en constituent le cœur, même dans des circonstances difficiles et pour peu de rétribution. La responsabilité du sourd comme «bon père de famille» qui prend soin de sa femme et de ses enfants, qui se bâtit un patrimoine et une situation respectables, est également mise de l'avant.

M. PHILÉAS PEPIN. — Je suis né à Saint-Léonard, comté Nicolet, le 6 novembre 1865, et je suis devenu sourd à l'âge de sept ans. J'avais dix ans lorsque j'entrai à l'École des Sourds-Muets. Je restai quatre ans dans cette maison. En 1879, après ma première communion, je rentrai dans ma famille. En 1882, je crus que je pouvais gagner ma vie seul. Après avoir longtemps cherché, je trouvai de l'emploi chez un cultivateur. Il me prit comme serviteur et il me donnait un salaire de $3.00 par mois. Ce n'étaient pas des gages très élevés. Mon salaire fut augmenté de quelques piastres, et, en 1886 je recevais $100.00 par année. Comme j'étais nourri et blanchi, j'avais peu de dépenses à faire et je réussis à mettre de l'argent de côté.

En 1890, je vins à Montréal dans l'espoir de gagner un prix plus élevé. Je m'engageai comme jardinier chez M. Languedoc, grand propriétaire d'Outremont. J'y fis d'assez fortes économies et j'achetai un terrain dans Outremont. Je devenais, à mon tour, propriétaire.

En 1895, j'allai travailler au port de Montréal. Les travaux que j'avais à faire étaient des plus durs, et j'étais toujours exposé aux accidents.

Le 13 janvier 1903, je me mariai à Mlle Joséphine Ménard, née à Saint-Lazare de Vaudreuil. L'année suivante, je me suis acheté une bonne maison à deux étages. Je me suis réservé le haut et je loue le bas à un de mes amis sourd-muet. Ainsi je n'ai pas de loyer à payer, et chaque mois je *retire* une petite somme pour la partie que j'ai louée.

J'ai deux petits enfants : une fille de cinq ans et un garçon de quatre ans.

J'ai engagé une jeune fille pour aider ma femme qui est souvent malade.

Je travaille maintenant pour la municipalité de Ville Saint-Louis. Je suis très content de mon emploi et j'ai toujours un salaire assuré.

Voilà, mes chers amis, comment j'ai pu, seul et sans aide, me créer un petit avenir. —

Philéas Pepin

Source : *L'Ami des Sourds-Muets* (avril 1909) p. 14.
Les italiques sont reproduits tels qu'ils se trouvent dans l'original

Nous pourrions multiplier les exemples. Ce qui ressort également, c'est le désir des sourds et des sourdes d'échanger des nouvelles[16]. Nombreux sont les lecteurs qui font parvenir au journal de brefs courriers, racontant les petits faits de leur vie. Il y aurait tout un livre à écrire sur la vie des sourds au cours du XXᵉ siècle simplement en tirant pleinement parti de ces nouvelles. Certains correspondants réguliers nous permettent d'ailleurs de suivre leur cheminement alors qu'ils se baladent à travers la province ou même aux États-Unis, suivant la vague des Canadiens français qui prennent le chemin du Sud pour se faire une vie plus prospère.

Le journal du Cercle demeure la seule publication sourde durable à Montréal jusque vers les années 1970. Une seule personne sourde en assure la direction jusqu'à son décès en 1932 ; il s'agit de Stanislas Giroux, qui est président du Cercle Saint-François-de-Sales au moment de la fondation du journal[17]. À l'époque, il est aussi à l'emploi de l'atelier de reliure de l'Institution, où il devient plus tard chef-re-

---

16. Les femmes ne peuvent pas être membres du Cercle Saint-François-de-Sales à cette époque, mais elles peuvent écrire dans *L'Ami*. Elle sont d'ailleurs nombreuses à le faire.

17. *L'Ami des Sourds-Muets*, mai 1932, p. 421-423. Par la suite, la rédaction est assumée de manière de plus en plus entière par les Clercs de Saint-Viateur.

lieur[18]. Même après son départ de Montréal pour aller s'établir avec sa famille à Saint-Césaire, il demeure en poste comme administrateur du journal. Quelle était sa responsabilité, dans un journal où les décisions éditoriales relevaient en grande partie du personnel de l'Institution ? Difficile à dire. Les sourds voient toutefois en lui un de leurs chefs de file, vu sa position à l'atelier comme à la direction du journal du Cercle.

Si le journal augmente graduellement son lectorat, le Cercle lui-même semble étendre ses activités et intensifier son rayonnement parmi les sourdes et les sourds au cours du siècle. Ce rayonnement n'est comparable à aucune autre initiative auprès des sourds franco-catholiques[19]. À l'Institution des sourdes-muettes, par exemple, on crée l'Association des anciennes à la suite de la retraite qui marque le 75e anniversaire de fondation de l'Institution à l'été 1926, mais cette association permet davantage de garder un lien individuel entre les religieuses et les anciennes que d'organiser des activités collectives. De plus, la seule publication destinée à ces anciennes élèves est une feuille, *L'écho de l'Alma Mater*, qui donne un résumé annuel des activités à l'Institution, tiré de la chronique rédigée par les sœurs de la Providence. Ce n'est que dans les années 1940, avec la création du Service social des sourdes-muettes, que l'Institution s'engage plus directement dans la vie des sourdes et des sourds montréalais. Le réseau sourd se développe toutefois à travers *L'Ami des Sourds-Muets*, qui donne même des nouvelles de ce qui se déroule à l'Institution des sourdes-muettes, comme par exemple l'arrivée de Ludivine Lachance, sourde-aveugle, dont nous parlerons plus loin[20]. Les retraites annuelles des deux institutions destinées aux anciens et aux anciennes sont également annoncées dans les pages de ce journal, qui sert en fait d'organe de diffusion pour les deux institutions montréalaises.

Autres initiatives du Cercle Saint-François-de-Sales

Le Cercle Saint-François-de-Sales commence modestement comme club social. Le sport amateur prenant alors de l'ampleur en Amérique du Nord, le Cercle crée parmi ses membres des équipes de sport. Il

---

18. *Ibid.*, juin 1929, p. 145.
19. Le journal n'impose pas de restrictions concernant l'identité ethnique ou religieuse de ses lecteurs. Toutefois, il s'agit d'un journal à forte teneur religieuse qui s'adresse au premier chef à ceux qui ont fréquenté l'institution ou qui en sont proches. Cela n'exclut pas qu'il ait eu un rayonnement au-delà de ce groupe-cible principal.
20. Voir *L'Ami des Sourds-Muets*, février et mars 1914, ainsi que mai 1918.

organise donc des tournois et ligues de hockey, de quilles, de baseball et autres. Des ligues diverses font en sorte que les sourds se rencontrent dans des joutes amicales qui non seulement leur permettent de se détendre, mais aussi de socialiser à travers les générations[21]. Quelques décennies plus tard, les activités sociales prennent de l'ampleur alors que la société des loisirs se développe après la Seconde Guerre mondiale. Le programme des fêtes du 75e anniversaire du Cercle montre, outre les équipes de sports, une série d'activités sociales comme la fête de l'Halloween, des soirées thématiques, des sorties à la campagne et même un concours qui couronne une reine lors du gala annuel[22]. En matière de loisirs et de sociabilité, les sourds suivent la tendance sociale.

Au début, les femmes ne sont pas admises. La date à partir de laquelle elles participeront aux activités n'est pas claire, mais chose certaine leur participation est déjà fermement établie au moment où l'on célèbre le cinquantenaire du Centre, puisqu'on mentionne une ligue de quilles mixte[23]. Les femmes commencent à être représentées au conseil d'administration en 1964[24]. Dès les débuts du journal *L'Ami des Sourds-Muets*, toutefois, elles figurent à l'occasion, soit par la publication d'articles, de mentions de naissances ou de décès, soit par des annonces concernant les activités de l'Institution des sourdes-muettes. Le fait que les sourds et les sourdes étudient dans deux institutions séparées et éloignées l'une de l'autre ne facilite pas la rencontre des sexes, ni l'intégration véritable des femmes aux activités du Cercle. Les responsables des écoles n'encouragent pas les sourds à épouser des sourdes, bien que l'on puisse constater dans les chroniques de *L'Ami* de nombreuses références à de tels couples. Cette attitude ne peut pas avoir aidé à intégrer rapidement les femmes aux activités du Cercle.

Dès les premières années de son existence, enfin, le Cercle prend une dimension de service social et d'aide aux sourds les plus démunis. En 1912, on met sur pied un syndicat d'épargne, puis, l'année suivante,

---

21. Voir aussi là-dessus David A. Stewart, *Deaf Sport: The Impact of Sports within the Deaf Community*, Washington (DC), Gallaudet University Press, 1991.

22. Programme-souvenir et historique du Centre des loisirs des sourds de Montréal inc., Montréal, [s.é.], 1976.

23. *Programme-souvenir du cinquantenaire du Centre des loisirs et du service social*, Institution des sourds-muets, 11, 12, 13 mai 1951, Montréal, Ateliers des sourds-muets, 1951, p. 53.

24. Programme-souvenir et historique (1976), p. 28.

une conférence de la Société Saint-Vincent-de-Paul. En 1949, le Cercle change d'appellation pour devenir le Centre de loisirs et du service social, peut-être en réaction à la fondation, cinq ans plus tôt, d'un organisme de service social à l'Institution des sourdes-muettes. Le syndicat d'épargne fondé en 1912 est une idée particulièrement originale, et bien de son temps. Dès le début de sa publication, *L'Ami des Sourds-Muets* sert de véhicule pour propager l'idée de l'épargne et du soutien mutuel parmi les sourds. Toutefois, le Cercle dépasse cette simple rhétorique et crée, en 1912, un syndicat d'épargne pour faire croître les économies regroupées de ses membres. La première année, on investit les sommes recueillies en spéculation immobilière, ce qui peut sembler étrange quand on considère que c'est par ce moyen que l'Institution elle-même avait failli se mettre en situation de faillite. Néanmoins, les résultats sont très positifs : sur un investissement initial de 6 329,50 $, le profit réalisé et réinvesti est de 1 437,09 $. Trois ans plus tard, en 1916, le capital accumulé atteint 16 019,88 $. Fondé pour une période initiale de cinq ans, le syndicat est renouvelé jusqu'à la crise économique des années 1930[25].

Le Cercle Saint-François-de-Sales, fondé à l'Institution des sourds-muets en 1901, croît et se développe au cours des premières années du siècle, diversifiant ses moyens de rejoindre les sourds où qu'ils habitent. Il continue à remplir un rôle de ralliement des sourds autour d'activités sociales tout en contribuant à leur sensibilisation à des valeurs comme l'épargne et le soutien mutuel, la tempérance et la persévérance. Il remplit surtout ce rôle grâce au journal *L'Ami des Sourds-Muets*, qui permet à l'Institution de rayonner dans les maisons des sourds au-delà de Montréal. Ce journal, distribué assez largement parmi le clergé et les philanthropes qui soutiennent l'Institution, contribue également à la faire connaître et à tenter de changer certaines attitudes négatives face aux sourds. En 1975, alors que les deux institutions catholiques sont en train de transférer leurs activités éducatives à la Commission des écoles catholiques de Montréal, la dimension récréative du Cercle devient la responsabilité du Centre des loisirs des sourds de Montréal (CLSM), alors que le Centre québécois de la déficience auditive (CQDA) prend la relève de sa mission

---

25. Voir Journal ISM, 1912 et *Programme souvenir et historique* (1976), p. 29. Il est difficile d'évaluer l'influence réelle de ce syndicat en matière d'aide accordée à ses membres, il n'existe pas de documentation à ce sujet.

politique. La même année, *L'Ami des Sourds-Muets* cède le pas à des revues plus militantes.

Un déménagement longuement préparé

On se souviendra que l'Institution des sourds-muets a connu, dans les premières années de son existence, de nombreux déménagements. Elle s'établit finalement sur la rue Saint-Dominique, au coin de la rue Saint-Louis (aujourd'hui Laurier) en 1857. L'église Saint-Enfant-Jésus, dont les paroissiens se réunissent originalement dans la chapelle de l'Institution, est par la suite construite juste à côté. Les besoins d'espace pour les cours de récréation et les ateliers amènent l'école à s'étendre au nord de la rue Laurier, où des ateliers sont construits et reliés à l'Institution elle-même par une passerelle enjambant la rue. Au moment de la construction, en 1850, cet endroit était loin de Montréal ; voilà que, en 1910, la ville de Saint-Louis-du-Mile-End est elle-même englobée dans la ville de Montréal qui ne cesse de s'étendre dans toutes les directions. La croissance continue des effectifs étudiants crée un phénomène d'encombrement intense dans l'édifice coincé au milieu de la ville. L'Institution doit déménager, faute de pouvoir agrandir son bâtiment.

On cherche d'abord à l'établir sur la terre de la ferme de Terrebonne, puis d'Outremont ; toutefois, l'échec de l'une comme de l'autre tentative pour faire de ces endroits des fermes modèles entraîne l'abandon de ce projet. De plus, en 1896, l'édifice que l'on avait construit à Outremont en prévision d'y loger l'Institution devient plutôt le lieu de la direction provinciale des Clercs de Saint-Viateur, ce qui met définitivement une croix sur l'idée de déménager l'école sur la ferme d'Outremont. Les troubles financiers de 1904 remettent évidemment l'idée d'une nouvelle construction aux calendes grecques, faute de moyens ; les besoins deviennent toutefois de plus en plus pressants et, sitôt les finances remises en ordre, on se penche à nouveau sur la question du déménagement dans des locaux plus appropriés.

En mars 1911, un élément nouveau s'ajoute : l'archevêque de Montréal propose aux Clercs de Saint-Viateur de prendre en charge l'éducation des garçons aveugles, au sein même de l'Institution des sourds-muets[26]. Surdité et cécité sont, en effet, souvent regroupées dans l'esprit des gens bien que les approches éducatives spécialisées

---

26. Journal ISM, vol. 106 (10 mars 1911), p. 286.

soient passablement différentes. L'Institution Mackay accueille à cette époque des aveugles aussi bien que des sourds, et il y a, nous le verrons plus loin, des cas de sourds-aveugles accueillis dans les deux institutions pour les sourds. Sur le coup, le conseil d'administration de l'Institution des sourds-muets décide d'accepter les aveugles, mais dans un secteur différent de celui des sourds. L'éducation des aveugles seuls relève cependant d'une dynamique différente et les Clercs de Saint-Viateur refusent finalement le projet de l'évêque[27]. Néanmoins, cette sollicitation relança le débat autour de la nécessité d'un nouvel édifice adapté aux besoins de l'Institution.

En janvier 1912, on lance un ambitieux projet pour obtenir des subsides supplémentaires du gouvernement provincial afin d'assurer la survie et l'expansion de l'œuvre. Alors que l'on vient tout juste de régler les dernières dettes des troubles financiers de 1904, il importe de relancer l'Institution sur un meilleur pied. Le projet de construction nécessite de fortes dépenses et il faut se garantir de nouveaux revenus. Le 23 décembre 1911, une délégation gouvernementale visite l'Institution, puis, en janvier suivant, le directeur Cadieux adresse un mémoire au gouvernement pour faire connaître les besoins de l'Institution des garçons.

Les idées sont toutes au projet d'obtenir l'assistance du gouvernement pour faire convenablement notre œuvre. Le Père Directeur, en union avec les autres membres du Bureau, termine aujourd'hui son « Mémoire sur l'Œuvre des Sourds-Muets Catholiques de la Province de Québec ». En résumé, ce mémoire contient, sous différents titres, le but de l'œuvre, sa fondation, l'enseignement donné aux sourds-muets, les subventions du gouvernement chez nous et à l'étranger sous forme de comparaison, enfin une pétition au gouvernement demandant une garantie pour un emprunt de $ 300,000.[00] et une subvention annuelle de $ 125.00 par élève sourd-muet ou aveugle. Le mémoire est envoyé ce soir même au Secrétaire provincial, à Québec[28].

Il n'est pas question dans cette requête des besoins de l'école des sœurs de la Providence, les deux écoles fonctionnant indépendam-

---

27. Les Clercs de Saint-Viateur prennent charge de l'Institut Louis-Braille à sa création en 1953. Néanmoins, cette œuvre demeure entièrement séparée de celle des sourds et les religieux affectés à l'une ne sont généralement pas transférés à l'autre.
28. Journal ISM, vol. 106 (2 janvier 1912), p. 304.

ment l'une de l'autre. Toutefois, on constate que la question de l'accueil des aveugles à l'Institution n'est pas encore réglée et que ceux-ci font même partie du décompte des subventions à venir.

Le gouvernement augmente graduellement, au cours des années 1910, son soutien à l'œuvre, mais les revenus ainsi générés ne peuvent suffire à subventionner la construction, ni même à couvrir l'ensemble des dépenses générées par les élèves. L'augmentation de la subvention annuelle n'est consentie qu'en 1913 ; chaque année, une somme supplémentaire de 5 000 $ est accordée, jusqu'à ce que, en 1916-1917, la subvention annuelle atteigne 25 000 $. Cette aide considérable n'élimine pas le besoin de faire appel à la charité publique, mais elle fournit un coussin plus confortable de revenus garantis. D'ailleurs, dès les années 1910, le frère Trefflé Mercure, professeur à l'Institution, commence une tradition annuelle de concours de charité, composée de bazars, de tirages et d'activités diverses de financement qui contribuent également à équilibrer les finances[29].

Quant au bâtiment, on décide de procéder à l'achat d'une propriété offerte dans un quartier du nord de la ville qui se développe alors le long du boulevard Saint-Laurent, près de la rue Jarry. Le 6 juillet 1913, le conseil d'administration de l'Institution décide donc, s'il obtient l'approbation des conseils provincial et général de la congrégation, d'adopter les résolutions suivantes :

> Il est décidé par scrutin secret : 1° Que le terrain actuel de l'Institution est trop peu étendu pour y établir définitivement l'œuvre des Sourds-Muets. 2° Que l'Institution des sourds-muets ne doit pas s'annexer l'œuvre des Aveugles qui ne semble pas s'allier avec elle. 3° Que l'Institution doit rester dans la ville pour accomplir mieux son œuvre, tant auprès des élèves actuels qu'auprès des anciens, et dans ce but, qu'elle doit faire l'acquisition d'un vaste terrain qui lui est offert par la succession Bagg à 40 sous du pied, pour y établir convenablement l'Œuvre des Sourds-Muets et toutes ses annexes. Ce terrain, situé sur la rue Saint-Laurent, coûterait environ $ 240,000. [...] Le Discrétoire ayant ratifié notre résolution d'acheter le terrain de la succession Bagg, la demande est immédiatement envoyée en Belgique pour y recevoir l'approbation du T. R. Père Général en discrétoire[30].

---

29. *Ibid.*, vol. 106 (26 août 1913), p. 345.
30. *Ibid.*, vol. 106 (6 juillet 1913), p. 340-341.

Le terrain est acheté le 22 septembre 1913, puis on commande les plans de la nouvelle Institution, qui sont dressés par la firme Gauthier et Daoust, de Montréal. Les architectes semblent s'être inspirés de certaines institutions pour les sourds aux États-Unis davantage que du style courant des édifices conventuels québécois. L'édifice n'est pas sans rappeler les formes générales de l'Institution des sourds de Philadelphie et il marque une rupture avec le style habituel au Québec, soit une construction en pierre bossée à toits mansardés, comme l'ancienne construction de la rue Saint-Dominique. De plus, le bâtiment est construit avec une armature de béton, afin de prévenir les incendies, ce qui est encore rare à l'époque. Le plan ne fait pas l'unanimité au départ, mais il reçoit l'approbation finale en 1914. L'extraction de la pierre, tirée du terrain même où est érigée l'Institution, s'amorce la même année, et la construction commence à prendre forme en 1915. La cherté des matériaux, causée entre autres par la Première Guerre mondiale, prolonge les travaux de construction pendant près de six ans, l'édifice s'élevant d'un étage par année.

Plusieurs sourds travaillent à la construction du nouvel édifice, entre autres comme carriers dans l'extraction et le façonnage de la pierre. Pour l'Institution, il s'agit d'un moyen d'aider financièrement des sourds, souvent mis de côté dans un marché de l'emploi devenu fort compétitif. Une légende persistante veut que les sourds aient créé le majestueux portique en cachette pour en faire la surprise à leurs éducateurs[31]; il serait temps de mettre cette idée au rancart. En effet, il aurait été difficile de cacher les travaux d'extraction de la pierre, de taille des fûts des colonnes et des chapiteaux, sans parler de l'érection de l'édifice lui-même, pour en faire une surprise. De plus, le portique en question fait partie des plans originaux approuvés par les religieux en 1914 et publiés dans *L'Ami des Sourds-Muets* avant même la réalisation de cette partie de l'édifice. Cela dit, il est évident que les sourds ont fait un cadeau de taille à l'Institution en travaillant à sa construction et qu'ils sont restés profondément attachés à ce qu'ils considèrent comme « leur » maison.

En septembre 1921, les religieux et les élèves emménagent finalement dans le nouvel édifice, alors que des ouvriers travaillent encore à la finition de l'intérieur. L'ancien édifice est vendu aux sœurs

---

31. Rapportée par Gilles Boucher, « Une page d'histoire », *Voir dire*, n° 74 (nov.-déc. 1996), p. 15.

franciscaines missionnaires de Marie, qui ont toujours pignon sur rue à l'endroit où se trouvait l'Institution, même si l'édifice original a été remplacé. Les ateliers, pour leur part, déménagent en 1926, lorsqu'une nouvelle construction de quatre étages est érigée derrière l'Institution, actuellement au 55 de la rue De Castelnau. Ce nouvel emplacement leur permettra éventuellement de diversifier leurs activités et de développer des activités commerciales, surtout après la Seconde Guerre mondiale. Pendant cinq ans, l'Institution est écartelée entre deux sites assez distants l'un de l'autre, ce qui crée une division très claire entre la formation en classe et la formation professionnelle dispensée aux élèves. Malgré ces désagréments temporaires, le complexe de l'Institution des sourds-muets permet désormais le lancement de nouveaux projets, dont celui, longtemps caressé, de fonder une communauté religieuse pour les hommes sourds.

Les hommes sourds peuvent à nouveau accéder à la vie religieuse

En 1887, les sœurs de la Providence innovent en fondant la première communauté religieuse destinée aux sourdes en Amérique du Nord. Les Clercs de Saint-Viateur tentent eux aussi de mettre sur pied une communauté pour les sourds dans les années 1890. En effet, après la décision prise par le Chapitre général de 1890 d'interdire l'admission de sourds chez les Clercs de Saint-Viateur, le père Bélanger tente, à son retour comme supérieur de l'Institution en 1895, de créer une communauté semblable aux petites sœurs de Notre-Dame-des-Sept-Douleurs. Il écrit à son supérieur provincial, Charles Ducharme, pour lui donner une idée de la nature de l'institut à fonder. Il voit les futurs religieux sourds comme des compléments aux Clercs de Saint-Viateur de l'Institution dans l'enseignement des métiers ou dans les travaux manuels. Par conséquent, ne seront admis que des candidats ayant reçu une formation suffisante. Ils seront préparés par un maître des novices choisi pour l'occasion et émettront des vœux semblables à ceux des Clercs de Saint-Viateur, sauf qu'ils ne le feront que sur une base annuelle pendant les dix premières années de leur appartenance à la communauté[32]. Bélanger donne à cette communauté le nom de « tertiaires », sur le modèle du Tiers-Ordre franciscain, qui associe des laïcs à une communauté religieuse.

---

32. ACSVM, P9/7B, Alfred Bélanger à Charles Ducharme, 2 mars 1896. Voir aussi C. Ducharme à Pascal Drogue-Lajoie (supérieur général), 21 mars 1896.

Le 29 septembre 1896, sans attendre toutes les autorisations officielles, on ouvre un noviciat pour accueillir un premier candidat sourd à la vie religieuse parmi les « tertiaires », Léonidas Bessette. Ayant fait ses preuves comme candidat à la vie religieuse, il revêt l'habit religieux le 21 octobre 1897, en la fête de saint Viateur. Cet habit est copié sur celui des Clercs de Saint-Viateur, avec de légères modifications et il ne doit pas être porté hors de l'Institution. La communauté prend le nom du « Tiers-Ordre de Saint-François-de-Sales[33] ». Toutefois, le frère Léonidas Bessette se voit contraint, le 10 février 1899, de quitter le Tiers-Ordre, car la direction générale des Clercs de Saint-Viateur refuse la création de la communauté religieuse et décrète qu'« à l'avenir, aucun sourd ne sera admis dans la communauté des C.S.V. sous quelque titre que ce soit[34] ». Léonidas Bessette quitte donc l'Institution. Sa correspondance occasionnelle avec *L'Ami des Sourds-Muets* nous permet de savoir qu'il voyage et s'installe éventuellement dans le Mid-West des États-Unis[35].

Les années de crise financière qui suivent puis le déménagement de l'Institution retardent la création d'une quelconque association de religieux sourds. Cela ne veut pas dire que certains ne sont pas attirés par la vocation religieuse, mais aucune porte ne s'ouvre alors à eux. Le projet n'est pas oublié des religieux de l'Institution et demeure en gestation, attendant une conjoncture favorable. C'est finalement en 1927 qu'est mise sur pied l'association des Oblats de Saint-Viateur, une véritable communauté religieuse destinée aux sourds. Sa constitution originale est basée sur les principes mis de l'avant pour les religieuses, mais adaptée à la réalité masculine et aux exigences de la communauté des Clercs de Saint-Viateur. Comme les religieuses, les Oblats de Saint-Viateur émettent des vœux annuels et non perpétuels, et ce, jusqu'à ce que la communauté reçoive une reconnaissance officielle, après quinze ans d'existence.

On doit largement la création des Oblats de Saint-Viateur aux efforts et à l'initiative du père Michel Cadieux. Il réussit à convaincre

33. Journal ISM, vol. 105 (29 sept. 1896 et 21 oct. 1897), p. 247 et 263.
34. *Ibid.*, vol. 105 (10 fév. 1899), p. 284. Les raisons de cette décision demeurent entourées de mystère. Il faudrait probablement effectuer des recherches aux archives générales de la congrégation, à Rome, pour avoir une meilleure idée de ce qui a motivé le refus de la création du Tiers-Ordre.
35. On le retrouve entre autres au Nebraska en 1912. *L'Ami des Sourds-Muets* (fév. 1912), p. 16.

les autorités de la congrégation de l'à-propos de l'existence d'une telle communauté, qui sort des normes canoniques habituelles. Le processus qui mène à l'approbation de ses statuts est long et jonché d'obstacles. En 1922, avec l'appui de son supérieur provincial, le père J. Émile Foucher, Cadieux écrit au supérieur général de la congrégation pour obtenir son opinion concernant la possibilité de créer une congrégation de sourds. Celui-ci lui répond que les nouvelles dispositions du Code de droit canonique de 1922 permettent aux Clercs de Saint-Viateur d'admettre des sourds dans leurs rangs ; il n'est donc pas nécessaire de créer une congrégation séparée[36]. Néanmoins, on se refuse alors à mettre en pratique ces dispositions théoriques d'ouverture à l'intégration à la congrégation entendante.

Les longues démarches qui suivent, exigeant l'accord des directions générale et provinciale des Clercs de Saint-Viateur, de l'évêché de Montréal et de l'Institution, amènent à clarifier le statut et le rôle des futurs religieux sourds. Il n'est plus question de créer un « tiers-ordre », mais bien de mettre sur pied une véritable congrégation religieuse, sous la dépendance des Clercs de Saint-Viateur de l'Institution. On décide de les nommer « Oblats », du latin *oblare*, qui veut dire « offrir ». On veut appeler la communauté « Oblats de Saint-François-de-Sales », mais, puisqu'une telle congrégation existe déjà, elle prend le nom d'« Oblats de Saint-Viateur[37] ». Finalement, en mars 1927, le supérieur général de la congrégation donne son aval pour un essai de noviciat[38]. Le 4 mai de la même année, la congrégation des Oblats de Saint-Viateur accueille ses quatre premiers candidats à la vie religieuse, tous des sourds-parlants (alors que les petites sœurs de Notre-Dame-des-Sept-Douleurs accueillent aussi les sourdes gestuelles). Il s'agit d'Adolphe Colette, âgé de 24 ans, d'Arthur Clément et de Lucien Valiquette, âgés de 20 ans, et enfin d'Antoine Picard, âgé de 18 ans. Les trois premiers persévèrent dans la vie religieuse et prononcent leurs vœux le 5 mai 1929, alors que le plus jeune quitte pendant le noviciat[39]. La période d'essai de la congrégation dure jusqu'en 1949, alors qu'elle reçoit enfin ses constitutions définitives. En 1955, les Oblats

---

36. ACSVM, K01/A2 (Oblats S.V. démarches / approbation, 1924-1927), J.M. Roberge à Michel Cadieux, « extrait du registre des délibérations du discrétoire général, 24 sept. 1923 ».

37. ACSVM, K01/A2, F.-M. Roberge à Gaspard Dumas, 28 fév. 1927.

38. Journal ISM, vol. 108 (15 mars 1927), p. 218.

39. Journal ISM, vol. 108 (4 mai 1927, 29 avril 1928 et 5 mai 1929), p. 221, 248 et 287. Voir aussi *L'Ami des Sourds-Muets* de juin 1928.

sont pour la première fois autorisés à prononcer des vœux perpétuels. Les Oblats de Saint-Viateur ont toujours été peu nombreux et les membres qui restent à la fermeture de l'Institution des sourds-muets sont intégrés aux Clercs de Saint-Viateur en 1984.

Le phénomène Ludivine Lachance

Au cours des années 1910, l'Institution des sourds-muets passe tout près de devenir une institution pour les sourds et les aveugles. Pendant ce temps, chez les sourdes, on accueille un nouveau type d'élève : une sourde-aveugle du nom de Ludivine Lachance[40]. Il s'agit d'un défi pédagogique d'une ampleur jusque-là jamais encore atteinte à l'Institution. Cependant, de tels cas ont déjà été reçus ailleurs, notamment à l'Institution française de Larnay, où une jeune fille sourde-aveugle, Marie Heurtin, a été accueillie, instruite et éduquée au xixᵉ siècle. Aux États-Unis, le cas de Laura Bridgman suscite, dans les années 1830, tout un débat philosophique autour du développement du sens moral chez des gens dont les handicaps sensoriels affectent la capacité à communiquer[41]. Toujours chez nos voisins du Sud, Helen Keller et sa tutrice Annie Sullivan défraient encore la manchette à l'époque de l'arrivée de Ludivine Lachance à l'Institution des sourdes-muettes. À travers ces personnes exceptionnelles, on pose des questions philosophiques et pédagogiques, on cherche à savoir ce qui est acquis et inné chez l'humain. Toutefois, lorsque Ludivine Lachance est amenée à l'Institution, des questions bien plus pratiques se posent aux religieuses. Il faut apprendre à cette jeune femme, dont le développement intellectuel a été aliéné, à fonctionner comme un être humain. Les interrogations philosophico-morales viendront plus tard.

La venue de cette enfant exceptionnelle à l'Institution a requis un travail de préparation de longue haleine pour convaincre les parents de se séparer de leur fille, qu'ils ne parviennent pourtant pas à maîtriser. Puisqu'ils n'arrivent pas à communiquer avec elle, l'enfant devient incontrôlable à mesure qu'elle grandit[42]. Par conséquent, elle passe la

---

40. À l'époque, on dit d'elle qu'elle est « sourde-muette-aveugle » ou « sourde-muette et aveugle ». Puisque le présent volume n'utilise pas l'expression « sourd-muet » ou « sourde-muette », nous avons choisi d'employer le terme sourde-aveugle pour décrire Ludivine Lachance, même si, dans son cas, elle était également muette.
41. Ernest Freeberg, « "An object of Peculiar Interest" : The Education of Laura Bridgman », *Church History*, 61, 2 (1992), p. 191-205.
42. Sauf indication contraire, les renseignements concernant Ludivine Lachance proviennent de Corinne Rocheleau, *Hors de sa prison : extraordinaire histoire de Ludivine*

plus grande partie de ses journées enfermée dans un réduit obscur à l'intérieur de la maison de ses parents. Le curé de la paroisse, mis au courant de la situation, tente à plusieurs reprises de persuader les parents de la laisser aller vers une institution spécialisée, mais rien n'y fait. Dès 1904, le chanoine Trépanier amorce des démarches infructueuses. C'est finalement son successeur, l'abbé Deschamps, qui parvient à extirper Ludivine de la résidence parentale, en 1911. Les détails restent obscurs, mais il semble que les crises de colère de plus en plus fréquentes de l'adolescente de seize ans qu'elle est devenue, jointes aux supplications et promesses du curé et de l'aumônier de l'Institution ont finalement raison de l'entêtement des parents.

Durant un voyage chez les Lachance en mai 1911, l'aumônier Deschamps obtient le consentement des parents pour envoyer leur fille à l'Institution des sourdes-muettes de Montréal. Au mois de juin, deux sœurs de la Providence se rendent à Saint-Gédéon de Beauce pour cueillir la jeune fille. Si le premier contact semble s'être bien établi, le voyage n'est pas de tout repos, annonçant des surprises aux éducatrices :

> Sur l'avis du Conseil Général, nos Sœurs Servule et Ignace de Loyola se rendaient à Saint-Gédéon, le 23 juin, dans le but d'amener l'enfant et de la mettre sous observation durant la vacance [sic]. Conduites chez Monsieur Johny [sic] Lachance par Monsieur l'abbé Joseph Rouleau, curé de la paroisse, elles trouvèrent l'enfant seule au logis. Les parents, absents pour une promenade, l'avaient confiée à la grand'mère, qui, elle-même, était absente.
>
> L'enfant a perdu la vue, l'ouïe et la parole à l'âge de trois ans, à la suite d'une méningite cérébrale. Elle a maintenant quinze ans et occupe depuis une dizaine d'années une chambrette grillée, de 7 pieds X 4 environ, n'ayant pour meuble qu'un grabat.
>
> On la fait sortir de son « bord » nom adopté par la famille pour signifier ce recoin, et Ludivine a vite fait de se familiariser avec les sœurs, les palpant, les caressant, et faisant honneur aux friandises qu'elles lui ont apportées.

Lachance, l'infirme des infirmes, sourde, muette et aveugle, 2ᵉ éd., Montréal, Thérien Frères, 1928.

Le lendemain, les sœurs ont l'avantage de conférer avec les parents et exécutent en leur présence des exercices propres aux aveugles : jeux de mosaïques, lettres en relief, etc. — lesquels prouvent à la famille que, si l'enfant est intelligente, elle peut acquérir certaines connaissances.

Dans l'espoir de voir s'améliorer le sort de leur pauvre fille, ils se décident de nous la confier immédiatement.

Le départ s'effectue lundi matin, le 26. Le père lui-même conduit son enfant et les sœurs à la gare de Saint-Georges ; trajet de 26 milles. — Au moment de prendre le convoi, la petite s'aperçoit de l'éloignement de son père et fait une forte crise de nerfs ; si bien que le conducteur du Québec Central veut mettre les sœurs et l'enfant à bord d'un wagon de marchandises ou du wagon-poste. Nos Sœurs s'y refusent et voyagent en première.

À Lévis, on traverse à Québec pour prendre le bateau, les crises recommencent avec plus de violence. — Le capitaine, croyant que les sœurs amènent une folle furieuse, refuse absolument de la recevoir. — Nos sœurs se voient dans l'obligation de passer la nuit à Québec. Elles reçoivent une généreuse hospitalité chez les religieuses du Bon-Pasteur et le lendemain, notre pauvre petite étant plus calme, elles reviennent à Lévis, s'embarquent sur l'Intercolonial et nous arrivent sans autre incident à 2 heures de l'après-midi, le 27[43].

Les sœurs de la Providence s'enorgueillissent par la suite de leur nouvelle protégée, qui leur permet de mettre à l'épreuve de manière créative leurs méthodes éducatives. Ludivine Lachance meurt de tuberculose le 3 avril 1918, mais elle demeure longtemps après sa mort un symbole de ce que peuvent l'abnégation et la persévérance en éducation. Non seulement la jeune femme apprend à communiquer et se rend utile par un travail, mais elle démontre qu'il est possible d'atteindre son âme et d'en assurer le développement. Pendant les quelques années qu'elle passe à l'Institution, elle apprend à communiquer en utilisant des lettres en relief et des signes. De même, on lui enseigne à confectionner des paniers et d'autres articles de vannerie. En 1913, elle reçoit le sacrement de confirmation, puis en 1916 elle communie pour la première fois, sommet de son éducation religieuse. Pour la préparer à ce sacrement, on obtient même une dispense pour

---

43. Chronique ISM, vol. 2, p. 130-131.

que l'abbé Deschamps lui permette de toucher les vases sacrés, privilège ordinairement réservé aux sacristains et aux prêtres.

Les parents Lachance viennent visiter leur fille une fois l'an, ordinairement au début de juillet, après la fin des classes. Ils ne restent pas longtemps à l'Institution, mais gardent le contact, et chacune de ces rencontres paraît joyeuse pour Ludivine. Leur pauvreté et les difficultés du voyage à l'époque rendent les contacts entre l'enfant et ses parents difficiles. Ainsi, ses parents ne sont pas présents à sa première communion, n'arrivant à l'Institution que le lendemain soir. De même, venus la visiter quelques jours auparavant, ils sont absents lors de son décès. Après des funérailles majestueuses, où l'archevêque de Montréal est présent, elle est inhumée dans le terrain de l'Institution des sourdes-muettes, au cimetière Notre-Dame-des-Neiges[44].

À la suite de l'expérience acquise par le travail auprès de Ludivine Lachance, quelques autres sourdes-aveugles se succèdent à l'Institution, dont Virginie Blais, qui participe même à quelques démonstrations publiques de l'éducation des sourds-aveugles dans les années 1920 et 1930. Celle-ci, accueillie à un âge plus avancé, mais ayant bénéficié d'une éducation plus stimulante de la part de ses parents, devient une digne représentante de la réussite de l'enseignement spécialisé dispensé à l'Institution[45]. Durant ces années, on met même sur pied un service spécialisé dans l'éducation et l'accompagnement des sourdes-aveugles, sous la responsabilité de sœur Angélique-Marie, la professeure de Ludivine Lachance. Chez les garçons, un pareil cas ne se présente que plus tard dans la période, en 1938, alors que Gaston Robitaille est remis aux soins du frère Alfred Graveline, un religieux à la longue expérience dans l'enseignement. Moins médiatisée que l'histoire de Ludivine Lachance, l'éducation du jeune Robitaille n'en est pas moins source d'édification lorsque, en 1941, après quatre ans de patient labeur, l'enfant fait sa première communion[46]. Les Clercs de Saint-Viateur, de l'Institution ne prennent toutefois pas la décision de développer un service spécial pour les sourds-aveugles, mais seulement une petite classe comptant au départ trois personnes[47]. La

---

44. Chronique ISM, vol. 2 (3 avril 1918), p. 355-360.
45. Notes biographiques sur Virginie Blais dans Chronique ISM, vol. 3 (1er août 1926), p. 329-331.
46. *L'Ami des Sourds-Muets*, mai 1941, p. 305 et 307. Bruno Hébert, dir., *Le Viateur illustré, 1847-1997*, Montréal, Les Clercs de Saint-Viateur du Canada, 1997, p. 144.
47. *L'Ami des Sourds-Muets*, août 1937, p. 440-443.

communauté est toutefois appelée à prendre en charge l'éducation des garçons aveugles à partir de 1953.

Les institutions montréalaises d'éducation des sourds n'ont pas pour mission première d'éduquer les aveugles. Dans l'esprit de bien des gens, l'un et l'autre se confondent, ce qui entraîne chez certains un désir de faire éduquer les deux dans les mêmes institutions. Chez les filles, la fondation en 1861 de l'Institut Nazareth, mis sous la responsabilité des sœurs grises, règle la question. Chez les hommes, qui se trouvent dans la situation anormale à l'époque d'étudier dans une école tenue par des religieuses même après l'âge de douze ans, la question de l'éducation des aveugles revient périodiquement. En 1940, lorsque la décision est prise de les exclure de l'Institut Nazareth, la nécessité d'ouvrir une école spécialisée permettant aux enfants, mais aussi aux adolescents masculins aveugles d'étudier, se présente à nouveau[48]. Les Clercs de Saint-Viateur sont choisis en raison de leur expertise chez les sourds. Encore une fois, l'association de l'une et de l'autre condition dans l'esprit des gens motive des choix pédagogiques. Cette fois, au moins, il s'agit de deux institutions distinctes.

L'Institut pédagogique François-Xavier-Trépanier

Vers la fin de la période, les enseignants aux sourds font face à de nouveaux défis : jusqu'aux années 1930, il suffit pour enseigner d'être doté du brevet d'enseignement correspondant au niveau auquel l'on enseigne. Les religieux et les religieuses sont toutefois dispensés de cette obligation du brevet ; le seul fait d'être membre d'un institut religieux constitue une qualification suffisante pour l'enseignement[49]. Dorénavant, même pour les religieux, il faudra recevoir une formation dans une école normale reconnue. On crée d'abord des scolasticats-écoles normales dans les communautés, pour former les religieux à l'interne. Pour ce qui est de l'enseignement aux sourds, l'Institution des sourdes-muettes se dote d'un centre de formation spécialisé en 1938, l'Institut de formation pédagogique Chanoine-François-Xavier-Trépanier. Réservé d'abord aux sœurs de la Providence destinées à travailler à l'Institution, il accueille plus tard des religieux Clercs de Saint-Viateur en formation.

---

48. Susanne Commend, *Les Instituts Nazareth et Louis-Braille*, Sillery, Septentrion, 2001.
49. Thérèse Hamel, *Un siècle de formation des maîtres au Québec, 1836-1939*, Montréal, Hurtubise HMH, 1995, p. 129-136.

On peut se demander où les religieuses et les religieux prennent leur formation dans l'enseignement aux sourds avant la fondation de cette école normale. Les premiers enseignants sont formés en France ou aux États-Unis et transmettent ensuite leur savoir à ceux qui sont nommés pour travailler avec eux dans les institutions. Par la suite, quelques religieuses et religieux vont périodiquement visiter les institutions étasuniennes ou européennes pour parfaire leur art. Au retour, ils partagent les connaissances acquises avec leurs collègues et contribuent ainsi à leur formation. À l'Institution des sourdes-muettes, par exemple, un gros registre contient les comptes rendus de ces voyages successifs[50]. Les générations d'enseignants acquièrent l'essentiel de leur formation par une combinaison d'expériences en classe et de conseils de leurs collègues. Ils disposent également d'une bibliothèque contenant des ouvrages de référence. C'est enfin au contact des élèves et des enseignants aux sourds que, pour la plupart, ils apprennent la langue des signes utilisée dans l'école, qui est légèrement différente chez les garçons et chez les filles.

Les années 1930 marquent un resserrement des exigences du bureau des examinateurs du comité de l'Instruction publique de la province. Les Clercs de Saint-Viateur font partie de la première vague de communautés religieuses qui fondent des scolasticats-écoles normales, créant leur école à Rigaud en 1931. La même année, au cours des célébrations du centenaire de la fondation de la communauté, on annonce la création du « Scolasticat de l'Épée » à l'Institution des sourds-muets destiné à former les futurs enseignants aux sourds[51]. Il ne semble pas toutefois qu'une telle institution ait été mise en place de manière formelle. À l'Institution, le père Lucien Pagé, assistant-directeur, se familiarise pendant ce temps à la « méthode belge » de démutisation, une approche qui vise à commencer l'éducation orale des sourds plus jeunes. Il devient même l'apôtre de cette méthode et se déplace jusqu'en Australie pour donner des conférences à ce sujet. Toutefois, à Montréal, on lui réserve un accueil plutôt froid : les sœurs de la Providence considèrent que la « méthode belge » doit encore faire ses preuves :

---

50. AHP, M10.39 (18), AG-ac 2.9, « Voyages d'études en faveur de l'Œuvre des Sourdes-Muettes, 1852-1963 », p. 6.
51. Journal ISM, vol. 108 (14 juin 1931), p. 365.

Nos professeurs de la méthode orale se rendent à l'Institut des Sourds-Muets visiter les classes qui ont adopté la nouvelle méthode, dite « méthode belge ». Tout en convenant des avantages que cette méthode peut avoir pour les tout-petits de cinq à sept ans, nos Sœurs ne se laissent pourtant pas gagner à l'enthousiasme des bons Frères, qui vantent ce mode de démutisation. Nous préférons attendre encore un peu pour en connaître le résultat final, prêtes à l'introduire dans nos classes, si nous venons à constater qu'il y va réellement de l'avantage des élèves[52].

Pendant que les Clercs de Saint-Viateur cherchent à rejoindre des élèves plus jeunes, les religieuses s'affairent à élaborer un programme d'enseignement structuré qui reçoit l'aval du département de l'Instruction publique en 1935. Ce programme ne se limite pas à une simple démutisation des élèves; il comprend aussi l'enseignement ménager et même des cours de dactylographie. Les sœurs de la Providence cherchent à ouvrir le plus possible aux élèves de l'Institution des possibilités d'avenir. Pour ce faire, elles se fient à leur longue tradition d'éducation aux sourds qui est différente de celle des religieux. Ce n'est que plus tard qu'une véritable collaboration pédagogique s'établit entre les deux institutions; entretemps, un nouveau mode de formation des maîtres voit le jour à l'Institution des sourdes-muettes, ce qui témoigne de l'engagement des religieuses envers l'éducation des sourds comme mode spécial d'enseignement requérant une formation distincte.

En 1938, les sœurs de la Providence créent leur propre école normale pour la formation de leurs candidates à l'enseignement général. La même année, naît l'Institut pédagogique Chanoine-François-Xavier-Trépanier à l'Institution des sourdes-muettes. Celui-ci résulte d'efforts entrepris près de trois ans plus tôt par la supérieure et l'aumônier de l'Institution. À la tête de l'école normale se trouve l'aumônier, l'abbé Théobald Paquette, qui porte le titre de « principal » du nouvel institut. Il est assisté de sœur Thérèse-Marguerite (Valentine Prénoveau), directrice des études. En plus de sa charge administrative, l'abbé Paquette enseigne les matières reliées à la religion. Il est assisté dans l'enseignement par des religieuses de l'Institution ayant une longue expérience de l'éducation des sourdes, mais aussi par des prêtres de l'Université de Montréal et de l'École normale Jacques-

---

52. Chronique ISM, vol. 3 (12 mai 1930), p. 719-720.

Cartier, qui fournissent gratuitement leurs services. Ces prêtres sont d'ailleurs souvent des pensionnaires de l'Institution.

Les cours commencent le 26 septembre 1938, avec une première cohorte de huit élèves. Certaines de ces premières candidates sont déjà des enseignantes d'expérience qui visent à faire reconnaître des compétences d'une manière officielle[53]. Il s'agit donc au départ d'un partage des connaissances essentiel dans un domaine où il n'existe pas de programme formel avant celui de l'institut. Le contenu du programme d'enseignement ne décrit pas en détail les méthodes utilisées pour l'éducation des futures formatrices : on met l'accent surtout sur la dimension religieuse et sur l'enseignement de la langue française. Le premier groupe d'enseignantes est promu en 1942. L'institut prend son essor et accueille, au début des années 1960, de futurs enseignants des deux sexes, incluant certains Clercs de Saint-Viateur. Cette formation pédagogique initiale est toujours complétée par l'expérience d'enseignement que les professeurs et professeures acquièrent en vivant chaque jour au milieu des sourds dans les institutions.

Quelques célébrations

Il nous reste à mentionner les importantes célébrations qui se déroulent durant cette période et qui marquent la consolidation de la place des institutions dans la vie éducative et sociale de Montréal. Avant 1940, c'est surtout du côté de l'Institution des sourdes-muettes que l'on bénéficie d'occasions propices à la célébration, ce qui provient probablement de la grande stabilité de cette école, alors que celle des garçons est ébranlée par un choc financier avant d'être amenée à déménager. Le 75e anniversaire de fondation de l'Institution des sourdes-muettes fournit l'occasion d'une première retraite pour les anciennes élèves. Quelques années plus tard, en 1937, les sœurs de Notre-Dame-des-Sept-Douleurs célèbrent le cinquantenaire de leur fondation.

L'été 1926 marque 75 ans d'existence pour l'Institution des sourdes-muettes. À cette occasion, l'aumônier E.S. Girard et la direction de l'Institution décident de souligner l'événement au moyen d'un grand conventum auquel sont conviées toutes les anciennes élèves. Il s'agit là d'une première qui rassemble plus d'une centaine d'anciennes et donne lieu à la publication d'un livre-souvenir. Au-delà d'un banquet

---

53. Chronique ISM, vol. 4 (26 septembre 1938), p. 549-550.

et de célébrations liturgiques visant à rendre grâce pour les 75 ans écoulés et pour la relative prospérité de l'œuvre, ce rassemblement constitue pour les organisateurs une occasion rêvée de poursuivre auprès des anciennes élèves l'œuvre d'éducation amorcée durant leur passage à l'Institution. L'événement s'étale sur dix jours, pendant lesquels les anciennes élèves peuvent se rencontrer, fraterniser, visiter la ville, mais surtout recevoir des instructions religieuses destinées à raviver leur foi. Comme il n'existe pas pour les femmes d'équivalent du Cercle Saint-François-de-Sales, les sourdes en profitent pleinement pour se retrouver et échanger des nouvelles, car la plupart d'entre elles logent à l'Institution pour la durée du conventum. Les sourdes (et même un sourd qui n'a pas su se séparer de son épouse) convergent sur Montréal des environs, mais aussi de plusieurs États du nord-est des États-Unis.

Cette grandiose célébration atteint son apothéose dans une eucharistie solennelle le dimanche 1er août. À cette occasion, Virginie Blais, sourde-aveugle, fait sa première communion devant Mgr E.-Alphonse Deschamps, ancien aumônier de l'Institution devenu évêque auxiliaire de Montréal. La célébration se poursuit par un banquet où sont rassemblés les hautes autorités de l'Institution et les dignitaires ecclésiastiques, en plus des anciennes élèves. Dans l'après-midi, celles-ci se font photographier en compagnie de Mgr Deschamps et des deux aumôniers de l'Institution, les abbés Girard et Paquette. Ces photographies occupent une grande part du livre-souvenir publié à cette occasion[54]. Il s'agit d'un événement unique dans l'histoire de l'Institution : de tels rassemblements n'auront plus lieu aux autres célébrations (notamment au centenaire, en 1951). On préfère de sobres commémorations de trois jours ou moins, où les anciennes sont conviées, mais pas dans le but de poursuivre leur formation. D'autres initiatives mises sur pied pour aider et encadrer ces anciennes, notamment le service social des sourdes-muettes créé en 1944, comblent ce besoin d'accompagnement.

Le 1er avril 1937, les sœurs de Notre-Dame-des-Sept-Douleurs célèbrent les 50 ans écoulés depuis l'entrée des premières candidates au postulat. Des neuf personnes accueillies en ce 1er avril 1887, cinq ont prononcé des vœux qu'elles renouvellent fidèlement chaque

---

54. Chronique ISM, vol. 3 (1er août 1926), p. 328. *Souvenir du 75e anniversaire de la fondation de l'Œuvre des Sourdes-Muettes*, Montréal, Arbour & Dupont, 1927.

année. Sur ces cinq religieuses, deux sont décédées en 1920 et en 1921. Il s'agit de sœur Marie-de-Bonsecours (Catherine Beston) et de sœur François-Xavier (Rosalie Geoffroy). Il reste donc trois pionnières au moment des noces d'or de la communauté. Toutefois, à cause de travaux effectués dans la chapelle de l'Institution en ce printemps, on doit retarder la célébration officielle au mois d'octobre 1937, ce qui donne le temps à une troisième pionnière, sœur François-de-Sales (Alexina Boivin) de passer à une vie meilleure au mois de juillet[55]. Le cinquantenaire est souligné en grande pompe à l'intérieur de la communauté des sœurs de la Providence et de l'Institution. Il donne même lieu à une lettre circulaire spéciale de la supérieure générale des sœurs de la Providence, chose rare pour une communauté particulièrement effacée et dont les religieuses hors de l'Institution n'entendent pas beaucoup parler. En cette année jubilaire, les religieuses accueillent également leur cinquantième professe[56]. La communauté atteint la maturité.

* * *

Quarante ans forment une longue période, qui est marquée par plusieurs transformations dans la vie des institutions pour les sourds à Montréal. Si les premières années du siècle révèlent de profondes difficultés qui laissent présager des jours sombres, la solidarité des congrégations religieuses montréalaises permet, en revanche, de relancer l'Institution des sourds-muets. Cette intervention est d'autant plus importante pour les sourds qu'ils viennent de se donner les moyens de développer un noyau de communauté à travers le Cercle Saint-François-de-Sales. Celui-ci, et tout particulièrement le journal *L'Ami des Sourds-Muets* suscite la création de réseaux de solidarité parmi les sourds au Québec et même au-delà. Il en résulte la création de ce que l'on appelle alors familièrement la « famille sourde », qui, en plus des sourds, inclut aussi tous les entendants qui s'intéressent à eux. Cette notion élargie de communauté sourde semble unique aux institutions québécoises et est reliée à la solidarité ethnique canadienne-française.

---

55. La photographie officielle de cet événement ayant été prise avant son décès, elle y figure toutefois.
56. Stéphane-D. Perreault, *Une communauté qui fait signe: les sœurs de Notre-Dame-des-Sept-Douleurs*, Montréal, Carte blanche, 2006.

Cette période semble trop souvent empreinte d'un conserva-tisme religieux et social que l'on pense peu propice à l'innovation. Dans l'histoire sourde, on tend également à référer à la période qui s'étend de 1880 à 1960 comme à une sorte de « grande noirceur » pendant laquelle l'oralisme triomphant écrase toute initiative sourde. Pourtant, lorsqu'on regarde de plus près ce qui se passe dans les ins-titutions montréalaises pour les sourds, on remarque des innova-tions pédagogiques, un esprit d'entreprise et de nouveaux réseaux de communication entre les sourds et les nouvelles institutions qui se développent. Il n'y a rien ici de révolutionnaire, mais l'évolution constante qui se produit durant ces années trace la voie à des chan-gements à venir. Entre autres, la mise sur pied d'une école normale pour les enseignantes de l'Institution des sourdes-muettes signale une intervention grandissante de l'État dans les affaires éducatives qui force l'innovation. Alors que le monde s'apprête à basculer dans la Seconde Guerre mondiale, les institutions montréalaises d'édu-cation aux sourds ont décidément consolidé leurs bases et envisa-gent l'avenir avec optimisme. Toutefois, le grand conflit qui secoue la planète amène avec lui de profondes mutations sociales qui ébran-lent les domaines religieux et éducatif du Québec entre 1940 et 1960. Les institutions doivent accueillir de nouvelles technologies, puis de nouvelles approches éducatives, avant de s'apprêter à disparaître pour céder la place au processus d'intégration scolaire. Mais tout cela n'est que de la science-fiction pour les éducateurs et les sourds de 1940.

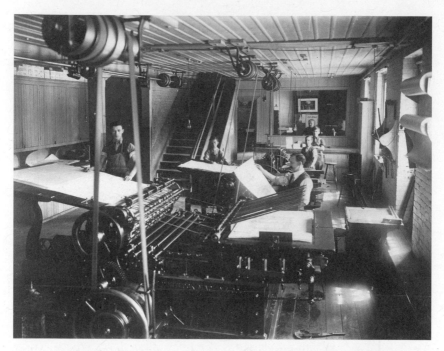

Atelier d'imprimerie, rue Saint-Dominique, Montréal, vers 1900.
Archives des Clercs de Saint-Viateur.

Équipe de baseball à l'Institut des sourds-muets, rue Saint-Dominique, 1915.
Archives des Clercs de Saint-Viateur.

Élèves en récréation à l'Institut des sourds-muets, rue Saint-Dominique, Montréal, 1915. Archives des Clercs de Saint-Viateur.

Élèves jouant dans une pièce de théâtre à l'Institut des sourds-muets, rue Saint-Dominique, Montréal, 1919. Archives des Clercs de Saint-Viateur.

Cercle Saint-François-de-Sales, rue Saint-Dominique, Montréal, 1920.
Devenu l'actuel Centre des loisirs des sourds de Montréal.
Archives des Clercs de Saint-Viateur.

Première chapelle de l'Institution des sourdes-muettes, vers 1920.
Archives des Sœurs de la Providence.

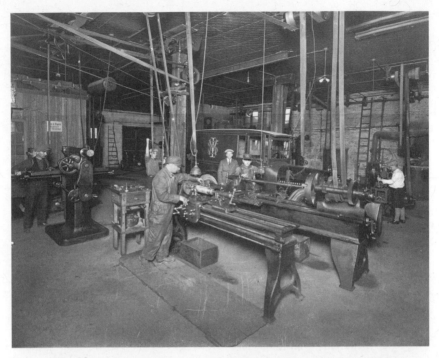

Atelier de mécanique, vers 1920. Archives des Clercs de Saint-Viateur.

Les premières communiantes avec le chanoine E. A. Deschamps
dans le jardin de l'Institution des sourdes-muettes, 11 avril 1920.
Archives des Sœurs de la Providence.

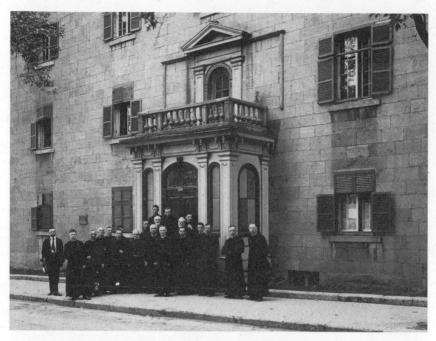

Départ de la rue Saint-Dominique en 1921. Archives des Clercs de Saint-Viateur.

Déménagement à la nouvelle Institution des sourds-muets, boulevard Saint-Laurent, Montréal, 30 juin 1921. Archives des Clercs de Saint-Viateur.

Atelier de reliure, rue De Castelnau, Montréal, 1926.
Archives des Clercs de Saint-Viateur.

Atelier de cordonnerie, rue De Castelnau, Montréal, 1926.
Archives des Clercs de Saint-Viateur.

Courtoisie des Archives Providence Montréal

Salle de couture et roberie, Institution des sourdes-muettes, 1926.
Archives des Sœurs de la Providence.

Corinne Rocheleau-Rouleau
(1881-1963).

Corinne Rocheleau, *Hors de sa prison : l'extraordinaire histoire de Ludivine Lachance, l'infirme des infirmes, sourde, muette et aveugle.* L'ouvrage est couronné par l'Académie française en 1928. Archives des Sœurs de la Providence.

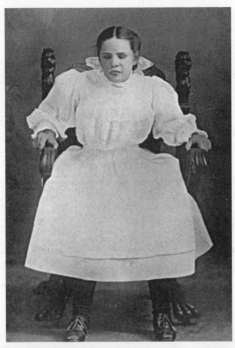

Ludivine Lachance, 1898-1918.
Arrivée à l'Institut
des sourdes-muettes en 1911,
elle y demeure jusqu'à sa mort.
Archives de l'Institut
Raymond-Dewar.

Photographie extraite du livre de Corinne Rocheleau, 1927.
Centre de documentation de l'Institut Raymond-Dewar.

Studio d'art à l'Institution des sourdes-muettes, 1927.
Archives des Sœurs de la Providence.

Exposition de travaux manuels, Institution des sourdes-muettes, mai 1936.
Archives des Sœurs de la Providence.

Classe des sourdes-aveugles, Institution des sourdes-muettes, 1939.
Archives des Sœurs de la Providence.

Chapitre IV
Un monde en mutation, 1940-1960

EN 1940, LA GUERRE fait rage en Europe et dans le Pacifique. Le Canada y prend part, inaugurant pour le pays une période d'engagement intense dans les affaires internationales. Durant la Deuxième Guerre mondiale, une profonde transformation de l'ordre économique et social mondial est en cours. Cette guerre accélère le processus en entraînant un brassage sans précédent de populations et de cultures. Les soldats qui reviennent au pays après la guerre ont servi sur des terres jusque-là assez peu connues et ont été mis en contact avec d'autres manières de faire, d'autres systèmes de valeurs, qu'ils confronteront bientôt à celles de leur société d'origine. À travers tout cela, la domination technologique, économique et militaire des États-Unis sur le monde s'accroît, ce qui marque durablement la culture de l'après-guerre. La guerre exige la mobilisation entière de l'économie, ce qui entraîne une intervention accrue de l'État dans les affaires courantes ; cet État interventionniste, provincial autant que fédéral, continuera à être de plus en plus présent dans la vie des Canadiens après la guerre.

Le Québec de 1940 ressemble assez, si l'on ne regarde que la surface, à celui de 1900. Après tout, ce n'est qu'à cette date que les femmes québécoises obtiennent enfin le droit de voter aux élections provinciales. On pourrait penser que ces quarante ans ont passé sans vraiment changer la société québécoise. On associe souvent la période 1940-1960 au premier ministre de la province, Maurice Duplessis[1],

---

1. Duplessis a gouverné de 1936 à 1939, puis de 1944 à son décès en 1959. L'image populaire de son gouvernement met de l'avant son populisme, son autoritarisme et sa corruption, ce qui a figé la période de l'après-guerre au Québec sous l'étiquette de « Grande Noirceur ». Les dernières années ont vu une remise en question de la Révolution tranquille et un regain d'intérêt pour le gouvernement Duplessis, entraînant une réévaluation de son image. Voir entre autres Alain-G. Gagnon et Michel

qui privilégie une vision de la société axée sur l'agriculture, la vie rurale, l'exportation des matières premières au profit des multinationales et le mépris de la société urbaine et de la consommation. Nul ne saurait douter, toutefois, qu'à la fin de la période couverte par ce chapitre une mutation radicale a eu lieu dans la société : plusieurs pensent qu'il ne s'agit là que de changements ayant eu lieu après 1960, ce que les livres d'histoire écrits durant les années 1970 et glorifiant la Révolution tranquille tendent à confirmer. Cette historiographie, remise récemment en question par les historiens dits « révisionnistes », voit en Duplessis un obstacle à l'éclosion du nationalisme québécois et le défenseur d'une vision d'arrière-garde alliant l'Église et l'État. Pourtant, le portrait en est beaucoup plus complexe car, dès 1940 et surtout après 1945, on sent des mouvements de fond qui vont ébranler l'ordre établi bien avant 1960. Certaines manifestations sont bien connues, par exemple le *Refus global* de 1948, mais elles sont trop souvent vues comme limitées au milieu des arts et de la culture d'élite. Après 1960, toutefois, les changements se précipitent à la faveur d'un contexte politique propice, ce qui renforce l'image d'un réveil culturel et politique massif et immédiat. L'histoire des institutions pour les sourds nous ouvre une fenêtre privilégiée pour voir ces changements subtils se produire dans la vie des écoles, dans leur structure de financement et dans leurs objectifs éducatifs avant 1960. Ces transformations ont lieu toutefois si graduellement que ce n'est que dans la longue durée qu'il est possible d'en percevoir la portée.

S'il est vrai que les institutions pour les sourds peuvent servir de révélateurs de mutations sociales plus larges, ce qui s'y produit a d'abord des répercussions sur les sourds eux-mêmes. Au cours de cette période de presque trente ans, les pensionnats atteignent leur apogée avant de connaître un déclin fulgurant annonciateur de l'intégration scolaire et de la prise en charge de la santé et des services sociaux par l'État qui se produira dans la décennie 1970-1980. Entre 1941 et 1951, les institutions célèbrent tour à tour le centenaire, d'abord, de la fondation des sœurs de la Providence en 1843, puis celui de l'arrivée des Clercs de Saint-Viateur au Canada en 1847. Ensuite, les institutions elles-mêmes soulignent, en 1948 et 1951, le centenaire de leur fondation. Ces années s'ouvrent sous le signe de la commémoration.

Sarra-Bournet, dir., *Duplessis : entre la Grande Noirceur et la société libérale*, Montréal, Québec Amérique, 1997.

Si l'on souligne ainsi l'héritage reçu du passé, ce n'est que pour mieux se tourner vers l'avenir. La Deuxième Guerre mondiale bouleverse durablement la société et la culture au Canada. Après cette guerre, on cherche à oublier le passé récent, marqué par la crise économique des années 1930, par un conflit armé dévastateur à l'échelle de la planète et par un génocide qui remet en question la notion d'exclusion sociale. Les années à venir viseront à utiliser la science et le pouvoir étatique afin d'assurer le progrès humain, l'amélioration des conditions de vie et de travail. Pour ce faire, on s'intéresse de plus en plus aux diverses sciences humaines autant qu'aux sciences exactes, donnant une importance de plus en plus grande à la psychologie, à la sociologie, à l'anthropologie et à leurs applications dans la vie courante par des « experts ». La médecine aussi prend une place grandissante dans la vie courante. Les ventes massives de livres de conseils destinés aux nouvelles mères, qu'il s'agisse des ouvrages du docteur Benjamin Spock ou de volumes publiés par le gouvernement fédéral, tels *La mère canadienne et son enfant*, démontrent un intérêt étendu pour les conseils d'experts, dans une période de l'histoire où l'insécurité est grande – nous sommes en pleine guerre froide – et où les enfants sont investis d'une nouvelle importance pour l'avenir de la société[2].

L'État intervient donc de manière de plus en plus visible dans la société afin d'en influencer l'évolution. Des programmes sociaux sont mis en place au Canada à partir des années 1940 pour assurer un minimum vital aux citoyens en cas de récession, pour fournir aux personnes âgées de quoi vivre et, graduellement, pour assurer l'éducation du plus grand nombre[3]. Les institutions bénéficieront ainsi d'investissements croissants de la part du ministère du Bien-être social

---

2. Benjamin Spock and Steven Parker, *Dr Spock's Baby and Child Care*, New York, Dutton, 1998 ; Ernest Couture, *The Canadian Mother and Child*, Ottawa, Department of National Health and Welfare, 1947. Voir aussi à ce sujet Doug Owram, *Born at the Right Time : A History of the Baby Boom Generation*, Toronto, University of Toronto Press, 1997 ; Mary Louise Adams, *The Trouble with Normal : Postwar Youth and the Making of Heterosexuality*, Toronto, University of Toronto Press, 1997. En ce qui concerne le Québec, l'essai de François Ricard, *La génération lyrique : essai sur la vie et l'œuvre des premiers-nés du baby-boom*, Montréal, Boréal, 1992, est aussi éclairant.
3. Ces nouveautés proviennent surtout du gouvernement fédéral. L'assurance chômage est créée en 1940, suivie par les allocations familiales en 1944 et par des pensions de vieillesse sur une base limitée à partir de 1951.

du Québec[4], puis, après sa création en 1964, de celui de l'Éducation. Des organismes philanthropiques comme le club Rotary seront également de plus en plus sollicités pour financer chez les sourds l'investissement croissant en aides techniques utilisées en classe. Les formes traditionnelles de financement des institutions, qui passaient par la charité publique et entre autres par des loteries, sont progressivement interdites puis remplacées par d'autres sources de revenus, plus stables[5]. Les nouveaux bailleurs de fonds exigent toutefois un contrôle croissant sur les activités des institutions, jusqu'à en prendre véritablement la direction à partir du milieu des années 1960.

Quelques centenaires

Il aurait été possible d'appeler le début de cette période « l'époque des centenaires », car une ronde de célébrations s'ouvre en 1943 pour se terminer en 1951. Cela témoigne de l'activité exceptionnelle, au milieu du XIXe siècle, de l'évêque Ignace Bourget, qui avait cherché à raviver la foi et à créer des structures d'encadrement religieux dans son diocèse. Les fruits de son œuvre sont durables et leur influence dépasse les limites du diocèse de Montréal, comme ces années de célébration en font foi. Les sourds ont bénéficié de cet élan de création d'institutions et de congrégations qui colorent leur histoire. Hommes et femmes sourds ont également développé un attachement très fort à leur institution respective, qui est à plus d'un titre leur véritable *alma mater*, leur « mère nourricière ». Les institutions pour les sourds sont devenues à la fois centres culturels, dispensatrices de soutien

---

4. Durant cette période, ce ministère change plusieurs fois de nom. Lorsqu'il en sera question dans ce chapitre, nous y référerons sous le nom de « ministère du Bien-être social », qui est la racine commune de son nom avant 1970. Entre 1936 et 1946, il porte le nom de ministère de la Santé et du Bien-être social, qui regroupe pour la première fois les deux dimensions de santé et d'aide sociale sous une même organisation. Il s'agit d'une caractéristique propre au Québec qui trouve ses racines dans l'évolution de ces deux systèmes principalement à l'intérieur du cadre des communautés religieuses et de la charité privée avant les années 1920. En 1946, il devient le ministère du Bien-être social et de la Jeunesse. Il change de nom en 1958 pour devenir simplement le ministère du Bien-être social et enfin le ministère de la Famille et du Bien-être social en 1961. En 1970, ce ministère devient le ministère des Affaires sociales. *Rapport de la commission royale d'enquête sur l'enseignement dans la province de Québec* (ci-après *Rapport Parent*), Québec, Gouvernement du Québec, 1965, vol. 2, p. 337 (§ 496); Vincent Lemieux et autres, *Le système de santé au Québec: organisations, acteurs et enjeux*, Québec, Presses de l'Université Laval, 2003, p. 94-95.
5. En ce qui concerne l'usage de loteries à des fins charitables et le virage vers d'autres formes de soutien financier, voir Suzanne Morton, *At Odds: Gambling and Canadians, 1919-1969*, Toronto, University of Toronto Press, 2003, p. 172-175.

économique, lieu d'insertion et elles figurent souvent au cœur de leur vie sociale. Au fil des ans, les personnes sourdes sont d'ailleurs appelées à participer d'une manière particulière à la vie religieuse dans des congrégations fondées pour elles ; en 1937, les sœurs de Notre-Dame-des-Sept-Douleurs ont célébré leur cinquantenaire de fondation alors que les Oblats de Saint-Viateur ont fêté dix ans d'existence. Les centenaires que l'on célèbre démontrent plus que la durabilité de ces institutions : ils témoignent de leur maturité et de leur enracinement profond dans le milieu sourd autant que dans la vie des communautés religieuses qui les animent.

Le centenaire de la fondation des sœurs de la Providence, célébré en 1943, et celui de l'arrivée des Clercs de Saint-Viateur au Canada, souligné en 1947, rappellent à leur manière les origines de ces congrégations et mettent de l'avant leur rôle dans la société canadienne-française. Celle-ci, en surface, semble avoir peu changé au cours de ces années ; pourtant, la naissance des institutions pour les sourds indique une transition importante, soit celle de la croissance des villes et de leur importance grandissante dans la culture canadienne-française. Ces commémorations soulignent la place de ces deux communautés dans la société à divers titres, mais elles mettent de l'avant une œuvre bien particulière et chère à ces deux congrégations : l'éducation des personnes sourdes. Chacune réserve une place de choix aux élèves sourds – et aux anciens – dans les démonstrations pédagogiques qui font partie du programme de leurs célébrations. Encore plus que l'éducation des entendants, celle des sourds semble jouer un rôle de rédemption sociale particulièrement utile pour des personnes qui autrement seraient possiblement reléguées au ban de la société, surtout en milieu urbain. On souligne à quel point l'Église joue ainsi dans le Canada français un rôle primordial de cohésion nationale, car c'est elle qui a permis la réalisation de ce projet éducatif. De plus, les sourds sont invités à célébrer cinquante ans d'existence d'une institution cruciale pour leur vie associative : il s'agit du Cercle Saint-François-de-Sales.

Les sœurs de la Providence

La célébration d'un centenaire, c'est l'occasion d'un retour aux sources afin de se rappeler les raisons qui ont amené la fondation d'une congrégation, donc de mettre de l'avant son « charisme » particulier, c'est-à-dire le rôle qu'elle est appelée à jouer et qui la distingue d'autres familles religieuses. On se rappelle ainsi que, en 1841, l'évêque Bourget a d'abord donné à l'Asile de la Providence pour les veuves, les vieillards et les orphelins fondé par Émilie Gamelin une structure organisationnelle autonome qui place l'œuvre sous l'autorité du diocèse. Au début, il désirait en confier la charge à une congrégation française, mais, devant l'incapacité de celle-ci à envoyer des religieuses, l'évêque a plutôt décidé de créer une congrégation religieuse à partir de l'œuvre de la veuve Gamelin pour en assurer la pérennité[6]. C'est ainsi que, en 1843, mère Gamelin devient la fondatrice des Filles de la Charité, servantes des pauvres. Comme elles ont pris naissance à l'Asile de la Providence, la population les appelle bientôt sœurs de la Providence. Le charisme de l'institut est ancré à cette première œuvre et le rôle primordial des religieuses demeure le soin aux oubliés de la société, à ceux qui n'ont plus de famille ou dont celle-ci ne peut plus s'en charger. Huit ans plus tard, lorsque l'évêque confie l'éducation des sourdes à cette congrégation, cette nouvelle œuvre prend les couleurs de la charité chrétienne d'une manière encore plus marquée que l'éducation des sourds chez les Clercs de Saint-Viateur, car ces derniers sont avant tout des éducateurs.

On ne devient pas sœur de la Providence pour être enseignante, comme c'est le cas dans les communautés axées sur l'éducation, par exemple la Congrégation de Notre-Dame. La jeune femme qui entre à la Providence se voue aux pauvres. Comme toutes les congrégations religieuses fondées ou établies au Québec au XIXe siècle, la nécessité de revenus que ne génèrent ni les hôpitaux ni les asiles amène rapidement ces religieuses à prendre en charge des écoles[7]. Les écoles constituent également une pépinière de vocations pour le renouvellement des effectifs de la congrégation. Enfin, lorsque les sœurs de la Providence sont déjà présentes dans une localité modeste pour une œuvre de charité, il est plus facile pour les autorités scolaires ou muni-

---

6. Denise Robillard, *Émilie Tavernier-Gamelin*, Montréal, Méridien, 1988, p. 146-160. Huguette Lapointe-Roy, *Charité bien ordonnée: le premier réseau de lutte contre la pauvreté à Montréal au 19ᵉ siècle*, Montréal, Boréal, 1987, p. 45.
7. Un exemple de cette stratégie de financement est étudié par Marie-Paule Malouin, *Ma sœur, à quelle école allez-vous: deux écoles de filles à la fin du XIXᵉ siècle*, Montréal, Fides, 1985. Les communautés masculines cherchent également à équilibrer les établissements pris en charge et les ressources qu'ils pouvaient en tirer, comme l'ont démontré Gabriel Dussault et Gilles Martel, *Charisme et économie: les cinq premières communautés masculines établies au Québec sous le régime anglais (1837-1870)*, Université Laval, Département de sociologie, série «rapports de recherches», cahier 17, 1981.

cipales de leur confier également le couvent pour l'éducation des filles que d'appeler à la rescousse une congrégation enseignante. C'est donc un peu par accident qu'elles sont devenues éducatrices, même si cela fait leur fierté à leur centenaire, surtout en raison du développement de la dimension missionnaire de leur œuvre. L'éducation chrétienne constitue en effet le fer de lance de l'effort missionnaire canadien-français, autant auprès des Premières Nations qu'à l'étranger[8].

L'éducation des sourdes, considérée comme une œuvre autant charitable qu'éducative au moment de la fondation de l'Institution des sourdes-muettes, représente pour cette congrégation un intéressant mélange de ces deux aspects de leur mission au Québec. C'est en partie pour des raisons semblables que l'on fait appel à leurs services pour prendre en charge des pensionnats amérindiens dans l'Ouest canadien. Comme les années 1940 marquent une expansion du travail missionnaire des congrégations religieuses établies au Québec, cet aspect du travail des sœurs de la Providence est également mis en relief dans les célébrations du centenaire autant que dans les expositions et les congrès missionnaires qui se multiplient à l'époque[9]. Alors que l'on envoie au loin des soldats, et même alors que ceux-ci reviennent du front, on appelle également des jeunes gens à devenir en quelque sorte des soldats de la foi. Dans cette dynamique missionnaire, l'œuvre d'éducation des sourds apparaît comme une manifestation du désir d'étendre le christianisme à toutes les couches de la société. L'intégration de la technologie moderne (amplification acoustique électronique) en fait également une œuvre attrayante parce qu'elle sous-entend la notion de progrès qui est aussi chère à la société d'après-guerre.

L'engagement de la communauté auprès des personnes sourdes occupe une place d'honneur dans les célébrations du centenaire de la communauté. Avec l'encouragement de l'Association des dames patronnesses de l'Institution, qui rassemble des femmes de l'élite sociale montréalaise, les autorités de l'Institution des sourdes-muettes

---

8. Lionel Groulx, *Le Canada français missionnaire: une autre grande aventure*, Montréal, Fides, 1962. Voir aussi Denise Robillard, *Aventurières de l'ombre. De l'obéissance au discernement : les missions des sœurs de la Providence (1962-1997)*, Montréal, Carte blanche, 2001.

9. Groulx, p. 468-469. La consultation des archives fait également ressortir la fréquence de ces événements de soutien à l'œuvre missionnaire entre les années 1945 et 1960, lesquels sont souvent rapportés dans les journaux.

donnent une « démonstration pédagogique » qui se tient pendant deux soirées, les 5 et 7 juin 1943, à l'auditorium de l'école du Plateau. Il s'agit d'une démonstration des méthodes d'enseignement utilisées à l'Institution et des résultats que l'on peut en escompter. Ces résultats correspondent aux attentes sociales de l'époque, marquées par le progrès scientifique. C'est ainsi que des élèves du cours oral démontrent l'évolution qui se produit d'une année à l'autre dans leur éducation. Les élèves sourdes-aveugles font étalage de leur savoir-faire manuel autant que de leur capacité à communiquer ; on expose le résultat de leur travail, qui consiste en chaises cannées et en divers travaux d'aiguille, de tricot et de crochet. Les sœurs de Notre-Dame-des-Sept-Douleurs témoignent par leur présence de la réussite de l'éducation chrétienne qu'elles ont reçue. Après tout, elles ont accédé au sommet de la vie chrétienne en devenant religieuses ; tout est donc possible aux sourdes, pourvu qu'elles reçoivent une formation appropriée. Enfin Corinne Rocheleau-Rouleau, ancienne élève sourde-parlante au talent littéraire reconnu, participe à cette soirée en offrant un hommage aux religieuses et à son école. Le tout est reproduit dans un article louangeur qui paraît dans *Le Devoir* le lendemain de la dernière représentation[10]. On y souligne à quel point les efforts de charité chrétienne investis par les religieuses produisent des résultats jugés miraculeux auprès de ces jeunes filles sourdes dont l'éducation paraîtrait impossible autrement. Ici, c'est davantage la patience que la technique de pointe qui ressort des témoignages recueillis après la séance. La charité chrétienne est à la base de la transformation de la société et non la science seule.

Les Clercs de Saint-Viateur

Les sœurs de la Providence ont pour charisme la charité compatissante ; les Clercs de Saint-Viateur, pour leur part, ont été fondés pour faire œuvre d'éducation. La France rurale de la Restauration (entre 1815 et 1830) manque cruellement d'instituteurs et c'est dans le but de remédier à cette situation que l'abbé Querbes, curé de la petite paroisse de Vourles près de Lyon, cherche à créer de petites fraternités d'hommes qui auraient pour double rôle d'instruire les enfants des campagnes et d'aider les curés dans leur tâche. Son projet original se voit transformé en congrégation religieuse en 1831 afin de mieux le soumettre au contrôle ecclésiastique. Les « Clercs paroissiaux

---

10. Chronique ISM, vol. 5 (5-7 juin 1943), p. 49-50.

et catéchistes de Saint-Viateur » non seulement essaiment bientôt dans la région lyonnaise mais deviennent rapidement missionnaires. En 1847, on les retrouve au village de L'Industrie (Joliette) où ils répondent à la demande du fondateur du village et du collège de l'endroit, Barthélémy Joliette. Ils y prennent la relève de prêtres diocésains qui avaient ouvert l'école un an plus tôt à l'initiative du même Barthélémy Joliette. Cent ans plus tard, ils sont disséminés partout dans la province et même au-delà.

Comme les sœurs de la Providence, les Clercs de Saint-Viateur ont dû au cours de ces cent ans accepter des charges qui ne faisaient pas partie de leur mission initiale. Au Canada, afin de financer leurs écoles et de répondre aux besoins exprimés par le milieu, plusieurs religieux deviennent prêtres et sont chargés de paroisses. De plus, en raison des caractéristiques particulières de l'éducation au Québec au milieu du XIXe siècle, la communauté prend en mains plusieurs collèges classiques plutôt que seulement des écoles primaires, ce qui constitue sa mission primordiale en France. La congrégation qui se charge de l'instruction des garçons sourds est donc fondée dans un but éducatif, la charité prenant ici le biais des services offerts dans les écoles et les paroisses. Cela colore également son intervention auprès des sourds, qu'ils voient davantage comme des élèves à former que comme des cas de charité à qui offrir des services de type palliatif. Par exemple, à ses débuts, l'institution masculine ne développe pas une structure d'accueil des adultes et des vieillards sourds comme il en existe une chez les filles, sauf pour quelques cas exceptionnels. De plus, lorsqu'elle prend en charge ces sourds dans le besoin, ce n'est que sur une base ponctuelle et sans désir d'établir une structure permanente d'accueil. Ce n'est que vers les années 1940 que de telles initiatives vont commencer à poindre chez les hommes.

La célébration du centenaire de l'arrivée des Clercs de Saint-Viateur ne met pas en évidence l'Institution des sourds-muets de la même manière que le font les sœurs de la Providence. C'est en partie le reflet de la séparation de la communauté en deux « provinces » en 1938, l'une basée à Joliette et l'autre à Montréal. Cette division est d'abord administrative, mais elle entraîne également un repli de chacune des provinces autour de ses œuvres particulières. L'Institution des sourds-muets relève de la province de Montréal, qui souligne dignement le centenaire par des fêtes solennelles qui trouvent écho dans les médias. Toutefois, le grand rassemblement qui souligne l'événement a lieu au

Séminaire de Joliette, lieu de l'établissement initial de la communauté au Canada. La fête prend la forme d'un imposant *pageant*, mêlant théâtre et musique, deux activités parascolaires très présentes dans la formation dispensée dans les prestigieux collèges classiques de la congrégation. Du 31 mai au 3 juin 1947, plusieurs représentations solennelles destinées à divers publics se succèdent à Joliette[11]. Les comptes rendus de l'événement ne font pas mention de la présence des sourds, qui étaient pourtant dans l'assistance. Même *L'Ami des Sourds-Muets* souligne la circonstance de la manière suivante :

> Dès le début de l'année jubilaire, les principales salles de l'Institution furent décorées avec goût pour rappeler au personnel et aux nombreux visiteurs ce joyeux anniversaire. [...]
>
> Dans leur silence, nos jeunes sourds-muets ne pouvaient donner à la célébration du Centenaire de l'arrivée des Clercs de Saint-Viateur au Canada la douceur chantante ou musicale de leurs frères qui entendent.
>
> Ils y allèrent donc avant tout de leurs prières, de l'offrande de leur journée, de leur travail, de leurs études et de leurs jeux. Ils y allèrent encore, sous des formes particulières, telles que festival, séances ciné-matographiques, adresses, présentations de vœux, etc., etc.[12]

Le Séminaire de Joliette avait développé une forte tradition musicale et théâtrale mise de l'avant par le *pageant* ; ces disciplines n'étaient pas au cœur de la formation dispensée aux sourds. De plus, les fêtes mettent l'accent sur l'éducation de l'élite, alors que l'instruction des personnes sourdes n'a pas ce statut. L'Institution, dans ces fêtes, devient une école presque comme les autres qui, somme toute, occupe une place équivalant à celle d'autres institutions d'enseignement dans les expositions organisées pour témoigner des engagements de la communauté.

En cette année jubilaire, c'est moins l'école des sourds que celui qui est à sa tête qui suscite l'intérêt dans la communauté religieuse, car la même année le supérieur de l'Institution, le père Lucien Pagé, est

---

11. Antoine Bernard, *Les Clercs de Saint-Viateur au Canada*, vol. II, Montréal, Clercs de Saint-Viateur, 1951, p. 565-570.

12. « Centenaire des Clercs de Saint-Viateur et Institution des Sourds-Muets », *L'Ami des Sourds-Muets* (juillet-août 1947), p. 409.

élu supérieur général de la congrégation des Clercs de Saint-Viateur. La carrière de ce religieux s'est presque entièrement déroulée à l'Institution des sourds-muets et son élection au plus haut poste dans la congrégation témoigne de ses talents personnels comme administrateur. Cela constitue également une exception dans la vie d'une institution qui avait développé une culture interne particulière et où, contrairement à la plupart des œuvres communautaires, les religieux qui y étaient nommés y passaient souvent leur vie active en entier, entre autres grâce à la formation particulière nécessaire à l'enseignement aux sourds. Enfin, l'Office national du film marque son intérêt pour une œuvre qui, elle aussi, allait célébrer son centenaire de fondation l'année suivante en y tournant un film[13]. De plus en plus, les médias – radio, cinéma et bientôt télévision – s'intéressent à l'histoire des grandes institutions dont s'est dotée la société canadienne-française.

À travers toutes ces célébrations des œuvres de l'Église, c'est en quelque sorte le peuple canadien-français qui fête ses institutions fondatrices, marquant pour l'une des dernières fois de son histoire un sentiment d'appartenance qui allie langue et religion. Néanmoins, ce type de nationalisme allait bientôt laisser place à un autre, dans lequel l'État prend le premier rôle, occupé jusque-là par l'Église. Les institutions pour les sourds, qui elles aussi célèbrent les cent ans de leur existence, sont un lieu privilégié où s'opère ce transfert par le moyen d'une intervention croissante de l'État dans leur fonctionnement au quotidien. Entretemps, elles célèbrent avec faste leur passé et leurs réalisations ; personne à l'époque ne semble se douter des changements à venir et de leurs répercussions à la fois sur l'organisation de l'enseignement et sur la place des sourds dans la société.

Cent ans d'éducation des sourds à Montréal

Le centenaire de la fondation de la première école pour les sourds au Québec, qui aurait pu être souligné en 1931, est passé complètement dans l'ombre[14]. Comme cette école n'a pas survécu, personne ne semble se préoccuper d'en rappeler le rôle de précurseur. C'est plutôt la fondation de l'école de l'abbé Lagorce, ouverte le 27 novembre 1848,

---

13. Journal ISM, vol. 109 (6 mai 1947), p. 298. Il est fait mention du tournage d'un film, mais celui-ci, s'il a été produit, ne semble plus exister.
14. À l'occasion du 175e anniversaire de sa fondation, un modeste colloque a été organisé à l'automne 2006 à Québec. Il s'agit à notre connaissance de la première commémoration de l'événement.

que l'on souligne cent ans plus tard à grand renfort d'articles dans les journaux[15]. Les célébrations de l'année jubilaire débutent par de fastueuses fêtes publiques qui se tiennent le samedi 15 mai 1948. Au programme, des célébrations liturgiques grandioses présidées par le père Lucien Pagé, supérieur général des Clercs de Saint-Viateur, un banquet pour les sourds, l'illumination de la façade de l'Institution et une soirée de divertissement[16]. Les autorités veulent que cette fête soit celle des sourds et, pour cette raison, elles tiennent à ce qu'ils soient hébergés et nourris gratuitement à l'Institution. Il a donc été nécessaire d'organiser une souscription publique pour payer ces dépenses. En mai 1948, *L'Ami des Sourds-Muets* publie un numéro spécial, imprimé sur papier glacé, qui comprend un survol historique ainsi qu'une liste des services offerts par l'Institution à ses élèves du moment comme à ses anciens.

La lecture de ce numéro spécial de la revue[17] est particulièrement intéressante en ce qu'elle révèle les priorités des éducateurs au moment du centenaire. Il s'en dégage un respect pour la longue histoire d'une institution qui a contribué à la formation de 2 500 élèves depuis sa fondation. On y souligne que, des 25 classes qui composent l'Institution, 17 sont consacrées au cours oral et quatre au cours manuel (les autres étant des classes spécialisées[18]). L'accent est à l'époque véritablement mis sur le cours oral, avec le soutien, lorsque cela est possible, d'aides techniques telles que le « Sonotone » ou l'« Accousticon ». En plus des classes, qui dispensent la formation linguistique, chrétienne et sociale, on trouve des activités de culture physique, d'enseignement de l'hygiène et d'apprentissage d'un métier. L'Institution fournit également un service d'orientation professionnelle qui « préconise

---

15. Pour ne citer que les principaux exemples : *La Presse*, 18 octobre 1947 (supplément illustré) ; « L'Institut [*sic*] des sourds-muets, d'anciens combattants suivent les cours de lecture sur les lèvres », *La Presse*, 27 mars 1948 ; Omer Bonin, « Centenaire de la maison des Sourds-Muets en mai », *La Patrie*, 31 mars 1948 ; Omer Héroux, « Cent ans au service des sourds-muets », *Le Devoir*, 10 mai 1948 ; Victor Barrette, « Un centenaire d'existence », *Le Droit*, 20 mai 1948 ; René Bonin, « L'Institut [*sic*] des Sourds-Muets célèbre son Centenaire », *La Patrie*, 17 mai 1948 ; « Au service de l'Église et du pays », *La Presse*, 17 mai 1948 ; *La Presse*, 27 novembre 1948 (supplément illustré) et Omer Héroux, « Cent années de beau travail », *Le Devoir*, 26 novembre 1948.

16. Journal ISM, vol. 109 (15 mai 1948), p. 346-347.

17. *L'Ami des Sourds-Muets*, numéro souvenir (avril-mai 1948). Les citations de ce paragraphe sont tirées de ce numéro spécial, dont les pages ne sont pas numérotées.

18. Les classes spécialisées sont les suivantes : une pour les élèves anglophones, une pour les sourds-aveugles et deux destinées aux apprentis des ateliers (5ᵉ page).

[l'] orientation [de l'élève] vers la campagne plutôt que vers les villes, afin qu'il jouisse avec son métier d'une condition de vie plus indépendante que celle d'un salarié ». Les services offerts par l'Institution au-delà de l'éducation et de la formation à un métier comprennent le « Service social des loisirs » (le Cercle Saint-François-de-Sales) et son journal, des services de placement et d'assistance, ainsi que l'accompagnement religieux des anciens par des activités régulières organisées autant en région qu'à Montréal.

L'ensemble de ce portrait donne une impression quelque peu surannée. En effet, à quelques détails près, le ton employé et les valeurs de base que l'on retrouve dans ce numéro de *L'Ami* n'auraient pas détonné une vingtaine d'années plus tôt. On y parle principalement d'éducation religieuse et de son importance dans la formation d'un citoyen responsable. La formation orale occupe une grande place et, comme on pouvait le voir dans le paragraphe précédent, il existe un certain mépris des occupations urbaines qui n'aurait pas été étranger aux tenants de l'agriculturalisme et de la colonisation de la fin du XIXᵉ siècle. Si l'on se tourne vers l'avenir, on énumère également dans ce numéro spécial des « projets et espérances » pour l'Institution, qui concernent l'agrandissement de l'édifice. On veut édifier une chapelle digne de ce nom, projet qui se réalisera en 1955, ainsi qu'une aile séparée pour loger les Oblats de Saint-Viateur[19]. De plus, on désire loger convenablement les services sociaux établis pour les anciens et, chose nouvelle, construire une « maison de retraite ou hospice pour les sourds-muets âgés et infirmes ». Jusque-là, l'Institution considérait que ceux-ci relevaient de la responsabilité de leur famille. Ce besoin se fait alors sentir de façon plus aiguë, ce dont témoignent les nombreuses demandes d'hébergement formulées par des sourds âgés et qui sont pour la plupart refusées par les autorités de l'Institution à cause du manque d'espace.

Les fêtes se terminent à la date anniversaire de la fondation de l'école de Lagorce, le samedi 27 novembre, par une fête intime pour les élèves. Un congé d'après-midi leur permet d'assister à la projection d'un film à l'Institution[20]. Les anciens élèves sont pour leur part conviés

---

19. Ceux-ci habiteront l'étage au-dessus de la chapelle après sa construction, où des cellules individuelles seront aménagées, ainsi qu'une salle de communauté séparée.

20. Oui... Il y a alors des cours le samedi, chose commune à tous les pensionnats de l'époque. La vie de pensionnat suppose un horaire régulier pour tous les jours de la semaine, même s'il est différent le dimanche et les jours de congé. Le programme avait prévu un

à un souper aux huîtres dans la soirée. Un autre numéro spécial de *L'Ami des Sourds-Muets* publié en décembre 1948 réitère pour l'essentiel ce qui a été écrit en mai, sous la forme d'une énumération des œuvres diverses qu'accomplit l'Institution en cette année jubilaire. C'est par cette publication que sont closes les fêtes du centenaire.

L'Institution des sourdes-muettes a cent ans

En 1851, sœur Marie-de-Bonsecours (Albine Gadbois) s'est vue confier l'éducation de deux jeunes filles sourdes, commençant ainsi officiellement l'histoire de l'Institution des sourdes-muettes. Cent ans plus tard, la modeste école au logement inadéquat est devenue un vaste complexe immobilier où l'on enseigne à plusieurs centaines de jeunes filles et où les sourdes âgées trouvent un refuge dans une zone de l'édifice que l'on appelle « Asile ». Des membres de deux communautés religieuses y ont leurs quartiers, soit les sœurs de la Providence et les sœurs de Notre-Dame-des-Sept-Douleurs ; les aumôniers résident également à l'Institution. Une partie de l'édifice loge l'administration d'une des provinces des sœurs de la Providence. De plus, l'Institution est un lieu de formation pédagogique spécialisée pour les éducateurs de sourds par l'entremise de l'Institut François-Xavier-Trépanier, comme nous l'avons vu au chapitre précédent. Enfin, des personnes qui ne font pas directement partie de l'univers sourd fréquentent ou habitent l'édifice et surtout contribuent au financement des activités de l'Institution : il y a d'abord un externat pour les enfants du quartier et une vingtaine de pensionnaires laïques qui habitent des suites privées dans l'aile de la rue Saint-Denis.

On commence les préparatifs pour le centenaire dès la fin de l'année du centenaire des sœurs de la Providence, alors que l'aumônier de l'Institution, l'abbé Théobald Paquette, demande aux sœurs de Notre-Dame-des-Sept-Douleurs de recueillir les fonds nécessaires au tournage d'un film sur l'Institution[21]. Ce film muet, intitulé *Rescapées de l'abîme du silence*, est produit à l'Institution même en 1949-1950. Sœur Jeanne-Albertine (Gabrielle Amyot) compose un commentaire qui est lu pour l'accompagner lors des projections qui font partie intégrante des célébrations du centenaire de l'école. Il ne subsiste plus,

---

après-midi de jeux extérieurs, mais la pluie a contraint les organisateurs à utiliser une solution de rechange. Journal ISM, vol. 109 (27 nov. 1948), p. 386.

21. AHP, M10, Journal des sœurs de Notre-Dame-des-Sept-Douleurs (ci-après Journal SNDD), vol. 5 (1er janvier 1944), p. 58.

aux archives, que ce commentaire : « On a perdu la trace du film. » Néanmoins, à en juger par le nombre de fois où il a été projeté selon les chroniques, il formait une part importante des célébrations du centenaire et a probablement servi à la publicité pour l'œuvre.

Les fêtes du centenaire de l'Institution des sourdes-muettes s'étendent sur une semaine, du 22 au 27 mai 1951[22]. Elles incluent des célébrations liturgiques solennelles, dont une messe pontificale célébrée par nul autre que l'archevêque de Montréal, Paul-Émile Léger, des visites des lieux de fondation et des représentations théâtrales données par les élèves et les sœurs de Notre-Dame-des-Sept-Douleurs. Il s'agit de grandioses célébrations qui visent tout d'abord la population principalement ciblée par l'Institution, contrairement à la « démonstration pédagogique » de 1943, qui s'adressait à un public élargi. À l'exception d'une journée, celle du 26 mai, qui est consacrée aux garçons entendants du Jardin de l'enfance et aux représentants de la commission scolaire, il ne s'agit pas tant de faire connaître l'œuvre accomplie que de la célébrer et de renouer avec toutes celles qui la rendent possible.

La fête se termine par de grandes retrouvailles des anciennes à l'école le 27 mai. Cette fois, contrairement aux fêtes du 75e anniversaire de fondation, il ne s'agit pas d'une retraite pour les anciennes élèves, mais d'une célébration festive accompagnée d'un banquet offert aux 600 anciennes qui se présentent[23]. Même leurs époux sont conviés aux festivités, ce qui témoigne d'un changement de mentalités. Comme l'institution des garçons, celle des filles est le cœur d'une large « famille » formée entre autres par les religieuses, les élèves actuelles et anciennes, les bienfaiteurs et les bienfaitrices de l'Institution, ainsi que les pensionnaires sourdes adultes. Il s'agit donc plus que d'une simple école qui aurait pour rôle de préparer de jeunes sourdes à se lancer dans la vie. L'Institution constitue pour celles qui y ont vécu leurs années de formation une véritable *alma mater* au sens fort. Leur attachement durable à cette école en témoigne.

Le Cercle Saint-François-de-Sales (Centre des loisirs)

En 1951, l'Institution des sourdes-muettes n'est pas la seule organisation du monde sourd à célébrer un jubilé. *L'Ami des Sourds-Muets* est

---

22. Le détail de ces fêtes se trouve dans un tapuscrit de sœur Clarence intitulé « L'écho des fêtes du centenaire », ajouté au vol. 5 du Journal SNDD.
23. Sœur Clarence, « L'écho des fêtes du centenaire », p. 6.

d'ailleurs plutôt discret en ce qui concerne la couverture des fêtes du centenaire de l'école des filles; c'est plutôt le cinquantenaire de l'organisme qui publie ce journal qui reçoit la part belle de la publicité. Celui-ci, le Cercle Saint-François-de-Sales, fondé en 1901, est devenu en octobre 1949 le Centre des loisirs et du service social. Le changement de nom reflète une transformation dans sa vocation qui devient double: d'une part, l'assistance aux sourds et, d'autre part, l'organisation de loisirs. Le rôle des sourds dans l'organisation se restreint dorénavant principalement à l'organisation d'activités de loisirs, les religieux se chargeant du volet assistance[24]. Le Cercle demeure inséparable de l'Institution des sourds-muets, où les membres continuent à se réunir dans une salle qui est réservée aux activités du Cercle. Leurs rassemblements quotidiens pour jouer aux cartes donnent toutefois lieu à des activités de loisirs ponctuelles comme des tournois sportifs qui permettent à l'association d'avoir un rayonnement élargi.

Le Cercle demeure une organisation largement gouvernée par les religieux, qui fournissent le local et qui bénéficient d'un droit de regard sur les activités de l'association par l'entremise de l'aumônier; ce dernier a à cœur de poursuivre l'accompagnement des personnes sourdes tout au long de leur vie, même après leur départ de l'institution. Comme à l'école des jeunes filles, l'aumônier craint que les sourds, une fois partis de la serre chaude de l'institution, perdent leurs valeurs[25]. Le Cercle est également doté d'un directeur religieux qui s'occupe des questions d'organisation et de relations avec l'Institution. Ce dernier énumère les activités du Cercle en cette année du cinquantenaire:

> [D]eux grandes salles sont à votre disposition: la salle du Centre avec ses amusements: ses tables pour les joueurs de cartes, une machine à boules, un restaurant très bien organisé; une salle de quilles où s'affrontent des joueurs des deux sexes et qui nous donnent des parties très intéressantes, et une salle du Conseil. Ces deux salles sont ouvertes tous les soirs, de 6 h. 30 à 11 h.

---

24. *L'Ami des Sourds-Muets*, octobre 1949, p. 158; Raymond Dewar, *Historique du centre des loisirs des sourds de Montréal inc., 1901-1976*, Montréal, Centre des loisirs des sourds de Montréal, 1976, p. 27.
25. Paul-Émile Richard, « Hier et aujourd'hui », *Programme-souvenir, cinquantenaire du Centre des loisirs et du service social*, Montréal, Institution des sourds-muets, 1951, p. 36-38.

Passons maintenant aux jeux d'extérieur : une patinoire est louée deux heures par semaine où nos joueurs-étoiles figurent dans une ligue intermédiaire et donnent des parties d'exhibition [*sic*] contre les meilleures équipes de la ville et des alentours.

Sur une autre patinoire, deux soirs par semaine, des parties de ballon-balai où nos jeunes s'amusent tout en se disputant la coupe à gagner par la meilleure équipe. Que d'entrain et de franche gaieté on met dans ces saines réunions !

Pour la saison chaude, une ligue de balle molle est organisée par le Centre des Loisirs, groupant 4 équipes ; des parties serrées se jouent deux soirs par semaine. De nombreux sourds-muets et sourdes-muettes viennent encourager nos joueurs[26].

Le Cercle a quelque peu changé de visage depuis ses origines ; entre autres, les femmes y sont désormais admises, même si elles ne feront jamais partie du conseil d'administration. Le programme-souvenir nous les montre d'ailleurs en action en train de jouer aux quilles (p. 57) et dans les salles de loisirs, auprès des tables de cartes et de billard (p. 58). Il est impossible de savoir exactement à quel moment elles ont été admises, mais on voit déjà qu'il s'opère un changement dans la socialisation des personnes sourdes une fois sorties des institutions. Nous ne sommes pas encore à l'heure des rencontres entre élèves des deux écoles, mais elles viendront bientôt à l'occasion de rencontres organisées par les directions des deux établissements. De plus, le Cercle Saint-François-de-Sales semble organiser des activités pour les femmes, car la chronique de l'Institution des sourdes-muettes mentionne une activité de couture du mercredi pour les anciennes organisée par le Cercle[27].

Enfin, le volet service social se développe discrètement. Il a pris naissance à partir d'interventions ponctuelles des religieux en faveur des sourds, par exemple, pour leur servir d'interprètes dans la négociation de contrats ou devant les tribunaux[28]. Le « service social » cherche à systématiser ces interventions, comme l'aide financière ou le soutien dans la recherche d'emploi. On voit ici un virage progressif

---

26. « Message du Révérend Frère Marcel Dulude, c.s.v., directeur », *ibid.*, p. 32.
27. Chronique ISM, vol. 6 (13 mai 1953), p. 28.
28. « Message du Révérend Frère Marcel Dulude », *Programme-souvenir, cinquantenaire...*, p. 32.

dans l'offre de services, qui ne se borne plus à un soutien religieux, mais qui cherche à accroître l'autonomie des personnes sourdes adultes, un peu comme l'Institution des sourdes-muettes le fait depuis quelques années, ce que nous verrons plus loin. Le cinquantenaire est l'occasion de souligner dans un premier temps la constance dans les services offerts aux sourds hors du seul milieu de l'Institution, au-delà de l'âge scolaire. Dans un second temps, on célèbre l'expansion du Cercle et la diversification des services qu'il rend à la communauté sourde élargie.

Cinq cents personnes se rassemblent à l'Institution des sourds-muets pour trois jours de festivités, du 11 au 13 mai 1951. Le vendredi 11, une soirée de prestidigitation est au programme, question de réchauffer l'atmosphère. Le lendemain, après une célébration liturgique en l'honneur des anciens élèves et professeurs décédés, les membres du Centre des loisirs visitent le musée et les classes de l'Institution. La journée se termine par une soirée récréative entre anciens. Enfin, le dimanche matin amène une messe solennelle célébrée par le père Lucien Pagé, ancien supérieur de l'Institution. Elle est suivie d'un grand banquet et se termine par la bénédiction du Saint-Sacrement. Ces divers éléments liturgiques font à l'époque partie de toute fête qui se respecte dans le monde scolaire catholique, mais ils n'en constituent pas le cœur pour les sourds qui y participent. Pour eux, cette célébration est d'abord l'occasion de se retrouver et de socialiser. Dans l'ensemble, les trois jours de fête mettent l'accent sur la rencontre des anciens entre eux et leur fournissent l'occasion de fraterniser ou de se rappeler le « bon vieux temps ». Plus tard dans l'année, le Centre des loisirs se dote d'un écusson officiel, marque de sa maturité comme organe officiel à l'intérieur de l'Institution[29].

La période qui débute avec la Deuxième Guerre mondiale s'ouvre donc sur une dizaine d'années de commémorations de la vie passée des institutions. Dans l'ensemble, ces célébrations regardent vers le passé de manière à éclairer les projets d'avenir des institutions ; on voit l'avenir comme une continuation du passé, tout en reconnaissant que l'atmosphère est au changement. Au chapitre des continuités, on peut en noter dans les programmes d'enseignement et leurs objectifs. Les célébrations gardent un fort caractère religieux et sont dominées par les autorités des écoles, alors que les élèves et les anciens servent

---

29. *L'Ami des Sourds-Muets* (juillet-août 1951), p. 313.

à faire valoir l'importance de cette branche spécialisée de l'éducation. La formation est destinée à permettre aux femmes et aux hommes sourds de jouer leur rôle traditionnel conditionné par leur sexe dans la société québécoise. On voit toutefois une évolution progressive qui se manifeste entre autres par l'augmentation de l'importance des sports (même si les sources permettant de quantifier celle-ci sont rares) et des activités de loisirs, marquant le virage progressif vers une société de loisirs. D'un point de vue pédagogique, l'invasion de la technologie se manifeste de plus en plus à partir des années 1950, on la voit poindre par l'usage de la radio et du cinéma pour diffuser les fêtes.

En quelque sorte, c'est un peu comme si, au moyen de ces fêtes, on tourne une page importante de l'histoire, même si les gens de l'époque ne s'en rendent peut-être pas compte, pour s'engager sur un autre versant de l'histoire. À partir de ce moment, le vécu dans les écoles prend une couleur fort différente, alors que les priorités sociales changent et que de nouveaux moyens à la fois technologiques et financiers sont mis à la disposition des institutions d'enseignement. À partir des années 1950, l'accent mis sur l'oralisme est renforcé par l'acquisition, grâce à la charité privée, d'appareils d'amplification de groupe qui permettent l'intensification de l'enseignement de la parole et de l'utilisation des restes auditifs. Cela correspond assez bien avec l'augmentation de l'importance de la « normalité » comme critère d'appartenance sociale dans la société d'après-guerre. De nombreuses initiatives locales, mises sur pied à partir des années 1940, transforment peu à peu la vie à l'intérieur des institutions pour les sourds et pour les sourdes, à telle enseigne que, après un peu plus de vingt ans, les pensionnaires qui y retourneraient pour contempler la réalité du début de la période ne s'y reconnaîtraient plus.

Changements et innovations

L'Institution des sourdes-muettes

Le « couvent », comme l'appellent encore les personnes sourdes, a déjà vu sa part d'innovations en 1937 avec la fondation d'une école normale spécialisée. En 1941, l'Institution des sourdes-muettes se dote d'un nouveau programme d'éducation pour ses élèves finissantes : l'École ménagère moyenne. Celle-ci a pour but de perfectionner la formation que reçoivent les élèves afin de mieux les préparer aux réalités de la vie hors de l'école. Au XIXe siècle, on pouvait entendre des religieuses exprimer le souhait de toujours garder auprès d'elles leurs élèves plutôt que de les laisser partir dans le monde[30]. En 1941, c'est plutôt vers ce même monde que l'on invite les finissantes à se tourner, alors que l'Institution se donne pour mission de les y préparer, suivant en cela les dernières avancées dans l'enseignement de l'art ménager. Les religieuses ne révolutionnent pas la place de la femme dans la société, mais elles constatent certainement à quel point leur rôle évolue. Surtout, elles entrent dans la mouvance du culte de la domesticité qui se manifeste durant la période à l'échelle de l'Amérique du Nord[31].

À partir des années 1920, on commence en Occident à se préoccuper davantage de l'éducation supérieure des filles, même s'il ne s'agit pas de leur assurer une formation entièrement comparable à celle des garçons. Les attentes de la société envers les filles ne sont pas les mêmes que chez leurs congénères masculins. Elles sont définies par les rôles respectifs assignés aux personnes de l'un et l'autre sexe dans la société. D'un côté, les garçons acquièrent une formation professionnelle ou technique visant à les préparer à exercer un métier rentable. De l'autre, les filles reçoivent un enseignement dont l'aboutissement se restreint à certains secteurs d'emploi (le travail de bureau, le métier d'infirmière ou d'enseignante, le travail social). Peu importe si la formation des filles est destinée à les préparer à un métier précis, elle vise toujours d'abord l'acquisition par l'étudiante d'habiletés nécessaires pour en faire une excellente mère et une ménagère hors pair. La nouvelle science de l'économie familiale, souvent définie par des chercheurs masculins de la classe bourgeoise, occupe une place de plus en plus grande dans cette formation[32]. Cette tendance n'est pas exclusive au Québec et provient d'études de travail social entreprises aux États-Unis à partir des années 1920, ainsi que de nouvelles idées sociales et médicales ayant la femme pour objet. En raison de son rôle de mère,

---

30. En 1881, la rédactrice de la Chronique ISM s'exprimait ainsi, parlant d'une fête qui avait eu lieu à l'Institution: «Nous aimons à renouveler [...] ces petites fêtes, parce qu'elles sont, ce nous semble, un des meilleurs moyens de leur rendre leur Institution chère en les y attachant, de leur inspirer le désir d'y rester toujours. Ces pauvres infirmes se trouvant, dans le monde, plus exposées, plus à plaindre que les autres». Volume I, p. 142.

31. Susan Hartmann, «Women's Employment and the Domestic Ideal in the Early Cold War Years», Joanne Meyerowitz, dir., *Not June Cleaver: Women and Gender in Postwar America, 1945-1960*, Philadelphia, Temple University Press, 1994, p. 84-100.

32. Marie-Paule Malouin et Micheline Dumont, «L'évolution des programmes d'études, 1850-1960», Micheline Dumont et Nadia Fahmy-Eid, dir., *Les couventines: l'éducation des filles au Québec dans les congrégations religieuses enseignantes, 1840-1960*, Montréal, Boréal, 1986, p. 103.

la femme au foyer est appelée à devenir une « experte » qui requiert une formation adéquate afin de bien élever ses enfants dans le but de bâtir une société meilleure. Dans le contexte de la guerre froide, cela devient impératif : il s'agit de faire la démonstration de la supériorité du mode de vie de l'Occident[33]. Dans le monde religieux québécois, il s'agit également de faire l'apologie d'une éducation catholique de qualité supérieure.

Les sœurs de la Providence suivent le courant et visent à former leurs finissantes dans la ligne de ces nouvelles tendances. La nouvelle École ménagère moyenne doit leur fournir, à la fois par une formation en classe et par la mise en pratique des apprentissages, les éléments nécessaires à la gestion d'un ménage moderne. Ce que les jeunes femmes apprennent dans cette école comprend la gestion d'un budget, la préparation de repas sains et variés, les soins de base à apporter aux enfants (puériculture) et la tenue générale d'une maison. Le modèle correspond à celui des instituts familiaux qui se développent à la fin des années 1930. Les élèves occupent une zone de l'Institution séparée du reste, de manière à susciter chez elles une séparation graduelle du vécu institutionnel pour leur faire adopter la vie d'un foyer. Les locaux comportent une classe, une salle commune et une cuisine modèle. Pour mettre à l'épreuve leur acquisition des principes enseignés en classe, les élèves doivent tour à tour gérer un véritable budget à partir duquel elles doivent faire fonctionner le foyer modèle pendant une semaine. Elles peaufinent également leur apprentissage du travail à l'aiguille et exposent à la fin de l'année leurs travaux au public.

L'École ménagère moyenne vise à former les élèves à la vie « dans le monde », mais elle devient également un passage obligé pour les candidates à l'entrée chez les sœurs de Notre-Dame-des-Sept-Douleurs. Comme celles-ci remplissent le plus souvent des tâches ménagères ou de soutien dans l'Institution, cette formation leur est également utile. Elle le deviendra plus encore à mesure que ces religieuses sont appelées, après les années 1960, à vivre leur vocation en dehors de l'Institution. En un certain sens, l'École devient la formation obligée de l'élite des élèves, le couronnement d'une formation complète. Si, au départ, l'Institution visait simplement à permettre aux sourdes

---

33. Mary Louise Adams, *The Trouble with Normal*, Toronto, University of Toronto Press, 1997.

d'atteindre les sacrements de l'Église, ce but ne suffit plus dans le monde de l'après-guerre. L'appartenance à la société ne se restreint plus à la conformité au modèle chrétien, mais vise la participation à la transmission d'un système de valeurs complexes qui n'est pas seulement délimité par les contours de la société canadienne-française. Il s'agit d'entrer dans une vision du monde qui, tout en prenant les formes du catholicisme, incorpore des idées qui dominent à l'échelle de l'Occident. Dès les années 1940, on sent un désir d'ouverture au monde et à ses influences dans l'Institution des sourdes-muettes, ce qui se traduit par cette nouvelle formation et par l'influence qu'elle aura sur les religieuses sourdes et sur les anciennes élèves.

Les débuts de l'École ménagère moyenne sont rendus plus difficiles par un incendie qui se déclare en février 1941 à l'Institution. Des ouvriers effectuant des travaux de soudure l'auraient provoqué; les dégâts sont importants, puisque la conflagration endommage la partie nord de l'aile Saint-Philippe (sur la rue Berri) et rend inutilisable près de la moitié du bâtiment. Comme cette aile loge la plus grande partie des élèves et de leurs classes, les religieuses n'ont d'autre choix, une fois les cendres refroidies, que de renvoyer les élèves dans leur famille jusqu'à l'automne suivant. Seules les sept élèves finissantes du cours régulier, destinées à former la première cohorte de l'École ménagère moyenne, demeurent à l'Institution jusqu'en juin afin de terminer leur cours. Malgré les dommages matériels, aucune personne n'a été blessée ou tuée dans le désastre, qui s'est produit en fin d'avant-midi. Les conséquences psychologiques de l'incendie sur les résidentes de l'Institution n'en sont pas moins importantes, comme en témoignent les sœurs de Notre-Dame-des-Sept-Douleurs, qui se sentent déracinées[34]. Cet événement soulève également des questions à propos des conséquences possiblement funestes d'un incendie qui se déclarerait la nuit. On cherche dès lors à doter l'Institution d'une aile à l'épreuve du feu pour loger de façon sécuritaire les dortoirs des élèves. En 1941, l'époque n'est toutefois pas favorable aux constructions: la guerre entraîne déjà un rationnement des matériaux et une hausse des coûts de la main-d'œuvre. Il faudra attendre quinze ans avant de pouvoir inaugurer l'agrandissement tant désiré. Entretemps, d'autres innovations ont lieu à l'Institution et dans les services qu'elle offre aux sourdes et aux sourds; elles marquent une réponse à un monde

---

34. Journal SNDD, (1er mars 1941), p. 393 ss.

en changement et, contrairement à l'idée de fuite du monde qui avait longtemps dominé le monde religieux, ces améliorations constituent une source de fierté.

En 1946, on constate l'influence grandissante des sciences sociales lorsque l'abbé Gérard Hébert, aumônier de l'Institution, fonde le Service social aux sourdes-muettes. Un peu comme l'école ménagère, cette initiative répond à des idées qui ont cours à l'époque. Elle est basée sur la conviction que, pour mieux aider les moins nantis et les gens qui vivent des difficultés de toutes sortes, il faut étudier scientifiquement leur situation, tenir des statistiques, monter des dossiers et coordonner l'aide à leur fournir plutôt que de disperser ses efforts en mesures ponctuelles inefficaces. Ce modèle d'aide sociale s'est développé surtout dans le monde protestant, qui était confronté à la diversité des églises et au besoin d'une réponse commune. Le monde catholique, traditionnellement centré sur la paroisse, était initialement réticent à utiliser ce modèle unificateur. Les personnes sourdes exigeaient toutefois une réponse organisée de la part de l'Institution, qui rejoignait justement ses anciennes au-delà des cadres paroissiaux. L'abbé Hébert définit le but de l'organisation dans une lettre qu'il adresse à l'archevêque de Montréal, Mgr Joseph Charbonneau, le 29 janvier 1946:

1° Posséder un dossier – le plus complet possible – de chacune des anciennes élèves. Grâce à ce fichier, chacune des anciennes pourra être suivie et secourue au besoin.

2° Entretenir une correspondance régulière avec elles.

3° Rendre « petite revue » mensuelle et plus complète.

4° Établir comme un bureau de placement pour elles, afin qu'elles ne s'engagent que dans des maisons sûres.

5° Ouvrir un comptoir où elles pourront écouler les travaux qu'elles font à la main « chez elles » et en obtenir un meilleur prix.

6° Organiser la visite des anciennes par les religieuses.

7° Fournir aux aumôniers les moyens nécessaires afin qu'ils puissent les faire bénéficier de leur ministère[35].

---

35. Chronique ISM, vol. 5 (19 mars 1946), p. 166-167.

L'aumônier transforme donc le type de suivi qu'offre l'Institution à ses anciennes, qui étaient jusque-là visitées individuellement par les sœurs de la Providence au même titre que les autres personnes que les religieuses aidaient. Dorénavant, le Service social offrira ses services par l'entremise d'un bureau central, où travaillent des sœurs de la Providence et surtout des sœurs de Notre-Dame-des-Sept-Douleurs. C'est la première fois que l'Institution se dote d'une organisation permanente visant le soutien de ces anciennes. Chez les garçons, ce rôle est rempli d'une certaine manière par le Cercle Saint-François-de-Sales, qui se donne d'ailleurs en 1949 une mission spéciale de service social aux sourds, comme nous l'avons vu plus haut. Le Service social de l'Institution des sourdes-muettes ne cherche toutefois pas, comme le Cercle Saint-François-de-Sales, à maintenir la cohésion des anciennes élèves : il n'a pas de dimension de club social.

Néanmoins, le Service social de l'Institution des filles n'est pas qu'un bureau d'aide humanitaire. Il s'agit en quelque sorte d'une extension naturelle des services de pastorale que l'Institution offre aux sourdes montréalaises et à leurs familles. De plus, le Service social met sur pied une variété d'œuvres visant à élargir la gamme des services offerts aux sourdes, et ce, dès l'année de sa fondation. En septembre 1946, on plante une croix de 17 pieds (5 mètres) en bordure du fleuve Saint-Laurent, à Contrecœur, sur le futur site d'une colonie de vacances pour les sourdes[36]. Cet endroit n'aura cependant servi de lieu de villégiature qu'un seul été, car, en 1948, on établit un camp permanent à Vaudreuil. L'endroit a l'avantage, contrairement au terrain de Contrecœur, d'être déjà doté d'un bâtiment suffisamment grand pour accueillir les campeurs ; il prend le nom de Villa Notre-Dame-de-Fatima. Il est destiné aux jeunes sourdes ainsi qu'au personnel de l'Institution, qui y viennent par groupes pour une période de trois semaines. Au départ, le site sert de lieu de repos et de divertissement pour les élèves dont la famille ne peut les accueillir durant l'été et qui jusque-là passaient la belle saison entre les quatre murs de l'Institution[37]. Les sœurs de Notre-Dame-des-Sept-Douleurs et les personnes âgées sourdes de l'« Asile » y trouvent également leur compte, bien que pour elles le repos s'accompagne de travail ; les tâches ménagères du camp leur échoient.

---

36. *Ibid.* (4 sept. 1946), p. 191-192.
37. *Ibid.* (27 juin 1948), p. 263-264.

Le camp Notre-Dame-de-Fatima n'est pas le seul à voir le jour durant cette période. L'après-guerre voit un foisonnement de colonies de vacances qui surgissent un peu partout au Québec, question de permettre aux jeunes de familles urbaines de reprendre contact avec la nature. Ce mouvement répond en partie à l'urbanisation croissante du Québec, qui isole de plus en plus les jeunes du milieu naturel. Le mouvement scout qui s'implante dans la province à la même époque répond à des besoins semblables, alors qu'on cherche à inculquer à la jeunesse des vertus d'équilibre autant physique que mental, une meilleure connaissance de leur univers, une discipline, qu'un camp en milieu naturel favorise. De nombreux éducateurs croient que le désordre, la pollution et le bruit urbains ne peuvent être bénéfiques aux enfants de la ville, surtout ceux dont les familles sont trop pauvres pour profiter de vacances à la campagne. On cherche par ailleurs à retirer les élèves de milieux potentiellement dangereux pour leur moralité en encadrant le plus possible leurs loisirs, autant en ville qu'à la campagne ou en forêt[38]. Un grand nombre d'écoles et de collèges acquièrent ainsi des propriétés qui peuvent servir de lieu de repos à leur personnel durant l'été autant que de sites de villégiature et d'éducation pour leurs élèves.

Le guidisme fait son apparition à l'Institution des sourdes-muettes en 1952. Contrairement à la structure habituelle du scoutisme, qui compte divers niveaux correspondant aux âges, l'organisation n'accueille que les élèves les plus âgées. Son but est de leur servir de formation à la vie, en complément à l'éducation qu'elles reçoivent à l'école ménagère. De plus, sa visée est l'intégration de la foi à la vie quotidienne, davantage que l'apprentissage de techniques de survie. Les activités des guides, bien qu'elles intègrent généralement des sorties en nature, ont un thème spirituel, cherchant à développer en elles des qualités de leadership, un peu comme l'action catholique. Elles intègrent également un aspect caritatif ; les guides étant appelées à participer à des collectes de fonds dans le but d'inculquer en elle l'idée de la « charité en action[39] ». La chronique de l'Institution décrit ainsi les buts poursuivis par une telle initiative :

---

38. Louise Bienvenue, *Quand la jeunesse entre en scène : l'Action catholique avant la Révolution tranquille*, Montréal, Boréal, 2003.
39. Chronique ISM, vol. 5 (17 mai 1952), p. 508.

Le Guidisme a un double but : éducation & apostolat. Nos élèves appartiendront au groupe des Guides aînées. La guide inspire sa vie de l'idéal guide : Service du prochain pour l'amour de Dieu. Ses principes sont : Fierté au sujet de sa foi à qui elle soumet toute sa vie ; fierté quant à son pays qu'elle aime & devoir qui commence à la maison. Elle a pour devise : « Servir » et pour patronne : Notre-Dame du Service, l'Ancilla Domini [la servante du Seigneur] du 25 mars. Les réunions bi-mensuelles et les activités se font sous le signe de la joie du Christ dans une atmosphère de simplicité & de fraternité. Monsieur l'abbé Pierre Hurteau, assistant-aumônier, est chargé du groupe ; une cheftaine vient régulièrement entraîner les élèves. L'unité de notre Institution a choisi pour dénomination « Le Feu Providence » et elle sera reconnue officiellement après un an de fonctionnement[40].

Les guides de l'Institution des sourdes-muettes vivent leur premier campement à la Villa Notre-Dame-de-Fatima sous le thème de la fraternité, du 6 au 11 juin 1952[41]. Pendant ce campement, les activités sont organisées par les cheftaines guides plutôt que par les religieuses, qui avaient nul doute approuvé le programme au préalable ; par ce moyen, ces jeunes guides sont appelées à acquérir une plus grande autonomie. Seul l'aumônier demeure au camp comme figure d'autorité durant ces quelques jours. Il est responsable chaque soir de faire avec les campeuses le bilan de la journée pour donner une touche spirituelle à l'ensemble des activités. Plus tard dans l'année, leur troupe, qui prend le nom de « Feu Providence », reçoit une reconnaissance officielle et elles deviendront des habituées de la Villa, hiver comme été. Le scoutisme a aussi été introduit à l'Institution des sourds-muets en 1955.

Cette expansion des services aux sourdes hors du bâtiment de l'Institution s'accompagne d'un élargissement des services offerts à l'interne. Alors que l'École ménagère moyenne et les guides concernent les élèves plus âgées, les sœurs de la Providence décident de mettre de l'avant une initiative que les Clercs de Saint-Viateur ont envisagée dès les années 1930, mais qu'ils n'ont jamais réussi à mettre sur pied : une école maternelle. Celle-ci ouvre ses portes en 1951, un an après l'ouverture par une association de parents anglophones d'une classe

---

40. *Ibid.* (18 février 1952), p. 488-489.
41. *Ibid.* (6-11 juin 1952), p. 511-512. Le programme précis n'a pas été conservé. Il est donc difficile de savoir exactement en quoi consistaient les activités de la journée.

spécialisée pour les enfants sourds, tout près de l'Institution des filles, à l'école Aberdeen (qui se trouvait là où se dresse aujourd'hui l'Institut de tourisme et d'hôtellerie du Québec)[42].

La « classe enfantine », telle qu'elle est officiellement décrite par les documents des sœurs de la Providence, accueille des enfants trop jeunes pour le cours habituel qui commençait à l'âge de huit ans. De plus, cette classe accueille les enfants des deux sexes, ce qui correspond à la séparation traditionnelle de l'éducation primaire dans l'Église catholique : jusqu'à l'âge de 12 ans, les garçons peuvent avoir des femmes pour professeurs ; cela constituerait même une extension du rôle de la mère dans l'éducation. Au-delà de cet âge, les garçons doivent avoir des maîtres masculins[43]. Les élèves de la maternelle sont accueillis dès l'âge de cinq ans. Cette nouveauté est mise à l'essai en septembre 1951 et l'évaluation que l'on en fait en janvier suivant est plus que probante. On souligne surtout à quel point elle permet aux jeunes enfants de développer les capacités d'apprentissage qui les préparent à entreprendre leurs études élémentaires.

En cette fête du patron de l'Œuvre des Sourdes-Muettes, parlons un peu de la section ouverte en cette année centenaire, section désirée depuis si longtemps. Notre classe enfantine compte à date quatorze élèves. Sœur Étienne du Cénacle a réellement du succès auprès de ces petits, ce qui permet de croire que nous avons eu raison d'ouvrir cette section, non au point de vue religion, mais du côté avantage pour les chers affligés de la surdité.

Cinq de ces élèves, de sept à huit ans, seront en mesure d'entrer au cours de démutisation avec la prochaine année scolaire. Les plus avancés de cette classe de onze fillettes et trois garçons savent vingt mots, peuvent

---

42. *Ibid.* (9 janvier 1951), p. 397. P. Alphonse Gauthier, « Initiative » *L'Ami des Sourds-Muets*, mars 1951, p. 280.

43. Dans le cas des aveugles, cela pose problème à partir de 1940, lorsque des facteurs économiques se sont combinés à cette règle pour amener l'exclusion des garçons de plus de 12 ans de l'Institut Nazareth, tenu par les sœurs grises. L'ouverture de l'Institut Louis-Braille pour les garçons en 1953, tenu par les Clercs de Saint-Viateur, réglera la question. Suzanne Commend, *Les Instituts Nazareth et Louis-Braille, 1861-2001 : une histoire de cœur et de vision*, Québec, Septentrion, 2001, p. 149-156. Le problème inverse ne se pose pas : les hommes, surtout s'ils sont laïcs, n'enseignent généralement pas aux jeunes enfants. André Labarrère-Paulé, *Les instituteurs laïques au Canada français, 1836-1900*, Québec, Presses de l'Université Laval, 1965, p. 365-366 ; Thérèse Hamel, *Un siècle de formation des maîtres au Québec, 1836-1939*, Montréal, Hurtubise HMH, 1995, p. 63 et 122-124.

prendre en dictée les sons et les consonnes, répondre ou obéir à vingt-quatre petits ordres : ouvre la porte, joue, etc., etc.[44]

Au-delà de l'ajout d'une année d'études, cette innovation marque un changement dans la vision pédagogique de l'enfant sourd. Au XIXe siècle et jusqu'aux années 1930 environ, le milieu des éducateurs de sourds considérait qu'il n'était pas utile de commencer l'éducation de ces enfants avant l'âge de huit ou même dix ans. À partir des années 1920, diverses méthodes d'enseignement sont utilisées pour renforcer l'apprentissage de la langue parlée en commençant l'enseignement le plus tôt possible, par des méthodes appropriées[45]. Au début des années 1930, l'Institution des sourds-muets avait un projet d'ouverture d'une maternelle, qui n'a jamais eu de suite à cause de la Dépression. Dans le Québec de l'après-guerre, alors que l'éducation primaire devient obligatoire (en 1943) et qu'on voit l'éducation comme un moyen par excellence de développement social, on s'intéresse davantage aux jeunes enfants, même à ce que l'on commence à appeler « l'enfance exceptionnelle ». L'arrivée d'une maternelle pour enfants sourds s'inscrit donc dans la rencontre de mouvements de transformation à la fois dans la société canadienne-française et le milieu éducatif plus large[46].

La diversification des services offerts par l'Institution s'accompagne de besoins nouveaux. Il faut héberger ces services, ce qui rogne sur l'espace occupé à des fins autres que l'éducation des sourdes, mais qui génèrent des revenus. Il en est ainsi des pensionnaires payants du troisième étage de l'aile Bonsecours qui, en 1953, sont appelées à faire place progressivement à des sourdes âgées qui cherchent pension à l'Institution[47]. Le processus diminue les revenus courants que l'école génère pour elle-même par les loyers recueillis et en plus il pousse plusieurs de ces pensionnaires qui faisaient partie de la bourgeoi-

---

44. *Ibid.* (29 janvier 1952), p. 480.
45. La « Méthode belge de démutisation » dont le père Lucien Pagé s'était fait le promoteur au début des années 1930 visait cet objectif.
46. Une étude plus poussée des sources spécialisées serait nécessaire pour documenter ces mouvements, dont nous ne pouvons que constater les retombées à divers égards. L'intérêt accru dans les années 1950-1960 pour la langue des signes aux États-Unis et les études de William Stokoe ne sont certainement pas étrangers à cet intérêt renouvelé.
47. Chronique ISM, vol. 6 (17 septembre 1953), p. 41. La dernière pensionnaire quittera l'institution en septembre 1971. On compte surtout sur le phénomène d'attrition plutôt que de forcer les pensionnaires à quitter. *Ibid.* (27 sept. 1971), p. 624-625.

sie montréalaise, et qui contribuaient par leurs dons aux dépenses extraordinaires de l'Institution, à aller chercher refuge ailleurs. À long terme, cela rognera la base de soutien philanthropique de l'Institution. En 1962, le processus s'accélère alors que la communauté prend la décision de ne plus prendre de nouveaux pensionnaires payants afin de consacrer l'ensemble de l'édifice à l'œuvre des sourdes. Au même moment, on décide de fermer le Jardin de l'enfance, qui accueillait depuis les années 1880 des garçons du voisinage et qui servait également de source de revenus[48]. En parallèle, on peut compter sur de nouvelles sources de revenus, notamment l'augmentation fulgurante au cours des années 1950 des subsides gouvernementaux d'origines diverses.

Progressivement, l'Institution effectue un virage qui l'amènera au cours des années 1960 à s'inscrire de plus en plus dans le réseau de la santé et des services sociaux, autant que dans celui de l'éducation, du moins par la clientèle qu'elle dessert. Le dernier groupe à quitter l'Institution en 1978 – mis à part les sœurs de la Providence – fut celui des pensionnaires adultes de ce qui avait alors pris le nom de « foyer », puis de « centre d'accueil[49] ». Plusieurs d'entre eux ont alors pris le chemin du Manoir Cartierville nouvellement ouvert. Cette évolution n'est pas encore prévisible durant les années 1950, alors que les sœurs de la Providence recentrent leur activité sur les personnes sourdes de tous âges, mais les décisions prises durant cette période trouveront leur conclusion logique dans la transformation de l'école en centre de services spécialisés. L'influence grandissante de l'État sera le moteur du virage décisif.

Au début des années 1950, le principe de charité selon lequel fonctionne l'Institution commande une nouvelle créativité de la part de l'Association des dames patronnesses, l'une de ses principales sources de revenus ; le banquet traditionnel aux huîtres du mois de novembre lui est enlevé. En effet, le 7 et le 9 novembre 1951 se tiennent les derniers de ces soupers qui rassemblent le gratin de la société canadienne-française de Montréal. Personne ne se doute alors que ces

---

48. *Ibid.* (7 janvier 1962), p. 343. Il n'y a pas, dans la chronique, de traces des délibérations qui ont mené à cette série de décisions. Le virage semble s'opérer au cas par cas, sans réel plan d'ensemble, sinon celui d'une importance accrue accordée à la mission centrale de l'institution envers les sourdes.
49. *Ibid.* (3 mai 1978), p. 718.

soupers n'existeraient plus[50]. L'année suivante, une directive émanant du bureau de l'archevêque de Montréal, Mgr Paul-Émile Léger, interdit la tenue de ces banquets s'il s'y sert encore du vin. Après avoir songé à contourner cette restriction, les religieuses se soumettent avec un certain soulagement à cette décision, car ces soupers et leur longue préparation exigent de sacrifier une partie des activités éducatives et ils dérangent l'organisation de l'Institution en monopolisant ressources et salles pendant plusieurs semaines[51]. Là encore, la directive diocésaine semble vouloir confirmer le besoin de recentrer la mission directement sur l'éducation des sourdes.

Mais comment donc cette immense œuvre arrive-t-elle à se financer, alors même que les besoins vont croissants et que les sources traditionnelles de revenus se tarissent ? En 1969, l'Association des dames patronnesses (devenues Dames bienfaitrices) elle-même se sabordera, mettant fin à une longue tradition de philanthropie bourgeoise canadienne-française[52]. Il y a bien quelques organismes de service à la jeunesse, dont le Club Kiwanis, qui offrent généreusement aux deux institutions des cadeaux sous la forme d'appareils auditifs de groupe qui servent en classe. Les dons continuent évidemment à arriver, même si leur flot est de moins en moins régulier. Ce qui change la donne durant la période, c'est le financement plus important qu'accorde l'État à ces institutions d'éducation. Nous y reviendrons plus loin, car ce n'est pas seulement la structure de financement qui se transforme ainsi ; il s'établit une nouvelle relation d'autorité et de contrôle entre l'État et les institutions pour les sourds.

Malgré cette restriction des sources de revenus, l'Institution des sourdes-muettes continue son expansion durant les années 1950. On se souviendra de la peur qu'avait soulevée l'incendie de 1941 quant à l'éventualité d'un incendie nocturne et de ses conséquences potentiellement désastreuses. Ici, c'est le fait que l'Institution est ancrée dans la ville et que son importance sociale est largement reconnue qui joue. C'est l'administration municipale qui ajoute sa contribution aux dons privés et lui donne les moyens, en 1954, d'agrandir ses locaux et de se doter, finalement, d'une nouvelle aile résistant aux incendies destinée à héberger les dortoirs des élèves ainsi qu'une

---

50. La Fondation surdité et communication de l'Institut Raymond-Dewar a ressuscité cette forme de financement au cours des dernières années.
51. Chronique ISM, vol. 5 (13 février 1952), p. 487-488.
52. *Ibid.*, vol. 6 (24 avril 1969), p. 580.

salle académique. L'aile Saint-Joseph est construite au coin des rues Berri et Cherrier, au sud de l'aile Saint-Philippe, grâce à la compensation qu'offre la Ville de Montréal pour l'expropriation d'une bande de terrain de l'Institution le long des rues Berri et Roy. Le 31 mai 1954, l'annaliste note la destruction des dépendances longeant la rue Roy, dont le local du Service social, des entrepôts et un ancien poulailler[53]. Sur la rue Berri, 30 pieds (10 mètres) de terrain sont enlevés tout le long de la propriété, question d'élargir la rue afin de faciliter la circulation automobile. Les religieuses commencent à se sentir à l'étroit et l'on songe même à déménager. Elles décident néanmoins d'utiliser les 140 000 $ offerts en compensation par la Ville pour financer en partie la construction de ce qui sera l'aile Saint-Joseph[54].

Ce nouvel édifice n'imite pas le style des bâtiments précédents, même s'il s'inscrit dans la continuité du complexe érigé selon les plans du père Michaud. Il s'agit d'une aile aux lignes modernes, bien de son époque, mais dont la pierre de parement a été choisie avec soin pour imiter le plus possible la pierre calcaire grise de Montréal utilisée dans la construction de l'édifice original. Comme les autres parties de l'édifice, cette nouvelle aile est construite sur pilotis (d'acier, cette fois) et, contrairement au reste du bâtiment, sa structure est entièrement en béton. Malheureusement, tous ces travaux entraînent l'abattage de nombreux arbres sur le terrain et exposent de plus en plus le bâtiment aux bruits de la ville. On ne sait pas trop quel effet cela put avoir sur les élèves, mais les religieuses s'en plaignent!

Les travaux de construction amorcés en 1954 sont terminés à la fin de l'année 1955 et le nouveau pavillon Saint-Joseph est solennellement inauguré le 19 février 1956 lors d'une cérémonie que préside le cardinal Paul-Émile Léger. Au cours de son allocution, celui-ci exprime d'une manière particulièrement saisissante le changement qui s'opère alors autant dans le milieu de l'éducation que dans la société québécoise de l'époque:

[...] La télévision, [...] les automobiles, [...] les hommes qui sont dans le monde doivent se servir de ces instruments, de ces techniques que l'Esprit met à leur disposition; lorsque nous regardons ce monde, nous

---

53. *Ibid.* (31 mai 1954), p. 68.
54. *Ibid.* (9 août 1954), p. 80. Ce nom lui a été donné parce qu'elle a été construite pendant l'année du cinquantenaire de la dévotion à saint Joseph à l'oratoire du mont Royal. *Ibid.* (27 décembre 1955), p. 125.

ne devons pas le condamner, mais nous devons essayer [...] d'infléchir sa marche vers le terme de la véritable destinée. [...] Et c'est pourquoi mes bien chères sœurs, en regardant l'avenir il faut que nous sachions comprendre toutes les exigences de l'éducation actuelle; comprendre toutes les exigences de la société et du milieu social dans lequel les enfants retourneront après un séjour dans cette maison. [...]

Il y a cent ans cette institution se limitait à l'éducation des enfants. Les enfants arrivaient ici à l'âge de dix, quinze ans. [...] et que les enfants séjournassent ici 5 ans, 6 ans, 10 ans, cela ne signifiait rien autrefois parce que le temps n'avait pas la même consistance je dirais, qu'aujourd'hui; la durée n'avait pas la même densité qu'aujourd'hui. Aujourd'hui, il faut en peu d'années faire l'éducation des enfants non pas seulement du point de vue initiation à l'art de la parole ou de l'expression de la pensée, mais il faut aussi leur donner des moyens essentiels pour pouvoir réussir dans le travail social qu'elles devront entreprendre demain. Et c'est pourquoi cette institution ne se limite plus seulement aux seuls problèmes de l'éducation des enfants. Autrefois, les sourdes-muettes étaient accueillies ici et, lorsqu'elles quittaient cette Institution, elles tombaient dans une autre institution qui s'appelle la famille. La plupart des enfants retournaient dans leurs foyers et, comme toutes les autres grandes filles, elles attendaient les indications providentielles ou bien elles demeuraient ici se donnant à l'Œuvre pour toujours.

Aujourd'hui, surtout lorsque cette classe maternelle sera définitivement organisée et que les enfants entreront toutes à l'âge de 5 ans, les parents qui conduiront leurs enfants ici attendront de l'Institution autre chose qu'une protection momentanée; les parents exigeront d'une certaine façon de l'Institution une préparation plus adéquate pour l'avenir de l'enfant, car ce qu'on désire aujourd'hui c'est l'intégration de tous les handicapés dans [...] la société; c'est pourquoi il faut faire ici double travail. Il faut accomplir le travail normal d'initiation de l'intelligence et du cœur de l'enfant aux grands problèmes de la vie, et il faut en plus [...] leur donner un supplément d'habileté afin que ces enfants puissent accomplir dans la société des tâches semblables à celles accomplies par les personnes normales. [...] C'est cela que la société demande, et l'Église est obligée d'accepter cette invitation que le monde lui fait; c'est une espèce de gageure que le monde fait à l'Église, de préparer des enfants comme [...] le monde avec ses techniques peut préparer une génération pour les tâches humaines de demain [...].

L'Église n'a pas le droit d'arrêter cette marche vers l'élaboration des techniques, vers un perfectionnement toujours renouvelé des formules sociales. Parce que d'un côté les anciennes institutions disparaissent, et que le foyer n'a plus la même solidité qu'autrefois, la paroisse elle-même se désagrège partout, même dans nos milieux ruraux. La télévision, la radio sont entrées dans les foyers et par conséquent à l'intérieur de la paroisse elle-même d'autres influences que l'influence de l'Église s'exercent. [...]

Les sourdes-muettes qui partent de cette institution et qui s'en vont à toutes les extrémités de la province, et même du pays, ont besoin d'être suivies et d'être dirigées au milieu de tout ce bouleversement social. Et nous comprenons que l'Œuvre des sourdes-muettes est une œuvre qui agrandit ses murs presque à la dimension du pays tout entier, d'où la nécessité de former des auxiliaires sociales, des personnes comprenant tous ces problèmes, et la nécessité aussi pour l'Église de placer des prêtres aux endroits stratégiques afin qu'ils puissent maintenir un contact avec toute cette population qui est emportée dans le tourbillon des problèmes sociaux modernes [...].

Et puis, il faudra que nous trouvions de généreux donateurs qui pourront donner à cette maison ces instruments qu'on a inventés pour pouvoir faire pénétrer les sons, même dans des oreilles rebelles[55].

Cette longue citation met bien en relief la profondeur des changements qui sont apportés et que ne peut que constater l'archevêque, non avec résignation, mais avec le désir de s'attaquer aux défis que soulèvent ces mutations. L'éducation des sourdes permet de concentrer, au regard de qui veut bien s'y arrêter, les défis sociaux de l'époque qui exigent de plus en plus le recours à la technique et un processus de plus en plus poussé d'intégration. L'Église, dans ce cas, ne se tient pas à l'écart de la mouvance sociale. Dans les deux institutions catholiques, au cours de cette période cruciale, on constate d'ailleurs un raidissement de la position en faveur de l'apprentissage de la parole, qui paraît alors plus que jamais nécessaire aux yeux des éducateurs comme moyen d'assurer l'intégration sociale des sourds. Ils n'hésitent pas à investir largement, avec l'aide de leurs bienfaiteurs, dans l'acquisition du matériel technique susceptible d'aider cet apprentis-

---

55. *Ibid.*, 19 février 1956, p. 133-136. Le texte est une transcription d'un enregistrement au dictaphone.

sage. Ces mêmes aides techniques semblent rendre de plus en plus envisageable la disparition éventuelle de la surdité et des institutions spécialisées.

Un dernier signe des changements qui arrivent à grands pas à l'Institution des sourdes-muettes avant 1960 est le tarissement des vocations chez les sœurs de Notre-Dame-des-Sept-Douleurs. Les effectifs de ces religieuses sourdes ont poursuivi une croissance progressive et régulière depuis leur création, si bien que, l'année de leur cinquantième anniversaire de fondation, la congrégation atteint le total de 50 professes depuis 1887. Au cours des années suivantes, soit de 1937 à 1962, 37 autres femmes entrent dans la congrégation pour y prononcer des vœux. Toutefois, les sœurs Marie-du-Rosaire (Mary Jewel Reid), Marie-du-Calvaire (Elizabeth Kass) et Marie-Bernard (Esther Paradis) deviennent, en 1962, les dernières professes de l'histoire de cette communauté. De 1937 à 1949 inclusivement, 22 religieuses font profession, soit une moyenne de 1,8 professe par année sur 12 ans, une progression remarquable par rapport au nombre de 1 par année pour la période 1887-1937. Il y a ensuite un hiatus de trois ans pendant lesquels aucune nouvelle entrée ne se manifeste et 14 nouvelles religieuses entrent en communauté de 1952 à 1962, soit une moyenne de 1,4 religieuse par année pour dix ans. Cette moyenne est plus élevée que la moyenne des 50 premières années, mais le recrutement ralentit visiblement par rapport aux années 1940, surtout auprès des candidates originaires du Québec. Dans l'immédiat, la croissance réelle cache ce ralentissement graduel des entrées, mais plusieurs des nouvelles religieuses proviennent des États-Unis, plutôt que de l'Institution elle-même[56].

Il vaut la peine d'ouvrir une parenthèse sur le pendant masculin des religieuses sourdes qui connaît vers la même époque une évolution légèrement différente. La communauté des Oblats de Saint-Viateur, fondée en 1927 avec quatre candidats, a connu une croissance beaucoup plus lente que celle des sœurs de Notre-Dame-des-Sept-Douleurs. Les religieux sourds atteignent le nombre de dix profès en 1940, puis leur nombre oscille entre 10 et 15 durant les décennies suivantes. Leur nombre fluctue constamment à cause du nombre élevé

---

56. On trouvera un examen détaillé de la situation des sœurs de Notre-Dame-des-Sept-Douleurs durant la période et des changements qu'elles vivent dans Stéphane-D. Perreault, *Une communauté qui fait signe: les sœurs de Notre-Dame-des-Sept-Douleurs, 1887-2006*, Montréal, Carte blanche, 2006, p. 171-216.

des départs. Au cinquantenaire de la congrégation, ils sont 13, puis 12 au moment de leur incorporation dans la congrégation des Clercs de Saint-Viateur en 1984[57]. Cette situation résulte possiblement de la différence entre les débouchés beaucoup plus nombreux offerts aux hommes par rapport à ceux des femmes[58]. De plus, la situation canonique des Oblats de Saint-Viateur reste *ad experimentum* jusqu'à l'approbation définitive de leurs statuts en 1949[59]. C'est cependant après trois périodes successives de sept ans d'expérimentation que l'on juge la communauté durable et que Rome donne finalement son aval à son existence à perpétuité.

Les Oblats de Saint-Viateur ne prononcent pas de « vœux » de religion comme les entendants ; ils renouvellent chaque année leur « promesse de persévérance ». En pratique toutefois, leurs obligations sont similaires à celles qu'entraînent des vœux. À partir de 1955, ils peuvent prononcer une « promesse finale de persévérance » après un minimum de dix ans de promesses annuelles, ce qui équivaut à peu près aux vœux perpétuels. C'est d'ailleurs en mai 1955, au moment où les huit premiers religieux prononcent leur profession finale, que la communauté prend possession de ses nouveaux locaux aménagés au-dessus de la chapelle récemment construite à l'Institution[60]. Canoniquement, leur statut est semblable à celui des religieuses sourdes et s'apparente à un long noviciat, ce que reflète leur costume[61]. Ils vivent dans une partie séparée de l'Institution, sous la gouverne d'un supérieur Clerc de Saint-Viateur, mais ils interagissent quotidiennement avec les religieux entendants. Contrairement à ceux-ci, ils ne peuvent être appelés à œuvrer hors de l'Institution des sourds-muets. Comme les religieuses sourdes, ces hommes se

---

57. ACSVM, P09b, « Oblats de Saint-Viateur », Livret commémoratif publié à l'occasion du cinquantenaire des Oblats en 1977 ; *Viateurs Montréal*, nº 103 (11 février 1984).
58. Ici, nous empruntons librement, en l'inversant, à l'hypothèse avancée par Marta Danylewycz, qui explique en partie l'attrait de la vie religieuse chez les femmes du Québec par les débouchés de type professionnel qu'elle offrait. *Profession : religieuse. Un choix pour les Québécoises, 1840-1920*, Montréal, Boréal, 1988.
59. Journal ISM, vol. 109 (29 janvier 1949), p. 399. Une photographie des membres de la communauté a alors paru dans *La Patrie*, le jeudi 10 mars 1949.
60. Journal ISM, vol. 111 (4 mai 1955), p. 80-81.
61. C'est au moment de leur intégration dans la communauté des Clercs de Saint-Viateur, en 1984, que les 12 religieux de l'époque prononcent finalement des vœux de religion. Le costume religieux ayant été abandonné, cette question ne se pose plus alors.

consacrent surtout aux tâches de soutien dans l'Institution : travail aux ateliers, surveillance de salles et de dortoirs, travaux manuels divers[62].

Les religieux sourds des deux sexes témoignent d'une tendance de fond qui se manifeste dès les années 1950 : le mode de vie institutionnel devient alors de moins en moins prisé. Après 1960, on assistera à un démantèlement de la plupart des pensionnats à la faveur de la création de commissions scolaires régionales. Le milieu de vie familial est de plus en plus valorisé comme milieu de vie naturel de l'enfant et comme source d'épanouissement social et affectif. Ce constat circule dès 1954, alors que la Fédération des collèges classiques s'interroge sur l'avenir de ces institutions[63]. Cette tendance sera déterminante dans l'avenir de l'éducation des personnes sourdes pour les années à venir. Dans le domaine de la vie religieuse, ces idées affectent l'ensemble des institutions qui reposent sur la présence de pensionnaires pour recruter des candidats. Plusieurs ont avancé que cela constitue une raison fondamentale de la baisse des vocations religieuses au Québec pendant la Révolution tranquille. Ce mouvement semble se manifester plus tôt chez les sourdes et les sourds. Du moins, il devient plus rapidement visible que dans le cas des communautés entendantes, probablement à cause du petit nombre de personnes concernées. Dans les années 1960, il n'est déjà plus très bien vu de la part des élèves de fréquenter les religieuses, qui paraissent représenter un monde déjà ancien et dépassé[64]. L'accent que leur spiritualité met depuis longtemps sur l'esprit de sacrifice ne semble plus toucher les jeunes.

Malgré leurs efforts de recrutement, les sœurs de Notre-Dame-des-Sept-Douleurs ne parviennent plus à attirer de nouvelles recrues après 1962[65]. Les circonstances de leur vie évoluent tout de même durant la même période. Sur le plan administratif, en janvier 1958, l'une d'entre elles devient « officière », c'est-à-dire qu'elle accède à un poste d'autorité dans sa congrégation en étant nommée assistante de

---

62. Voir les biographies publiées dans le livret commémoratif et le numéro de *Viateurs Montréal* précités.

63. Fédération des collèges classiques, *L'organisation et les besoins de l'enseignement classique dans le Québec*, Montréal, Fides, 1954. *Rapport Parent*, vol. 5, § 721, p. 228-229.

64. Entrevues avec les sœurs de Notre-Dame-des-Sept-Douleurs, Montréal, 13 juin 2005.

65. Pour plus de détails, on consultera Perreault, *Une communauté qui fait signe*, p. 204-210.

la supérieure[66]. Le coutumier (le livre des règles à suivre au quotidien) est aussi progressivement allégé à partir de 1956. Plusieurs religieuses commencent à bénéficier de congés occasionnels dans leurs familles, bien qu'elles voyagent généralement accompagnées d'une sœur de la Providence. À partir de 1962, elles prennent une, puis deux semaines de vacances dans un site de villégiature appartenant aux sœurs de la Providence dans les Laurentides[67]. Leur vie s'humanise et s'adapte aux transformations culturelles que la mobilité croissante de la popula-tion et le développement des infrastructures de transport entraînent. Cela ne semble pas suffire à attirer de nouvelles candidates. Après 1964, on voit progressivement disparaître dans les annales de la com-munauté les mentions relatives à l'absence de candidates. La commu-nauté s'est résignée et amorce un lent déclin numérique, mais aussi une transformation encore plus profonde.

Les membres de la communauté demeurent cependant très actifs, dans la mesure de leurs moyens, dans la vie des personnes sourdes de la région de Montréal. Leur apostolat continue entre autres à la Villa Notre-Dame-de-Fatima et, alors que l'Institution amorce le processus qui amènera sa fermeture, certaines d'entre elles assument un rôle de plus en plus actif dans la pastorale auprès des sourds. Cela s'inscrit dans la foulée des transformations qu'amène le concile Vatican II, qui se tient entre 1962 et 1965 et réforme en profondeur l'Église catho-lique. Les communautés religieuses sont appelées à se mettre au diapason de la société et à adapter leur mode de présence au monde. Le résultat de ces réformes se manifestera au Québec par l'abandon du costume religieux, par la sortie des religieux des grandes institutions pour vivre dans des maisons plus petites et près de la population, mais aussi par une désaffection massive de la population face à l'Église. Le Québec traverse durant les années 1960 une période de boule-versements socioculturels qui se combinent aux changements qui se vivent dans l'Église. Cela relève cependant de la section suivante de cet ouvrage ; qu'il suffise ici d'affirmer que cette métamorphose s'annonce déjà dans la décennie précédente, alors que certaines des valeurs plus conservatrices du catholicisme et les modes de présence

---

66. Journal SNDD, vol. 6 (29 janvier 1958), p. 19. Cela constitue un changement fon-damental aux constitutions, qui prévoyaient qu'aucune religieuse sourde ne pourrait accéder au rang d'officière.
67. *Ibid.* (6-14 juin 1962), p. 64.

traditionnels de l'Église dans la société commencent à être remis en question par des intervenants divers.

L'Institution des sourdes-muettes se transforme progressivement mais en profondeur dans la foulée de la Seconde Guerre mondiale. Des initiatives pédagogiques et sociales en renouvellent la présence auprès des sourdes à l'extérieur de l'Institution, mais elle fait face à des défis d'organisation à l'intérieur qui épuisent ses ressources. De plus, après 1950, plusieurs de ses modes de soutien traditionnels disparaissent pour faire place à un financement étatique de plus en plus substantiel. La vie des élèves ne semble pas perturbée outre mesure, du moins dans les formes que prennent les activités pédagogiques qui trouvent écho dans les sources : chaque année amène son lot de célébrations, de démonstrations de leur savoir-faire par les élèves à la fin de l'année, de remises de prix, de chorégraphies gymnastiques et d'expositions de travaux manuels. La nature de ces démonstrations change peu, même si l'on voit, à la fin de la période, l'Institution atteindre un éventail plus large de sourdes, qui y entrent plus tôt et en ressortent plus tard qu'auparavant.

L'Institution des sourds-muets

L'Institution des sourds-muets a longtemps constitué dans la congrégation des Clercs de Saint-Viateur une œuvre à part. Contrairement à l'école des filles, il s'est établi une tradition de très longs directorats presque depuis la fondation de l'école. C'est d'abord le père Alfred Bélanger, de 1863 à 1899 avec une interruption de dix ans, puis le père Michel Cadieux, de 1900 à 1936. Celui-ci voit son assistant, le père Lucien Pagé, prendre sa relève lorsqu'il est appelé à prendre la direction de la maison Jésus-Prêtre, un nouveau centre de soutien aux prêtres du diocèse de Montréal. Le père Cadieux ne s'éloigne jamais vraiment de l'Institution et il y revient à partir de 1946 pour assumer à nouveau pour peu de temps la direction des Oblats de Saint-Viateur[68]. Son décès en 1950, après une brève période de déclin physique, marque le passage d'une époque, un demi-siècle de présence laisse des traces ! Une constante demeure : les religieux nommés à l'Institution y restent souvent une bonne partie de leur vie, ce qui donne une culture particulière à l'école et à son personnel.

---

68. Biographie du Père Michel Cadieux, 1869-1950, *Annuaire de l'Institut des Clercs de Saint-Viateur*, nᵒ 59, 1950.

Le père Lucien Pagé, qui dirige l'Institution pendant onze ans, de 1936 à 1947, n'est pas le moindre des éducateurs de sourds. Depuis son arrivée dans l'école en juillet 1925, il a approfondi les méthodes d'enseignement et de démutisation belges et en a même fait la promotion dans les écoles catholiques de l'Amérique du Nord et même en Australie. Sa réputation d'éducateur est bien assise et il semble être promis comme ses prédécesseurs à une longue carrière à la direction de l'Institution. Toutefois, l'année du centenaire de l'arrivée de la congrégation des Clercs de Saint-Viateur au Canada, ses confrères lui demandent de mettre ses talents d'organisateur et d'infatigable travailleur au service de la communauté entière alors qu'il est élu supérieur général. La maison généralice de la congrégation se trouve alors à Coteau-du-Lac, près de Montréal ; ainsi, il ne lui est pas difficile de continuer à garder un œil sur l'éducation des sourds. À la fin de son mandat comme supérieur général, en 1958, il revient à la direction de l'Institution et se plonge dans un important dossier, celui de l'établissement d'une succursale de l'Institution des sourds-muets à Québec. Il devient le premier supérieur de cette nouvelle école, de son ouverture en 1960 à son décès subit en 1964.

Dans l'intérim, en 1947, c'est un nouveau venu à l'Institution qui en prend les rênes, le père Alphonse Gauthier. La tâche de remplir les souliers de son prédécesseur, le père Pagé, n'est pas mince, d'autant plus que celui-ci n'est pas loin et garde un œil sur l'école. Le père Gauthier, un intellectuel qui s'intéresse à l'histoire davantage qu'aux sourds, n'infléchit pas de manière importante la direction de l'Institution qu'il cède au père Étienne de Blois en 1953 sans avoir laissé derrière lui de trace impérissable. La transition s'opère progressivement, puisque le père Gauthier passe trois mois en Europe à l'été 1952 comme délégué au chapitre général de la communauté, puis il est appelé à remplacer un confrère, d'abord temporairement, puis ensuite de manière définitive, à la maison Jésus-Prêtre à partir de l'automne 1952. Dans l'intérim, l'assistant-supérieur de Blois assume la responsabilité de supérieur avant que cette charge lui soit officiellement confiée en février 1953[69].

Le père de Blois a fait carrière comme professeur à l'école et en connaît bien les rouages ; cependant, il ne fait pas trop de vagues lui non plus. À partir de cette période, comme durant les années

---

69. Journal ISM, vol. 110, *passim*.

1960, les religieux se succèdent à la tête de l'Institution avec une relative rapidité, leurs mandats variant de un à six ans. Aucun d'entre eux ne semble infléchir de manière sérieuse les traditions de l'école. D'ailleurs, en 1967, le titre de supérieur de l'Institution des sourds-muets qui existe depuis 1941 est abandonné et l'on revient à celui de directeur puisque, dès lors, l'école est en réalité soumise au contrôle de la Commission des écoles catholiques de Montréal, du ministère de l'Éducation et de celui de la Famille et du Bien-être social. Ce changement administratif marque que l'initiative ne relève plus désormais seulement d'un religieux dont le poste de supérieur lui permet une autonomie dans la gestion de l'école et de ses politiques : les directives viennent dorénavant d'un gouvernement laïque et les Clercs de Saint-Viateur deviennent en fait des serviteurs de la volonté de l'État. Mais cette transition ne se fait pas du jour au lendemain et tient, un peu comme c'était le cas chez les filles, à l'émergence de nouveaux besoins et aux transformations qui s'opèrent graduellement dans l'enseignement aux sourds. Il reste toutefois un personnage qui influence à la fois l'évolution de l'institution montréalaise et son rayonnement dans la province au cours de la période : il s'agit du père Lucien Pagé. Ses rêves pour l'Institution continuent à trouver écho dans les décisions prises après son départ et, surtout, il met en œuvre l'installation d'une succursale dans la capitale.

L'Institution des sourds de Charlesbourg

Au cours de cette période, on n'ajoute pas de nouveaux éléments du programme scolaire à l'institution des garçons, en partie à cause des limites d'espace qui deviennent contraignantes. Le programme scolaire demeure essentiellement le même, quoique l'on commence à admettre les enfants plus jeunes au cours des années 1950. Toutefois, le bâtiment a été conçu pour une capacité de 250 élèves, qui est dépassée à partir de 1944 ; l'Institution en accueille près de 280 par année au cours des années 1950. Il se crée donc une longue liste d'attente qui, en 1960, atteint plus de 200 noms, ce qui retarde l'admission de nombreux nouveaux élèves et relève en pratique l'âge d'admission. Les multiples requêtes de l'administration de l'Institution auprès du gouvernement pour l'agrandissement de l'édifice demeurent dans l'ensemble sans écho. C'est afin de soulager ce grave problème de surpopulation que, dès 1945, le conseil de l'Institution approuve le principe de la fondation d'une succursale dans la ville de Québec, une décision qu'entérinent les supérieurs religieux à tous les niveaux[70]. Chez les garçons, on ne cherche pas qu'à augmenter la capacité d'accueil en agrandissant l'institution montréalaise ; on cherche à rapprocher l'enseignement des lieux d'origine des élèves.

Le premier mémoire officiel concernant une éventuelle école pour les sourds à Québec est adressé le 24 octobre 1946 au premier ministre de la province, Maurice Duplessis. Il est suivi d'un autre en 1953, appuyé par l'archevêque de Québec, Mgr Maurice Roy, puis d'un autre, en 1957. Entre-temps, les religieux cherchent un terrain ou un immeuble propice à l'établissement d'une telle institution dans la capitale. L'Institution n'est cependant pas la seule à l'époque à chercher le soutien financier du gouvernement ; dans les années 1950, de nombreux nouveaux collèges classiques et autres instituts de formation ouvrent leurs portes. La congrégation des Clercs de Saint-Viateur fonde même un nouvel externat secondaire à Outremont, ce qui engendre un conflit ouvert entre le supérieur de l'Institution et son supérieur provincial, le père Louis-Joseph Lefebvre[71]. Ce dernier ne semble pas prendre assez à cœur la cause de l'Institution des sourds-muets au goût du premier.

Malgré tous ces contretemps, l'institution tant désirée reçoit l'aval du gouvernement provincial en 1959 et l'on choisit un terrain à Charlesbourg pour y construire un nouvel édifice, selon des plans dressés par le père Pagé lui-même et avalisés par l'architecte Maurice Bouchard. Les travaux commencent en août de la même année et sont entièrement financés par le gouvernement provincial, qui devient propriétaire de l'édifice et de son terrain[72]. Cette prise en charge par l'État des finances de l'Institution n'est pas étrangère à l'intervention gouvernementale de plus en plus intense dans l'éducation en général depuis la controverse soulevée par la Commission royale d'enquête sur l'avancement des arts, des lettres et des sciences au Canada (commission Massey) en 1954. La doctrine d'autonomie provinciale de

---

70. ACSVM, P188, « Journal de l'Institut des sourds de Charlesbourg » (ci-après « Journal ISC »), p. 3 (rappel historique de la fondation). Voir aussi Lucien Pagé, « L'Institution des Sourds-Muets de Québec », *L'Ami des sourds*, décembre 1959, p. 3-7.
71. Journal ISC, rappel historique (8 juillet 1958), p. 6.
72. Il existe dans le milieu une rumeur voulant que le terrain choisi ait appartenu au ministère fédéral de la Défense nationale, donc qu'il y ait eu entente à ce niveau pour le financement de l'institution. Des recherches supplémentaires seraient nécessaires pour confirmer cette idée.

Duplessis s'oppose ici à toute contribution financière du fédéral dans l'éducation supérieure, ce qui se répercute largement dans la création d'écoles un peu partout dans la province.

Le projet est ambitieux et vise plusieurs objectifs, dont certains n'ont pas encore été atteints à l'institution montréalaise. Le terrain choisi est trop grand pour les besoins immédiats de l'école, mais il permettra éventuellement d'étendre les services offerts. L'édifice initial, en forme de H allongé, comprend une aile centrale qui loge les services communautaires, les réfectoires, les ateliers, le gymnase et la chapelle, ainsi que les classes. À un bout de cette aile, en bordure de la rue, se trouvent les locaux de l'administration et la résidence des religieux. À l'autre extrémité, on trouve l'aile qui renferme les dortoirs des élèves. Conformément aux nouvelles tendances dans les édifices éducatifs, on cherche à construire plus en étendue qu'en hauteur ; l'ensemble n'a que deux étages, en plus d'un sous-sol, afin d'éviter les mouvements des élèves dans les escaliers.

L'institution de Charlesbourg marque pour la première fois un souci croissant d'associer à la mission éducative une dimension de services sociaux à population sourde locale. C'était d'ailleurs un argument en faveur de la création d'une succursale dans une autre ville afin qu'elle devienne un centre pour les sourds de l'endroit. Comme l'institution montréalaise, celle de Charlesbourg offre un centre de loisirs aux sourds de la région de Québec, en plus de contenir des ateliers de formation. Ils ne sont toutefois pas aussi développés que ceux de Montréal, qui sont à l'époque devenus une véritable entreprise assurant de l'emploi à plus d'une centaine de sourds. En plus de ces divers services, le supérieur exprime le désir de permettre à l'Institution d'offrir éventuellement un « hospice pour les sourds de la région[73] ». Ce projet restera toutefois irréalisé. À Montréal, on avait exprimé ce désir depuis longtemps, mais il ne se concrétisera jamais dans les murs de l'Institution ou sous le mode de gestion religieux. Il faudra attendre la construction du Manoir Cartierville, qui ouvrira ses portes en 1978. Cette nouvelle institution à Québec n'est destinée qu'aux garçons et son ouverture entraîne une division de la province de Québec selon l'origine des garçons sourds : ceux de l'Est sont destinés à étudier à Québec et ceux de l'Ouest à Montréal. On

---

73. Lucien Pagé, « L'Institution des Sourds-Muets de Québec, le terrain », *L'Ami des Sourds-Muets*, janvier 1960, p. 10.

retrouve ici les fondements d'une première phase du processus de régionalisation qui se manifestera plus clairement avec la prise en charge des services aux sourds par l'État.

L'Institution des sourds-muets de Charlesbourg accueille les religieux en décembre 1960 et ses premiers élèves en janvier 1961. Au moment de l'entrée des élèves, il reste encore beaucoup de travail à faire pour terminer l'aménagement des locaux et du terrain; d'ailleurs, le journal que rédige le supérieur à l'époque ressemble à une longue liste de travaux de finition. La première véritable cohorte d'élèves fait son entrée en septembre 1961. Cette école poursuit la mission amorcée à Montréal en 1848 et permet en quelque sorte un retour sur les lieux de la première école de sourds établie à Québec en 1831, mais elle est administrée fort différemment de sa parente immédiate de Montréal. L'école montréalaise a été fondée par l'évêque Bourget et mise sous la responsabilité d'une communauté religieuse qui continue jusque dans les années 1960 à considérer l'école comme une œuvre communautaire. Son soutien financier provient jusque-là en majeure partie de la charité publique, même si à partir des années 1950 les subventions gouvernementales se font de plus en plus généreuses. À Québec, comme cela avait été le cas pour l'école de Ronald Macdonald, le financement relève entièrement de l'État, même si l'initiative est venue de la congrégation des Clercs de Saint-Viateur. Cette nouvelle dynamique établit un précédent dans l'éducation des sourds au Québec et amène les Clercs de Saint-Viateur à désirer du gouvernement provincial un arrangement financier semblable pour Montréal[74].

De nouveaux locaux à Montréal

Pendant ce temps, à Montréal, l'Institution réussit finalement à se doter d'une chapelle digne de ce nom. Depuis la construction de l'édifice, les services religieux ont lieu dans ce qui allait devenir le sous-sol de la chapelle, une salle basse et mal éclairée qui devrait servir de gymnase. On se souviendra que, lors de la crise financière de 1904, le supérieur provincial de l'époque, le père Charles Ducharme, avait fait le vœu de construire une chapelle à la Vierge si les ennuis financiers se réglaient sans entraîner de dépenses pour les congrégations qui avaient garanti le prêt bancaire permettant à l'Institution

---

74. ACSVM, P9, 14B, « Administration 1966-1967 ». Père Edmond Telmosse, supérieur de l'ISM au Père Étienne de Blois, supérieur provincial, 1er juillet 1967.

de parer au plus pressé. Comme ce souhait s'est réalisé, il restait à construire cette chapelle. Contre toute attente, ce n'est pas à l'Institution qu'elle est érigée, mais plutôt à la Maison provinciale des Clercs de Saint-Viateur, à Outremont, lorsque celle-ci est agrandie en 1947 pour souligner le centenaire de la congrégation en sol canadien. Cela relègue le projet de construction d'une chapelle pour l'Institution aux calendes grecques. En 1948, au centenaire de la fondation de l'école, on souligne ce besoin d'une chapelle, ainsi que celui d'une résidence pour la douzaine d'Oblats de Saint-Viateur. L'absence de quartiers spécialement conçus pour ceux-ci constitue un frein à la croissance de la petite congrégation sourde.

La résidence des Oblats devient à l'époque un problème urgent. Les délibérations du conseil local qui ont lieu le 10 avril 1953 sont éclairantes :

> Depuis vingt-cinq ans, nous promettons à nos Oblats de S.V. de les loger convenablement en leur donnant chacun une chambre, une salle de récréation avec galerie, un petit oratoire, une classe pour novices et postulants. Les O.S.V. sont de bons et fidèles serviteurs. Ils attendent toujours comme sœur Anne et ne voient rien venir. Il ne faudrait tout de même pas les leurrer indéfiniment. Si leur vocation paraît solide, ils remarquent toutefois qu'ils sont un peu, beaucoup négligés. Et il est naturel qu'ils disent entre eux : « Il manque de place pour de nouveaux aspirants[75]. »

Ces discussions aboutissent à des échanges entre la direction de l'Institution et les discrétoires provincial et général de la congrégation[76]. Au cours de ces échanges, le discrétoire général suggère d'envisager une construction qui combinerait à la fois une chapelle et la résidence des Oblats. Le conseil de l'Institution approuve finalement, le 13 décembre 1953, le principe d'une chapelle au-dessus de laquelle on construirait la résidence désirée[77]. C'est ce projet qui voit le jour. Pour des raisons d'économie et pour ne pas surcharger la structure, le revêtement extérieur de cette aile est de brique jaune, ce qui détonne

---

75. ACSVM, P9, « Délibérations du Conseil local de l'Institution des sourds-muets », vol. 118, 603e séance (10 avril 1953), p. 88.
76. Les discrétoires sont aujourd'hui appelés conseils.
77. « Délibérations du Conseil local de l'ISM », vol. 118, 615e séance (13 décembre 1953), p. 103.

un peu sur le reste de l'édifice, couvert de pierre calcaire grise de Montréal. Comme le bâtiment est érigé à l'arrière, cela ne pose pas trop de problème.

L'aménagement liturgique soulève des questions particulières à la clientèle sourde. Premièrement, on cherche à maximiser la lumière naturelle dans la chapelle, ce qui n'est pas facile à cause des contraintes d'une construction sur des fondations existantes. Ensuite, dans une série de recommandations à la direction de l'Institution, le discrétoire provincial demande que le chœur soit aménagé de manière à ce que le maître-autel soit placé « plus près de la nef », permettant au célébrant de se tenir « face au peuple ». La réponse du conseil local évoque une vision novatrice de la liturgie qui a commencé à émerger en Europe à l'époque, mais qui est très peu présente en Amérique du Nord avant la promulgation en 1964 de la constitution sur la liturgie du concile Vatican II. « L'idée de célébrer la messe face à nos élèves [...] n'a rien que de très louable. Le jour où l'on célébrera ainsi (l'usage n'est pas tellement répandu ici, au Canada), il sera facile, avec les autorisations requises, de dresser un autel temporaire à cette fin[78]. » Le vœu est exprimé, mais il ne sera pas mis en action immédiatement. La nécessité pour les sourds de voir ce qui se déroule dans le chœur a joué un rôle dans l'expression du désir d'un aménagement de la nouvelle chapelle qui corresponde aux besoins des élèves. Une pareille innovation s'est produite chez les sourdes en 1960, alors que la messe du premier dimanche de carême est célébrée face au peuple[79]. Les élèves des deux institutions étaient cependant distribués dans la nef d'une manière qui avantageait les « sourds-parlants » (placés aux premiers rangs) et désavantageait d'une certaine manière les signeurs. Ceux-ci étaient placés à l'arrière de la chapelle avec leurs interprètes gestuels, de manière à ne pas encourager les « parlants » à utiliser la langue des signes.

Les travaux débutent à l'été 1954 et la nouvelle chapelle est inaugurée à la fête de saint Viateur, le 21 octobre 1955, par une messe solennelle présidée par le cardinal Paul-Émile Léger[80]. L'Institution se voit

---

78. *Ibid.*, 625ᵉ séance (1ᵉʳ avril 1954), p. 110.
79. Journal SNDD, vol. 6 (6 mars 1960), p. 41.
80. Journal ISM, vol. 111 (21 octobre 1955), p. 107-109 ; « Le cardinal P.-É. Léger dans notre quartier ! », *Le progrès de Villeray*, 20 octobre 1955, p. 5 ; Paul Gladu, « Remarquable réussite de notre art religieux », *Le petit journal* (23 octobre 1955) ; *L'Ami des Sourds-Muets* (décembre 1955), p. 257-260.

alors dotée d'un lieu de culte à la mesure de ses besoins ainsi que d'une aile distincte pour les Oblats de Saint-Viateur, lesquels peuvent prononcer pour la première fois une promesse perpétuelle cette année-là. C'est pour eux une année faste! La décoration intérieure de l'ensemble est sobre et correspond aux goûts du jour pour la simplicité des lignes et les jeux de formes et de couleurs. Cela n'est certainement pas nuisible à la liturgie pour les sourds, puisqu'ils ne sont pas envahis par l'habituel foisonnement décoratif des églises catholiques.

Les Ateliers des sourds

Dans un autre ordre d'idées, un problème se pose tout au long de la période : celui des ateliers. À l'origine, ceux-ci avaient pour mission de servir à la formation des sourds à un métier qu'ils exerceraient à l'extérieur de l'Institution et les principaux étaient ceux d'imprimerie, de menuiserie et de couture. Progressivement, ils ont acquis un double rôle qui les a amenés à changer de vocation : l'imprimerie et la reliure s'inscrivent dans le prolongement du travail de production de manuels scolaires par la communauté ou imprime pour d'autres éditeurs. L'ensemble des ateliers sert dorénavant soit à apporter des revenus à l'Institution, soit à produire des biens de manière à réduire la dépendance de celle-ci face aux biens achetés à l'extérieur. Les ouvriers de l'atelier de couture produisent ainsi davantage de soutanes que de vêtements laïques. La Crise des années 1930 a amené les ateliers à accueillir de plus en plus d'anciens élèves non plus seulement en tant qu'apprentis, mais bien comme employés. La reprise économique qui a suivi a vu les ateliers se mettre au service des besoins d'un gouvernement fédéral en expansion ; c'est probablement la raison du développement fulgurant de l'atelier de tôlerie, qui se spécialise bientôt dans la production de mobilier de bureau en métal. La croissance constante de la fonction publique dans les années d'après-guerre favorise grandement ce secteur des ateliers. Le secteur de l'imprimé demeure aussi très important.

Ce virage d'une vocation de formation à une de production entraîne une crise de croissance pour les ateliers, lesquels souffrent d'un manque chronique d'espace. On se propose à plusieurs reprises d'agrandir leurs locaux, situés derrière l'Institution. L'édifice de quatre étages construit en 1926 ne suffit plus aux besoins et sa disposition sur des étages ne convient plus à une production industrielle. En 1945, on ajoute dans un premier temps une aile de deux étages à l'arrière de l'édifice original, prolongeant celui-ci le long de la rue De Castelnau, ce qui permet à l'atelier de tôlerie de prendre forme et à la menuiserie de s'étendre. Après cet agrandissement, on inaugure également des ateliers d'usinage de précision[81]. Toutefois, cela ne suffit pas et, en 1965, un nouvel agrandissement permet de moderniser les installations et de répondre à la demande. En parallèle de ce développement des édifices, les Ateliers des sourds sont devenus une véritable entreprise dotée d'un nombreux personnel administratif, de vendeurs et, bien entendu, de nombreux employés qui travaillent à la production[82].

Les ateliers représentent l'un des soucis principaux des administrateurs de l'époque, qui y reviennent constamment dans les documents administratifs. Qu'il s'agisse d'acheter de l'équipement spécialisé ou de régler des problèmes en regard de la gestion des employés, les délibérations de la plupart des réunions du conseil local de l'Institution, pendant la période d'après-guerre, sont dominées par diverses questions liées aux Ateliers. Comme les montants en jeu sont souvent importants et que cette partie de l'Institution compte une grande part d'employés laïques, les contentieux sont nombreux, les questions parfois complexes et les enjeux considérables. Il ne serait pas utile d'en faire ici le détail, mais ces discussions auront à terme des conséquences sur la vie des sourds montréalais, car les Ateliers seront la première partie de l'Institution à quitter le giron religieux pour devenir autonomes. Ils permettent également à des employés sourds d'acquérir et de mettre en pratique leur leadership, à la fois auprès de leurs confrères de travail et face aux religieux.

Avec la transformation des Ateliers d'une école d'apprentissage à un lieu de production, les exigences se modifient et le personnel plus nombreux exige la délégation de responsabilités à des employés sourds. Il y avait toujours eu des sourds plus âgés qui transmettaient leurs connaissances aux apprentis sous la supervision des religieux. Cependant, durant cette période d'effervescence, ils accèdent à des

---

81. Cet atelier existe en 1953 et fournit des pièces à l'aviation militaire canadienne selon un reportage de *La Presse* paru le 4 avril 1953 (inséré dans le Journal ISM, vol. 110, p. 209).
82. Ces renseignements proviennent en grande partie d'un prospectus/catalogue publié par les Ateliers des sourds à l'occasion de l'inauguration de la nouvelle aile en 1965. On y trouve une description de chacun des secteurs avec le détail des processus de production. *Ateliers des sourds* (numéro spécial de *L'Ami des sourds*), 1965.

postes de véritable responsabilité et sont en mesure de défier l'autorité religieuse, ce qui se produit quelquefois. La syndicalisation fait également son entrée dans l'entreprise ; les communautés religieuses en général trouvent difficile de quitter le mode de gestion patriarcal et individuel auquel elles sont habituées pour négocier avec un collectif dans une dynamique qui est souvent marquée par l'affrontement. Ce problème se pose d'ailleurs avec acuité lorsque le nombre d'employés laïques augmente dans l'ensemble de l'Institution durant les années 1960, une période où le militantisme syndical est à la hausse.

La gestion de ces ateliers monopolise des religieux dont les compétences pourraient être mieux utilisées ailleurs, d'autant plus que plafonnent les entrées en communauté et que les besoins vont toujours croissants. Durant les années 1960, l'Institution se voit de plus en plus forcée à concentrer ses activités sur l'enseignement et moins sur les services à offrir aux sourds adultes. Cette décennie voit aussi une collaboration accrue entre les deux institutions catholiques et l'arrêt du chevauchement des services, alors qu'on se dirige vers l'unification des deux écoles. En 1966, le Service social de l'Institution des sourds-muets ferme ses portes, faute d'aumônier. Les sourds qui désirent y avoir recours sont dirigés vers l'Institution des sourdes-muettes.

On s'interroge sur l'avenir des ateliers en tant qu'œuvre communautaire ; son utilité pour les religieux se justifie dans la mesure où ils aident des anciens élèves à trouver un gagne-pain, mais est-ce nécessaire pour cela de posséder les Ateliers ? Les Clercs de Saint-Viateur forment la Commission canadienne de planification en 1967 afin de redéfinir leurs priorités. Cela amène une interrogation communautaire sur les trois œuvres d'éducation spécialisée et c'est dans ce contexte qu'on choisit de se départir des Ateliers des sourds :

> Compte tenu du contexte social et ecclésial actuel, il y a lieu de se demander si une communauté religieuse comme la nôtre doit continuer d'administrer ces organismes qui, aux yeux du public, constituent de véritables commerces. Le fait que nos librairies contribuent assez largement à soutenir des œuvres bonnes ne légitime pas leur maintien dans l'avenir. Il conviendrait également de nous départir des parts que nous détenons dans les *Ateliers des Sourds-Muets*, quitte à introduire dans le contrat de la nouvelle Corporation une clause visant à accorder, à compétence égale, la préférence aux employés sourds-muets. Dans ce cas,

nous pourrions songer à organiser un système coopératif dans lequel les sourds-muets seraient les principaux sociétaires[83].

Nous n'avons pas trouvé de traces d'une quelconque instruction romaine particulière qui aurait commandé aux communautés de se départir des œuvres lucratives qu'elles possédaient ; toutefois, cet extrait suffit à démontrer qu'il y a eu examen de conscience de la part des religieux et que leur interrogation est bel et bien guidée par les principes mis en place par Vatican II concernant la vie religieuse et sa pertinence dans la vie contemporaine. L'Église romaine, dans la diversité des milieux où elle est présente, ne peut émettre de directives précises et universelles concernant la participation des communautés religieuses dans des entreprises commerciales ; dans certains milieux, cela peut constituer une forme d'apostolat pertinent. La constitution *Perfectæ caritatis* sur la vie religieuse stipule que :

> Les Instituts [communautés religieuses] doivent conserver fidèlement et poursuivre leurs œuvres spécifiques, et attentifs à l'utilité de l'Église universelle et des diocèses, ils les adapteront aux nécessités des temps et des lieux par l'emploi de moyens opportuns ou même nouveaux et en abandonnant les œuvres qui ne correspondent plus aujourd'hui à leur esprit et à leur nature véritable[84].

Ces questions deviennent de plus en plus pressantes étant donné que les revenus des ateliers, vers la fin de la période, ne semblent plus justifier les soucis qu'ils occasionnent à l'Institution, surtout en regard de l'augmentation constante des subventions gouvernementales et de la portion du budget global de l'Institution qu'elles comblent[85]. Le cadre légal du Québec change également, ce qui met l'Institution dans une situation ambiguë : les revenus des ateliers se justifiaient à l'intérieur d'un organisme libre de taxes mais peu subventionné. Ce n'est

---

83. ACSVM, P9, 14B, « Administration 1966-1967 ». Père Edmond Telmosse, supérieur de l'ISM au Père Étienne de Blois, supérieur provincial, 1er juillet 1967, appendice, folio 2 (citation du Rapport de la commission de planification, vol. 1, juin 1967, p. 101). Italique dans l'original.

84. « Décret *Perfectæ caritatis* (La vie religieuse – adaptation et rénovation) », § 20, Paul-Aimé Martin, dir., *Vatican II : les seize documents conciliaires*, Montréal, Fides, 1966, p. 387.

85. Nous ne disposons pas de chiffres concernant les revenus des ateliers à l'époque ; cette conclusion provient davantage d'une lecture des commentaires de divers intervenants qui commentent le sujet.

plus le cas à partir du moment où l'avenir de l'Institution est assuré et que celle-ci génère même un profit qui lui permet de contribuer au rétablissement des finances de la province de Montréal des Clercs de Saint-Viateur[86].

En novembre 1966, l'administration de l'Institution dépose un projet de « charte des ateliers » visant à séparer cette dimension des activités de l'Institution de l'enseignement. Il s'agit là d'un prélude à une profonde transformation administrative. En janvier 1967, un organisme voit le jour pour les ateliers, séparant leur administration de celle de l'école. Les employés sourds négocient également une convention collective qui est ratifiée le 3 janvier 1967[87]. Ce nouvel organisme fait partie d'un projet plus large de cession de la propriété de l'Institution au gouvernement provincial pour mettre en place un mode d'administration semblable à celui de l'Institution de Charlesbourg et dont nous verrons les répercussions plus loin dans ce chapitre. L'année suivante, les ateliers sont vendus à diverses entreprises privées. La tôlerie passe à la compagnie Bonnex le 2 décembre et l'atelier de mécanique est vendu le 31 décembre[88]. La partie commerciale des ateliers quitte le giron de l'Institution, qui ne devient plus qu'une institution offrant des services de formation et d'adaptation spécialisés, dont le volet de formation professionnelle devient de plus en plus modeste, puisque celle-ci passe aux écoles polyvalentes créées dans la foulée des recommandations du rapport Parent.

L'Ami des Sourds-Muets *se transforme*

Il n'y a pas que les institutions qui se transforment. Le journal créé en 1908 par le Cercle Saint-François-de-Sales connaît une évolution marquée au cours de cette période. Jusqu'en 1940, on reconnaît encore assez bien le journal tel qu'il a été créé; son en-tête n'a pas changé d'un poil et il est probablement imprimé à partir de la maquette originale. Même la mention « S. Giroux, administrateur » ne disparaît

---

86. ACSVM, P9, 1B « Administration, 1967-1969 », Lucien Huot, « Finances de l'ISM » (document interne destiné aux membres du conseil provincial, 15 janvier 1968).

87. Journal ISM, vol. 112 (24 novembre 1966), p. 149-150; (3 janvier 1967), p. 152.

88. Journal ISM, vol. 112 (5 octobre 1968), p. 170; ACSVM, P9, 1B, « Administration, 1967-1969 », « Vente par Institution catholique des sourds-muets pour la province de Québec à Institution des sourds de Montréal », contrat passé devant Mᵉ Raphaël Esposito, notaire, n° 10 352, 2 octobre 1968; Journal ISM, vol. 112 (2 et 31 décembre 1968), p. 171.

qu'en janvier 1949, alors que le titre est rénové. Pourtant, Stanislas Giroux est décédé depuis 1932 et il a quitté la rédaction du journal en 1929, lorsqu'il a déménagé avec sa famille à Saint-Césaire, après une carrière comme chef-relieur des ateliers de l'Institution[89]. Avec cette refonte de la bannière de titre, la mise en page de l'ensemble du journal est légèrement modernisée mais, au début, les chroniques principales demeurent les mêmes, avec des nouvelles de l'Institution, des Clercs de Saint-Viateur, du Cercle et des sourds dont on annonce les mariages et les décès. Graduellement, on constate toutefois la mutation de cette feuille qui servait à publier les travaux d'étudiants et des textes d'édification rédigés par les religieux, alors qu'elle devient davantage un outil de transmission de nouvelles liées aux diverses institutions pour les sourds. La revue ressemble davantage à un journal mensuel qu'à une série d'éphémérides souvent d'intérêt individuel[90].

Dans ce changement, l'aspect « journal communautaire » est aussi perdu. Par exemple, les « Extraits du courrier », qui formaient une partie importante des premiers numéros, disparaissent et cette chronique ne figure plus au journal après 1949. On sent une prise de contrôle de plus en plus grande du journal de la part des Clercs de Saint-Viateur, qui rédigent dorénavant la majeure partie des articles. Ceux-ci portent d'ailleurs de plus en plus sur la vie de la congrégation religieuse, peu importe son incidence réelle sur les sourds. La vie de l'Institution occupe toujours la plus grande part, avec entre autres la publication de nouvelles à l'intention des parents. Le journal est encore considéré comme l'« organe officiel » du Cercle Saint-François-de-Sales et il y a une chronique du Cercle. Toutefois, celle-ci est rédigée non pas par des sourds, mais par un religieux, probablement l'aumônier du Cercle.

Jusqu'en janvier 1958, le journal conserve la même apparence, comptant huit pages par mois avec une mise en page qui a très peu changé, sur deux colonnes. L'essentiel de l'espace des pages des numéros usuels est occupé par du texte, avec une illustration souvent pieuse qui occupe la plus grande partie de la une. S'il ne s'est pas produit d'événement particulier dans la vie de l'Église ou de la communauté durant le mois, l'image illustre un thème religieux particulier au mois.

---

89. « On fête M. S. Giroux », *L'Ami des Sourds-Muets* (juin 1929), p. 145.
90. Bien qu'il s'agisse d'une sorte de journal, le terme de revue correspond mieux à ses objectifs autant qu'à sa présentation et à son rythme de parution.

Des numéros spéciaux comme ceux qui sont parus à l'occasion du centenaire de l'Institution comptent davantage d'illustrations et sont parfois même imprimés sur papier glacé. Il y a très peu de publicité; les deux seuls commanditaires sont l'avocat et le notaire de l'Institution. Nous aurions pu, jusqu'en 1957, inscrire *L'Ami des Sourds-Muets* au chapitre des « continuités » de la période, et ce, malgré la prise en charge de plus en plus visible de la revue par les religieux, ce qui se manifeste clairement par la teneur des textes.

En janvier 1958, le nouveau numéro du petit journal arbore une mise en page entièrement renouvelée et son titre change pour devenir *L'Ami des sourds*, ce qui marque autant un changement dans le langage commun qu'une volonté de la part de l'Institution de mettre de l'avant l'enseignement de la parole qui vise à éliminer le mutisme[91]. On abandonne également la pratique qui avait cours jusque-là de poursuivre la pagination d'un numéro à l'autre, ce qui pouvait avoir un avantage pour la reliure en volumes, mais qui avait peu de sens pour la plupart des lecteurs de la revue; dorénavant, tous les numéros commencent à la page 1. La mise en page est modernisée, abandonnant la disposition en deux colonnes et utilisant assez souvent une mise en page qui s'étale sur deux pages. Les matrices d'impression ont donc été entièrement changées. Enfin, de la publicité est présentée dans les pages de garde et la quatrième de couverture, laquelle est longtemps consacrée à la compagnie Maico, spécialisée dans les équipements d'aide à l'audition. Celle-ci fait entre autres la promotion de ses aides discrètes cachées dans les branches de lunettes. La technologie n'est plus limitée aux appareils que les sourds retrouvent en classe; on cherche désormais à les leur vendre comme objets de consommation. Les aides à l'audition deviennent ainsi plus accessibles mais également plus normatives.

Le journal s'adresse toujours aux sourds, mais se reconnaissent-ils dans les sujets traités? On peut penser que, tout en cherchant à rejoindre les sourds, c'est davantage les parents de ceux-ci et les bienfaiteurs de l'école qui constituent le lectorat visé. Les activités du Centre des loisirs y occupent la portion congrue et la chronique est rarement rédigée par un sourd. Dans l'ensemble, la revue présente les activités pédagogiques de l'école et il y a même d'assez savants

---

91. Léonard Foucreault, c.s.v. (supérieur de l'Institution), « Présentation », *L'Ami des sourds*, janvier 1958, p. 1.

articles sur le processus de démutisation, écrits par le père Paul-Émile Richard, qui occupent une bonne partie des premiers numéros de la revue renouvelée[92]. Le supérieur de l'Institution, le père Lucien Pagé, expose également le développement du projet d'Institution des sourds de Charlesbourg dans une série d'articles publiés dans les pages de la revue au cours de l'année 1959. Lors de la célébration du 75e anniversaire de fondation du Centre des loisirs, Raymond Dewar dira à propos de *L'Ami* : « Je n'ai pu découvrir comment et pourquoi la direction de Clercs de St-Viateur de l'Institution des Sourds s'en est emparré [*sic*][93]. » Il ne faudrait toutefois pas exagérer la mainmise viatorienne sur la revue, car son regard s'élargit pour donner aux sourds des nouvelles de leurs congénères d'Ottawa, de Québec et d'ailleurs. Des articles d'information destinés aux sourds sont publiés avec régularité[94].

Depuis longtemps, une partie de la revue qui intéresse particulièrement les sourds, on peut le croire, est la chronique sportive, qui revient régulièrement narrer les exploits des équipes de gouret (hockey) de l'Institution, qui se mesurent à des clubs de même niveau formés dans des écoles ordinaires. Nul doute que les performances sportives sont source de fierté, surtout qu'elles constituent un exemple où la surdité ne constitue pas un handicap[95]. Il s'agit également d'une autre source de leadership à l'intérieur de la communauté sourde. Malheureusement, l'activité sportive ne génère pas toujours des archives organisées et un dépouillement systématique des journaux serait nécessaire pour étoffer notre connaissance de cette dimension de la vie sourde. Les religieux considéraient toutefois cette dimension de la vie en pensionnat essentielle à l'équilibre physique et psychologique de ces garçons qui passent dix mois de l'année ensemble. Chaque année, des patinoires sont soigneusement aménagées sur le terrain

---

92. Il s'agit de la série «Affections auditives : concept et classification», publiée dans *L'Ami* de février à mai 1958, puis de la série de longs articles techniques intitulés «La fonction phonatoire», publiée de novembre 1958 à juin 1959.

93. «Aperçu historique», *Historique du Centre des loisirs des sourds de Montréal inc., 1901-1976* (programme-souvenir), Montréal, Centre des loisirs des sourds de Montréal, 1976, p. 27.

94. Par exemple, un article traduit de l'anglais sur le colportage chez les sourds. Robert G. Sanderson, «Colportage : un problème social», *L'Ami des sourds*, janvier 1961, p. 21-24.

95. L'importance du sport dans la vie associative sourde a été étudiée par David A. Stewart, *Deaf Sport: The Impact of Sports within the Deaf Community*, Washington, DC, Gallaudet University Press, 1991.

de l'Institution et elles sont même louées à des équipes de hockey du quartier. L'été, la balle-molle et diverses activités d'athlétisme remplacent les sports de glace. Le Cercle Saint-François-de-Sales organise même, pour ses membres, des « festivals » de sports à l'Institution.

Une prise en charge graduelle par l'État

La première intervention importante du gouvernement de la province de Québec en regard des services sociaux a lieu en 1921, alors qu'est votée la Loi sur l'assistance publique, qui offre un financement gouvernemental régulier (provincial et municipal) aux institutions reconnues selon les termes de la loi. Jusque-là, ce secteur d'activités était l'apanage de la charité privée et des Églises et son financement ne provenait que très marginalement des fonds publics. Face aux défis que soulève l'urbanisation croissante, les frais encourus par les institutions d'assistance sociale dépassent de plus en plus la capacité de payer des organisations qui en sont traditionnellement chargées. Toutefois, cette loi touche peu les institutions pour les sourds et les sourdes à Montréal, puisqu'elle vise l'assistance aux pauvres, alors que les institutions sont simplement considérées comme des écoles. Elle ne vise pas à payer la formation de personnes dans des écoles spécialisées, mais plutôt à assurer leur entretien lorsqu'elles se trouvent dans des institutions d'hébergement[96]. Dans le cas des pensionnats pour personnes sourdes, la distinction n'est pas entièrement claire, car on considère les sourds à la fois comme des personnes à instruire et comme des cas de charité. Les congrégations religieuses joueront sur la fluidité de cette frontière pour tenter de négocier, dans le cas des sourds, des subventions d'assistance publique[97]. Les institutions d'enseignement aux sourds bénéficient depuis le milieu du XIXe siècle de maigres subventions votées annuellement selon un budget spécial par le gouvernement provincial pour soutenir leur mission éducative. À partir des années 1930, les commissions scolaires et les municipalités qui envoient des enfants dans ces écoles leur remettent un *per diem* visant à payer une partie des coûts d'hébergement de ces élèves.

---

96. Renée Joyal, *Les enfants, la société et l'État au Québec, 1608-1989, jalons*, Montréal, Hurtubise HMH, 1999, p. 132-133.
97. Le chanoine Deschamps tentera à plusieurs reprises et sans succès de plaider la cause de l'Institution des sourdes-muettes pour qu'elle obtienne des subsides supplémentaires au titre de la Loi sur l'assistance publique. Par exemple, chronique ISM, vol. 2 (13 fév. 1922), p. 515.

Il se produit ici, par besoin de soutien financier, un glissement du sens du mot « hébergement » dans les institutions pour les personnes sourdes. Comme tous les pensionnats, elles hébergent leurs élèves pour des raisons pratiques, à savoir que les parents de ces élèves demeurent pour la plupart trop loin de l'école pour leur fournir le gîte et le couvert. De plus, le mode d'enseignement en pensionnat, en raison de la discipline interne, est considéré plus favorable à l'application des méthodes coercitives d'enseignement de la méthode orale. Aux États-Unis, à la fin du XIXe siècle, un mouvement contraire émerge dans les grandes villes, décriant le caractère artificiel de la vie en pensionnat et favorisant plutôt l'externat ou à tout le moins une vie le plus semblable possible à celle d'une famille lorsque le pensionnat s'impose. Le milieu catholique du Québec s'oppose cependant à ce modèle protestant et l'éducation des sourds en pensionnat ne diffère pas du modèle d'enseignement qui domine pour une grande partie de la population. Et c'est ici que repose l'ambiguïté : les élèves sourds vivent dans une structure éducative semblable à celle des entendants, mais, contrairement à eux, ils sont considérés comme des cas de charité pour lesquels on ouvre des écoles spéciales où le personnel est plus nombreux en raison entre autres du nombre réduit d'élèves par classe.

Les institutions pour les sourds constituent pour l'État un casse-tête qui entraîne, à partir des années 1940, une augmentation appréciable des subventions. Comme la fonction de ces institutions ne se limite pas à l'éducation, celles-ci peuvent faire appel à de nombreux ministères pour recevoir des fonds pour chacune de leurs activités : l'Institution des sourdes-muettes, par exemple, peut recueillir de l'argent selon la Loi de l'assistance publique pour son foyer qui accueille des sourdes âgées et qui devient une section séparée de l'Institution (l'Asile) dans les années 1920. Plus tard, la fondation de l'Institut pédagogique François-Xavier-Trépanier lui ouvre les goussets d'autres sources de financement gouvernemental liées à la formation des maîtres. Et ceux que l'on appellerait aujourd'hui des lobbyistes, soit les aumôniers de l'Institution, font antichambre aux portes des ministères pour recueillir tout ce qui est possible d'obtenir du plus d'instances gouvernementales possible. Le gouvernement Duplessis, bénéficiant d'une conjoncture économique favorable, distribue à gauche et à droite les subventions, sans politique globale. De la part des institutions pour les sourds, les mémoires succèdent donc aux mémoires pour demander des subsides aux diverses instances gouvernementales. Le fouillis qui existe montre l'inadaptation croissante du système archaïque de subventions qui nécessite une rationalisation, ce que le gouvernement de Jean Lesage entreprendra dans sa réforme des institutions gouvernementales.

Au cours des années 1940, de nombreuses lois amorcent la mise en place de l'État-providence au Canada dans la foulée du rapport de la Commission royale d'enquête sur les relations fédérales-provinciales (commission Rowell-Sirois) en 1940 et de celui de Leonard Marsh sur la sécurité sociale au Canada en 1943. Ces études résultent de la profonde crise sociale générée par la Crise des années 1930 et suggèrent la mise en place de mesures de soutien par l'État de manière à éviter l'effondrement de l'économie nationale en cas de récession. Le gouvernement fédéral met sur pied, en 1940, la Loi sur l'assurance chômage, ce qui génère alors peu de débats puisque la guerre crée une situation de plein-emploi. En 1944, le même gouvernement crée les allocations familiales pour apporter un soutien aux familles, car on craint alors un déclin de la population. Si ces lois n'ont pas d'effet direct sur les institutions montréalaises pour les sourds, elles font partie d'un mouvement d'ensemble de prise en charge du soutien économique de la société par l'État.

Au Québec, on crée, en 1946, le ministère du Bien-être social et de la Jeunesse dans la foulée d'un rapport d'enquête sur l'assurance maladie (la commission Garneau) déposé en 1944. Celui-ci :

> propose la création d'un département du Bien-être social chargé de l'administration des lois relatives au placement des enfants et à l'assistance sociale. [Il] suggère que les institutions recevant des enfants intellectuellement handicapés aient le statut d'écoles de protection de l'enfance et que l'« internement » des enfants n'y soit pas obligatoire. [Il] souligne le travail effectué par les écoles de service social nouvellement créées dans les universités et recommande diverses mesures de soutien financier pour favoriser le recrutement d'étudiants et améliorer la formation du personnel des institutions[98].

Ce nouveau ministère devient rapidement l'un des bailleurs de fonds principaux des institutions pour les sourds à Montréal, car la formation spécialisée fait désormais partie de son champ de compétence. C'est

---

98. Joyal, *Les enfants, la société et l'État*, p. 187.

d'ailleurs lui qui prend en charge le financement de la construction et des activités de l'Institution de Charlesbourg. Les deux institutions montréalaises bénéficient depuis les années 1910 d'un octroi provincial plus ou moins garanti qui a progressivement augmenté et qui oscille aux alentours de 25 000 $ à 30 000 $ par année à la fin de la décennie 1930-1940. Au cours des années subséquentes, cet octroi de base est bonifié de montants supplémentaires, dont ceux qui proviennent du ministère du Bien-être social. La lecture de la chronique de l'Institution des sourdes-muettes et du journal de l'Institution des sourds-muets pendant cette période fait d'ailleurs passer le lecteur d'une augmentation d'octroi à une autre, les mémoires envoyés par les Institutions individuellement ou ensemble bénéficiant d'une oreille attentive de la part du gouvernement provincial. En 1950, chacune des deux institutions catholiques reçoit 50 000 $ par année comme octroi de base ; en 1954, il est augmenté à 75 000 $, puis il est porté à 100 000 $ annuellement en 1957, pour atteindre 150 000 $ en 1960[99]. Les sources de financement gouvernemental se multiplient tout au cours de la période, bien qu'après 1960 une vague de rationalisation cherche à concentrer l'origine des revenus entre les mains du ministère du Bien-être social[100]. Est-ce à cause des demandes d'aide réitérées de la part des écoles au nom de leur mission d'assistance sociale ou est-ce parce que les fonctionnaires voient d'abord la surdité comme un handicap ? Il est difficile de le dire. Toutefois, les institutions elles-mêmes confirment cette tendance par les décisions qu'elles prennent qui mettent de l'avant leur rôle d'assistance. Les deux institutions continuent toutefois à recevoir aussi des subventions régulières du département de l'Instruction publique.

Cette intervention croissante de l'État ne vient pas sans prix. Comme nous l'avons vu plus haut, les fonctionnaires s'ingèrent de plus en plus dans l'administration des écoles et ils en viennent à en dicter les programmes. Après la création du ministère de l'Éducation, en 1964, celui-ci en vient graduellement à établir des programmes uniformisés pour chacune des années d'enseignement et il échoit aux institutions pour les sourds de suivre ces programmes plutôt que leur propre initiative, ce qui avait été le cas auparavant. Malgré que l'on reconnaisse à ce ministère que la clientèle de ces écoles est différente dans ses caractéristiques et ses capacités, elle est soumise à une évaluation normalisée et dictée d'en haut, laquelle se renforce

---

99. Chronique ISM et Journal ISM.
100. Chronique ISM, vol. 6 (17 août 1960), p. 296.

vers la fin de la période. La normalisation des programmes vise aussi une normalisation de la clientèle au nom de l'idée dominante de l'égalité des chances de chaque élève[101]. Cela amène la disparition de plusieurs types d'écoles spécialisées : écoles agricoles, de métiers ou instituts familiaux. La formation des maîtres ne relève plus des écoles normales, mais est intégrée aux facultés universitaires d'éducation. Cela nuit particulièrement à l'Institution des sourdes-muettes, qui perd l'Institut François-Xavier-Trépanier et l'école ménagère. La formation professionnelle des sourds aux ateliers n'est pas affectée par ce mouvement avant les années 1970.

Cette influence croissante de l'État amène les religieux et les religieuses à s'interroger sur l'avenir de leurs institutions. Durant les années 1960, les rencontres des directions des deux écoles des sourds montréalaises et les instances provinciales et municipales se multiplient. À Charlesbourg, comme le maillage avec le gouvernement existe déjà, la question ne se pose pas avec autant d'acuité ; cette institution sert en quelque sorte de modèle pour penser ce qu'il serait possible d'accomplir à Montréal. En 1965, un projet de campus éducatif pour les sourds voit le jour, sous l'égide de la Commission des écoles catholiques de Montréal (CECM) : la commission scolaire fournirait les lieux et paierait les salaires des enseignants, alors que les religieux et les religieuses seraient responsables de l'animation de résidences étudiantes[102]. Ce projet ne voit finalement pas le jour, mais il témoigne d'une concertation croissante entre les deux écoles montréalaises pour les sourds qui s'est amorcée durant les années 1950 et d'une intégration de leur projet éducatif à celui de la CECM. Le chapitre suivant permettra d'examiner avec davantage d'attention les conséquences de ces premières discussions ouvertes entre les institutions pour les sourds et la commission scolaire. Celle-ci amènera éventuellement la fusion graduelle des clientèles scolaires sourdes féminine et masculine.

Chez les Clercs de Saint-Viateur, on s'interroge sur l'avenir de la communauté dans l'enseignement spécialisé. Pendant les années 1960, la communauté dans son ensemble prend conscience de l'ampleur de la crise vocationnelle à laquelle elle doit faire face : on constate un essoufflement du nombre des entrées en communauté et une accélération des sorties, particulièrement chez les jeunes religieux, dans un

---

101. *Rapport Parent*, vol. 2, § 499 ss, p. 338 ss.
102. Chronique ISM, vol. 6 (5 novembre 1965), p. 481-482.

monde où les besoins vont croissant. En 1966, les directions des trois institutions de la communauté vouées à l'«enfance exceptionnelle», soit l'Institution des sourds-muets de Montréal, celle de Charlesbourg et l'Institut Louis-Braille pour les aveugles fondé en 1953, se rencontrent pour étudier leur avenir dans la congrégation comme dans la société. On constate dans chacun de ces établissements l'augmentation des revenus gouvernementaux qui constitue certes une aide appréciée, mais cela ne vient pas sans un prix, celui des comptes à rendre. Les fonctionnaires ne désirent pas prendre le contrôle des écoles ni se départir des religieux comme collaborateurs dans les institutions spécialisées, mais ils imposent leurs règles qui ne correspondent pas aux manières de fonctionner des communautés[103]. La présence des syndicats parmi les employés laïques de plus en plus nombreux pose également problème. À l'Institution des sourds-muets, on constate de plus une disparité dans le mode de financement; malgré ses nombreuses subventions, la communauté des Clercs de Saint-Viateur doit entre autres prendre à sa charge des frais d'entretien des bâtiments qui sont pour les deux autres institutions assumés par l'État.

Cette question devient pressante, car le bâtiment de l'Institution des sourds-muets a grand besoin, dans les années 1960, de rénovations majeures afin de le rendre conforme aux nouvelles normes. Les religieux désirent donc faire passer l'édifice sous la responsabilité directe du gouvernement et c'est pour cette raison que l'on choisit, en 1967, de séparer l'Institution en deux volets sur le plan administratif. Nous avons déjà pu voir ce qu'il est advenu des ateliers, qui sont passés à des intérêts privés en 1968. La même année, une réforme de la charte de l'Institution telle qu'elle avait été définie originalement en 1874 semble nécessaire. Il faut créer une corporation immobilière qui permettrait en quelque sorte le passage de l'édifice de l'Institution aux mains du gouvernement. Pour éviter des problèmes administratifs, l'ancienne charte de l'«Institution catholique pour les sourds-muets pour la Province de Québec» continue à exister comme création des Clercs de Saint-Viateur. Celle-ci vend le terrain et l'édifice de l'Institution à la nouvelle corporation en 1968. C'est ainsi que naît l'Institution des sourds de Montréal, dont le nom reflète également l'évolution des mentalités en abandonnant le mot «muets».

---

103. ACSVM, P9, 1B, dossier «Administration, 1967-1969», mémoire du père Edmond Telmosse au supérieur provincial des Clercs de Saint-Viateur de Montréal, 1er juillet 1967.

Les communautés ne sont pas absentes du processus qui les amène à réorienter leur mission auprès des personnes sourdes, puis à la laisser entièrement à la charge du secteur public. Elles participent activement aux discussions multilatérales qui ont cours durant les années 1960. Toutefois, la volonté gouvernementale s'exprime clairement et il apparaît rapidement aux communautés que le seul intérêt du gouvernement est de maintenir le personnel religieux en place pour réduire les coûts. Devant une telle réalité, il n'est pas surprenant qu'elles se soient presque entièrement retirées du domaine des services aux personnes sourdes.

* * *

Les années 1940 à 1960 témoignent d'abord d'une remarquable stabilité et d'une continuité dans l'histoire des institutions pour les sourds à Montréal. Derrière cette façade, toutefois, des changements sociaux commencent à se manifester : on assiste à l'augmentation de l'importance des experts en services sociaux et en soins de santé dans la société, lesquels influencent le type de services offerts aux sourds dans les institutions montréalaises. De plus en plus, on investit des efforts dans le soutien aux anciens et anciennes élèves par des organismes de service social. Les pressions gouvernementales accentuent ce virage qui modifie durablement la mission des institutions et prépare leur prise en charge par un État qui cherche d'une part à normaliser les services éducatifs et, d'autre part, à rationaliser les services sociaux.

Les années 1950 marquent une accélération des changements, alors que la culture de masse étasunienne fait son entrée dans la ville, transformant les rapports de l'Église avec la société et, partant, la place qu'occupe celle-ci dans la gestion des institutions d'aide sociale et d'enseignement. Le financement croissant de l'État prend la place de la philanthropie et de la charité traditionnelles et cela s'accompagne de la mise sur pied de nouvelles normes et d'attentes différentes face à l'éducation des sourds. Ce mouvement ne fait que s'accélérer au cours de la décennie suivante, alors que de nouvelles théories éducatives, mises en valeur par le rapport Parent, amènent à terme l'élimination du système traditionnel d'éducation et son remplacement par un autre qui vise l'intégration et l'accessibilité de tous à une instruction normalisée. Ces *alma mater* deviennent des centres de services de réadaptation ; pas surprenant que ce virage soit accompagné d'un foisonnement d'associations communautaires sourdes.

Club de hockey Sourds qui faisait face aux espoirs du Canadien de Montréal, 1939-1940. Archives des Clercs de Saint-Viateur.

Récréation du midi à l'Institution du boulevard Saint-Laurent, vers 1945. Archives des Clercs de Saint-Viateur.

Le frère Alfred Graveline et son élève Gaston Robitaille, sourd, aveugle et muet, 1945. Archives des Clercs de Saint-Viateur.

L'abbé Gérard Hébert (1913-1991), fondateur du Service social des sourdes-muettes en 1946 et de la Villa Notre-Dame-de-Fatima à Vaudreuil en 1948. Avec les sœurs, il est associé à la fondation de l'école maternelle vers 1950 ainsi qu'à la fondation de l'institut familial en 1951.

Archives des Sœurs de la Providence.

20ᵉ anniversaire de la fondation des Oblats de Saint-Viateur, religieux sourds,
1947. Le père fondateur Michel Cadieux, première rangée, deuxième à droite.
Archives des Clercs de Saint-Viateur.

Atelier de reliure, rue De Castelnau, 1947.
Archives des Clercs de Saint-Viateur.

Procession de la Fête-Dieu de la paroisse Sainte-Cécile à l'Institution des sourds-muets, vers 1947. Archives des Clercs de Saint-Viateur.

Villa Notre-Dame-de-Fatima, colonie pour jeunes filles sourdes à Vaudreuil, 1948. Archives des Sœurs de la Providence.

Dépouillement d'arbre de Noël à l'Institution des sourdes-muettes, rue Saint-Denis, 29 décembre 1949. Archives des Sœurs de la Providence.

Partie de ballon-balai à l'Institution du boulevard Saint-Laurent, dans les années 1950. Archives des Clercs de Saint-Viateur.

Dépouillement d'arbre de Noël à l'Institution des sourds-muets, vers 1950. Archives des Clercs de Saint-Viateur.

Les premières expériences d'entraînement auditif avec le père Joseph Paquin à l'Institution du boulevard Saint-Laurent, vers 1950. Archives des Clercs de Saint-Viateur.

Vers les années 1950, tout le monde déblaye la patinoire de l'Institution, boulevard Saint-Laurent. Archives des Clercs de Saint-Viateur.

Classes de 5e, 6e et 7e année avec des instruments de gymnastique, vers 1950. Archives des Sœurs de la Providence.

Atelier d'ébénisterie, rue De Castelnau, vers 1950.
Archives des Clercs de Saint-Viateur.

Spectacle de ballet à l'Institution des sourdes-muettes, rue Saint-Denis, vers 1950.
Archives des Sœurs de la Providence.

Gymnastique de fête, élèves exécutant un ballet, vers 1950.
Archives des Sœurs de la Providence.

Classe de dessin au studio de l'Institution des sourdes-muettes, 1952.
Archives des Sœurs de la Providence.

Prise d'habit d'un
Oblat (sourd) de
Saint-Viateur, vers 1950.
Archives des Clercs
de Saint-Viateur.

Volleyball à l'Institution du boulevard Saint-Laurent, vers 1955.
Archives des Clercs de Saint-Viateur.

Intégration d'élèves de l'Institution à l'école de barbier Moreau, Montréal, entre 1955 et 1960. Archives des Clercs de Saint-Viateur.

Entraînement auditif à l'Institution des sourds-muets, boulevard Saint-Laurent, vers 1955. Archives des Clercs de Saint-Viateur.

Première communion dans la salle des apprentis (chapelle) de l'Institution des sourds-muets de Montréal, 1954. Archives des Clercs de Saint-Viateur.

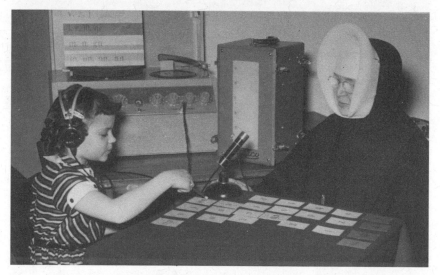

Entraînement de la parole, Institution des sourdes-muettes, rue Saint-Denis, 1955. Collection privée de Ginette Gingras.

Démonstration de gymnastique dans la cour de récréation de l'Institution des sourds-muets de Montréal, 1955. Archives des Clercs de Saint-Viateur.

Guides avec leur cheftaine, 1955. Archives des Sœurs de la Providence.

Quelques classes de l'Institution des sourdes-muettes dans la grande salle du pavillon Saint-Joseph, vers 1955. Collection privée de Julie-Élaine Roy.

Activité des guides sur le bord de l'eau, 1957. Archives des Sœurs de la Providence.

Sœurs Notre-Dame-des-Sept-Douleurs patinant dans la cour de l'Institution des sourdes-muettes, rue Saint-Denis, vers 1958. Collection privée de sœur Ursule Gendron.

Chapitre V
1960-1981 : du pensionnat au centre de réadaptation[1]

À PARTIR DES ANNÉES 1960, le Québec prend un virage vers la modernité. Laïcisation, accessibilité et étatisation sont des mots d'ordre
qui soutiennent la modernisation des institutions gouvernementales
québécoises. Nombre d'organismes publics sont créés dans l'effervescence qui caractérise cette période. Ils joueront un rôle déterminant entre autres en matière d'éducation et d'assistance publique, des
domaines qui jusqu'alors relevaient essentiellement de l'Église et qui
passent sous le contrôle de l'État en à peine quinze ans. Dans la foulée
de ces mutations, les deux établissements catholiques montréalais
spécialisés dans l'enseignement aux enfants sourds révisent leur
mission et évoluent vers la transformation en un centre de réadaptation en déficience auditive. Pour comprendre cette période de transition, il faut examiner les grands changements qui affectent autant les
secteurs de l'éducation que ceux de la santé et des services sociaux.
En effet, les pensionnats pour enfants sourds, parce qu'ils forment
un milieu de vie qui remplace en quelque sorte la famille, relèvent
alors du ministère de la Famille et du Bien-être social[2] tout en étant
soumis de plus en plus aux politiques éducatives qui prennent forme
dans ces mêmes années.

Le système d'éducation

Du côté de l'éducation, les réformes sont radicales et provoquent
des bouleversements pour les établissements religieux, encore bien

---

1. Ce chapitre aborde les grandes transformations sociales qui ont marqué la société
   québécoise à partir des années 1960, ce qui explique qu'il revienne sur certains points
   traités dans le chapitre précédent.
2. Le ministère du Bien-être social a pris le nom de ministère de la Famille et du Bien-
   être social en 1960 puis de ministère des Affaires sociales en 1970 quand il a fusionné
   avec le ministère de la Santé. Enfin, en 1985, il est devenu le ministère de la Santé et
   des Services sociaux. Les chapitres 5 et 6 suivent une même règle et utilisent les appellations de l'époque décrite : nous passons ainsi des « signes » à la LSQ, du handicap à la
   déficience puis à l'incapacité, du bénéficiaire à l'usager, etc.

souvent les seuls chargés de l'enseignement au secondaire et au collégial. Le gouvernement libéral de Jean Lesage institue d'abord la Commission royale d'enquête sur l'enseignement en 1961. Présidée par monseigneur Alphonse-Marie Parent, vice-recteur de l'Université Laval, cette commission produit des recommandations qui vont chambouler le paysage éducatif. Une des premières mesures adoptées pour réorganiser le système scolaire est la création du ministère de l'Éducation en 1964. Jusqu'alors, c'est le Conseil de l'instruction publique, constitué de deux comités, l'un protestant, l'autre catholique, qui avait autorité en matière d'éducation. Le comité catholique, qui contrôlait le réseau des écoles publiques de la majorité francophone, perd sa préséance malgré l'opposition de l'Église québécoise. Le réseau scolaire demeure toutefois confessionnel avec des commissions scolaires catholiques et protestantes. Le gouvernement instaure également le Conseil supérieur de l'éducation, un organisme gouvernemental autonome et consultatif chargé de conseiller le ministre sur toute question relative à l'éducation.

Au centre de cette vaste réorganisation de l'enseignement que propose le rapport Parent se trouve la prise en charge de l'éducation par l'État québécois et, dans la même lancée, la création d'un large réseau d'écoles publiques. Au secondaire, la réforme prévoit l'ouverture d'écoles « polyvalentes » qui donneront une formation générale et professionnelle[3]. Ces établissements devront « intégrer » toutes les clientèles : « À l'école secondaire polyvalente, se retrouveront, non seulement les cours généraux et les cours-options, mais aussi l'enseignement spécial destiné aux principales catégories de handicapés[4]. » On entend de plus « normaliser » l'enseignement, c'est-à-dire offrir aux enfants, quels qu'ils soient, un même enseignement et leur faciliter l'accès aux mêmes écoles. Cette volonté de démocratiser le système d'éducation fait une grande place à l'idée d'intégration des clientèles « spéciales » qui, dans les faits, se réalisera plus ou moins dans les écoles publiques[5].

---

3. C'est-à-dire une formation générale de cinq ans que les jeunes commencent normalement lorsqu'ils ont douze ans.
4. *Rapport Parent. Rapport sur la Commission royale d'enquête sur l'enseignement dans la province de Québec. Tome II Les structures pédagogiques du système scolaire*, Québec, Gouvernement du Québec, 1964, p. 152.
5. Le ministère de l'Éducation ne veut pas faire disparaître les écoles privées, mais les soumettre aux nouveaux programmes uniformisés au même titre que les autres

Dès les années 1960, l'idée d'intégration des enfants handicapés et de normalisation des programmes, connue sous le terme de *mainstreaming*, a fait son chemin un peu partout dans le monde occidental. Si elle entraîne des résistances dans les milieux spécialisés de la surdité, de la déficience visuelle et de la déficience intellectuelle, elle reçoit un accueil favorable dans l'ensemble de la population, chez les parents notamment, d'autant qu'elle va de pair avec une volonté de démocratiser l'école. Inspirée par une philosophie humaniste, elle remet en cause l'idée d'inadaptation de l'enfant en pointant plutôt l'inadaptation du système scolaire lui-même. Dans les écrits en anglais comme chez les auteurs de langue française, la définition de l'intégration évolue au fil du temps même si l'on constate la persistance de certaines écoles de pensée : au départ, certains voient dans le fait de partager certaines activités à l'école ou le fait pour un enfant sourd d'être dans une classe ordinaire une forme d'intégration alors que, pour d'autres, l'intégration doit inclure certains éléments, dont une adaptation des programmes. La question de savoir si les enfants sourds doivent recevoir un enseignement spécialisé ou non ne fait pas l'unanimité. Aux États-Unis, le Council of Exceptional Children ne recommande pas l'intégration à tout prix dans les classes usuelles[6]. Si au Québec on opte en principe pour une intégration totale, dans la réalité, les enfants sourds ne seront pas intégrés au secteur courant dans leur région respective avant encore quelques années.

Le nouveau ministère de l'Éducation entend aussi organiser de façon beaucoup plus spécialisée la « profession enseignante » par une formation universitaire. Les principales recommandations du rapport Parent sur cette question visent entre autres « à améliorer la qualité professionnelle et le prestige social du maître[7] ». Bien sûr, les religieux avaient su se donner des écoles normales pour former leurs enseignants[8], mais le rapport recommande d'uniformiser la formation et

---

établissements scolaires, ce qui n'est pas sans inquiéter les institutions religieuses jusqu'alors responsables de leurs propres programmes spécialisés.

6. Zeycan Yegin, « Les conditions d'intégration des handicapés auditifs », dans Marcel Lavallée, en collaboration avec les membres du GREC, *Les conditions d'intégration des enfants en difficulté d'adaptation et d'apprentissage*, Sillery, PUQ, 1986 (1984), p. 87.

7. *Rapport Parent. [...] Tome III L'administration de l'enseignement*, Québec, Gouvernement du Québec, 1966, p. 240-264.

8. Rappelons que, chez les sœurs de la Providence comme chez les Clercs de Saint-Viateur, c'est l'école normale Chanoine F.-X.-Trépanier qui s'occupait de la formation des maîtres pour l'enseignement aux enfants sourds. Voir le chapitre III, « Un nouveau siècle 1900-1940 », p. 111. L'école normale a fonctionné de 1938 à 1967. *Mémoire de l'Abbé Gérard*

de la rendre de niveau universitaire[9]. Le langage de l'époque témoigne du changement des mentalités alors que de plus en plus on parle de compétence plutôt que de vocation d'enseignement.

La volonté de démocratiser l'éducation s'accompagne également d'un projet de régionalisation scolaire, en particulier au secondaire. La régionalisation doit mettre fin à une situation qui prévaut pour tout groupe qui reçoit un enseignement spécialisé, notamment dans le domaine de la surdité, qui oblige les parents à se séparer de leur enfant ou à déménager dans les villes où cet enseignement existe. Pour les enfants sourds, seuls les établissements des villes de Montréal et de Québec[10] offrent la possibilité de faire des études et le gouvernement a choisi de privilégier l'intégration des enfants sourds dans l'ensemble du Québec. C'est pourquoi le gouvernement met sur pied de nouvelles commissions scolaires régionales qui visent à faire en sorte que les élèves de chacune des régions aient un accès égal à des équipements et à des programmes de qualité.

Encore aujourd'hui, les personnes sourdes qui ont connu les pensionnats n'ont souvent pas oublié leur arrivée à Montréal et leur installation loin de leur famille. Tout n'était pas négatif, car ils arrivaient dans un univers où ils pourraient désormais communiquer beaucoup plus aisément. Pour bien des enfants sourds vivant à la campagne dans une famille d'entendants, leur surdité était une réalité abstraite et ce n'est qu'en entrant à l'école qu'ils en prenaient véritablement

---

Hébert sur le Projet d'intégration d'environ 500 élèves sourds à 2000 élèves entendants à l'École Secondaire polyvalente Lucien-Pagé... Dépôt IRD, Dossier CECM Intégration du secondaire, page titre. Au moment où il a écrit ce mémoire, Gérard Hébert dirigeait le Service social pour personnes sourdes de l'ISM et il avait été auparavant le principal de l'école normale spéciale Chanoine F.-X.-Trépanier et le directeur des classes d'application à l'Institution des sourdes-muettes. Sur sa carrière, voir le chapitre IV, p. 132.

9. La normalisation des exigences de formation touche également la jeune profession des orthophonistes-audiologistes, qui, à partir de 1969, ne peuvent plus entrer à la maîtrise sans avoir un baccalauréat dans le même domaine, ce qui entraîne cette spécialisation de la profession réclamée depuis plusieurs années par les orthophonistes et les audiologistes. Julien Prud'Homme, « Histoire de l'École d'orthophonie et d'audiologie de l'Université de Montréal, 1956-2002. Des luttes professionnelles à l'épanouissement disciplinaire », *Centre interuniversitaire de recherche sur la science et la technologie (CIRST). Note de recherche*, juin 2006.

10. Pratiquement tous les enfants sourds francophones ou catholiques du Québec qui allaient à l'école étaient pensionnaires à Montréal ou, après 1961, à Québec. Du côté protestant ou anglophone, les enfants avaient accès au Mackay Center et, après 1950, au Montreal Oral School, deux établissements montréalais.

conscience. Comme nombre de ces enfants, sœur Marie-Paule Gagné a gardé un souvenir extrêmement vivace de son arrivée à l'Institution des sourdes-muettes.

> Quand je suis entrée dans la salle, j'ai vu toutes ces petites filles qui s'approchaient et j'ai réalisé qu'elles étaient comme moi. Je peux dire que ce sont les autres qui m'ont révélé ma propre surdité. Dans ma famille, on disait « ne parle pas à Marie-Paule, elle est sourde » mais c'est en voyant les autres petites filles que j'ai réalisé que c'était la même chose pour elles[11].

Pour d'autres enfants qui avaient perdu l'ouïe plus récemment et qui ne comprenaient pas ou n'acceptaient pas complètement ce qu'ils vivaient, l'installation au pensionnat pouvait être douloureuse. Gilles Boucher se souvient aussi de son arrivée à l'ISM en 1962, loin de sa famille et de son village. Un an plus tard, ses parents quittaient le Témiscamingue pour s'installer plus près de leur garçon et celui-ci allait dorénavant pouvoir sortir les fins de semaine[12]. Jeanne-Mance Éthier a vécu une expérience semblable du côté des filles, mais sans le soutien de sa famille. Au « couvent » dix mois par année, parce que sa famille était loin, elle a gardé des souvenirs douloureux de cette expérience et de la sévérité des religieuses à l'époque, qui punissaient les petites filles des classes oralistes pour toute utilisation des signes[13].

Pour les familles aussi, confier leur enfant à d'autres personnes était souvent déchirant dans un contexte où il était de moins en moins habituel que les établissements prennent totalement en charge des enfants pour la durée de leur vie scolaire et parfois plus.

Le domaine de la santé et des services sociaux

Parallèlement à ces changements dans le domaine de l'éducation, le secteur de la santé et des services sociaux connaît aussi de grands bouleversements. Le gouvernement du Québec institue la Commission royale d'enquête sur la santé et le bien-être social dont un des buts premiers est d'organiser un programme universel d'assurance maladie conformément à la Loi fédérale sur les soins médicaux de 1966.

---

11. Sœur Marie-Paule Gagné, s.n.d.d., entrevue du 9 mai 2008.
12. Gilles Boucher, entrevue du 17 février 2008.
13. Jeanne-Mance Éthier, entrevue du 8 mai 2008.

Présidée par un actuaire, Claude Castonguay[14], la commission se tient de 1966 à 1970 et elle débouche sur plusieurs créations, dont celle du ministère des Affaires sociales (qui comprend le secteur de la santé), la mise sur pied du régime québécois d'assurance maladie, ainsi que la révision des lois relatives aux professions, notamment celles qui sont concernées par la santé et les services sociaux. La commission ouvre aussi la voie à une réorganisation complète du réseau de la santé qui va dans le sens d'une plus grande accessibilité aux soins avec, entre autres, la création des centres locaux de services communautaires (CLSC). Toujours dans l'optique d'une régionalisation des services, on forme des conseils régionaux de santé et de services sociaux. Avec cette réforme, la gestion de la santé, jusqu'alors en bonne partie encore aux mains des communautés religieuses, devient elle aussi la responsabilité de l'État.

Les institutions religieuses pour élèves sourds

Pour l'Institution catholique des sourds-muets et l'Institution des sourdes-muettes, la question de l'adaptation à ces réformes est discutée et elle provoque débats et résistances, entre autres sur la question d'un enseignement normalisé pour élèves sourds et entendants. Si les institutions religieuses conçoivent aisément qu'il y ait place à une certaine modernisation des pratiques – après tout, elles respirent aussi le vent des années 1960 et proposent elles-mêmes des projets, par exemple celui de la communication totale des sœurs de la Providence[15] –, les congrégations seront plus réticentes à accepter l'idée de l'intégration complète qui, croient-elles, ne peut pas répondre aux exigences de l'enseignement spécialisé aux enfants sourds. Les enseignantes et enseignants de ces établissements ont le sentiment de posséder une expertise dont la vague déferlante de réformes ne tient guère compte.

Dès 1964, une entente est conclue entre le ministère de l'Éducation, responsable des classes spéciales, et le ministère de la Famille

---

14. Claude Castonguay est ensuite élu député du Parti libéral en 1970 et devient le titulaire du ministère de la Santé et du ministère de la Famille et du Bien-être social puis, après la fusion de ces deux ministères en décembre 1970, du nouveau ministère des Affaires sociales, poste qu'il occupera jusqu'en 1973. La Commission royale d'enquête sur la santé et le bien-être social a continué ses travaux de 1970 à 1972 sous la présidence de Gérard Nepveu et s'est concentrée plus particulièrement sur le régime de bien-être social et de sécurité du revenu.
15. Voir plus loin.

et du Bien-être social, responsable des établissements institution-nels[16]. C'est d'ailleurs ce dernier ministère qui s'occupera jusqu'en 1974 des élèves hébergés dans des établissements scolaires relevant de son autorité tout en respectant le champ de compétences des com-missions scolaires, dont celui de la Commission des écoles catholi-ques de Montréal (CECM) qui est chargée d'appliquer les réformes du ministère de l'Éducation pour l'île de Montréal. Selon cette entente, le ministère de l'Éducation et le ministère de la Famille et du Bien-être social adoptent une politique conjointe sur la scolarisation dans les écoles publiques des enfants hébergés dans des établissements d'assistance publique. En 1965, des représentants de la CECM et du ministère de la Famille et du Bien-être social se rencontrent seuls une première fois pour discuter de l'éducation des élèves sourds au secondaire et ensuite avec les responsables des établissements scolai-res pour enfants sourds de Montréal. Ils envisagent différentes solu-tions, dont celle d'ouvrir une école dans le nord de la ville pour les élèves des deux sexes et des résidences séparées sous la direction de chacune des institutions[17], mais finalement le comité qui étudie la question recommande l'intégration des élèves des deux sexes à une école « polyvalente » ordinaire[18].

En 1967, le ministère de la Famille et du Bien-être social adopte une politique pour favoriser « l'intégration dans le milieu scolaire des jeunes hébergés dans les établissements de santé et de services sociaux, ceci dans un but de normalisation[19] ». Parallèlement à cela, dans la suite du rapport Parent, le ministère de l'Éducation confie officiellement le secteur de l'éducation spécialisée aux nouvelles écoles secondaires « polyvalentes » ainsi qu'aux collèges d'enseigne-ment général et professionnel, les « cégeps » dont on vient tout juste de décider de la création[20]. Les nouveaux établissements devront

---

16. Marcel Lavallée, en collaboration avec les membres du Groupe de recherche en éva-luation des curriculum (GREC), *Les conditions d'intégration des enfants en difficulté d'adaptation et d'apprentissage*, Sillery, PUQ, 1986 (1984), p. 24.
17. Chronique ISM, vol. 6 (28 juillet 1965), p. 476.
18. Manuel Crespo et Nicole Paquette, *Le déficient auditif à la polyvalente: le défi de l'in-tégration. Une recherche évaluative sur l'expérience de la polyvalente Lucien-Pagé*, Montréal, Service de l'adaptation de la CECM, 1978, p. 13.
19. Québec, ministère des Affaires sociales, cabinet du sous-ministre, circulaire INF-151-1976, 1er octobre 1976, p. 1.
20. Aujourd'hui d'usage général au Québec, les termes « polyvalente » et « cégep » voient le jour dans ces mêmes années. La durée habituelle du cours secondaire général est de cinq ans et celle du cours collégial général de deux ans. Le diplôme d'études collégia-

prendre en charge l'enseignement spécialisé dès qu'ils le pourront et préparer un échéancier de réalisation. Entretemps évidemment, les congrégations religieuses continueront d'assurer l'enseignement à la clientèle dont elles ont la charge.

L'intégration est ainsi enclenchée et elle propulse les deux établissements francophones montréalais dans une phase de grands bouleversements qui se terminera par la fermeture de l'Institution des sourdes-muettes et la transformation de l'Institution des sourds-muets en centre de réadaptation[21]. Sur ce chemin vers l'intégration, surviennent des virages inattendus, par exemple lors de l'obtention de la nouvelle charte par l'institution des Clercs de Saint-Viateur en 1967[22]. La charte vise à changer la raison sociale de l'Institution catholique des sourds-muets pour « Institution des sourds de Montréal » et à former un organisme sans but lucratif sous ce nom, lequel deviendra responsable des opérations de l'école[23]. Devenir un organisme laïque permettra entre autres à l'institution d'être admissible à des subventions pour faire les travaux d'aménagement et de restauration que nécessite l'édifice principal du 7400, boulevard Saint-Laurent. Toutefois, le gouvernement du Québec intervient dans ce processus en voulant que toute référence à la mission éducative soit enlevée, car si l'on continue de définir l'Institution des sourds comme établissement scolaire (relevant donc de compétences provinciales uniquement), elle ne pourra recevoir de subventions de la Société canadienne d'hypothèques et de logement ni, de façon générale, du gouvernement fédéral pour ses frais d'exploitation. C'est pourquoi

---

les conduit à l'université. Il est aussi possible d'étudier dans un secteur technique et d'obtenir un diplôme professionnel; la durée du cours collégial est alors de trois ans. Les élèves entrent généralement au secondaire à l'âge de 12 ans et au cégep à l'âge de 17 ans.

21. La Loi sur les services de santé et les services sociaux de 1971 distinguait « centres d'accueil d'hébergement » (personnes âgées) et « centres d'accueil de réadaptation » (enfants). *Lois du Québec*, 1971, chapitre 48. La loi créait également les conseils régionaux de la santé et des services sociaux (CRSSS) et séparait le Québec en 12 régions sociosanitaires.

22. En réalité, ce sont deux nouvelles chartes qui sont demandées : la deuxième concerne « Les Ateliers des Sourds incorporés » et est obtenue en janvier 1967. Voir la fin du chapitre précédent.

23. La création de l'Institution des sourds de Montréal ne fait pas disparaître l'autre organisme, l'Institution catholique des sourds-muets, et c'est ce dernier qui reprendra l'immeuble du 7400, boulevard Saint-Laurent, devant le défaut de paiement du gouvernement du Québec le 2 octobre 1980, tel que prévu dans l'acte de vente de l'immeuble, signé le 2 octobre 1968.

on suggère de remplacer le mandat de l'établissement, défini dans la demande initiale comme étant de « [d]iriger une maison d'enseignement scolaire, professionnel, technique et autre pour les personnes sourdes » par celui de « [d]iriger un centre de réadaptation sociale des enfants souffrant de surdité[24] ».

Les Clercs de Saint-Viateur, en raison même de la mission éducative de leur ordre religieux, sont très réticents à cette idée de supprimer toute référence à l'école[25], mais, devant les arguments du ministère de la Famille et du Bien-être social, ils finissent par acquiescer. À cette époque, la « réadaptation sociale » est un concept assez ouvert pour inclure les activités éducatives, du moins selon le ministère. L'organisme de l'Institution des sourds de Montréal est agréé dès janvier 1968 et l'on crée un conseil d'administration composé de sept Clercs de Saint-Viateur qui s'occuperont d'administrer le nouvel établissement public. Les lettres patentes précisent enfin que cet organisme a pour but de « [d]iriger, administrer et opérer un centre de réadaptation sociale pour personnes souffrant de surdité[26] ». La question ainsi réglée ouvre la porte à une transformation du mandat de l'établissement relativement à la politique du ministère de la Famille et du Bien-être social, mais sans que les enjeux de ce changement aient été pleinement réalisés par les principaux intéressés, tant les Clercs que les sourds. L'Institution des sourds de Montréal et l'Institution des sourdes-muettes continuent de garder le ministère de la Famille et du Bien-être social comme principal interlocuteur gouvernemental dans une question qui touche d'abord à l'éducation et dans un contexte où le ministère de l'Éducation reprendra éventuellement les rênes de l'éducation spécialisée. Il faut dire aussi que

---

24. Dépôt IRD, Dossier « Corporation ISM 1967-Requête », Lettre de Roger Marier, sous-ministre du ministère de la Famille et du Bien-être social, à Paul-A. Demers, assistant-directeur du Service des compagnies au Secrétariat de la province de Québec, p. 2-3.

25. Dépôt IRD, Dossier « Corporation ISM 1967-Requête », Lettre du père Edmond Telmosse, supérieur de l'ISM, au révérend père Étienne de Blois, supérieur provincial des Clercs de Saint-Viateur, datée du 23 août 1967, p. 1.

26. Dépôt IRD, Dossier « Corporation ISM 1967-Requête », Lettres patentes de la Cour supérieure du Québec instituant l'Institution des sourds de Montréal en corporation, datée du 9 juillet 1968, p. 1. Les Clercs ont pris soin de refuser une modification suggérée par le ministère de la Famille et du Bien-être social voulant qu'ils soient responsables de trouver une autre corporation advenant une dissolution de l'Institution des Sourds de Montréal et se sont gardé le droit de dissoudre leur corporation même si ce droit est accompagné de nombreuses conditions. Ajoutons que l'entente prise avec le gouvernement du Québec prévoit que ce dernier a 12 ans pour payer l'édifice sis au 7400, boulevard Saint-Laurent et qu'il en deviendra le propriétaire au bout de ces 12 ans.

le gouvernement pousse pour que ce genre d'établissement subventionné à la fois par le ministère de l'Éducation et par le ministère de la Famille et du Bien-être social se choisisse une seule « mission » et abandonne la vision holistique héritée des Clercs[27]. Pour l'heure, malgré la modification des lettres patentes, l'Institution des sourds de Montréal demeure encore et toujours d'abord un établissement d'enseignement.

Chez les religieuses de la Providence, les effets des réformes se font aussi sentir avant même que l'intégration soit réellement commencée. En 1967, l'Institution des sourdes-muettes voit la disparition de l'Institut pédagogique François-Xavier-Trépanier, la seule école normale qui donnait une formation spécialisée en surdité aux enseignantes et enseignants des deux établissements religieux. En conformité avec la réforme de l'éducation, les corps enseignants sortiront désormais des facultés d'éducation des universités bien que ces dernières n'offrent pas de cours pour l'enseignement à une clientèle sourde, même dans leurs programmes d'éducation spécialisée, et alors qu'il est question d'intégrer les élèves sourds avec les élèves du programme courant[28]. Cela signifie que le personnel enseignant qu'on pourra embaucher répondra aux critères du ministère en ce qui concerne la formation universitaire, mais sera d'abord formé pour une clientèle usuelle, ce qui n'est pas sans conséquence pour la clientèle sourde.

En 1969, les sœurs de la Providence ferment également leur institut familial qui ne s'intègre plus aux nouveaux programmes. Ceux-ci prévoient plutôt des cours d'économie familiale pour garçons et filles à l'intérieur du programme courant. La même année, l'Association des dames bienfaitrices, qui accompagnaient et soutenaient les œuvres de la congrégation depuis 1884, disparaît, faute de relève. Même si les Clercs de Saint-Viateur et les sœurs de la Providence continuent d'offrir les cours du primaire et du secondaire, les changements sont tels qu'il leur faut sans cesse s'adapter à une nouvelle situation.

---

27. À cet effet, le gouvernement du Québec met sur pied en 1974 une « Mission MAS-MEQ » intitulée *Entente de complémentarité des services entre le réseau de la santé et des services sociaux et le réseau de l'éducation* qui définit les lignes directrices de cette politique visant à séparer distinctement les missions des établissements et, pour le ministère de l'Éducation, à prendre en charge l'éducation des jeunes en centre d'accueil.

28. Il faut attendre juillet 1971 pour que des cours en « enfance inadaptée » soient enfin offerts par l'Université du Québec à Montréal (UQAM). Ils sont offerts en cours d'été à l'Institution des sourdes-muettes. Chronique ISM, vol. 6 (6 juillet 1971), p. 622.

Les étapes de l'intégration scolaire :
une transition longue et compliquée

La transformation d'un pensionnat en un centre de réadaptation ne se fait pas du jour au lendemain ni sans heurts. En effet, de nouvelles écoles pour sourds devront être ouvertes et, pour l'heure, les commissions scolaires ne possèdent ni le personnel enseignant compétent ni les lieux pour les accueillir. Les négociations commencent entre le gouvernement et les institutions pour élèves sourds afin d'offrir une formation en accord avec les objectifs de la réforme de l'éducation, principalement l'intégration et la démocratisation.

À Montréal, le projet d'intégration des élèves sourds est confié à la Commission des écoles catholiques de Montréal (CECM), occupée justement à organiser le réseau des écoles secondaires publiques de son territoire en conformité avec la réforme du système scolaire. Un comité provisoire est formé en 1970 pour coordonner cette intégration des enfants sourds au secteur courant du secondaire, et ce, pour toute la province de Québec, puisque le « territoire » des institutions religieuses est bien plus vaste que celui de la CECM[29] et que la clientèle sourde de la future polyvalente ne proviendra pas uniquement de Montréal. Sont membres de ce « comité consultatif conjoint » des religieuses et des religieux des établissements d'enseignement aux enfants sourds, des représentants du ministère des Affaires sociales et des représentants de la CECM. Le projet prévoit au départ envoyer les élèves atteints de surdité à la future polyvalente Saint-Vincent-Ferrier qui doit être construite au nord du parc Jarry, près de l'Institution de sourds de Montréal[30]. Ce sont 500 élèves sourds et 2 000 élèves entendants qu'il est prévu d'y envoyer dès l'automne 1973. L'intégration telle que la conçoit la CECM et selon l'optique du ministère de l'Éducation, ce n'est pas seulement l'intégration scolaire, mais bien l'intégration sociale qui doit être favorisée à travers le cheminement scolaire pour se poursuivre dans tous les aspects publics de la vie. Cette approche place l'enfant au centre de sa formation et c'est à ses besoins que l'on

---

29. En réalité, il est même plus vaste que la province de Québec puisque les pensionnaires francophones proviennent de l'Ontario, du Nouveau-Brunswick et parfois même de l'ouest du pays. Les institutions pour élèves sourds demandent par conséquent une contribution financière des commissions scolaires (y compris la CECM), des municipalités et des provinces d'où proviennent ces élèves.
30. Dépôt IRD, Dossier « CECM – Intégration du secondaire », « Procès-verbal de la réunion du comité provisoire, tenue à l'édifice du ministère du Bien-être social et de la Famille, à Montréal, le mardi, 29 septembre 1970 [...] », p. 1.

doit répondre plutôt qu'à ceux de la société[31]. L'objectif est noble et, pour l'atteindre, il faut moderniser le système scolaire.

Comme la polyvalente Saint-Vincent-Ferrier doit encore être construite, il est toujours temps de penser à un aménagement adéquat avec les équipements nécessaires pour la clientèle sourde. L'insonorisation, l'isolation et la ventilation seront adaptées pour favoriser l'apprentissage des jeunes dans un environnement sonore dénué le plus possible de bruits gênants pour l'appareillage auditif. Et puisque le projet initial vise les jeunes sourdes et sourds de la province entière, il inclut aussi la « construction ou [l'] aménagement de résidences pour les élèves qui demeurent au loin[32] ». Le comité provisoire est responsable enfin de l'adaptation progressive des programmes suivis par les élèves sourds. Jusqu'alors, ces programmes ont été décidés et adaptés par les responsables des établissements d'enseignement, mais la loi prévoit qu'ils seront uniformisés avec ceux du secteur courant et qu'ils passeront sous la supervision complète de la CECM. C'est cette dernière qui s'occupera également de l'administration des établissements après la période transitoire d'une direction conjointe des études, ce qui n'ira pas sans causer des frictions. Il faut aussi voir que le transfert du personnel enseignant, outre celui des élèves, représente un enjeu important pour les congrégations religieuses.

Le comité provisoire, tout en étant officiellement consultatif, a la responsabilité d'assurer la meilleure transition possible vers l'intégration et il est difficile pour les institutions religieuses de refuser l'application des mesures qui y sont décidées. Il est même précisé dans le rapport de la réunion du 29 septembre 1970 qu'il n'est pas nécessaire pour le comité d'avoir l'accord des membres des conseils

---

31. « C'est pour insuffler un esprit nouveau que nous avons proposé avec insistance deux moyens concrets de centrer l'école sur l'étudiant : la polyvalence et l'enseignement actif, qui sont indissociables l'un de l'autre ». *Rapport Parent. Rapport sur la Commission royale d'enquête sur l'enseignement dans la province de Québec. Tome III L'administration de l'enseignement*, Québec, Gouvernement du Québec, 1966, p. 23. L'approche se voulait novatrice et moderne, mais en réalité l'intégration scolaire avait un *a priori* implicite visant à améliorer la participation des sourdes et des sourds à la culture entendante majoritaire, dont la primauté n'était pas remise en question et qui a conduit à privilégier l'oralisme dans les méthodes d'enseignement. Nous verrons plus loin que cette situation a engendré bien des insatisfactions chez les tenants de la culture sourde à partir de la fin des années 1970.

32. Dépôt IRD, Dossier « CECM – Intégration du secondaire », « Procès-verbal de la réunion du comité provisoire, tenue à l'édifice du ministère du Bien-être social et de la Famille, à Montréal, le mardi, 29 septembre 1970 [...] », p. 1.

d'administration des organismes concernés et que « l'important est de transmettre aux administrations les recommandations du comité et d'obtenir dans les meilleurs délais les approbations requises[33] ».

Un représentant de la CECM, Gérald Guilbault, s'installe à l'Institution des sourds de Montréal pour l'année scolaire 1970-1971 afin de préparer cette transition et il est coresponsable, avec le directeur des études de l'institution religieuse, de tout ce qui touche la pédagogie de l'école. Son mandat est vaste : il doit faire l'inventaire, l'analyse et l'évaluation des programmes en vue d'apporter les correctifs nécessaires et d'organiser l'intégration des élèves sourds au secteur courant. D'ici là, il a la tâche de s'assurer que les nouveaux horaires fonctionnent, de vérifier le matériel pédagogique ainsi que de s'occuper des élèves, du personnel enseignant et de divers comités et, parmi ceux-ci, de celui qui supervise la construction de la future polyvalente. Il est aussi chargé d'un premier groupe de 85 garçons sourds, de 16 à 20 ans, à partir desquels se fera la « préparation » à l'intégration. On envoie ce groupe dès la rentrée de 1971 dans des locaux loués à l'école Georges-Vanier, en attendant l'ouverture de la nouvelle polyvalente. Au total, « 14 enseignants, 1 animateur, 1 conseiller à mi-temps et une secrétaire[34] » constituent le personnel affecté à cette première « expérience ». Parallèlement, on envoie un groupe de huit ou neuf élèves en formation professionnelle dans un centre de la CECM, puisque les polyvalentes ont aussi dans leur mandat de s'occuper de la formation professionnelle. On ouvre également des ateliers de travail manuel[35] pour les première, deuxième et troisième années du secondaire dans les anciens locaux de l'atelier de cordonnerie où l'on pourra à la fois effectuer des travaux pratiques et donner des cours de rembourrage et de travail sur bois. La quatrième secondaire va au Centre Christophe-Colomb et la cinquième secondaire, au Centre Saint-Michel.

Il est frappant de voir la conception que se font le ministère de l'Éducation et la CECM des enfants sourds de l'établissement, ces derniers ont le statut d'enfants « handicapés » et les subventions à la

---

33. *Ibid.*, p. 2.

34. Manuel Crespo et Nicole Paquette, *Le déficient auditif à la polyvalente...*, p. 15.

35. Ces ateliers répondent aux nouvelles directives du ministère de l'Éducation en matière de formation professionnelle et sont différents des anciens ateliers de travail de l'Institution des sourds, vendus en 1969 à trois employés des Ateliers des sourds : Lucien Lamarche, André Cuillerier et Claude Clermont. « Les Ateliers des sourds : une histoire qui remonte à deux ans avant la Confédération », *Entendre*, n° 62 (janvier-février 1985), p. 37.

formation professionnelle sont en bonne partie liées à ce statut. Il est question d'embaucher un conseiller d'orientation, car il ressort clairement que, malgré ces ateliers, les finissants ne sont pas en mesure d'intégrer rapidement et facilement le marché du travail. Les quelques métiers qui leur sont alors accessibles tels l'imprimerie, le rembourrage, la mécanique et la menuiserie ne les conduisent pas directement vers un emploi permanent.

Un autre comité a été constitué à la même époque « sur la mixité et l'intégration à la polyvalente ». Formé des comités pédagogiques de l'Institution des sourds et de l'Institution des sourdes-muettes et s'occupant en fait de l'enseignement primaire et secondaire, il adopte et met en branle des mesures liées à l'implantation de classes mixtes dans les deux institutions.

Au primaire, le comité sur la mixité retient l'idée d'une division par cycle avant que ne soient à terme réunis les enfants des deux institutions. Pour l'heure, le premier cycle du primaire ira à l'Institution des sourdes-muettes et le second cycle ira à l'Institution des sourds. À l'automne 1971, les garçons de première année vont à l'école des sœurs de la Providence et les filles de quatrième année à l'école des Clercs de Saint-Viateur. Le mouvement est progressif ce qui fait que, dès la rentrée de 1973, la mixité est instaurée pour les six années du cours primaire, lequel se divise comme prévu par cycle entre les deux établissements. Matin et soir, les élèves pensionnaires voyagent d'un établissement à l'autre par transport scolaire. On ne parle pas vraiment d'intégration ici, mais d'unification des classes et de mixité. À la rentrée de 1975, tout le cours primaire est regroupé à l'Institution des sourds de Montréal et ce sont quelque 200 enfants qui quittent l'école des religieuses. Ces dernières ne gardent que des pensionnaires du primaire et du secondaire, ainsi que les personnes sourdes âgées dont elles s'occupaient déjà. Même après 1977, lorsque le ministère de l'Éducation récupère le secteur de l'enseignement spécialisé et que la CECM devient totalement responsable de l'enseignement primaire aux enfants sourds, l'enseignement continue de se faire à l'Institution des sourds de Montréal[36]. Il faut attendre 1981 pour que le primaire

---

36. Il en est de même à Québec, où l'Institut des sourds de Charlesbourg devient officiellement un centre d'accueil de réadaptation en 1972. Il prend alors le nom de Centre Dominique-Tremblay, mais continue d'offrir l'enseignement primaire et secondaire en hébergeant la nouvelle école Joseph-Paquin qui couvre alors tout l'est du Québec sous la responsabilité de la Commission scolaire de Charlesbourg. En 1985, l'école Joseph-

déménage à l'école Saint-René-Goupil qui prend alors le nom d'école Gadbois en l'honneur de la fondatrice de l'Institution des sourdes-muettes et de ses trois sœurs, également religieuses à l'Institution des sourdes-muettes de Montréal.

Au secondaire, une deuxième étape vers l'intégration est franchie en 1972-1973 lorsqu'un groupe de 60 filles, de 16 à 20 ans, s'ajoute au groupe de garçons déjà transférés à ce qui est maintenant « Lucien-Pagé annexe », une école temporaire située au 1415, rue Jarry Est. Ces élèves se trouvent pour la première fois dans des groupes mixtes et cela crée une certaine excitation chez les jeunes[37]. Là s'arrête toutefois plus ou moins l'intégration puisque les élèves sourds reçoivent toujours un enseignement distinct de celui du cours usuel de la part des 29 enseignantes et enseignants maintenant en poste et qui proviennent en bonne partie des anciens pensionnats. D'ailleurs Lucien-Pagé annexe n'accueille qu'une clientèle sourde. De plus, les jeunes retournent en fin de journée dans leurs établissements respectifs. En 1973-1974, un autre groupe de filles du secondaire rejoint les groupes déjà « intégrés » et l'on doit embaucher 13 nouveaux enseignants en plus d'un certain nombre de professionnels qui s'ajoutent à ceux déjà en place[38]. Les cours sont toujours donnés de façon séparée et l'intégration concerne finalement surtout les élèves qui vont dans d'autres écoles secondaires sous la supervision de professionnels de Lucien-Pagé annexe. Pour les élèves qui fréquentent le bâtiment temporaire de la future polyvalente, les lieux des cours ne sont plus les mêmes et la mixité a été bel et bien été introduite mais, en réalité, c'est sans doute dans les programmes que l'on voit les plus grands changements. La nouvelle pédagogie de l'école s'avère un amalgame plus ou moins réussi de « trois méthodes », celle des Clercs, celle des sœurs et celle de la polyvalente, ce qui donne l'impression aux jeunes d'être des « rats de laboratoire[39] » car, pour le reste, l'école temporaire ne reçoit que des élèves sourds.

Paquin déménage au 465, 64e rue Est à Charlesbourg, où elle se trouve toujours. Elle se définit comme une école spécialisée en déficience auditive et troubles sévères du langage (dysphasie) de la prématernelle à la 2e année du secondaire et a un mandat régional (Capitale nationale et Chaudière-Appalaches).

37. Philippe Jules Desrosiers, entrevue du 20 février 2008.

38. Pour la rentrée de 1972, on avait embauché deux animateurs, un conseiller en orientation, un psychologue à mi-temps et deux secrétaires dont une à mi-temps; pour celle de 1973, on ajoute à ce groupe un audiologiste à mi-temps, une bibliothécaire et deux secrétaires à plein temps. Manuel Crespo et Nicole Paquette, *Le déficient auditif à la polyvalente...*, p. 16.

39. Philippe Jules Desrosiers, entrevue du 20 février 2008.

L'intégration... du personnel enseignant

Le personnel enseignant constitue une autre question complexe dès les premières discussions du comité provisoire en 1970 ; dans le projet d'intégration des enfants sourds au secteur courant, qu'adviendra-t-il du personnel existant ? Que doit-on envisager comme formation, perfectionnement, recyclage, etc. ? Il semble clair pour toutes et tous que la nouvelle polyvalente aura besoin des compétences du personnel des deux institutions, mais il reste bien des décisions à prendre pour assurer la transition de l'ancien au nouveau système. La première mesure qu'on souhaite voir adopter du côté de la commission scolaire est l'intégration du personnel enseignant (et des élèves) de l'Institution des sourds de Montréal à la CECM, dès septembre 1971, avec les mêmes définitions de tâches et les mêmes responsabilités que pour les autres enseignants de la commission scolaire. Le directeur de l'école serait alors monsieur Guilbault et c'est à lui qu'incomberaient toutes les décisions ayant trait à la vie scolaire de l'institution. Comme à moyenne échéance, on doit préparer l'ouverture de la polyvalente et que l'on calcule que cela nécessitera l'embauche d'« environ 35 à 40 professeurs et animateurs[40] » ; cette étape permettrait aussi de savoir quels sont les enseignantes et les enseignants des deux institutions catholiques qui comptent entrer à l'emploi de la CECM.

La proposition est reçue avec beaucoup de réserve par les principaux intéressés. Le corps enseignant n'a pas été habitué à être autant bousculé dans son fonctionnement et ses représentants trouvent que l'intégration se fait sans consultation et à un rythme qui ne respecte pas la capacité des personnes (enseignants, élèves et administration) appelées à assimiler tous ces changements. Il faudrait plus d'une année pour réussir à tout régler. De plus, la normalisation des tâches est un peu délicate car, dans les institutions, celles-ci sont diversifiées et la journée de travail ne se termine pas avec les cours. Les enseignants veillent aux activités parascolaires, font de la surveillance en dehors des heures de classe et contribuent à la vie culturelle et sociale de l'école. Il ne s'agit pas seulement de leur enlever des responsabilités – il est prévu que les jeunes sortiront de l'école pour aller vivre dans leur famille ou dans un foyer de groupe –, mais plutôt d'instaurer un

---

40. Dépôt IRD, Dossier « CECM – Intégration du secondaire », « Procès-verbal de la réunion du Comité conjoint consultatif en vue de l'intégration des enfants sourds du Québec (niveau secondaire), tenue à l'édifice du ministère des Affaires sociales, à Montréal, le mercredi, 3 février 1971 [...] », p. 3.

changement profond dans les pratiques et dans les mentalités, changement qui ne peut se faire en quelques mois. La question se pose aussi de savoir si deux syndicats peuvent coexister au sein de l'Institution des sourds de Montréal[41]. Par ailleurs, des questions de budget demeurent incertaines et il est difficile d'obtenir des réponses claires ou des engagements précis de la CECM.

Les représentants des Clercs de Saint-Viateur sont donc réticents face aux propositions de la CECM et, en premier lieu, à l'idée d'une double autorité au sein même de leur institution. Ils soulignent qu'il est malaisé d'effectuer une stricte division des compétences et qu'ils croient plutôt que « [...] les multiples interférences entre la vie scolaire et la vie de groupe dans un internat rendraient difficile le partage net et précis des responsabilités[42] ». Lors d'une des rencontres du comité provisoire, ils présentent la position des enseignants qui trouvent très difficile de s'engager sans même savoir ce que seront leurs conditions de travail et comment fonctionnera ce nouveau milieu de travail. Finalement, devant le durcissement du ton du représentant de la CECM, ils demandent qu'on respecte « le processus normal et fortement recommandé par le Conseil supérieur de l'Éducation et les autorités gouvernementales[43] », c'est-à-dire la consultation des personnes concernées et leur participation aux mécanismes de changement.

Lors de ces réunions, deux positions se dégagent nettement. La première, qui est celle de la CECM et du ministère des Affaires sociales, pousse en faveur de l'intégration rapide[44], une intégration à laquelle, dans une optique de modernisation et de progrès social, on n'admet que des avantages. La deuxième position, celle des institutions, est plus circonspecte et souligne « [...] les inconvénients et

---

41. Le syndicat des enseignantes et des enseignants des écoles secondaires publiques était l'Alliance catholique des professeurs de Montréal alors que les enseignants de l'Institution des sourds de Montréal s'étaient regroupés au sein de l'Association des instituteurs de l'ISM.

42. Dépôt IRD, Dossier « CECM – Intégration du secondaire », « Procès-verbal de la réunion du Comité conjoint consultatif en vue de l'intégration des enfants sourds du Québec (niveau secondaire), tenue à l'édifice du ministère des Affaires sociales, à Montréal, le mercredi, 3 février 1971 [...] », p. 5.

43. *Ibid.*, p. 4.

44. À la lecture des documents de l'époque, on ressent l'effet *bulldozer* des directives du comité. On a l'impression que les problèmes devaient se régler rapidement, et ce, sans toujours beaucoup de doigté...

pour les professeurs concernés, et pour l'administration de l'ISM[45] ». Lors d'une réunion restreinte où ne sont conviés ni les religieuses ni les représentants de l'Institut des sourds de Charlesbourg, la CECM propose un plan d'intégration du personnel des institutions à la commission scolaire sur trois ans. En septembre 1971, on intégrerait 15 enseignants de l'Institution des sourds de Montréal, en septembre 1972, ce serait au tour de 15 enseignantes de l'Institution des sourdes-muettes et enfin, en septembre 1973, il y aurait « mise en place d'une "équipe" rodée de 37 enseignants [...] nombre prévu pour la polyvalente future[46] ». Aux yeux de la CECM, l'intégration des enseignants de l'ISM dès septembre 1971 est impérative comme l'est la prise en charge totale de l'enseignement secondaire. Elle voudrait par conséquent que ses vis-à-vis s'engagent sur le principe de l'intégration avant toute consultation, car elle sent bien que c'est sur le principe même que les religieux accrochent.

Devant ce projet concret, les représentants de l'Institution des sourds de Montréal expriment encore des réserves, entre autres sur la question du financement. S'ils se montrent plus satisfaits de l'échéancier progressif de l'intégration, ils insistent sur une consultation de leurs collègues et disent enfin qu'ils croient que « les objectifs proposés peuvent se réaliser dans un autre contexte que celui de l'intégration et [qu'on pourrait] promouvoir un cheminement qui respecterait davantage, selon eux, la participation du corps professoral et l'autonomie administrative des institutions concernées[47] ». Leur position exprime les réticences que les Clercs de Saint-Viateur éprouvent à l'idée de se fondre dans la masse des nouveaux syndiqués du secteur public de l'éducation et de devoir accepter les directives d'une commission scolaire toute-puissante. Il n'empêche que la machine est en marche et ne peut être arrêtée si facilement. La proposition

45. Dépôt IRD, Dossier « CECM – Intégration du secondaire », « Rencontre du 11 février 1971 » [Procès-verbal de la réunion restreinte visant l'intégration des professeurs de l'ISM (cours secondaire) à la CECM, pour septembre 1971 et prise en charge par la CECM, dès septembre '71, du niveau secondaire de l'ISM quant à la vie scolaire, tenue à l'édifice du ministère des Affaires sociales] », p. 1.

46. *Ibid.* C'est en gros ce qui s'est passé selon la Chronique de l'ISM, 8 septembre 1971 (p. 624), 5 septembre 1972 (p. 644), 4-7 septembre 1974 (p. 676) et 25 novembre 1974 (p. 677-678).

47. Dépôt IRD, Dossier « CECM – Intégration du secondaire », « Procès-verbal de la réunion du Comité conjoint consultatif pour l'intégration des enfants sourds du Québec (niveau secondaire), tenue à l'édifice du ministère des Affaires sociales, à Montréal, le mardi, 23 février 1971 [...] », p. 2.

est soumise aux enseignants de l'Institution des sourds de Montréal qui finalement l'acceptent ; ils seront intégrés à la CECM à partir de l'automne 1971. Le plan prévoit une répartition des responsabilités entre la CECM qui, par exemple, sera responsable des arts plastiques, et celles de l'Institution des sourds de Montréal qui continuera de s'occuper de l'audiométrie, de la bibliothèque, de la caisse scolaire, du théâtre, des soins médicaux et de la pastorale. Sont officiellement de responsabilité mixte les fournitures, la psychologie, le service social et l'éducation physique, mais pour le moment ces services restent pour des raisons pratiques sous la supervision des Clercs de Saint-Viateur tout en étant payés par la CECM.

En cas de litiges, deux comités d'arbitrage sont prévus ; ils comprennent tous deux un membre des Clercs de Saint-Viateur. Le processus d'intégration est accepté par toutes les parties et l'année suivante, lorsque le comité conjoint se réunit de nouveau, c'est pour discuter des dernières étapes de l'intégration ainsi que de la construction de la future polyvalente, qui doit enfin commencer à l'automne 1972 et qui, entretemps, a été rebaptisée Lucien-Pagé en l'honneur du religieux si actif dans l'enseignement aux sourds[48]. Son ouverture est maintenant prévue pour février 1974, puis est reportée à septembre 1974. On compte y recevoir 33 classes d'élèves « non entendants » et 32 classes d'élèves entendants[49]. Même si l'on s'oriente vers cette intégration, il est clair qu'elle n'a pas été acceptée de gaieté de cœur par les Clercs de Saint-Viateur.

Une remise en question au cœur du processus

En plein processus d'intégration, l'abbé Gérard Hébert, directeur général du Service social pour personnes sourdes, envoie à la CECM ses réflexions et son analyse du projet d'ouverture de la polyvalente prévu pour quelques mois plus tard. Il écrit en 1974 :

> Je me propose donc dans ces quelques considérations de montrer comment cette expérience, telle que proposée, s'avère, à mes yeux, une solution insatisfaisante pour l'ensemble des jeunes sourds parce que

---

48. Rappelons qu'en plus d'enseigner à l'Institution des sourds de Montréal de 1925 à 1936, Lucien Pagé en a été le directeur de 1936 à 1947, puis a fondé et a dirigé l'Institut des sourds de Charlesbourg de 1960 à 1964. Il a contribué également à la mise sur pied de l'école de phonétique de l'Hôpital Sainte-Justine. Voir le chapitre III « Un nouveau siècle, 1900-1940 », p. 111, et le chapitre IV « Un monde en mutation, 1940-1960 », p. 132.
49. Les classes d'entendants comprenaient plus d'élèves.

insuffisamment avertie de leurs possibilités réelles et trop peu attentive à leurs aspirations naturelles. Entreprendre une démarche à l'encontre d'un état de faits, connus sans doute de ses initiateurs, mais analysés et appréciés sans tenir compte de tous les aspects de la réalité qui, en ce domaine, est complexe, n'est-ce pas courir au devant d'un risque certain sinon d'un échec probable[50] ?

Pour l'abbé Hébert, ce projet ne s'appuie sur aucune recherche scientifique[51] et n'émane pas de personnes qui connaissent bien l'enseignement aux sourds. Il en tient pour preuve que la CECM range les enfants sourds avec les handicapés physiques alors que, selon lui, « le handicap de la surdité est principalement d'ordre pédagogique » et que l'absence de capacités auditives semble ici définir tout l'individu alors qu'elle devrait seulement faire partie d'un tout, où l'ouïe devrait être « évaluée [...] en rapport avec les autres capacités de l'enfant et le développement général de toute sa personnalité[52] ».

Bien au fait des recherches sur l'intégration scolaire des élèves sourds, il rapporte l'expérience d'écoles de Chicago et de New York où l'intégration ne s'est pas faite dans un seul sens : ce sont les entendants, élèves comme enseignants, qui ont appris le langage des signes et se sont adaptés aux sourds. Les écoles étaient petites, ce qui a favorisé l'intégration et il déplore que le projet de la CECM ne tienne pas compte de ces projets novateurs[53]. Pour lui, le caractère improvisé de « l'entreprise » de la CECM apparaît aussi nettement dans sa méconnaissance de la situation[54] : au moment où il écrit, en 1974,

---

50. Gérard Hébert, lettre du 19 mars 1974 accompagnant les « Considérations sur le projet d'intégration d'environ 500 élèves sourds à 2000 élèves entendants, à l'école secondaire polyvalente Lucien-Pagé, pour septembre 1974 » et adressée à monsieur Arthur Dubé, sous-directeur de la Division des services spéciaux à la CECM, p. 2.

51. Gérard Hébert, « Considérations sur le projet d'intégration d'environ 500 élèves sourds à 2000 élèves entendants, à l'école secondaire polyvalente Lucien-Pagé, pour septembre 1974 », [envoyées à la CECM ainsi qu'à Gérald Guilbault, principal de Lucien-Pagé annexe], rédigées en mars 1974, p. 2.

52. *Ibid.*, p. 19.

53. *Ibid.*, p. 20.

54. Il n'est pas le seul à critiquer le projet tel qu'il se présente, Jean-Claude Mongeau réalise à la même époque une thèse de doctorat en psychologie où il considère le projet de la CECM « peu défendable » mais pour d'autres raisons. Il croit que celui-ci repose sur une conception du handicap et de l'éducation spécialisée qui en limitent l'application, et que le principal intéressé, la personne sourde, a été laissée en dehors du projet. Il écrit : « Comparé aux [autres] projets d'intégration [...], le projet de la CECM s'apparente à la thèse définissant l'intégration scolaire comme le prolongement de l'éducation des

l'harmonisation des méthodes n'est pas encore réalisée entre l'Institution des sourds et l'Institution des sourdes-muettes. Cette dernière est d'ailleurs en train d'introduire une nouvelle méthode d'enseignement à côté de l'oralisme généralement utilisé dans les classes. Il s'agit d'un projet pilote d'enseignement qui se base sur le concept de «communication totale[55]» tel qu'il a été défini aux États-Unis en 1968-1969. Le projet, sous la supervision d'un psychologue et professeur à l'Université de Montréal, Charles Caouette, et de la directrice pédagogique de l'Institution des sourdes-muettes, sœur Laurette Frigon, est d'abord implanté en 1970 dans deux classes de maternelle et deux classes de première année à l'Institution des sourdes-muettes. De plus, on donne des cours de signes aux parents. Après dix-huit mois, les conclusions sont très favorables. On considère que «la communication totale présente une possibilité d'enrichir la pensée lorsque les éducateurs la possèdent à fond et l'utilisent avec aisance. [Dans ce dernier cas], elle assure l'acquisition des structures linguistiques». Ses conséquences sont positives aussi sur le plan de «l'équilibre affectif» puisque les relations entre l'enfant et son entourage «sont facilitées[56]».

C'est au départ en réponse à une demande des parents qu'on a décidé de développer cette approche. Ce que l'on veut avec la communication totale, c'est que l'enfant, qui se trouve au cœur de ce système, communique avec tous les moyens possibles, l'important étant qu'il communique et qu'il soit en contact avec un maximum de connaissances. On ne se limitera plus à l'oralisme ou à l'oralisme plus l'alphabet dactylologique, mais on utilisera parole, français signé, lecture labiale, écoute, écriture, langage gestuel, signes enfantins, etc., bref,

---

écoles spéciales de sourds.» *L'intégration scolaire et sociale de l'enfance exceptionnelle: application à l'enfant sourd*, Thèse de doctorat en psychologie, Université de Montréal, 1974, p. 80, voir aussi p. 72.

55. Roy Holcomb a utilisé ce terme en 1969 pour caractériser le programme qu'il avait entrepris dans une école élémentaire et par lequel il défendait l'idée de communiquer par tous les moyens possibles. Le projet a été repris petit à petit par d'autres écoles pour enfants sourds et la communication totale a été officiellement définie en 1976 par la Conference of Executives of American Schools for the Deaf comme une philosophie basée sur l'utilisation des modes de communication auditif, gestuel et oral dans le but d'établir la communication avec et parmi les personnes sourdes: «Total Communication is a philosophy requiring the incorporation of appropriate aural, manual, and oral modes of communication in order to insure effective communication with and among hearing impaired persons.» Jack R. Gannon, *Deaf Heritage. A Narrative History of Deaf America*, Silver Spring, National Association of the Deaf, 1981, p. 369.

56. Laurette Frigon, «Implantation d'un programme de communication totale», *Le Sourd Québécois*, vol. 5, n° 4, (1975), p. 16.

tout ce qui peut favoriser la communication et, par là, l'épanouissement de l'enfant. C'est une coupure radicale avec l'oralisme privilégié jusqu'alors, où l'accent était mis sur l'apprentissage des connaissances en utilisant exclusivement la parole et en refusant souvent toute utilisation des gestes, quitte même parfois à l'empêcher physiquement[57]. Les conclusions sont assez positives pour que le projet de communication totale soit étendu petit à petit à d'autres classes de l'Institution des sourdes-muettes et, avec le transfert des classes à l'Institution des sourds, qu'on commence à l'implanter à ce dernier établissement.

Après quatre ans cependant, au moment de l'intégration des élèves ayant une déficience auditive à la polyvalente Lucien-Pagé, le projet de communication totale est abandonné[58]. Il aura tout de même eu une influence car, comme les essais semblables faits ailleurs dans le monde, il a permis de constater que l'utilisation de la langue des signes n'est pas un obstacle à l'apprentissage de la parole, comme on l'a longtemps cru[59]. Dans les classes de la nouvelle école, l'oralisme domine à nouveau avec un peu de français signé ou un mélange de français et de signes. La polyvalente n'a pas de politique précise quant aux méthodes d'enseignement, non plus que la CECM ou le ministère de l'Éducation. Les moyens utilisés varient donc selon que l'enseignante ou l'enseignant connaît ou non les signes. Cette connaissance demeure limitée dans la mesure où, « à l'époque, les seuls cours offerts (par l'aumônier de l'Institution des sourdes-muettes) aux enseignants et intervenants [...] sont basés sur un manuel américain. Les signes pour chaque mot y sont alors commentés et modifiés au besoin en fonction des signes utilisés chez les garçons et chez les filles. Il s'agit, avant tout, d'ajouter des signes sur les mots prononcés auxquels s'ajoutent

---

57. On pourrait dire que, dans la méthode oraliste, on vise à rendre l'individu capable de communiquer avec le monde entendant dominant, implicitement reconnu comme prééminent. En communication totale, on vise à développer la communication la plus complète possible, mais sans placer le monde entendant comme la norme ou la référence unique.

58. Il faudra attendre plusieurs années pour que le projet de communication totale soit relancé à l'école Gadbois et dans certaines classes spéciales de la polyvalente Lucien-Pagé.

59. Ce qui n'est pas sans importance dans l'optique d'une réforme de l'éducation où l'on entendait améliorer la fréquentation scolaire et le taux de diplomation alors que la communauté sourde était particulièrement touchée par l'abandon des études avant la 5e année du secondaire. La communication totale a toutefois eu aussi ses critiques car elle utilise le français signé, qui est différent de la langue des signes puisqu'il reprend la structure grammaticale de la langue française et utilise les signes pour produire des phrases conformes à cette grammaire. La langue de référence demeure donc la langue française.

des signes inspirés de la grammaire française comme le pronom je[60] ». Dans l'ensemble, le manque de maîtrise des signes de la part du personnel enseignant (sans même parler des élèves entendants) contribue à l'isolement des élèves sourds et impose de sérieuses limites au processus d'intégration. Il nuit fortement aux apprentissages d'autant que « [...] une forte proportion des enseignants ne possède aucune formation spécialisée dans le domaine de l'éducation des sourds[61] ».

Dans son opposition à l'intégration, l'abbé Hébert déplore pour sa part les perceptions généralisées sur la «vie insupportable» des sourdes et des sourds et se demande si les principaux obstacles à l'intégration ne sont pas en définitive les préjugés. Il ne voit pas comment il est possible de réussir l'intégration scolaire si rien n'est fait pour changer une situation où les jeunes entendantes et entendants ne sont pas préparés à faire des efforts, croyant à la supériorité du monde entendant et n'étant pas habitués à faire attention aux élèves sourds autour d'eux[62]. Les jeunes sourds sont dans ces conditions condamnés à jouer les « seconds violons » dans un monde d'entendants alors qu'ils pourraient «développer [leurs] qualités de leader» dans une école pour sourds[63]. Son discours paraît novateur et annonciateur des mouvements plus militants qui émergeront quelques années plus tard.

> Le but de l'éducation d'un enfant sourd, comme de tout enfant, n'est pas de l'intégrer au monde entendant, mais de lui permettre de développer au maximum, et par des méthodes appropriées, son potentiel intellectuel, affectif, moral et social[64].

Terre à terre, l'abbé Hébert constate finalement que la réforme scolaire n'équivaut pas à plus d'argent, plus de lieux, plus de services pour les élèves sourds, alors même que la formation coûte plus cher en raison de besoins particuliers, mais qu'au contraire la rationalisation

---

60. Nathalie Lachance, *Analyse du discours sur la culture sourde au Québec. Fondements historiques et réalité contemporaine*, thèse de doctorat en anthropologie, Université de Montréal, 2002, p. 177. Celui qui donne ces premiers cours de signes est l'abbé Paul Lebœuf. Voir plus loin, « Sous un nouveau mandat ».
61. Raymond Dewar, « L'Assemblée du 25 janvier 1977. Éditorial », *Le Sourd Québécois*, vol. 6, n° 7, (1977), p. 3.
62. Gérard Hébert, « Considérations sur le projet d'intégration d'environ 500 élèves sourds à 2000 élèves entendants, [...] », mars 1974, p. 12-13 et 33.
63. *Ibid.*, p. 16.
64. *Ibid.*, p. 10.

des services conduit à vouloir faire des économies au détriment de la clientèle sourde. Malgré les oppositions, le processus d'intégration poursuit son chemin, porté par un vent de modernité et l'esprit humaniste de réformateurs qui croient en l'égalité des chances pour tous les enfants.

L'ouverture de la polyvalente Lucien-Pagé

En 1974, les pensionnats relevant du ministère des Affaires sociales passent au ministère de l'Éducation : en septembre de la même année, la nouvelle polyvalente Lucien-Pagé, située au 8200, boulevard Saint-Laurent, ouvre enfin ses portes[65]. Les élèves sourds déménagent dans les locaux neufs et bien aménagés, avec les équipements modernes nécessaires, mais la polyvalente qui devait desservir l'ensemble de la province et offrir les deux cycles du secondaire ne dessert finalement que l'ouest de la province et n'offre que le deuxième cycle du secondaire. Elle accueille en conséquence 234 élèves sourds plutôt que les 500 prévus initialement. Dans les années suivantes d'ailleurs, les clientèles sourdes et entendantes baissent encore : en 1978, elles atteignent 179 pour le secteur sourd et passent de près de 2 000 à 1 542 pour le secteur entendant[66].

On peut se demander ce que signifie l'intégration à l'ouverture de la polyvalente Lucien-Pagé. Dès le départ, les élèves sont pour la grande majorité dans des classes spéciales. Ainsi, en 1975-1976, 18 élèves sont intégrés partiellement, c'est-à-dire qu'ils sont intégrés pour certains dans une seule matière et, pour d'autres, dans deux, trois, six ou sept matières. Les matières auxquelles ces jeunes sont intégrés sont celles de base : français, mathématiques, etc., car, pour les cours où il y a

---

65. La France connaît une transformation comparable. En 1975, la Loi d'orientation en faveur des handicapés recommande l'intégration des enfants sourds au secteur courant, mais en 2008 le processus n'est toujours pas complété et plusieurs établissements relèvent encore du ministère de la Santé et des Affaires sociales plutôt que du ministère de l'Éducation. Au tournant des années 2000, le ministère de la Santé estimait que, sur 12 000 enfants scolarisés, « 5 800 étaient en intégration individuelle, 1 100 en intégration partielle [et] 6 000 enfants dans des classes spécialisées à l'intérieur des établissements ». « 12 000 enfants et adolescents déficients auditifs scolarisés en France », Unapeda, http://www.unapeda.asso.fr/unapeda83ope2/article.php3 ?id_article=426, site consulté le 22 avril 2008.

66. Manuel Crespo et Nicole Paquette, *Le déficient auditif à la polyvalente...*, p. 38. En 2008, il y a environ 1 200 élèves entendants inscrits au secteur courant et 85 élèves sourds qui la fréquentent. http://www.csdm.qc.ca/lpage/ecole/informations_generales.asp. « Données générales de la polyvalente Lucien-Pagé », document consulté le 23 février 2008.

beaucoup d'enseignement oral, l'histoire par exemple, il s'avère plus difficile de suivre, comme le rapporte Léopold Bourguignon, c.s.v., dans une étude sur l'intégration en 1975[67]. En 1978-1979, deux élèves de plus sont partiellement intégrés dont « 19 sont de sexe masculin[68] ». En outre, 29 étudiants sont pour leur part intégrés dans d'autres écoles, mais sont soutenus par Lucien-Pagé[69].

Un rapport de 1978 s'inquiète du fait que, les problèmes administratifs ayant occupé toute la place, on n'ait jamais développé de réelle « politique d'action » ou de programme d'intégration. Il n'y a pas même de critères d'évaluation des dossiers, tout se faisant presque au petit bonheur pour chaque élève[70]. Un comité d'intégration est enfin formé en 1977-1978, comprenant les huit membres de l'équipe d'intégration et deux enseignants, deux représentants des services aux étudiants et un délégué du Conseil pour améliorer les choses, car on constate que « le "secteur sourd" forme, en réalité, une école dans l'école[71] ». Il y a trop peu de contacts entre les deux secteurs pour les élèves comme pour le corps enseignant. Si les groupes sourds et entendants partagent certains lieux, ils partagent somme toute très peu d'activités et, sur ce plan, tout reste à faire.

Aux critiques de l'intégration provenant des intervenantes et des intervenants spécialisés dans le domaine de la surdité se joignent celles des associations naissantes. Tous ces groupes remettent de plus en plus en cause les décisions prises sans consultation des personnes concernées. Du côté de la presse sourde, Raymond Dewar se fait le héraut de l'opposition à l'intégration scolaire à la polyvalente en rapportant les actions et les revendications des élèves. De 1974 à

---

67. Léopold Bourguignon, un ancien professeur de l'Institution des sourds de Montréal, est alors directeur de la vie étudiante et il constate les difficultés d'adaptation des élèves sourds à la fois à l'intérieur de la classe, où il leur est difficile de suivre quand l'enseignant a le dos tourné ou qu'il se déplace, ou quand les élèves entendants parlent derrière eux, et en dehors de la classe où, pour avoir des contacts, les élèves doivent aller dans le secteur sourd de l'école. Les élèves sourds se retrouvent donc plus souvent qu'autrement totalement isolés dans leur classe. « Le déficient auditif, possibilités de son intégration au monde de l'audition et de la parole », première partie, *Le Sourd Québécois*, vol. 5, n° 5 (1976), p. 8-9 et deuxième partie, vol. 5, n° 6 (1976), p. 6.
68. Manuel Crespo et Nicole Paquette, *Le déficient auditif à la polyvalente...*, p. 43.
69. *Ibid.*, p. 46.
70. *Ibid.*, p. 48 et Léopold Bourguignon, « Le déficient auditif, possibilités de son intégration au monde de l'audition et de la parole », deuxième partie, *Le Sourd Québécois*, vol. 5, n° 6 (1976), p. 6.
71. Manuel Crespo et Nicole Paquette, *Le déficient auditif à la polyvalente...*, p. 50.

1978, ses éditoriaux du mensuel *Le Penser du Sourd* dénoncent un processus qu'il juge « sans bien fondé ». Il ne croit pas à l'intégration des élèves sourds et considère que ce sera plutôt « une juxtaposition de deux solitudes parallèles[72] », car les deux mondes sont plus ou moins incompatibles. Il craint un isolement plus grand encore pour les élèves sourds.

Ses écrits et les critiques étudiantes permettent de comprendre le fonctionnement de la polyvalente et le manque d'organisation et de préparation à certains égards de l'administration et du corps enseignant. En effet, les élèves qui sont dans des cours avec entendants n'ont aucun service d'interprète et doivent suivre comme ils le peuvent.

Philippe Jules Desrosiers, spécialiste de la culture sourde, est un témoin privilégié, car il a connu toutes les institutions dont il est fait mention ici. Il a fait sa maternelle à l'Institution des sourdes-muettes, puis son cours primaire et une partie de son cours secondaire à l'Institution des sourds de Montréal. Il est ensuite allé terminer son secondaire à Lucien-Pagé annexe puis à la polyvalente Lucien-Pagé où il a été un des deux premiers élèves à vivre l'intégration. Il a donc été en mesure de comparer les divers établissements et il se souvient du peu de préparation de certains enseignants de la polyvalente à la présence d'élèves sourds. Les cours étaient donnés d'abord pour la clientèle entendante ; par exemple, lorsqu'un enseignant se tournait pour écrire au tableau en continuant de parler, il aurait fallu que l'élève sourd lui rappelle chaque fois sa présence, ce qui était une situation impossible. Et que dire des questions ou des discussions des autres élèves dans la classe dont l'élève sourd était exclu. Les journées se passaient souvent dans l'ennui, l'isolement et l'incompréhension et les soirs, dans la lecture et le travail intense à la maison pour rattraper la matière[73].

C'est une vie scolaire tout simplement épuisante qui menace de décourager la plupart des élèves « intégrés », d'autant que la formation scolaire reçue à l'Institution des sourds de Montréal était plus

---

72. « Non à l'intégration ». Éditorial, *Le Penser du Sourd*, vol. 3, n° 10 (1974), p. 4.
73. Entrevue du 20 février 2008. Voir aussi Jules Desrosiers, « Le respect de la différence pour bâtir un monde meilleur », 3ᵉ partie de *Quand les Sourds nous font signe. Histoires de sourds*, Marguerite Blais en collaboration avec Jules Desrosiers, Loretteville, Le Dauphin blanc, 2003, p. 133-167.

faible que celle qui est donnée au secteur courant et que les élèves sourds sont donc plus ou moins bien préparés à suivre le rythme qui les attend. Autant les entrevues réalisées avec des membres de la communauté sourde que les témoignages étudiants publiés au fil des ans dans la revue *Entendre* font ressortir les efforts immenses que les élèves ont dû fournir pour réussir en empruntant par exemple les notes de camarades de classe, en révisant et en travaillant absolument tous les soirs pour rattraper la matière perdue pendant la classe. Lors d'un congrès de l'Association du Québec pour enfants avec problèmes auditifs (AQEPA), en 1979, les parents manifestent eux aussi leur inquiétude face à l'intégration, car ils constatent « qu'une fois qu'on intègre un enfant, on lui enlève des services [...] souvent même, il n'aura plus droit au service d'orthophoniste[74] ». Ils constatent comme d'autres avant eux que l'intégration scolaire signifie une économie de services dont les jeunes sourds font les frais. Les parents déplorent enfin le manque de préparation du corps enseignant face à la réalité de la surdité de leurs élèves. Mais, ce qui aura le plus de retentissement en cette année 1979, c'est la réaction des principaux intéressés.

À l'automne 1979, les élèves du « secteur sourd » de la polyvalente se regroupent à l'initiative de Michel Lepage pour protester contre la façon dont se passe l'intégration. Michel Lepage, un étudiant de 5e secondaire, met sur pied le comité des étudiants sourds de Lucien-Pagé[75] et il rencontre le directeur adjoint du secteur sourd des 4e et 5e années du secondaire pour lui faire part des demandes étudiantes. Les élèves revendiquent le droit de suivre leurs cours ensemble et non isolés dans des classes d'entendants et qu'il y ait des interprètes dans toutes les classes. De plus, les élèves demandent que les enseignants apprennent le langage gestuel avant d'entrer en fonction afin de pouvoir communiquer et échanger avec eux. Ils croient que la direction et le personnel des services aux étudiants du secteur sourd devraient faire de même pour qu'il ne soit pas nécessaire de faire toujours appel à une troisième personne pour servir d'intermédiaire, ce qui est contraire au droit à la vie privée des élèves. Enfin, une revendication s'adresse directement au gouvernement du Québec, à

---

74. « Congrès de l'AQEPA. Parents et adolescents expriment leurs besoins à l'AQEPA », *Entendre*, n° 28 (mai-juin 1979), p. 21.

75. Michel Lepage aide aussi des élèves de Québec à former un comité des étudiants sourds qui entend défendre les mêmes revendications. À Montréal, les membres du comité étudiant étaient Gilles Gravel, Josée Giroux et Mario Ranger. Entrevue avec Michel Lepage, 18 et 23 avril 2008.

qui l'on exprime le souhait que soient reconnus l'oralisme et la communication totale comme un droit « des sourds de choisir eux-mêmes le mode de communication qui leur convient pour recevoir une éducation de qualité[76] ». S'exprimant eux-mêmes pour la première fois, ces élèves rejettent l'intégration telle qu'elle est faite, c'est-à-dire sans souci réel de la clientèle sourde dans les cours[77]. Devant le refus de la direction de répondre à ces demandes, le comité mobilise ses troupes, entreprend une pétition, organise des rencontres avec les parents, convoque les médias, rencontre la haute direction de l'école puis le

A l'école Lucien-Pagé

Des étudiants qui revendiquent leurs droits

Insatisfaits des conditions qui leur sont faites au plan des moyens de communication, les étudiants de l'école Lucien-Pagé ont décidé de faire valoir leurs droits.
La pétition qui suit déjà endossée par plusieurs centaines de personnes dont les dirigeants de l'AQEPA et le directeur d'ENTENDRE vise à sensibiliser les autorités à leurs problèmes.
Toute personne sympathique à la cause des enfants et étudiants malentendants se doit de la signer.

P.V.

A qui de droit,
Les étudiants sourds de l'école Lucien Pagé désirent vous faire part de leurs problèmes vis-à-vis l'intégration:
a) Pourquoi forcer les sourds à être intégrés dans une classe d'entendants?
b) Les étudiants sourds aiment beaucoup mieux suivre leurs cours avec des sourds parce que ceux-ci comprennent mieux les explications lorsque le professeur enseigne avec des signes et la parole.
c) Les sourds ont droit de prendre des cours avec des sourds.
d) Quand un(e) étudiant(e) sourd(e) est obligé(e) d'aller dans une autre école à cause du choix de son métier, par exemple, les sourds demandent et exigent les services d'un interprète. C'est un droit pour les sourds d'avoir un interprète. L'interprète est la personne qui assiste au cours et qui traduit simultanément les explications données par le professeur entendant. De plus cette personne donne le soutien après le cours.
e) Les étudiants croient important que les professeurs apprennent les signes avant d'enseigner au secteur sourd. Les sourds ont le droit de communiquer et d'échanger avec les professeurs.
f) Il est nécessaire et important que la direction et le personnel des services aux étudiants sourds connaissent très bien les signes afin qu'ils soient capables de rencontrer les étudiants sourds en privé, sans avoir à faire intervenir une troisième personne. L'étudiant sourd considère qu'il a droit au respect de sa vie privée.
g) En somme, nous pensons qu'il est un droit pour les sourds de choisir eux-mêmes le mode de communication qui leur convient pour recevoir une éducation de qualité. Par conséquent, il est un devoir pour le Québec, à l'exemple des autres provinces, d'offrir aux sourds les deux méthodes suivantes: l'oralisme et la communication totale (les signes et la parole).
Nous demandons donc aux personnes intéressées de bien vouloir signer cette pétition, si elle sont d'accord avec nos revendications. Merci!

Michel Lepage, pour les étudiants sourds de Lucien Pagé

J'endosse la prise de position des étudiants sourds de Lucien Pagé.

nom   profession   localité

Faire parvenir à: Michel Lepage a/s de L'AQEPA

Pétition de Michel Lepage.

---

76. Le texte de la pétition est reproduit dans la revue *Entendre* (n° 31, novembre-décembre 1979, p. 60) et dans *Le Sourd Québécois* (n° 67, novembre-décembre 1979, p. 18). Voir aussi Raymond Dewar, « Éditorial. De justes revendications », *Le Sourd Québécois*, n° 67 (novembre-décembre 1979), p. 4.
77. Michel Lepage rapporte avoir réalisé l'incohérence des mesures d'adaptation en voyant que l'on fournissait des interprètes pour les films à l'auditorium mais pas dans les cours. Entrevues, 18 et 23 avril 2008.

directeur des services de réadaptation de la commission scolaire, discute avec la sous-ministre de l'Éducation et finit par obtenir gain de cause après plusieurs semaines de mobilisation. C'est une victoire déterminante puisqu'elle consacre en quelque sorte le droit à des services d'interprétariat pour la collectivité sourde dans le secteur scolaire. De plus, elle a été arrachée par des jeunes du secondaire, indignés devant les barrières mises à leur apprentissage et déterminés à faire évoluer les choses.

Les foyers de groupe

Au moment où commence le transfert des élèves des institutions d'enseignement spécialisé vers les polyvalentes, s'amorce également une vague de « désinstitutionnalisation » dans le réseau de la santé et des services sociaux. Le ministère des Affaires sociales, dont relèvent les internats pour jeunes handicapés, favorise la sortie des enfants des pensionnats et leur retour dans leur famille ou, si la famille demeure trop loin des établissements, dans des familles d'accueil ou dans des foyers de groupe intégrés à la communauté. Le ministère considère également préférable que certains services de réadaptation et d'intégration jusqu'alors assumés dans les pensionnats se fassent désormais dans des foyers de groupe, leur fonctionnement étant considéré plus près de celui d'une famille.

L'intégration scolaire entraîne donc d'autres adaptations pour les élèves. Jusqu'en 1973, les garçons et les filles continuent d'être pensionnaires dans les établissements religieux, mais il est prévu qu'on leur trouve des familles d'accueil ou qu'on organise des foyers de groupe, encore là pour faciliter leur intégration à la communauté entendante. La CECM n'est toutefois pas pressée de s'attaquer à la question, car elle semble trouver pratique la situation qui existe et est probablement mal préparée pour prendre en charge cette dimension qui sort du cadre de ses responsabilités scolaires habituelles. L'Institution des sourds de Montréal n'entend toutefois pas continuer à loger des élèves dans son établissement à partir du moment où il n'y aura plus d'enseignement dans ses murs[78].

---

78. Les discussions à ce propos débutent en 1971, alors que la communauté des Clercs de Saint-Viateur doit réfléchir à son avenir dans le domaine de l'éducation spécialisée. ACSVM, P9, 3B, « Administration 1970-1973. P. Albert Desroches, dir. », « Problèmes d'avenir et orientation de l'Institution des Sourds de Montréal », [avril 1971]. La décision finale sera prise en 1977.

En novembre 1973 s'ouvrent les deux premiers foyers de groupe de l'Institution des sourds de Montréal. Il s'agit d'appartements loués où habitent normalement de huit à dix élèves sous la supervision d'un éducateur. Le premier, la résidence Pasteur, est sous la responsabilité de l'éducateur Pierre Bellefeuille et peut accueillir huit adolescents sourds de 14 à 17 ans. Le second, le foyer Pie-IX, reçoit huit jeunes de 18 à 21 ans et se trouve sous la responsabilité de Pierre Lalonde. Pour avoir accès à un foyer, ces jeunes doivent fréquenter la polyvalente Lucien-Pagé et demeurer loin de la ville de Montréal. Les foyers de groupe ont pour objectif de « développer l'autonomie et la sociabilité et de favoriser l'intégration sociale à travers les activités de vie quotidienne ». Cela signifie que les jeunes doivent participer aux tâches de la maison : ménage, préparation des repas, lavage, etc., et choisir des activités culturelles ou sportives « individuelles et de groupes, à l'intérieur comme à l'extérieur » en fonction de leurs intérêts. Enfin, on leur apprend « à utiliser les services du milieu, comme le font les autres jeunes du même âge : le transport en commun, l'aréna, la clinique médicale, le dépanneur du coin et bien d'autres[79] ». La vie en petit groupe est alors perçue comme étant celle qui se rapproche le plus de la vie en famille et, tout comme certains membres de congrégations religieuses ont commencé à vivre à trois, quatre ou cinq dans des appartements, on choisit cette voie pour les élèves qui, juge-t-on, ont vécu dans un milieu trop protégé et aussi un peu artificiel. On espère ainsi briser la dépendance envers l'Institution.

La même année, l'Institution des sourdes-muettes organise aussi à l'intérieur de ses murs des « unités de vie », dans des espaces plus petits que les anciens dortoirs, où les filles peuvent s'habituer à vivre un peu comme en appartement et acquérir les notions nécessaires à la tenue d'un foyer[80]. En 1974, les religieuses ouvrent un « centre pré-social » conçu pour aller plus loin dans l'autonomie et la prise en charge des élèves par elles-mêmes. Le centre comprend une cuisinette et s'organise autour d'un espace commun où sont préparés les repas et où se déroule la vie sociale alors que tout autour se trouvent de petites chambres pour les pensionnaires. Une religieuse s'assure du bon fonctionnement du centre[81].

---

79. Pierre Lalonde, « La vie en foyer de groupe », *Nous vous signalons*, vol. 8, n° 2 (automne 1991), p. 6.
80. Chronique de l'ISM (juin 1973), p. 652-653.
81. Chronique de l'ISM (4-7 septembre 1974), p. 675.

En 1975-1976, avec le transfert d'un plus grand nombre d'élèves à la polyvalente Lucien-Pagé, on ouvre cinq nouveaux foyers de groupe : la résidence Carol, la résidence Keller, le foyer Saint-Laurent, le foyer Joseph-Casavant et la résidence Gouin. Chaque foyer peut s'appuyer sur deux éducateurs, un surveillant de nuit et une cuisinière. À la même époque, Pierre Lalonde devient coordonnateur des équipes travaillant dans ces foyers. C'est tout un milieu de vie qui se développe dans ces foyers qui ne ferment qu'en 1991[82]. Même après l'ouverture de la polyvalente Lucien-Pagé et le transfert complet des élèves, ces foyers continuent d'accueillir les jeunes de l'extérieur et font partie intégrante de leur expérience de la vie scolaire.

Vers un nouveau mandat

Le milieu des années 1970 est un tournant dans la participation des deux congrégations à la vie des sourdes et des sourds. En 1975, l'Institution des sourdes-muettes cesse totalement ses activités scolaires dans son édifice du 3725, rue Saint-Denis. Une centaine de jeunes filles du secondaire et une vingtaine de fillettes du primaire continuent d'y vivre en dehors des heures de cours et l'Institution garde son centre de personnes âgées sourdes, mais c'est la fin de l'enseignement dans l'établissement et la majorité des religieuses reprennent leur mandat de charité. Un petit nombre de religieuses poursuivent leur carrière d'enseignante à la polyvalente Lucien-Pagé ou au primaire à l'Institution des sourds de Montréal ou œuvrent en tant qu'éducatrices dans les foyers de groupe de l'ISM, alors que d'autres s'orientent vers le bénévolat auprès des adultes et des aînés sourds dans le besoin.

En 1976, la congrégation des sœurs de Notre-Dame-des-Sept-Douleurs quitte l'édifice également[83]. Le centre d'accueil qui sert de résidence à 86 personnes sourdes pour la plupart âgées[84] reste seul dans cet immense édifice à peu près vide. En conformité avec la

---

82. Le foyer Doucet est le dernier que l'Institut Raymond-Dewar a fermé. Il hébergeait alors six personnes. *Nous vous signalons*, vol. 8, n° 2 (automne 1991), p. 4-5.

83. Stéphane-D. Perreault, *Une communauté qui fait signe : les sœurs de Notre-Dame-des-Sept-Douleurs*, Montréal, Carte blanche, 2006, p. 254-262.

84. Parmi elles, certaines étaient sourdes-aveugles ou multihandicapées. Un grand nombre des personnes sourdes hébergées avaient à toutes fins utiles toujours vécu en institution et on ne pouvait envisager les sortir du centre. Les religieuses, très soucieuses du bien-être de leurs pensionnaires mais aussi des sœurs âgées sourdes de la congrégation de Notre-Dame-des-Sept-Douleurs, voulaient s'assurer que le nouveau centre qui les accueillerait serait préparé adéquatement à recevoir toutes ces personnes. François Lamarre, entrevue du 9 août 2007.

politique gouvernementale de prise en charge des services de santé et des services sociaux, les sœurs de la Providence décident alors de transférer la responsabilité du centre d'accueil au ministère des Affaires sociales. Elles proposent au gouvernement un terrain à prix raisonnable à Cartierville, rue Grenet, à même les terres qu'elles ont achetées dans les années 1950 pour construire leur nouvelle maison mère[85]. À Cartierville, un comité de citoyens revendique justement l'ouverture d'un centre pour personnes en perte d'autonomie, ce qui conduit le ministère des Affaires sociales à décider d'ouvrir un seul centre pour les deux groupes, les personnes âgées sourdes et celles du quartier.

Lors des discussions initiales, les religieuses de la Providence évaluent les besoins du côté des personnes sourdes à environ 160 places : elles comptent dans ce nombre les 86 personnes de leur centre d'accueil, mais également des personnes sourdes-aveugles et les sœurs âgées de la congrégation Notre-Dame-des-Sept-Douleurs. Le comité de citoyens demande pour sa part des chambres pour loger environ 120 personnes entendantes de Cartierville. On prévoit 285 places au total. La construction du Manoir Cartierville débute en 1975 et dure trois ans. À son ouverture, en 1978, le Manoir accueille les 86 personnes sourdes du centre d'accueil demeurées sur la rue Saint-Denis pendant la construction et une vingtaine de personnes sourdes-aveugles et multihandicapées. Les 40 autres places prévues pour les personnes sourdes sont accordées à des « entendants » car la demande des deux côtés est différente de ce qu'on attendait.

Avec le départ du centre d'accueil, l'édifice du 3725, rue Saint-Denis perd ses derniers occupants et est acheté par le gouvernement québécois pour connaître une nouvelle affectation sous le nom de Centre Berri[86]. Les religieuses qui y vivaient encore s'installent près de là et

---

85. En réalité, les religieuses de la Providence avaient commencé à penser à l'ouverture d'une résidence pour les personnes âgées sourdes, le Centre Gadbois, dès 1968. *Voir Dire*, n° 89 (mai-juin 1998), p. 8.

86. Il est question au printemps 1977 de transformer l'édifice en immeuble à logements ce qui suscite un tollé dans la communauté sourde. L'Association québécoise d'aide aux sourds (AQAS) adresse une lettre puis un mémoire au ministre des Affaires sociales pour manifester son opposition et revendiquer que soient assurés les droits des personnes handicapées. Finalement, l'institution est achetée par la Corporation d'hébergement du Québec qui y installe son centre administratif et aménage les locaux de la rue Saint-Denis pour y loger le Conseil régional de la santé et des services sociaux du Montréal métropolitain. Le reste du bâtiment est utilisé par des groupes communautaires et loué

continuent à travailler pour les personnes sourdes en s'occupant du service diocésain de pastorale aux personnes sourdes, aux côtés de l'abbé Paul Lebœuf[87], un ancien aumônier de l'Institution des sourdes-muettes. Ce dernier a décidé d'implanter la pastorale en 1975 afin d'assurer la continuité des services à la collectivité sourde, services donnés jusqu'alors par les religieuses. Il permet aussi de maintenir un lien entre l'ancienne institution et le monde des sourds, car la chapelle de l'édifice, Notre-Dame du Bon-Conseil, est utilisée pour des services liturgiques hebdomadaires en signes[88] à la communauté sourde mont-réalaise en vertu d'une entente avec le ministère des Affaires sociales. Un dernier changement affecte l'ancienne Institution des sourdes-muettes en 1978 lorsque le Service social pour personnes sourdes devient le Service social pour handicapés auditifs[89] et est incorporé au sein du réseau des affaires sociales du Centre des services sociaux du Montréal métropolitain (CSSMM).

Du côté de l'Institution des sourds de Montréal, une page se tourne aussi. L'enseignement secondaire cesse complètement en 1975 pour la clientèle sourde seulement; de même, le dernier atelier d'apprentissage professionnel, celui de l'imprimerie, arrête ses activités[90]. Si les Clercs de Saint-Viateur ont gardé l'enseignement primaire et que l'école héberge les jeunes pensionnaires qui habitent trop loin pour retourner chez eux le soir, cette clientèle diminue sans cesse, car on encourage les

---

par le Centre des services sociaux du Montréal métropolitain, puis par l'Institution des sourds qui deviendra alors l'Institut Raymond-Dewar. *Le Sourd Québécois*, nº 59 (août 1978), p. 6-7.

87. Depuis 1961, l'abbé Lebœuf n'a jamais cessé d'offrir des services à la communauté sourde. Premier professeur de langue signée, c'est auprès de lui que nombre de personnes sourdes et entendantes se sont familiarisées avec la langue des signes, ancêtre de la LSQ. Comme il l'explique dans une entrevue réalisée en 1982 : avec trois frères sourds dans la famille, il a appris très jeune les signes et c'est pourquoi le cardinal Léger lui a demandé dès sa sortie du Séminaire s'il voulait être aumônier à l'Institution des sourdes-muettes. Il raconte avec humour que c'est son expérience familiale qui l'a conduit là car dans son enfance dit-il, « je préférais le grand air aux études [mais là] j'avais un avantage, je connaissais les signes et je n'avais pas besoin d'un interprète ». *Vivre sa surdité* : *entrevue avec l'abbé Lebœuf*, 7 juin 1982, 27 minutes.

88. Les services liturgiques existent toujours à la chapelle Notre-Dame-du-Bon-Conseil.

89. Lorsqu'il s'installe au 3747, rue Saint-Denis, le Service social est décrit ainsi : « Service d'assistance individuelle et familiale pour personnes handicapées de l'ouïe : sourdes, sourdes et muettes, dures d'oreilles ». Cette description témoigne de cette vision des années 1970 de la surdité comme handicap ou déficience physique. Sur les débuts du Service social, voir le chapitre IV, « Un monde en mutation, 1940-1960 ».

90. ACSVM, P9, 4B, dossier « Émile Bayard, 1973-1976 », Lettre d'Émile Bayard à Marcel Comeau, 5 mai 1975.

parents à donner à leurs enfants la même vie qu'aux enfants entendants. Les activités parascolaires et sportives qui avaient été si importantes pour la socialisation des jeunes de la communauté sourde disparaissent petit à petit et ne sont pas reprises ailleurs. L'établissement s'oriente vers son mandat de réadaptation en s'occupant d'une clientèle scolaire difficile ou impossible à intégrer dans le secteur courant en raison de besoins spéciaux. Par exemple, des enfants sourds-aveugles sont hébergés dans des chambres équipées spécialement pour eux et reçoivent soins et enseignement dans l'établissement.

En 1981, le cours primaire quitte définitivement l'établissement du 7400, boulevard Saint-Laurent pour s'installer à l'école Gadbois. L'époque du pensionnat est en définitive révolue, mais l'Institution des sourds de Montréal continue d'exister. Cette dernière évolue vers d'autres responsabilités et s'acquitte de son nouveau mandat de réadaptation tel qu'il a été défini en 1978.

De par cette nouvelle orientation, l'établissement vise à assurer la réadaptation du déficient auditif au niveau de la compréhension et de l'expression du langage en vue de son insertion sociale optimale. Il s'y emploie par les différents programmes institutionnels qui rejoignent les sourds multihandicapés, les handicapés sourds-aveugles, les déficients mentaux reconnus comme éducables et semi-éducables, les mésadaptés sociaux affectifs légers et les handicapés moteurs légers. L'établissement y pourvoit également par les nombreux services offerts aux bénéficiaires : le centre audiophonétique, celui de l'hébergement, de la santé, de la psychomotricité, de la psychologie, du service social et de la pastorale. Il existe en outre un Centre de perfectionnement en déficience auditive, un service de bibliothèque spécialisée en déficience auditive et une clinique externe pour les enfants de 0 à 4 ans[91].

À cette époque commencent les services externes pour les enfants de 0 à 12 ans. Le nouveau centre d'accueil de réadaptation, selon le vocable de l'époque[92], consacre une bonne part de ses activités à sa

---

91. ACSVM, P9, 5B, dossier « Léopold Bourguignon, 1976-1982 », Émile Bayard, « L'Institution des Sourds de Montréal : l'histoire d'un établissement qui n'a cessé de grandir », *Viateurs Montréal*, nº 41, p. 14.
92. La Loi sur les services de santé et les services sociaux de 1971 parle de centres d'accueil de réadaptation et de centres d'accueil d'hébergement. Selon la loi, les centres d'accueil peuvent s'occuper d'enfants, d'adultes ou d'aînés et sont divisés selon qu'ils sont spécialisés en réadaptation ou en hébergement, *Lois du Québec*, 1971, chapitre 48.

clientèle multihandicapée et l'évolution de ses programmes témoigne de la structuration des services pour personnes handicapées du ministère des Affaires sociales. Officiellement, c'est en 1979 que le ministère des Affaires sociales « désign[e] deux centres supra-régionaux de réadaptation : l'Institut des Sourds de Montréal pour la partie Ouest du Québec et l'Institut des Sourds de Charlesbourg pour la partie Est du Québec[93] ». Cette reconnaissance s'effectue toutefois dans un contexte tendu. L'Association québécoise pour les enfants avec problèmes auditifs (AQEPA), logée au nouveau centre de réadaptation, s'inquiète du mode de communication qui sera privilégié dans ces deux institutions[94]. L'Association craint que les services ne soient pas assurés à ceux qui choisissent la « méthode orale ». Se dessine ici tout le débat entre l'oralisme et la communication totale, ancêtre du différend entre l'oralisme et la langue des signes québécoises (LSQ), avec les positions parfois figées qui y sont associées. Léopold Bourguignon, c.s.v., directeur de l'ISM, répond que son institution ne s'est jamais prononcée pour la communication totale[95]. Et en effet, dès ses débuts, le centre de réadaptation s'oriente vers le respect des deux modes de communication alors en usage. À qui regarde aujourd'hui ce débat, les deux courants semblent n'être pas si éloignés, mais c'est la philosophie derrière les deux modes de communication qui déclenche les susceptibilités et, bien sûr, le fait que la communication totale fait une large place aux signes.

L'oralisme place l'accent sur l'apprentissage de la langue parlée en vue d'une insertion scolaire précoce du jeune déficient auditif. À cet effet l'oralisme privilégie l'utilisation des restes auditifs, de la lecture labiale et de la langue parlée. La communication totale place l'accent sur le développement des relations interpersonnelles et sur l'acquisition des connaissances en vue d'une insertion sociale. À cet effet la communication totale privilégie l'utilisation simultanée de gestes signifiants et de la parole, les gestes respectant la structure linguistique de la langue parlée. Tous les moyens de communications sont alors exploités : restes auditifs, vision, signes mimiques, mouvement du corps, parole[96].

---

93. *Entendre*, n° 28 (mai-juin 1979), p. 10.
94. L'AQEPA considère que les deux institutions ont pris position pour la communication totale alors qu'elle-même prône le libre choix pour les parents. *Entendre*, n° 28 (mai-juin 1979), p. 14.
95. *Ibid.*
96. Josette Le François, « La position de l'école d'orthophonie et d'audiologie de l'Université de Montréal, face aux divers modes d'éducation offerts aux déficients auditifs », *Entendre*, n° 28 (mai-juin 1979), p. 40.

L'antagonisme entre les tenants des deux positions nuit aux efforts des différents groupes pour obtenir des services et certains commencent à dénoncer les effets de cette opposition. Après tout, c'est la convergence des efforts qui a permis d'obtenir la gratuité des appareils auditifs pour les moins de 35 ans à partir du 1er juillet 1979 et d'autres luttes s'annoncent pressantes dans un contexte de montée du militantisme.

La naissance des associations et l'émergence d'un militantisme sourd

Avec la fermeture des établissements catholiques pour sourdes et pour sourds, les réseaux sociaux, sportifs et culturels qu'ils avaient permis d'entretenir se réorganisent sous de nouvelles formes. En effet, les congrégations donnaient des services à la communauté sourde et pas seulement aux élèves. Si l'intégration scolaire signifie la désorganisation des liens institutionnels qui permettaient aux membres de cette communauté d'entretenir des échanges, et ce, même après la fin des études, elle entraîne aussi une certaine politisation. Le pensionnat était un milieu de vie, où se tissaient des liens entre les individus, des liens durables entretenus par la suite à travers les activités sociales de l'établissement et, surtout, du Centre des loisirs, mais toujours sous le contrôle ou sous la supervision des religieux. On voit alors apparaître un désir de se dégager de cette emprise. Ainsi, en 1974, après certaines tensions, mais aussi parce que les Clercs ont besoin de salles pour héberger les classes de la future polyvalente, le Centre des loisirs quitte les locaux que lui fournissait la congrégation, au 7400, boulevard Saint-Laurent[97]. De son côté, avec l'arrêt de ses activités éducatives au secondaire, l'Institution des sourds de Montréal cesse de publier la revue *L'Ami des Sourds-Muets* qui avait été pendant longtemps la seule publication pour la communauté sourde, mais qui était perçue comme la revue de l'Institution plutôt que celle des Sourds[98] eux-mêmes. C'est cette niche que vont occuper des figures émergentes de la communauté qui cherchent d'abord à entretenir les liens entre les membres et qui fondent en conséquence des associations ou des revues qui vont en ce sens.

---

97. Le Centre des loisirs des sourds de Montréal s'installe alors au 7888, rue Saint-Denis. Le CLSM se trouve depuis 1998 au sous-sol de l'église Saint-Vincent-Ferrier.
98. L'utilisation de la majuscule renvoie à l'appartenance culturelle de la communauté sourde. Ceux qui s'y associent sont davantage les personnes utilisant la LSQ et promeuvent l'idée de culture sourde.

Certaines associations étaient déjà apparues dans les années 1960, tel le Club abbé de l'Épée, premier regroupement laïque de loisirs, créé en 1960 par des personnes désireuses de se donner une association autonome de celle des Clercs de Saint-Viateur, jugés paternalistes. Ce nouveau club était annonciateur du mouvement autonomiste de la décennie suivante. À partir de 1975, les associations acquièrent une dimension plus politique. Elles témoignent de la prise de conscience qui s'opère au sein de la communauté sourde à cette époque. Longtemps exclus des décisions qui les concernaient, à la fois par les Clercs de Saint-Viateur, puis par le gouvernement, la CECM et la polyvalente Lucien-Pagé, les membres de cette communauté entendent dorénavant se donner les outils qui leur permettront de s'organiser et de formuler leurs revendications auprès des instances gouvernementales.

Signe de l'effervescence de cette période, vers le milieu des années 1970 naît la Société culturelle québécoise des Sourds, affiliée à la Société culturelle canadienne des Sourds. Ces sociétés se fondent sur la prémisse d'une culture sourde, qu'elles concourent par le fait même à faire reconnaître, et elles apportent beaucoup à la vie culturelle de la communauté sourde. Pour sa part, le Théâtre des Sourds de Montréal est ouvert en 1968 par Serge Brière[99]. Ces associations culturelles se reconnaissent une langue commune et se rallient autour de leur histoire qu'elles contribuent à écrire. La lutte pour la reconnaissance de la langue unit d'ailleurs de plus en plus les nouvelles associations durant cette période.

Ces associations témoignent des courants qui traversent la société. Ainsi, lorsque l'Association québécoise pour les enfants avec problèmes auditifs (AQEPA) naît en 1969, elle est d'abord le fait de parents qui adhèrent à l'idée d'intégration scolaire pour leurs enfants. L'Association québécoise d'aide aux sourds (AQAS) est créée huit ans plus tard, en 1977, et déjà on note une orientation plus politique, car elle entend être la porte-parole de la communauté sourde face aux institutions gouvernementales et « autres organismes des entendants[100] ». L'Association se

---

99. Michel Brière a contribué également à fonder la Société culturelle québécoise des Sourds et, en 1982, le Théâtre visuel des Sourds du Québec. Nathalie Lachance, *Analyse du discours...*, p. 211.
100. Arthur Leblanc, « L'ASMM vous informe », *Voir Dire*, vol. 1, n° 2 (1983), p. 11. Le Centre des loisirs et du Service social, devenu en 1965 le Centre des loisirs des Sourds de Montréal (CLSM), continue par ailleurs de fonctionner dans ses nouveaux locaux.

transforme en 1978 en Fédération des sourds du Québec, puis, en 1980, en Association des Sourds du Montréal métropolitain (ASMM)[101]. Se définissant comme « un organisme de promotion voué à la défense des droits et intérêts des sourds[102] », l'ASMM entend « faire contre-poids au pouvoir que prennent de plus en plus les intervenants du milieu de la surdité et les parents d'enfants sourds auprès des lieux de décisions[103] ». La communauté sourde compte tenir une place dans des débats sociaux qui la concernent à plus d'un titre. C'est dans ce contexte qu'émergent des leaders sourds de différentes tendances, mais ayant un discours de plus en plus politique, comme Raymond Dewar, Roland Major[104] et Arthur Leblanc. En 1973, Roland Major prononce un discours où il dénonce « une certaine forme de paterna-lisme et de mise en tutelle qui ne laissent pratiquement aucune issue à ceux qui en subissent la contrainte[105] ». Raymond Dewar de son côté s'attaque à l'intégration scolaire à la polyvalente, mais promeut aussi inlassablement la culture sourde et la langue des signes.

Raymond Dewar (1952-1983)

Leader d'opinion, né à Vankleek Hill, Ontario le 29 décembre 1952. Devenu sourd à l'âge de 8 ans et demi à la suite d'un accident, ses parents l'envoient étudier à Montréal, à l'Institution des sourds de Montréal. Il continue par la suite ses études au collège Bois-de-Boulogne où il obtient son diplôme d'études collégiales en sciences humaines en 1974, puis à l'Université du Québec à Montréal, où il termine un baccalauréat en

---

101. L'Association des Sourds du Montréal métropolitain a fusionné avec l'Association des adultes avec problèmes auditifs (AAPA) vers la fin des années 1980, puis est devenue en 1991 le Centre de la communauté sourde du Montréal métropolitain (CCSMM), un organisme qui a beaucoup œuvré pour la reconnaissance de la langue des signes qué-bécoise (LSQ) et du bilinguisme.

102. Arthur Leblanc, « L'Association des Sourds du Montréal métropolitain », *Voir Dire*, vol. 1, n° 1, (1983), p. 6.

103. Nathalie Lachance, *Analyse du discours...*, p. 183.

104. Issu de l'Institution des sourds de Montréal où il est devenu typographe, Roland Major a joué un rôle important dans l'organisation de la communauté sourde. Engagé socia-lement dès les années 1930 comme président du cercle Saint-Fançois-de-Sales, c'est lui qui s'est occupé d'obtenir l'incorporation du cercle lorsqu'il est devenu le Centre des loisirs des Sourds de Montréal (CLSM), en 1965. Il a aussi contribué à la fondation du Club Lions Montréal-Villeray Sourds.

105. Roland Major, « Les États généraux de la déficience auditive au Québec dans l'optique d'un sourd », discours publié dans *Chronique du Club abbé de l'Épée*, vol. 8, n° 4 (1973), p. 4, cité dans Nathalie Lachance, *Territoire, transmission et culture sourde*, Québec, Presses de l'Université Laval, 2007, p. 131.

enseignement à l'enfance inadaptée en 1978 et un certificat en enseignement aux déficients auditifs. Pendant ses études à l'UQAM, il enseigne à l'Institution des sourds de 1975 à 1980, puis il passe à la polyvalente Lucien-Pagé comme professeur de français au secteur sourd. Parallèlement à ces activités, il s'intéresse à la langue des signes québécoise, qu'il enseigne, toujours à l'Institution des sourds de Montréal, et il contribue avec Paul Bourcier et Julie-Élaine Roy au premier dictionnaire en langue des signes québécoise. Travailleur acharné, il dirige la revue *Le Sourd Québécois* de 1973 à 1980, l'Association des Sourds du Montréal métropolitain de 1975 à 1981 et préside le Conseil québécois de la déficience auditive de 1981 à sa mort. Militant reconnu par la communauté sourde, il contribue enfin à la reconnaissance de cette communauté par les entendants et éveille les consciences. En 1981, lors de la conférence socioéconomique sur l'intégration de la personne handicapée, il s'adresse au ministre et au public présent en langue des signes et marque ainsi sa présence comme membre d'une communauté organisée et fière de son identité. En 1982, il adapte en langue des signes québécoise la pièce *Les enfants du silence* de Mark Medoff dans laquelle il joue avec le Théâtre du Trident. Il meurt accidentellement le 27 octobre 1983, la veille de la première montréalaise de la pièce au Théâtre du Rideau-Vert.

Le Centre québécois de la déficience auditive (CQDA), une association provinciale, voit le jour en 1975, la même année que le Conseil canadien de coordination de la déficience auditive (CCCDA). Si depuis 1969 l'AQEPA s'est occupée de développer les services destinés aux enfants sourds, du côté des adultes, tout reste à faire. C'est dans une optique d'union des forces qu'est créé le CQDA, dont le premier président est Jacques Deslauriers, un clerc de Saint-Viateur et enseignant à l'Institution des sourds de Montréal. Le CQDA entend jouer un rôle rassembleur dans la communauté sourde, surtout dans cette période où les débats sur l'intégration scolaire font rage, mais dès ses débuts il n'échappe pas aux tensions qui divisent les groupes. En 1979, Pierre-Noël Léger, devenu président du CQDA, déplore le peu d'empressement des associations à participer activement au Centre et en appelle à la solidarité des sourds, malentendants, devenus sourds, mais également à celle des entendants pour que le Centre québécois de la déficience auditive devienne enfin le regroupement qu'il devrait être[106].

---

106. Pierre-Noël Léger, « Le Conseil québécois de la déficience auditive a été fondé pour cela : à nous de nous en servir ! », *Entendre*, n° 31 (novembre-décembre 1979), p. 13-14.

Au milieu des années 1980, l'Office des personnes handicapées du Québec (OPHQ) choisit le CQDA comme organisme représentant les intérêts des personnes sourdes, malentendantes et devenues sourdes du Québec et lui assure un financement en conséquence. Le choix n'est pas sans heurter les sensibilités des groupes de sourds gestuels, mais le Centre québécois de la déficience auditive peut dorénavant se consacrer efficacement à la poursuite de ses mandats de défense des droits, de représentation politique et de regroupement des associations et des groupes de personnes vivant avec une surdité, ce qui est appréciable pour les associations.

En 1982, l'Association des devenus sourds du Québec (ADSQ) est fondée dans les locaux du centre Champagnat dans le but « de défendre les droits et de promouvoir les intérêts des personnes déficientes auditives afin de leur assurer une participation pleine et entière à la société québécoise[107] ». En 1990, elle devient l'Association des devenus sourds et malentendants du Québec (ADSMQ).

Autre signe du dynamisme de cette période, le Camp de formation au leadership de la jeunesse canadienne sourde se tient pour la première fois au Québec, au camp Notre-Dame-de-Fatima de Vaudreuil, du 18 au 31 août 1979. Mis sur pied en Ontario en 1975, le Camp du leadership a pour objectif d'aider les jeunes à acquérir et à accroître leurs connaissances et leurs habiletés de meneur au moyen de divers ateliers sur la motivation, l'animation, les stratégies de communication et même sur le théâtre. Parmi les participants, Michel Lepage, un jeune étudiant qui mettra à profit ses connaissances à la polyvalente Lucien-Pagé quelques mois plus tard, se distingue et reçoit une des deux récompenses au mérite de l'année. Le camp a recruté également des bénévoles actifs à l'intérieur de la communauté sourde de Montréal et l'on retrouve parmi elles les figures connues de Julie-Élaine Roy, Paul Bourcier et Roland Forgues[108].

La communauté sourde se donne aussi de nouveaux organes de communication, la plupart du temps en lien avec ses associations. Les centres de loisirs ont ainsi leur revue dès 1971, le Club abbé de

---

Dans les années 1970, on retrouve parfois les deux appellations : Conseil ou Centre québécois de la déficience auditive.

107. Site Web de l'Association des devenus sourds et des malentendants du Québec, http://www.adsmq.org/, consulté le 26 février 2008.

108. « Camp d'entraînement au leadership », *Entendre*, n° 31 (novembre-décembre 1979), p. 20-21.

l'Épée publiant une *Chronique* et le Centre des loisirs des Sourds de Montréal son *Bulletin*. La présence de Raymond Dewar au sein de l'équipe du *Bulletin du CLSM* contribue à la transformation de celui-ci. Devenu en 1973 *Le Penser du Sourd*, puis en 1975 *Le Sourd Québécois*, l'ancien bulletin est publié tous les mois et sert à informer les membres de la communauté de tout ce qui touche à sa vie sociale, sportive et associative en plus de présenter chaque fois un éditorial. À côté de ces mensuels qui présentent les nouvelles touchant la communauté, des journaux font leur sortie avant de disparaître, tel *L'Écho du Sourd* qui est publié de 1976 à 1979. Toutefois en 1980, lorsque *Le Sourd Québécois* arrête de paraître, il ne reste plus aucune revue francophone pour la communauté sourde. Il faut attendre trois ans pour que naisse un journal, *Voir Dire*, lié à l'Association des Sourds du Montréal métropolitain (ASMM). Il s'agit d'une publication plus politisée et surtout plus représentative des personnes sourdes et, parmi elles, des sourds gestuels.

> Parmi d'autres publications comme la revue *Entendre*, publiée par l'AQEPA, *Voir Dire* se veut une « revue forte, qui soit le défenseur énergique de leurs droits et de leurs intérêts face aux intervenants et décideurs entendants. [...] Une revue publiée spécialement pour eux et qui est vraiment LA LEUR, très différente de toutes les autres revues qui traitent de la surdité, mais qui le font selon une mentalité d'entendant[109] ».

Arthur Leblanc exprime bien ici les différences entre les groupes de sourds au Québec. Ces groupes sont associés chacun à leur revue : l'AQEPA à la revue *Entendre*[110], l'ASMM à *Voir Dire*, et l'Association des devenus sourds et des malentendants du Québec[111] à la revue *Sourdine*. Ainsi, si tous les groupes sont d'accord pour revendiquer de meilleurs services pour les enfants sourds, les approches pour y arriver diffèrent. L'identité culturelle de la communauté sourde se structure dans ce contexte, principalement autour de la langue des signes québécoise.

---

109. Arthur Leblanc, « Éditorial », *Voir Dire*, vol. 9 (1985), p. 4.
110. La revue *Entendre* a remplacé en 1974 le Bulletin de l'Association du Québec pour enfants avec problèmes auditifs qui existait depuis mars 1972 avec un nouvel objectif, celui de « politiser la surdité, [de la mettre] sur la place publique, de façon à faire réagir les autorités », *Entendre*, n° 28 (mai-juin 1979), p. 3.
111. L'Association des devenus sourds et malentendants du Québec (ADSMQ) s'est d'abord appelée l'Association des devenus sourds du Québec (ADSQ) avant de prendre son nom actuel en 1990 afin de mieux refléter la réalité des personnes malentendantes.

Les nouvelles associations et les nouvelles revues se distinguent ainsi de celles qui les ont précédées dans la mesure où elles expriment des revendications qui dessinent les contours d'une communauté en train de s'organiser et de se définir une identité culturelle nouvelle. Elles jouent un rôle important pour cimenter cette communauté, lui faire prendre conscience de ses intérêts, définir ses besoins et obtenir la reconnaissance politique. Avec les changements idéologiques, se fait jour un courant de pensée qui favorise les langues gestuelles et l'enseignement aux enfants sourds sur la base de ces langues.

Ce courant de pensée est en lien avec les changements sociaux, la montée des idéologies de gauche et le mouvement en faveur des identités minoritaires. En effet, dès les années 1960 aux États-Unis et un peu plus tard au Québec, on assiste à la construction d'une identité sourde d'abord à l'intérieur de la communauté sourde bien sûr, mais qui fait ensuite son chemin dans la communauté entendante. S'appuyant sur la « reconnaissance scientifique » de la langue des signes[112], le discours revendicateur associé à ce mouvement qui touche toute l'Amérique du Nord joue un rôle de ciment et permet aux Sourdes et aux Sourds de se construire comme communauté culturelle.

La lutte pour la reconnaissance de la culture sourde et de la LSQ

En Amérique du Nord, le mouvement pour la reconnaissance de la culture sourde part des États-Unis et de l'Université Gallaudet à Washington (DC)[113] à la fin des années 1950 et au début des années 1960 avec William Stokoe, un linguiste qui, en étudiant les signes utilisés sur le campus de l'Université Gallaudet, remarque que ces signes constituent en fait une langue à part entière avec sa grammaire, sa syntaxe, etc.[114] Il la nomme l'American Sign Language (ASL) et ses travaux contribuent à en faire un sujet scientifique reconnu ainsi qu'à ouvrir « un nouveau champ de recherches en surdité dont les

---

112. Nathalie Lachance, *Analyse du discours...*, p. 186.

113. L'Université Gallaudet, dont le campus se trouve à Washington, a été fondée en 1864 et est la seule institution pour personnes sourdes et malentendantes à donner un enseignement universitaire bilingue qui, pour plusieurs programmes, va du baccalauréat jusqu'au doctorat. Site Web de l'université : http://www.gallaudet.edu/.

114. Pour une revue argumentée de la littérature sur la question identitaire et la définition de la communauté sourde, voir Nathalie Lachance, *Analyse du discours...*, chapitre 6 « L'émergence d'un discours axé sur une réalité linguistique et culturelle » et chapitre 7, « Le concept de culture sourde au Québec dans la littérature scientifique », p. 186-246.

questionnements auront pour base, non pas l'aspect médical (patho-logique) de la surdité, mais son aspect culturel[115] ».

Avec d'autres linguistes et spécialistes de la surdité, Stokoe contri-bue aussi à faire émerger et définir le concept de sous-culture puis de « Culture Sourde », un concept en construction dans ces années même si, de façon générale, on parlait déjà de « monde sourd[116] ». Il ne faut pas oublier qu'avant de recevoir ses titres de noblesse de la recherche scientifique, la culture sourde était quelque chose de partagé pour les personnes sourdes. Comme l'a montré Nathalie Lachance dans sa thèse de doctorat, il y avait déjà « la présence d'une distinction entre nous (les Sourds) et eux (les entendants) et une conscience, de la part des personnes sourdes de former une collectivité » qui était bien marquée dans l'expression en LSQ : « Les Sourds, [font] comme ça[117] ».

Comme pour toute culture, la définition de la culture sourde repose sur le partage d'une langue commune et inclut un ensemble d'expériences et de pratiques sociales et culturelles qui conduisent à des façons de faire et de penser distinctes de celles du monde entendant. Cette défi-nition appelle donc la reconnaissance de la langue des signes. Celle-ci doit être reconnue au même titre que les langues parlées, ce qui consti-tue tout un renversement des perspectives. Dans cette optique, « les personnes sourdes, jusqu'alors présentées comme des individus isolés, porteurs d'une déficience, d'une incapacité deviennent les membres d'un groupe social possédant une langue et une culture propre[118] ». Il se crée un rapport de forces entre les deux cultures, sourde et enten-dante, plutôt qu'une recherche d'intégration d'un individu considéré incomplet à une culture dominante normative.

Au Québec, au fur et à mesure que les associations plus politisées se structurent, les débats sur l'intégration scolaire et l'enseignement en français signé s'approfondissent. La grande lutte qui s'enclenche dans ces années concerne de plus en plus la langue des signes qué-bécoise, symbole par excellence et véhicule de la culture sourde. Le fait qu'on ait choisi le français signé comme langue d'enseignement de préférence à la LSQ heurte la communauté sourde qui en fera son

---

115. *Ibid.*, p. 187.
116. *Deaf World* est un terme souvent utilisé encore aux États-Unis. En France, on note l'uti-lisation de « peuple sourd » et de « nation sourde » dès le XIXᵉ siècle, *ibid.*, p. 189-190.
117. *Ibid.*, p. 189 et 192.
118. *Ibid.*, p. 188.

cheval de bataille dans les années à venir. Mais c'est en fait à partir de ces mêmes années que la langue gestuelle parlée ici se structure et se différencie complètement du français signé et que, suivant Raymond Dewar, on commence à l'appeler la « langue des signes québécois » puis la « langue des signes québécoise[119] ».

L'Université Gallaudet à Washington sert de modèle dans plusieurs pays, car les étudiantes et les étudiants sourds qui la fréquentent la font connaître à leur retour chez eux. Au Québec, Julie-Élaine Roy y a fait ses études d'histoire de 1969 à 1973 et a gardé des liens avec l'institution. À l'été 1980, quatre jeunes de différentes régions du Québec y vont pendant trois semaines et en reviennent enthousiasmés. Ils constatent qu'aux États-Unis l'American Sign Language a un statut de langue reconnue et que l'administration publique assure des services adaptés aux personnes sourdes, en commençant par le poste de douane où ils se sont présentés pour passer aux États-Unis. De plus, à l'Université Gallaudet, ils sont frappés par la place accordée à l'histoire et à la culture de la communauté sourde. Les pavillons portent les noms de personnalités sourdes et plusieurs postes d'importance à l'université sont occupés par des personnes sourdes, une nouveauté pour eux[120].

Julie-Élaine Roy et Paul Bourcier sont également à l'Université Gallaudet cet été-là pour un stage d'enseignement de la langue des signes ; en étudiant l'American Sign Language et en constatant son statut aux États-Unis, ils se rendent compte que la LSQ remplit les critères de base pour être également considérée comme une langue à part entière[121]. Avec Raymond Dewar, en 1981, ils publient le premier lexique sur la langue des signes québécoise, lexique qui présente 800 mots illustrés[122]. Grâce à ce dictionnaire, la LSQ reçoit un coup de

---

119. Avant de prendre le nom de langue des signes québécois(e), la langue des signes avait reçu le nom de French Canadian Sign Language (FCSL) entre autres par une chercheuse de l'Université McGill, qui a établi que c'était une langue différente du français signé, mais aussi de l'American Sign Language et de la langue des signes française. Rachel Mayberry, « French Canadian Sign Language : A Study of Inter-Sign Language Comprehension », dans Patricia Siple, ed., *Understanding Language through Sign Language Research*, New York, Academic Press, 1978, p. 349-372.

120. Ces jeunes sont André Thibault, Andrée Gagnon, France Beaudoin et Michel Lepage. Brigitte Clermont, « Quatre jeunes sourds du Québec visitent le collège Gallaudet », *Entendre*, n° 36 (automne 1980), p. 15-17.

121. Nathalie Lachance, *Analyse du discours...*, p. 201.

122. Paul Bourcier, Raymond Dewar et Julie-Élaine Roy, *Langue des signes québécois-1*, Association des Sourds du Montréal métropolitain, 1981. On évaluait en 1993 que la

pouce, car les auteurs affirment par leur livre à la fois la réalité d'une minorité culturelle et linguistique, d'une culture propre aux Sourds et celle de la valeur de cette langue qu'ils entendent protéger contre celle de l'univers anglophone[123]. Divers manuels paraissent par la suite pour accompagner le dictionnaire dans l'enseignement de la LSQ et affirment encore plus clairement l'existence d'une culture en présentant des éléments de celle-ci, histoire, mouvement associatif, traditions, manifestations artistiques, etc. « L'enseignement de la LSQ n'est pas seulement l'acquisition d'un mode de communication, mais l'acquisition d'un ensemble de connaissances sur la réalité culturelle et collective des personnes sourdes[124]. » En ce sens, l'ouvrage de Bourcier, Dewar et Roy est plus qu'une présentation ou une légitimation de la LSQ, car, au-delà de la reconnaissance de la langue, c'est la reconnaissance d'une minorité culturelle qu'il prône.

Ce réveil identitaire prend enfin appui sur divers éléments officiels. En 1978, la première législation québécoise sur les droits des personnes handicapées et la mise sur pied de l'Office des personnes handicapées du Québec (OPHQ) marquent le début d'actions gouvernementales visant à favoriser l'intégration sociale des personnes handicapées à la société québécoise[125].

L'OPHQ a pour fonction de veiller à la coordination des services dispensés aux personnes handicapées, de promouvoir leurs intérêts et de favoriser leur intégration scolaire, professionnelle et sociale. Le plan de service peut comprendre un ou plusieurs des éléments suivants :

a) un programme de réadaptation fonctionnelle, médicale et sociale ;
b) un programme d'intégration scolaire ;
c) une orientation scolaire et professionnelle ;
d) un programme de formation générale et professionnelle ;
e) un travail rémunérateur[126].

LSQ comptait plus de 15 000 signes. Daniel Chrétien, « Une rencontre avec les pionniers de la langue des signes québécoise : mesdames Julie-Élaine Roy, Francine Labrecque et Louise Tremblay », *Nous vous signalons*, vol. 11, n° 1 (1993), p. 16-17.

123. La langue des signes utilisée par les personnes de langue anglaise au Canada est généralement l'American Sign Language (mis à part les anciens de l'école d'Halifax qui emploient la Maritime Sign Language en Nouvelle-Écosse et au Nouveau-Brunswick).

124. Nathalie Lachance, *Analyse du discours...*, p. 203.

125. Sur le plan international, deux événements ont eu lieu dans ces mêmes années qui ont contribué au réveil des consciences, le Congrès mondial des Sourds en 1975 et le 1er Congrès international des malentendants à Hambourg, en Allemagne, en 1980.

126. Michel Brière, « D'un téléscripteur à l'autre », *Entendre*, n° 62 (janvier-février 1985), p. 23.

Ces actions conduiront, en 1984, à l'adoption de la politique d'ensemble *À part... égale* qui établit des balises pour cette intégration. Même si, de son côté, la communauté sourde s'oriente vers une conception moins médicale de la surdité, elle reconnaît et appuie l'Office des personnes handicapées du Québec dans son rôle de coordination des pressions exercées sur le gouvernement par les groupements sourds. Ainsi, l'Office a permis d'élargir l'offre de services spécialisés et d'aides techniques pour personnes sourdes et malentendantes en 1983.

* * *

Du début des années 1960 à la fin des années 1970, les institutions dédiées aux sourdes et aux sourds subissent de profondes modifications. L'intégration scolaire privilégiée par le ministère de l'Éducation conduit l'Institution des sourdes-muettes à cesser tout enseignement en 1975. De son côté, l'Institution des sourds de Montréal, appelée à collaborer au processus d'intégration, transfère en 1975 le cours secondaire ordinaire à la nouvelle polyvalente Lucien-Pagé et, en 1981, le cours primaire à l'école Gadbois. Devenue un centre de réadaptation, l'Institution des sourds de Montréal évolue vers de nouvelles fonctions et de nouveaux services tout en demeurant concentrée d'abord sur la clientèle qui lui est familière, les enfants.

La fermeture de ces deux institutions qui ont valeur de symbole pour la communauté sourde la déstabilise, mais elle permet également à la communauté de se donner ses propres organisations et de prendre conscience de son existence comme groupe culturel. Dès lors, la lutte pour la reconnaissance de la langue des signes québécoise et de la culture sourde présente des enjeux importants auxquels n'échappent ni les différents groupes du milieu associatif ni les intervenantes et les intervenants du domaine de la déficience auditive. Le nouveau centre de réadaptation, héritier des anciennes institutions catholiques, commence ses activités dans ce contexte où les attentes sont grandes à son endroit et où il doit dorénavant composer avec une clientèle qui entend participer pleinement au développement d'un établissement qu'elle considère un peu le sien.

Au dortoir à l'approche de Noël à l'Institution des sourds-muets de Montréal, boulevard Saint-Laurent, vers 1960. Archives des Clercs de Saint-Viateur.

Crèche à la chapelle de l'Institution des sourdes-muettes, vers 1960. Archives des Sœurs de la Providence.

Classe de jeunes filles sourdes à l'Institution des sourdes-muettes, rue Saint-Denis, vers 1960. Collection privée de Francine Labrecque.

Finissantes de l'institut familial de l'Institution des sourdes-muettes, 1960. Archives des Sœurs de la Providence.

Équipe de hockey de l'Institution des sourds-muets de Montréal,
boulevard Saint-Laurent, vers 1960. Archives des Clercs de Saint-Viateur.

Récréation à l'Institution des sourds-muets de Montréal, boulevard Saint-Laurent,
vers 1960. Archives des Clercs de Saint-Viateur.

Pièce de théâtre, Institution des sourdes-muettes, rue Saint-Denis, vers 1960. Collection privée de Julie-Élaine Roy.

Sœur Marie-de-la-Providence (Renelle Lebrun), première supérieure de la communauté des sœurs Notre-Dame-des-Sept-Douleurs. À droite, Julie-Élaine Roy, vers 1960. Collection privée de Julie-Élaine Roy.

Patinage dans la cour
de l'Institution des
sourdes-muettes,
vers 1960. Collection
privée de Ginette
Gingras.

Théâtre à l'Institution
des sourdes-muettes,
vers 1960.
Collection privée
de Ginette Gingras.

Le père Joseph Paquin (1898-1979) a été le seul et unique éducateur pour les sourds à avoir œuvré dans les trois institutions. Une école primaire porte son nom dans la région de Québec. Archives des Clercs de Saint-Viateur.

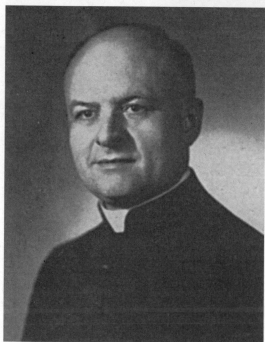

Père Lucien Pagé, supérieur de l'Institution des sourds-muets de Montréal de 1937 à 1947 et de 1958 à 1960 et supérieur-fondateur de l'Institut des sourds de Charlesbourg de 1961 à 1964. Aujourd'hui, une école secondaire porte son nom à Montréal. Archives des Clercs de Saint-Viateur.

Institut des sourds de Charlesbourg, 1961. Archives des Clercs de Saint-Viateur.

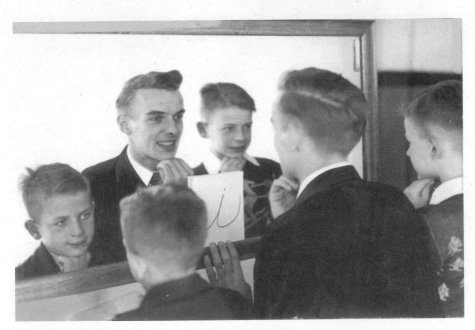

Cours de démutisation à l'Institution des sourds-muets de Montréal, 1961.
Archives des Clercs de Saint-Viateur.

Cours de couture au pavillon Saint-Joseph de l'Institution des sourdes-muettes, 1961. Collection privée de Ginette Gingras.

Jeu de table au pavillon Saint-Joseph de l'Institution des sourdes-muettes, 1961. Collection privée de Ginette Gingras.

Visite de René Lévesque, ministre des Richesses naturelles
aux ateliers des sourds, rue De Castelnau, 1961.
Archives des Clercs de Saint-Viateur.

Les premières rencontres sociales à l'Institution des sourdes-muettes organisées
par les deux institutions, vers 1963.
Archives des Clercs de Saint-Viateur.

Travailleurs à l'atelier d'imprimerie de la rue De Castelnau, 1964.
Archives des Clercs de Saint-Viateur.

Activité au lac des Deux Montagnes à Vaudreuil, vers 1964.
Archives de la Villa Notre-Dame-de-Fatima.

Ateliers des sourds, 65, rue
De Castelnau Ouest, Montréal,
1965. Archives des Clercs
de Saint-Viateur.

Atelier de reliure, rue De Castelnau, 1965.
Archives des Clercs de Saint-Viateur.

Linotypistes à l'atelier d'imprimerie, rue De Castelnau, 1965.
Archives des Clercs de Saint-Viateur.

Atelier de tôlerie, vers 1965. Archives des Clercs de Saint-Viateur.

Les sœurs Notre-Dame-des-Sept-Douleurs avec leurs nouveaux costumes,
1965. Première rangée au centre, sœur Marguerite Allard s.p., supérieure de
l'Institution des sourdes-muettes, à sa droite, sœur Marguerite Gauthier s.p.,
supérieure de la Communauté des sœurs de Notre-Dame-des-Sept-Douleurs.
Archives des Sœurs de la Providence.

Préparation d'un pique-nique au Centre des loisirs des sourds de Montréal,
vers 1965. Archives des Clercs de Saint-Viateur.

Travaux exécutés par les fillettes pendant les vacances,
œuvres exposées à l'Institution des sourdes-muettes, vers 1965.
Archives de la Villa Notre-Dame-de-Fatima.

Cours de secourisme à l'Institut familial de l'Institution des sourdes-muettes,
vers 1965. Collection privée de Ginette Gingras.

Rencontre sociale à l'Institution des sourdes-muettes, 1965.
Collection privée de Ginette Gingras.

Rencontre sociale à l'Institution des sourdes-muettes, 1965.
Collection privée de Ginette Gingras.

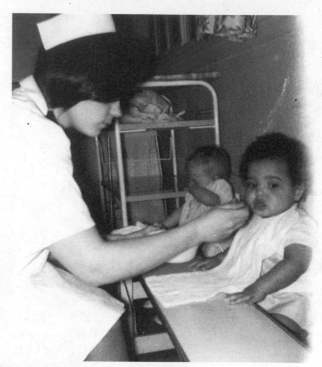

Stage de puériculture
à l'Institut familial
de l'Institution des
sourdes-muettes,
vers 1966.
Collection privée de
Francine Labrecque.

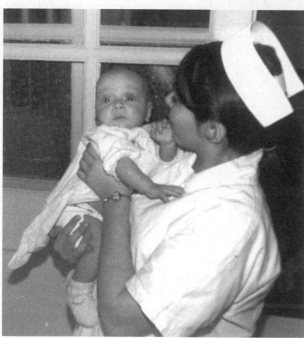

Stage de
puériculture à
l'Institut familial
de l'Institution des
sourdes-muettes,
vers 1966.
Collection privée de
Francine Labrecque.

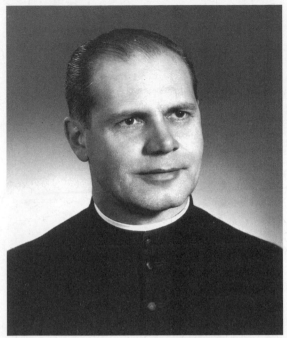

Frère Léopold Bourguignon c.s.v. (1920-1994), directeur des élèves de 1954 à 1964 de l'Institution des sourds-muets de Montréal. (Les frères Vianney Proulx, c.s.v., Reynald Forest, c.s.v., et le père Jean-Claude Pigeon, c.s.v., sont directeurs de 1964 à 1967.) Archives des Clercs de Saint-Viateur.

Jeux à la Villa Notre-Dame-de-Fatima, Vaudreuil, vers 1965.
Archives de la Villa Notre-Dame-de-Fatima.

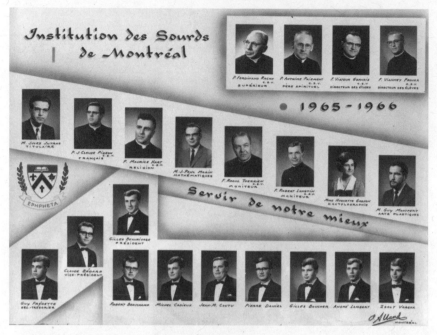

Les finissants de la 10ᵉ année, Institution des sourds de Montréal, 1965-1966. Archives des Clercs de Saint-Viateur.

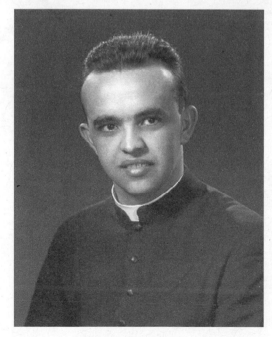

Abbé Paul Lebœuf, nommé aumônier de l'Institution des sourdes-muettes à l'été 1961 et premier prêtre à célébrer la messe en langue des signes à la chapelle de l'Institution des sourdes-muettes, et ce, depuis 1966. Archives des Sœurs de la Providence.

« Promesse d'un scout sourd », pavillon des scouts, Expo 67, 17 juin 1967.
Archives des Clercs de Saint-Viateur.

Stage d'aide ménagère à la Villa Notre-Dame-de-Fatima du groupe de 11e année
de l'Institut familial, 1968. Collection privée de Ginette Gingras.

Employés de l'Institution des sourds de Montréal, 1969.
Archives des Clercs de Saint-Viateur.

Activité de bricolage à l'Institution des sourdes-muettes, vers 1970.
Archives des Sœurs de la Providence.

Sœurs Notre-Dame-des-Sept-Douleurs à l'Institution des sourdes-muettes, vers 1970. Archives des Sœurs de la Providence.

Polyvalente Lucien-Pagé inaugurée en 1974. Entrée des élèves, rue Jarry. Collection privée de Dominique Lemay.

Polyvalente Lucien-Pagé. Bureau administratif, boulevard Saint-Laurent.
Collection privée de Dominique Lemay.

Photo-souvenir de l'Institution des sourdes-muettes, 3725, rue Saint-Denis,
distribuée lors de l'événement qui souligne la fin de l'enseignement, 1975.
Collection privée de Dominique Lemay.

Frère Robert Longtin, c.s.v.,
directeur des élèves de
l'Institution des sourds de
Montréal de 1967 à 1977.
Archives des Clercs
de Saint-Viateur.

Intervention de communication en classe, Institution des sourds de Montréal,
vers 1976. Archives de l'Institut Raymond-Dewar.

Carnaval à l'Institution des sourds de Montréal, 1979.
Collection privée de Dominique Lemay.

Dîner à l'Institution des sourds de Montréal, vers 1980.
Archives de l'Institut Raymond-Dewar.

École Gadbois sur la 24ᵉ Avenue de 1981 à 2001. Archives de l'école Gadbois.

École Gadbois, déménagée sur la rue Saint-André en 2001.
Archives de l'école Gadbois.

Raymond Dewar enseignant la langue des signes québécoise à l'Institution des sourds de Montréal, vers 1981. Archives de l'Institut Raymond-Dewar.

Frère Jean-Guy Beauvais, c.s.v., directeur des élèves de l'Institution des sourds de Montréal de 1977 à 1981. Archives des Clercs de Saint-Viateur.

L'héritage des Clercs de Saint-Viateur et des sœurs de la Providence

Il reste encore aujourd'hui plusieurs traces de l'engagement des communautés religieuses envers la communauté sourde. En plus du bénévolat des religieuses auprès des personnes âgées sourdes du manoir Cartierville, de l'aide aux personnes sourdes dans le besoin, du soutien religieux et des services de pastorale et de liturgie donnés par les Clercs de Saint-Viateur, les sœurs de la Providence, les sœurs de Notre-Dame-des-Sept-Douleurs et par l'abbé Paul Lebœuf, l'œuvre des religieux survit à travers les liens qui les unissent à la communauté sourde et à l'Institut Raymond-Dewar, où ils sont des donateurs fidèles de la fondation Surdité et Communication.

Ce qui s'appelle maintenant le « Centre 7400[127] », c'est-à-dire l'édifice du 7400, boulevard Saint-Laurent, regroupe quelques-uns des services à la communauté sourde. Depuis la dissolution de l'Institution des sourds de Montréal en 1982, le bâtiment est retourné à la congrégation des Clercs de Saint-Viateur qui y héberge des groupes et des associations. L'histoire entrecroisée des Clercs et de la communauté sourde se poursuit un peu à travers ces groupes du milieu associatif. En d'autres lieux, une institution centenaire mise sur pied par les Clercs de Saint-Viateur a survécu et continue de servir de point de ralliement pour la communauté sourde : le Centre des loisirs des Sourds de Montréal.

La Villa Notre-Dame-de-Fatima a été fondée en 1948 par le Service social de l'Institution des sourdes-muettes pour accueillir les jeunes filles sourdes dans une colonie de vacances de Vaudreuil. Rapidement, diverses activités ont aussi été offertes à la clientèle sourde adulte et, à partir de 1971, la Villa a ouvert ses portes aux garçons sourds. En 1995, la Villa a pris le nom de Centre Notre-Dame-de-Fatima et a déménagé à l'île Perrot. Au cours de ces 60 ans, le Centre a accueilli des centaines d'enfants sourds qui ont pu y développer leurs capacités de socialisation et leur sentiment d'appartenance à la communauté sourde.

---

127. Appelé aussi plus familièrement le « 7400 », l'édifice de l'ancienne Institution des sourds de Montréal sur le boulevard Saint-Laurent fait l'objet d'un attachement dans la communauté sourde qui ne verra pas sans tristesse son passage à d'autres mains.

La Maison de la foi est plus récente, elle a fêté en 2008 son 20e anniversaire. Mise sur pied par Gérard Bernatchez, c.s.v., et André Lachambre, deux anciens enseignants de l'Institution des sourds de Montréal et défenseurs de la communication totale dans les années 1980, et par sœur Marie-Paule Gagné, une religieuse de la congrégation de Notre-Dame-des-Sept-Douleurs qui a enseigné à l'Institution des sourdes-muettes, la Maison de la foi constitue un peu une suite de l'œuvre des Clercs de Saint-Viateur dans le milieu sourd. Elle a d'ailleurs commencé ses activités au 7400, boulevard Saint-Laurent et s'adressait alors aux jeunes pour leur faire connaître la parole de Dieu et les préparer à recevoir les sacrements en langage gestuel. Aujourd'hui sise sur la rue des Érables, la Maison de la foi continue de tenir des activités régulières telles «la soupe à Marie-Paule», les journées de croissance, les rencontres catéchétiques, etc., et d'offrir un lieu de croissance humaine et spirituelle aux personnes sourdes qui la fréquentent[128].

Ces organisations apparaissent aujourd'hui comme une partie du legs de l'œuvre des Clercs de Saint-Viateur, des sœurs de la Providence et des sœurs de Notre-Dame-des-Sept-Douleurs, un héritage qui fait le pont entre hier et aujourd'hui pour bien des personnes de la communauté qui ont été ces enfants d'autrefois.

---

128. Entrevue avec le père Gérard Bertnachez, c.s.v., et André Lachambre, 9 mai 2008. Sœur Marie-Paule Gagné a reçu le prix Raymond-Dewar en 2008.

Chapitre VI
L'Institut Raymond-Dewar :
les vingt-cinq premières années (1982 à 2008)

Au début des années 1980, l'Institution des sourds de Montréal s'oriente vers ses nouvelles fonctions en élargissant peu à peu sa clientèle et en établissant des programmes spécialisés. Comme premier centre de réadaptation en déficience auditive, l'établissement se taille un rôle privilégié dans l'univers des services sociaux montréalais et participe pleinement aux évolutions que traverse la société québécoise dans le domaine de la santé et des services sociaux. Dès 1982, le conseil d'administration prend la décision de déménager le centre de réadaptation sur la rue Berri, dans les locaux de l'ancienne Institution des sourdes-muettes, propriété désormais de la Corporation d'hébergement du Québec. Avant même que les travaux soient terminés, on met sur pied le programme Petite Enfance et, dès 1983, on commence à offrir des services en milieu scolaire ainsi que pour une clientèle adulte avec problèmes auditifs.

Trois périodes peuvent ainsi être distinguées à partir des débuts du centre de réadaptation. Les années 1982-1990 se caractérisent par l'élaboration de programmes de réadaptation à l'Institut Raymond-Dewar, l'adoption d'une mission en trois volets, l'arrivée de nouvelles clientèles et la mise en place d'un réseau de centres régionaux de réadaptation. La décennie suivante est marquée du sceau de la croissance malgré les compressions budgétaires imposées par le gouvernement du Québec. Cette période voit la consolidation de la mission de l'établissement et de son offre de services, le développement de l'approche bilingue français-LSQ et le démarrage des partenariats de recherche. La période de 2000 à 2008 est celle de l'ajout de mandats à la mission de l'établissement et de développement de services surspécialisés de réadaptation, mais en réalité tous les volets de la nouvelle mission que l'Institut se donne en 2003 connaissent une forte expansion. Recherche et enseignement, formation et évaluation des modes d'intervention, ces quatre volets bénéficient de la mise en place de nouveaux partenariats et permettent à l'Institut Raymond-Dewar de voir son identité renforcée.

L'essor et le développement d'un nouveau centre de réadaptation (1982 à 1990)

En 1982, l'Institution des sourds de Montréal, devenue désormais uniquement centre de réadaptation en déficience auditive, lance un concours public pour pourvoir le poste de directeur général en remplacement du frère Léopold Bourguignon, c.s.v., qui occupait jusqu'alors cette fonction. Ouvert pour la première fois à un laïc, l'appel de candidatures s'avère une étape importante dans la transformation de l'établissement en centre public, un établissement désormais soumis à la Loi sur les services de santé et les services sociaux en vigueur depuis 1972 mais auquel échappait l'ISM jusqu'alors. Le nouvel institut devra aussi former un conseil d'administration qui répond aux exigences de la loi. Enfin, le financement de ses activités proviendra totalement du gouvernement, ce qui assujettit le centre de réadaptation aux politiques en vigueur.

Le nouveau directeur général, Gabriel Collard, est un psycho-éducateur et un gestionnaire qui provient du milieu des centres d'accueil. Il connaît donc bien le domaine de la réadaptation. Chargé de la réorganisation administrative des services de l'établissement alors même que déferle la première vague de désinstitutionnalisation, il s'attelle en novembre 1982 aux tâches de planifier et de coordonner le déménagement de l'établissement, qui doit quitter le 7400, boulevard Saint-Laurent pour s'installer dans l'aile Saint-Joseph de l'ancienne Institution des sourdes-muettes, au 3600 de la rue Berri[1]. Ses premiers mois se passent donc à travailler autant avec les architectes qu'avec les diverses directions du ministère des Affaires sociales[2] (réadaptation, finances, ressources matérielles) pour préparer le déménagement. Il faut également départager le mobilier que tant le Conseil régional

---

1. Tous les programmes déménagent à cette date à l'exception de celui qui est destiné aux enfants sourds-aveugles qui quitte le 6 janvier 1984 dans le but de faciliter l'adaptation de ces enfants à leur nouveau milieu. ACSVM, P9, boîte B2, dossier « Administration 1983 – Gabriel Collard », Gabriel Collard à Émile Bayard, c.s.v., 25 novembre 1983.
2. Rappelons que le ministère des Affaires sociales devient le ministère de la Santé et des Services sociaux en 1985.

de la santé et des services sociaux du Montréal métropolitain[3] que la congrégation des Clercs de Saint-Viateur s'attendent à conserver[4]. En même temps, l'entrée en vigueur des programmes entraîne l'embauche de plusieurs professionnelles et professionnels de la réadaptation et des négociations avec les deux syndicats déjà en place[5] ; on ferme alors les services de buanderie, de cuisine, de lingerie, de menuiserie, de plomberie et d'entretien des installations électriques. Une vingtaine d'employés sont mis à pied tandis que d'autres sont réaffectés dans des fonctions non spécialisées tant dans les foyers de groupe que dans l'établissement[6]. Après quelques mois de retard sur l'échéancier, le déménagement s'effectue enfin le 16 décembre 1983.

La transformation en établissement public marque le plus grand changement que l'Institution des sourds de Montréal ait connu depuis 150 ans. Une partie de la communauté sourde voit cette transformation avec appréhension, car elle craint de perdre un lieu qui a servi jusqu'alors de centre de ralliement. Plusieurs voient cette étape comme la fin d'une époque alors que, pour d'autres, c'est l'occasion de bâtir de nouvelles structures communautaires et de développer l'autonomie des personnes sourdes par rapport aux institutions. Il semble certain cependant que le nouveau centre de réadaptation devra composer avec l'attachement de la communauté envers un établissement qui était pour elle bien plus qu'une école ou un pensionnat.

La mutation en centre public se fait dans une certaine continuité avec l'héritage des anciens établissements et trois des sept membres du conseil d'administration de la Corporation Institution des sourds de Montréal sont élus au nouveau conseil d'administration de l'Institut Raymond-Dewar[7]. À sa séance du 19 juin 1984, le nouveau conseil d'administration élit pour la première fois une personne sourde au poste de président, Pierre-Noël Léger. Figure bien connue de la

---

3. Devenu par la suite la Régie régionale de la santé et des services sociaux de Montréal.
4. Notons que les conditions de négociation ne sont pas toujours faciles car le gouvernement du Québec, qui s'était engagé en 1968 à acheter l'édifice de l'Institution des Clercs de Saint-Viateur au cours des 12 années passées, n'a pas payé ce qu'il devait. Dans un contexte de vieillissement de la communauté, les Clercs redeviennent propriétaires d'un bâtiment trop grand pour leurs besoins et ont un peu le sentiment de s'être fait duper.
5. Il s'agit de l'Association du personnel de l'Institution des sourds de Montréal (APISM-CEQ) et du Syndicat national des employés de l'Institution des sourds de Montréal (CSN).
6. Gabriel Collard, entrevue du 21 août 2007 et *Rapport annuel de l'IRD*, 1983-1984.
7. Ces trois membres sont Mariette Hillion, Pierre-Noël Léger et Robert Longtin, c.s.v.

communauté sourde, monsieur Léger laissera une marque durable, car il demeure président de l'Institut jusqu'en 2007.

Pierre-Noël Léger

Ancien élève de l'Institution des sourds de Montréal, Pierre-Noël Léger a fréquenté l'Institution pendant sept ans avant de faire carrière pendant près de 50 ans dans l'imprimerie, d'abord aux Ateliers des sourds de Montréal puis pour la compagnie privée Litho Acme qui a racheté les Ateliers. Son engagement social, au sein de la communauté, a été constant et a été plusieurs fois honoré entre autres par le gouvernement fédéral qui lui a remis en 1989 le Certificat de mérite du prix Bénévolat Canada en reconnaissance de son engagement bénévole et par le gouvernement du Québec qui lui a décerné le prix Hommage bénévolat-Québec en 1999 pour souligner son engagement exceptionnel. Monsieur Léger a été membre d'un nombre considérable de conseils d'administration. Parmi ceux-ci notons le Conseil canadien de coordination de la déficience auditive, le Centre québécois de la déficience auditive et l'Office des personnes handicapées du Québec, où il a fait valoir sans relâche les intérêts de la communauté sourde[8].

À la même réunion du conseil, on décide d'aller de l'avant dans le changement de nom de l'établissement et de déposer une requête en ce sens auprès du ministère des Coopératives, Corporations et Institutions financières. Le nom d'« Institut Raymond-Dewar » est ressorti d'une consultation menée l'automne précédent. L'ancien conseil d'administration de l'Institution des sourds de Montréal l'a adopté lors de sa séance du 22 novembre 1983, moins d'un mois après le décès tragique du jeune leader de la communauté sourde, Raymond Dewar[9]. Encore sous le choc de sa disparition, les esprits convergent vers ce choix qui semble s'imposer de lui-même. En effet, même si les prises de position du jeune militant n'ont pas toujours

---

8. « Entrevue avec M. Pierre-Noël Léger », *Nous vous signalons*, vol. 11, n° 1 (1994), p. 4 ; *Entendre*, n° 31 (nov.-déc. 1979), p. 13 ; Entrevue du 24 août 2007.

9. Le 27 octobre 1983, à l'âge de 30 ans, Raymond Dewar est mort asphyxié par le monoxyde de carbone de sa voiture, garée dans un garage attenant à la maison et dont il avait oublié d'éteindre le moteur. C'était le soir de l'avant-première montréalaise de la pièce *Les enfants du silence* et Raymond Dewar avait pratiqué avec la troupe jusqu'à tard le soir, ce qui explique sans doute sa fatigue. Ne pouvant entendre le bruit du moteur, il s'est couché et est décédé au cours de la nuit.

fait l'unanimité, toutes et tous le reconnaissent comme une figure emblématique de la communauté sourde, un meneur naturel qui a su éveiller les consciences dans sa lutte pour les droits des Sourds et pour faire avancer cette cause auprès de la population québécoise. Six mois plus tard, le nouveau conseil entérine la décision voyant dans la réflexion de Raymond Dewar sur sa propre condition un message d'inspiration et de ralliement.

Raymond Dewar

Au lieu de rechercher la dépendance et le paternalisme comme autre-fois, nous visons maintenant la pleine autonomie. [...] Désormais, nous avons cessé de nous laisser modeler. Nous sommes sourds et nous avons pris conscience de notre différence. Nous sommes nous-mêmes. Oui, nous avons cessé de faire semblant d'entendre[10].

Le 26 octobre 1984 a lieu en grande pompe l'inauguration officielle de l'Institut Raymond-Dewar. Pour son ouverture, le centre de réadaptation a invité la famille Dewar, de nombreux représentants de la communauté sourde à qui l'on veut faire connaître les services offerts, les communautés des Clercs de Saint-Viateur et des sœurs de la Providence ainsi que le ministre des Affaires sociales, Camille Laurin, que l'Institut entend « sensibiliser [...] à la problématique de la surdité ». Dans son allocution, le ministre définit et appuie la perspective retenue par le nouvel institut dans l'orientation de sa mission :

La recherche d'autonomie de la personne constitue en effet le cœur même des activités du centre de réadaptation en déficience auditive. Il ne se substitue pas à la personne, il ne la prend pas en charge mais il l'assiste dans son développement et dans sa recherche d'une autonomie fonctionnelle, personnelle et sociale[11].

---

10. Raymond Dewar, « Nous les personnes sourdes », *Entendre*, n° 55 (nov.-déc. 1983), p. 9, texte repris du programme du Théâtre du Rideau-Vert pour la présentation de la pièce *Les enfants du silence*. Il s'agit du dernier écrit de Raymond Dewar.
11. « Allocution de M. Camille Laurin, m.d. à l'occasion de l'inauguration de l'Institut Raymond-Dewar », *Nous vous signalons*, vol. 1, n° 6 (novembre-décembre 1984), p. 2. Le ministre annonce également que son ministère offrira des services d'adaptation et de réadaptation en déficience auditive dans chacune des régions du Québec.

Doté d'un nouveau nom et de nouveaux locaux et accordé avec la modernisation des institutions québécoises, l'Institut Raymond-Dewar est appelé à jouer un rôle de premier plan comme centre de réadaptation suprarégional en déficience auditive. Ses clientèles sont variées, en raison de l'intégration des déficiences sensorielles et motrices dans l'appellation « déficience physique », une particularité québécoise. En conséquence, les programmes font également place « aux personnes de tout âge sourdes, malentendantes, devenues sourdes, sourdes-aveugles, avec ou sans un handicap associé et ayant besoin de services en réadaptation[12] ».

Des programmes axés sur la personne

Avec le temps et l'acquisition progressive d'une identité propre, le nouvel Institut sera souvent désigné simplement par les initiales IRD. Les premières années sont occupées par l'établissement de nouveaux services en concordance avec le mandat d'assurer à toute personne ayant une déficience auditive le développement maximal de son potentiel et de son autonomie afin qu'elle puisse s'intégrer dans la société[13]. Quand est venue l'heure de définir ce que signifiait véritablement la réadaptation en surdité, l'intégration sociale a émergé comme une des missions premières. C'est dans cette visée qu'ont été créés les foyers de groupe afin de « sortir les enfants des grands établissements et les installer dans des milieux de vie plus normalisants, plus petits ». Pour le nouvel établissement, ces foyers qui mobilisent un personnel important constituent pratiquement des institutions en soi et une grande partie des budgets y est consacrée[14].

Pendant les années 1980, le Réseau des centres de réadaptation en déficience physique adopte « l'approche programme », une approche qui met l'accent sur les besoins de la personne et son développement global plutôt que sur les services offerts par des professionnels. La philosophie d'intervention de l'Institut Raymond-Dewar correspond à ce virage formulé par le ministère des Affaires sociales, et elle suit plus spécifiquement les recommandations contenues dans le rapport du Sommet de l'Office des personnes handicapées qui s'est tenu en

---

12. *Entre nous*, vol. 11, nº 10 (octobre 1984), p. 1.
13. *Rapport annuel de l'IRD*, 1983-1984, p. 4.
14. Gabriel Collard, entrevue du 21 août 2007.

1981[15]. Élaborée sur ces bases, la philosophie d'intervention du centre de réadaptation comporte trois volets, chacun étant orienté vers des actions précises. Le premier volet vise l'épanouissement de la personne par la mise en place d'un plan d'intervention personnalisé « établi par une équipe multidisciplinaire, en collaboration avec le bénéficiaire lui-même ou les membres de sa famille ». Dans ce volet, qui comprend les programmes de réadaptation, se trouve affirmée l'importance d'une intervention précoce auprès des enfants et le recours aux méthodes et approches reconnues dans le but de maximiser la communication. Le plan d'intervention personnalisé privilégie aussi le maintien de l'enfant dans le milieu familial avec le soutien des parents ou, lorsqu'il s'agit de la vie dans une résidence de groupe, il prône des conditions de vie adéquates à l'exercice des droits, à l'apprentissage de la vie autonome et à l'intégration progressive dans un milieu de vie normal. Communication et autonomie sont les mots clés de ce volet et ils guident les interventions pour toute la période des années 1980.

Le deuxième volet de la philosophie d'intervention s'oriente vers la collaboration avec les autres établissements ou les autres organismes du réseau de la santé et des services sociaux, les associations de parents et les associations de personnes sourdes. Une de ses dimensions concerne la création de conditions permettant et encourageant l'exercice des droits des personnes ayant une déficience auditive, entre autres lors du processus d'adaptation et de réadaptation, mais pas uniquement, puisque les droits concernent l'ensemble de la vie en société. L'IRD offre des services d'adaptation et de réadaptation à diverses clientèles en plus d'assurer le développement de services analogues dans d'autres régions de l'ouest du Québec et de soutenir quand il y a lieu le travail d'équipes régionales. Dès le départ, son mandat s'insère dans une perspective de collaboration avec les services de santé communautaire en vue de la prévention et du dépistage de la déficience auditive.

---

15. L'OPHQ se rattache au courant de la réadaptation fonctionnelle qui se concentre non pas sur la déficience en elle-même, mais sur les obstacles qui font de la déficience un handicap. Ce courant « n'incite pas tant à guérir la déficience qu'à outiller la personne handicapée pour en limiter les effets sur sa vie quotidienne et sur son intégration sociale ». Julien Prud'Homme, *Histoire des orthophonistes et des audiologistes au Québec, 1940-2005. Pratiques cliniques, aspirations professionnelles et politiques de la santé*, Sainte-Foy, Presses de l'Université du Québec, 2005, p. 90.

Enfin, le troisième volet vise à établir des partenariats avec les organismes de formation et de recherche dans le but de faire progresser les connaissances scientifiques, mais également d'associer plus étroitement les recherches et les pratiques en réadaptation. En 1983-1984 déjà, l'Institut Raymond-Dewar participe à des recherches en psychologie de l'Université McGill et, avec l'Institut des sourds de Charlesbourg, à un projet de recherche de la Faculté des sciences infirmières de l'Université Laval. Des partenariats sont formés également avec les établissements régionaux qui prennent leur envol durant cette période.

En 1983-1984, l'Institut Raymond-Dewar place les enfants au cœur de ses priorités, comme l'ont fait avant lui ses institutions d'origine. En effet, cinq des six programmes de réadaptation visent les enfants et un seul s'adresse à une clientèle adulte. Tous ces programmes sont conçus pour être distincts et chacun comporte une équipe multidisciplinaire qui définit, avec la clientèle, des objectifs et une « programmation » conséquente. Un des premiers programmes ouverts, celui de la Petite Enfance avec déficience auditive, s'emploie à aider les enfants de 0 à 5 ans à développer leurs habiletés en communication tout en intégrant les parents à la démarche. Quatre programmes s'adressent par la suite aux enfants de 4 à 18 ans[16] : il s'agit, selon le vocabulaire de l'époque, des programmes Surdi-retard de développement, Surdi-mésadaptation socio-affective, Surdi-cécité[17] et Réadaptation en milieu scolaire. À cette époque, l'IRD a encore la responsabilité d'héberger une partie de sa clientèle. Ainsi, deux foyers de groupe et un centre de jour accueillent les enfants du programme Surdi-retard de développement tandis que deux autres foyers, en partenariat avec le centre de réadaptation Cartier, reçoivent les enfants du programme Surdi-mésadaptation socio-affective[18]. Enfin, une unité de vie interne loge les jeunes du programme Surdi-cécité et leur offre des services intensifs de réadaptation.

Un sixième programme de réadaptation cible la clientèle des adultes en vue de maximiser leurs capacités auditives restantes et

---

16. Il peut sembler étrange que les programmes se chevauchent de cette façon : 0 à 5 ans et 4 à 18 ans mais c'est ainsi qu'ils étaient décrits lors de la première année des programmes. *Rapport annuel de l'IRD*, 1983-1984, p. 9.
17. Ces trois derniers programmes viennent alors tout juste d'être divisés pour mieux permettre un plan d'intervention personnalisé.
18. Il s'agit de jeunes présentant des troubles d'adaptation sociale ou ayant besoin de protection sociale.

de les aider à employer de meilleures stratégies de communication. Ce programme reçoit également des « adultes qui, en plus de la déficience auditive, présentent des difficultés diverses, telle la déficience mentale[19] ». Il s'est développé un peu en lien avec la mise sur pied, en 1983-1984, d'un premier service d'aides techniques offrant téléscripteur, décodeur et systèmes de contrôle de l'environnement aux personnes avec déficience auditive. Ce service d'aides techniques, organisé en collaboration avec l'Office des personnes handicapées du Québec (OPHQ) et auquel l'Institut Raymond-Dewar associe également l'Association des devenus sourds du Québec (ADSQ), remporte un vif succès dès sa création, au point où il ne peut suffire à la tâche. L'année suivante, un projet conjoint IRD-OPHQ permet de fournir une aide matérielle à 582 personnes et de mieux répondre à la forte demande de la clientèle malentendante auprès de l'OPHQ. Le succès du projet amène l'Institut à prendre conscience des besoins de la clientèle malentendante adulte et à développer divers services[20].

Enfin, outre les six programmes de réadaptation, l'Institut met en place un service intitulé « multi-ressources ». Ce dernier offre le soutien et l'expertise à l'ensemble des spécialistes en intervention, aux personnes sourdes et au public en général. C'est également ce service qui s'occupe de la documentation, organise les conférences, coordonne les visites et les stages professionnels, assure un service d'interprétariat pour les bénéficiaires et le personnel et, enfin, stimule la recherche en déficience auditive. Il comporte un centre de documentation dont la collection d'origine provient des bibliothèques des deux institutions catholiques et n'a eu de cesse de s'enrichir par la suite ; en 1984, cette collection est déjà une des plus importantes au Canada[21].

Le service multi-ressources organise également des ateliers en langue des signes québécoise (LSQ) qui sont au départ plutôt des cours de conversation offerts à une clientèle entendante voulant ou devant communiquer avec les personnes sourdes gestuelles. Ces ateliers ont une valeur symbolique importante dans la mesure où ils sont vus par la communauté sourde comme une reconnaissance de la langue des signes, en opposition aux approches oralistes majoritaires depuis le Congrès de Milan de 1880. Il ne s'agit pas de la première

19. *Rapport annuel de l'IRD*, 1983-1984, p. 11.
20. Gabriel Collard, entrevue du 21 août 2007.
21. *Rapport annuel de l'IRD*, 1984-1985, p. 16.

formation en langue des signes à Montréal, car l'abbé Paul Lebœuf donnait des cours du soir déjà en 1974 à l'Institution des sourdes-muettes. Petit à petit, l'Institut Raymond-Dewar organise ces ateliers en les structurant autour d'un programme précis qui mène à une attestation reconnue et il devient le principal centre de formation en LSQ à la fois pour son personnel et auprès du grand public. Les cours, qui s'échelonnent sur cinq niveaux, rejoignaient 35 personnes en 1979. Les inscriptions progressent rapidement et les cours attirent de 300 à 500 personnes entre 1981 et 1987, de 600 à 700 personnes de 1988 à 1990 et 776 personnes en 1990-1991. L'Institut collabore à la mise sur pied d'ateliers de conversation dans d'autres villes, à Saint-Hyacinthe, à Lachine, à Sorel, etc. Le secteur «formation» inclut également, à partir de 1986-1987, des sessions de perfectionnement données aux téléphonistes de Bell et, après 1989, un partenariat avec l'Université d'Ottawa pour donner le cours d'interprétariat en langage gestuel.

L'Institut entend aussi être le plus accessible possible et possède alors dix points de service, outre son siège social de la rue Berri. Ces points de service sont situés à l'école Gadbois et dans différents centres et résidences[22] où l'Institut offre des services spécialisés, par exemple l'apprentissage aux habitudes de travail donné au centre d'accueil Le Chaînon. Dans cette même perspective d'accessibilité, trois bulletins sont lancés la première année : *Nous vous signalons*, un bulletin externe bimestriel à l'intention des bénéficiaires et des partenaires de l'établissement, *Entre nous*, un bulletin interne mensuel, et *Nouveautés*, un bulletin trimestriel faisant le bilan des pratiques et des écrits en déficience auditive en Amérique du Nord et en Europe.

Une dernière mesure est prise pour se conformer à la Loi sur les services de santé et les services sociaux : la formation du comité des bénéficiaires des services destinés à la clientèle. Ce comité, dont la première présidente est Mariette Hillion, est appelé à jouer un rôle important dans les années suivantes tant pour les usagers que pour les intervenants. Dès sa création, il constitue «un solide moteur pour interpeller les professionnels et le conseil d'administration sur la qualité des services[23]». Le comité pousse dans les premières

---

22. Le Centre Saint-Norbert à Laval, la Commission scolaire Jérôme-Le Royer, le centre d'accueil Le Chaînon, le Centre Cherrier, les résidences Gouin, Saint-Évariste, Taché, Lachapelle et Pichet à Montréal.
23. Gabriel Collard, entrevue du 21 août 2007. Le comité des bénéficiaires a pris le nom de comité des usagers en 2007-2008.

années pour une amélioration de la formation en surdité, entre autres à l'École d'orthophonie et d'audiologie. Il suggère également qu'on embauche des « logopèdes », c'est ainsi qu'on appelle les orthophonistes en Belgique, et que l'Institut adopte certaines méthodes novatrices, notamment la méthode « verbo-tonale », utilisée par les logopèdes[24]. Le directeur général de l'Institut fait alors un voyage en Belgique, en France et en Suisse à l'été 1988 avec ses collègues d'autres centres de réadaptation pour établir une base d'échanges durables avec des établissements étrangers. Par la suite, l'IRD fait venir Yves Deckneuvel de l'Institut de rééducation de la parole et de l'ouïe de Ronchin (France) afin de donner un stage sur la méthode verbo-tonale, ainsi que le docteur Oliver Périer de Bruxelles, une sommité dans le domaine de la surdité, pour présenter ses travaux, autant d'activités qui favorisent de nouvelles méthodes au Québec. Les efforts du comité des bénéficiaires conjugués aux besoins de l'organisme ont créé une pression suffisante pour ouvrir la porte à des changements[25].

Lors de sa création, le comité des bénéficiaires s'est concentré sur son mandat de fournir de l'information aux usagères et aux usagers, de promouvoir l'amélioration de la qualité des conditions de vie, de défendre les droits et intérêts collectifs et individuels des bénéficiaires et de les assister dans leurs démarches. Il a évolué depuis lors vers une fonction de représentation auprès des divers organismes liés à la déficience auditive et de consultation auprès de la direction et des gestionnaires, mais n'a jamais cessé d'être considéré comme un partenaire important pour l'évaluation de la qualité des services[26]. Au début des années 1990, cette fonction de représentation a contribué au développement des services pour personnes sourdes-aveugles et à la reconnaissance du mandat suprarégional en surdi-cécité de l'Institut Raymond-Dewar[27].

---

24. La Corporation des orthophonistes et audiologistes du Québec s'oppose alors vivement à toute reconnaissance de la formation des logopèdes étrangers par le gouvernement du Québec et à leur embauche par les centres de réadaptation. Julien Prud'Homme, « Histoire de l'École d'orthophonie et d'audiologie de l'Université de Montréal, 1956-2002. Des luttes professionnelles à l'épanouissement disciplinaire », *Centre interuniversitaire de recherche sur la science et la technologie (CIRST). Note de recherche*, juin 2006, p. 31.

25. Gabriel Collard, entrevue du 21 août 2007.

26. Pierrette Arpin, entrevue du 18 août 2008.

27. *Rapport annuel de l'IRD*, 1990-1991, p. 11. Le comité avait rencontré le ministre de la Santé et des Services sociaux pour faire de la représentation sur cette question.

Régionalisation et professionnalisation

D'autres défis marquent les débuts de l'Institut qui doit composer avec la régionalisation décidée par le gouvernement du Québec[28] en réponse aux demandes des acteurs du réseau de la réadaptation en déficience physique. Ces derniers préconisent que soient accessibles partout en région des services spécialisés de réadaptation. Au tournant des années 1980 s'amorce ainsi la régionalisation des services de réadaptation avec l'ouverture de « centres d'accueil de réadaptation » en déficience physique dans les différentes régions du Québec. Les ouvertures se succèdent ; en 1981, deux centres d'accueil sont établis : Le Bouclier, centre d'accueil et de réadaptation en déficience physique (auditive, du langage, motrice et visuelle) pour la région de Lanaudière et des Laurentides et le centre d'accueil La RessourSe pour l'Outaouais. Puis, le centre de réadaptation La Maison de Rouyn-Noranda pour l'Abitibi-Témiscamingue et le centre de réadaptation Estrie pour la région du même nom ouvrent leurs portes avant d'être suivis, lentement il est vrai, par l'offre de services dans chaque région du Québec. Tous ces centres régionaux ont initialement pour mandat de dispenser des services en déficience physique, ce qui intègre les déficiences motrice, auditive et visuelle.

L'Institut Raymond-Dewar a un rôle de soutien dans cette décentralisation des services et les nouveaux centres régionaux s'inspirent des programmes élaborés à l'institut montréalais pour produire leurs propres programmes de réadaptation, en lien avec leur population et les ressources dont ils disposent. Les centres de réadaptation entretiennent des rapports étroits entre eux et les directrices et les directeurs se rencontrent régulièrement par l'entremise de l'Association des centres d'accueil du Québec[29] pour échanger et entretenir des collaborations. Dans ce nouveau contexte de services décentralisés, l'Institut poursuit sa fonction de centre métropolitain de services et conserve son rôle

---

28. La régionalisation qui commence dans les années 1980 n'est que le début d'un long processus de décentralisation qui se poursuit en 1991, par l'adoption du projet de loi 120 sur les services de santé et les services sociaux.

29. Née en 1974 de la fusion de l'Association des foyers pour adultes (AFA) et de l'Association provinciale des institutions pour enfants (APIE), l'ACAQ avait principalement un mandat de représentation de ses établissements membres (320 en 1978), de soutien dans la mise en application de normes de fonctionnement adéquates et de promotion de la recherche et du perfectionnement. L'ACAQ regroupait alors tous les centres de réadaptation, ce qui incluait alors autant les centres pour jeunes délinquants que ceux pour déficients intellectuels, déficients physiques, alcooliques, toxicomanes, mères célibataires, ainsi que les centres d'hébergement.

supplétif auprès des centres régionaux jusqu'à ce que les services spé-cialisés y soient établis. Il participe activement à la formation appli-quée des futurs professionnels de ces régions et favorise les nouvelles recherches dans le domaine de la déficience auditive.

En même temps que s'opère cette régionalisation, l'IRD poursuit la professionnalisation de son personnel, amorcée dès l'adoption du mandat en réadaptation par l'Institution des sourds de Montréal. Dès le milieu des années 1980, la réforme générale du domaine de la santé, la participation à des programmes d'intervention autres que scolaires et la création du programme d'aides techniques de l'OPHQ entraînent l'augmentation des demandes en audiologie, en orthophonie, en psy-chologie et en psychoéducation, particulièrement aux programmes Petite Enfance et Adultes[30]. L'Institut est aux prises avec le manque criant de spécialistes et les faiblesses de la formation universitaire en matière de surdité[31]. En effet, la création du baccalauréat spécialisé en 1969 et les modifications au programme de maîtrise, qui entraînent la spécialisation de la profession d'orthophoniste, ne se sont pas accom-pagnées de l'offre de cours spécialisés dans le domaine de la surdité. De plus, malgré la forte hausse des demandes d'admission à la Section d'orthophonie et d'audiologie de l'École de réadaptation[32], le contin-gentement du programme limite les inscriptions à trente par année, cinquante après 1986. Enfin, en raison entre autres des réticences de la direction de l'École de réadaptation et de la reconnaissance tardive du caractère professionnel de ces disciplines par l'École et par l'Université de Montréal, la recherche a pris du temps à se développer[33]. Après

---

30. À l'arrivée de monsieur Collard, il n'y avait qu'un seul audiologiste à l'emploi du centre de réadaptation et cinq ou six orthophonistes travaillant en milieu scolaire. Gabriel Collard, entrevue du 21 août 2007.

31. En 1985, la Corporation professionnelle des audiologistes et orthophonistes du Québec (CPAOQ) dénonce le manque de ressources humaines ; il n'y a pas assez de diplômés et ceux-ci ne suffisent pas à la tâche. « La situation de l'audiologie au Québec : un manque inquiétant de ressources humaines », *Entendre*, n° 62 (janvier-février 1985), p. 26-27.

32. Les demandes d'admission passent ainsi de 14 en 1969 à 55 en 1971, puis à 226 en 1976 et enfin à 496 en 1985 avant de décroître dans les années 1990. Julien Prud'Homme, « Histoire de l'École d'orthophonie et d'audiologie de l'Université de Montréal, 1956-2002. Des luttes professionnelles à l'épanouissement disciplinaire », *Centre interuniver-sitaire...*, p. 19, 26 et 46.

33. Les enseignantes ont pendant longtemps le statut de « techniciennes chargées de l'ensei-gnement » et non de professeures, ce qui n'encourage pas la recherche. Avec la spéciali-sation des programmes adoptée en 1979, l'audiologie devient une discipline consacrée au même titre que l'orthophonie et la recherche fondamentale dans ce secteur décolle véritablement. Du côté de l'orthophonie, la recherche clinique demeure le principal pôle

l'augmentation en 1986 du nombre d'inscriptions, l'École d'orthophonie et d'audiologie organise, en partenariat avec l'IRD, des stages pratiques. Ce dernier travaille également avec l'Université McGill et l'Université de Sherbrooke pour produire dans le premier cas un programme de maîtrise spécialisée en déficience auditive et, dans le deuxième cas, un programme de certificat en déficience auditive.

Lors de la « mission MAS-MEQ » de 1982-1984[34], l'IRD fait des représentations auprès du ministère des Affaires sociales pour que les orthophonistes travaillant dans les écoles demeurent rattachés à ce dernier ministère plutôt qu'à des commissions scolaires. Il dénonce également la situation de pénurie de certains professionnels dans un mémoire déposé à la commission Rochon qui enquête sur les services de santé et les services sociaux de 1985 à 1987[35]. Le mémoire fait également état de la difficulté pour les personnes sourdes et malentendantes d'avoir accès aux services de santé et aux services sociaux. Il insiste enfin sur la faiblesse de la recherche, très peu développée alors dans le domaine de la déficience auditive. Comme la recherche ne fait alors pas partie de son mandat, l'Institut se voit dépendant de la recherche qui se fait ailleurs et déplore que les connaissances de pointe ne soient pas plus avancées.

Cette préoccupation pour la recherche est constante au cours de la décennie et l'Institut se donne des moyens de combler certaines lacunes. Ainsi, afin de financer des projets de recherche et diverses activités auprès de la clientèle sourde, l'Institut Raymond-Dewar crée une fondation en 1984. La « Fondation de l'IRD » associe les Clercs de Saint-Viateur au centre de réadaptation pendant plusieurs années, leur permettant de contribuer à une œuvre qu'ils connaissent bien et qui rappelle la « Fondation des sourds de Montréal[36] ». La fondation

---

d'activité et c'est également la philosophie qui guide la direction de l'École au moins jusque dans les années 1990. *Ibid.*, p. 9-10, 15-16 et 20 à 44.

34. Entente de complémentarité entre le ministère de la Santé et des Affaires sociales et le ministère de l'Éducation visant à coordonner leurs deux réseaux et à mieux répartir les ressources, cette mission continuait le travail de la mission MAS-MEQ de 1974.

35. Présidée par Jean Rochon, la Commission sur les services de santé et les services sociaux et les organismes communautaires avait pour but entre autres d'étudier le système de santé et des services sociaux afin d'en améliorer le fonctionnement et d'en contrôler les coûts. Elle a conduit à une « Réforme axée sur le citoyen », prônant une décentralisation régionale afin de recentrer les soins et les services sur les usagers et à l'adoption de la Loi sur les services de santé et les services sociaux en 1992.

36. En 1995, la Fondation de l'IRD prend le nom de Fondation de la surdité de Montréal affiliée à l'Institut Raymond-Dewar, puis en 2003 celui de Fondation Surdité et

commence ses activités publiques en 1988. Un spectacle de Gilles Vigneault au Théâtre du Rideau-Vert et une campagne de souscription permettent de recueillir 6 500 $, un montant modeste, mais qui subventionne deux projets liés à l'enseignement aux enfants sourds. En 1989-1990, elle reçoit près de 30 000 $ et accroît ses activités. Depuis, son champ d'activités s'est élargi et elle soutient désormais plusieurs projets associés au développement de l'Institut Raymond-Dewar et de sa clientèle, mais qui ne peuvent être financés par l'établissement.

Toujours selon la même préoccupation, en 1989, l'IRD participe avec une douzaine d'établissements à la création du Réseau de recherche en adaptation-réadaptation de Montréal et l'ouest du Québec (RRRMOQ)[37] afin de « poser les jalons de la recherche en réadaptation[38] ». Le RRRMOQ est reconnu et financé par le Fonds de la recherche en santé du Québec. Il a pour objectif de soutenir la recherche en mettant à contribution les professionnels de la santé dans les établissements, en les encourageant par exemple à faire des études supérieures, mais également en favorisant les projets jumelant cliniciens et chercheurs autonomes ou universitaires dans le but de mieux répondre aux besoins de la clientèle. En 1990, l'Institut met de l'avant ses projets de recherche en surdité et en « surdi-cécité » et demande officiellement à être reconnu comme institut universitaire[39]. Il n'obtient pas cette reconnaissance, mais un premier jalon est posé et l'objectif est dorénavant mieux défini.

L'évolution de la clientèle et des programmes

À sa première année de fonctionnement (1983-1984), l'Institut Raymond-Dewar compte 119 personnes à son emploi et accueille 151 bénéficiaires, soit 63 enfants (dont 50 de la clientèle scolaire) et 88 adultes pour un total de 307 dossiers actifs. Parmi son personnel, on compte 36 éducatrices et éducateurs, ce qui constitue le groupe le plus nombreux. Le deuxième groupe en importance se compose des orthophonistes qui sont au nombre de 12. Les foyers de groupe

---

Communication de l'Institut Raymond-Dewar pour mieux refléter l'évolution de la philosophie de l'Institut, orientée désormais clairement vers la communication. Pour plus de commodité, nous nous référons à la Fondation de l'Institut Raymond-Dewar tout au long du texte.

37. Un réseau est constitué pour l'autre moitié du Québec également : le Consortium de recherche en adaptation-réadaptation de l'est du Québec (CORREQ).

38. *Rapport annuel de l'IRD*, 1991-1992, p. 2.

39. *Nous vous signalons*, (janvier-février 1990), p. 3.

comptent pour une large part des activités et reçoivent plus du cinquième du budget de 6 071 166 $.

Dès l'année suivante, 634 adultes se présentent à l'Institut, ce qui entraîne un changement de programmation : « Il s'agit, en effet, d'une clientèle de personnes qui deviennent sourdes avec le temps et qui présentent donc une problématique différente de celle des personnes avec une déficience auditive pré-linguistique[40]. » L'Institut constate que cette clientèle, qui tend à s'isoler plutôt qu'à consulter, n'est pas bien connue des divers services publics ; le défi est de les rejoindre et de répondre à des besoins que l'on connaît encore mal. Pour l'heure, il s'agit surtout de réussir à répondre à l'afflux de personnes. La clientèle scolaire a également augmenté de plus du double en raison de nouveaux services en audiologie[41].

De même, la désinstitutionnalisation et les programmes internes d'aide à l'autonomie ont des effets sur la clientèle admise à l'Institut : le nombre d'enfants et d'adolescents sourds qui présentent en outre une déficience visuelle, un trouble d'adaptation socioaffective ou un retard de développement passe de 34 à 19 en une seule année. En effet, à partir de 1987, les enfants intégrés dans les garderies et les écoles de leur quartier reçoivent, en plus des services d'orthophonie, ceux d'audiologie[42].

Entre 1984 et 1990, la progression des clientèles est considérable. De 151 personnes en 1983-1984, on passe à 2 006 personnes déficientes auditives qui reçoivent des services de réadaptation en 1989-1990 à 2 294 personnes en 1990-1991, et ce, malgré l'augmentation de ressources existant dans les différentes régions à la fin de la période. C'est la proportion de bénéficiaires du Montréal métropolitain qui est en constante progression. Ce qui caractérise surtout cette période, c'est la diminution constante des services internes et l'accroissement notable des services externes. Le personnel de l'IRD semble évoluer assez peu, passant de 119 à 125 en 1986 puis à 137 employés en 1990 mais, en réalité, plusieurs postes de soutien sont remplacés par des postes de professionnels, en particulier par des postes d'orthophoniste, d'audiologiste et de psychologue.

---

40. *Rapport annuel de l'IRD*, 1984-1985, p. 12.
41. On ajoute alors deux cabines audiologiques complètes.
42. Voir les *Rapports annuels de l'IRD* de 1986 à 1991.

La clientèle et les programmes évoluent donc sans cesse et, pour appuyer ses professionnels, l'Institut Raymond-Dewar met l'accent sur le perfectionnement, faisant venir sur place des formateurs ou encourageant le personnel à suivre des formations à l'extérieur. En 1986, pas moins de 47 projets de perfectionnement sont acceptés, sans compter la participation d'un grand nombre de professionnels aux colloques sur la déficience auditive et sur la réadaptation fonctionnelle. Dix stagiaires viennent également à l'Institut, principalement en orthophonie et en audiologie. Au nombre de 17 l'année suivante, en 1990, les stagiaires atteignent le chiffre de 29 dont 22 proviennent de l'École d'orthophonie et d'audiologie de l'Université de Montréal. Enfin, pour mieux projeter le développement des programmes, un comité d'étude est formé afin de préciser les grandes orientations de l'Institut et d'élaborer un plan directeur de développement des services pour les cinq années à venir. Ce plan directeur mentionne deux grandes priorités : rejoindre plus de personnes sourdes dans la région desservie et faciliter l'accès aux services dans les autres établissements du réseau de la santé et des services sociaux. Il est notable que les années 1980 ont apporté une extension importante de la clientèle et des fonctions héritées des institutions religieuses.

Sur le plan professionnel, l'IRD se dote d'un organe qui se révèle efficace dans son rôle d'appui et de stimulation du personnel professionnel et administratif. Le comité exécutif du Conseil consultatif du personnel clinique (CCPC), créé en novembre 1984, réunit des représentants de chaque groupe professionnel et de la direction. Il se veut « un comité de réflexion et d'approfondissement clinique entre intervenants et direction ». C'est lui qui définit les dossiers prioritaires et qui travaille au développement de l'Institut Raymond-Dewar dans les trois volets de sa mission.

Le volet collaboration

En plus de développer ses programmes, l'IRD pose les jalons d'une collaboration active avec le milieu communautaire, mais également avec ses interlocuteurs du ministère de la Santé et des Services sociaux, du Conseil de la santé et des services sociaux de la région de Montréal métropolitain (CSSSR-MM) et de l'Association des centres d'accueil du Québec (ACAQ). Cette collaboration permet à l'Institut de contribuer à l'avancement de nombreux dossiers, dont celui du transfert du programme des aides de suppléance à l'audition de l'Office des personnes handicapées du Québec (OPHQ). Divers autres projets sont également élaborés avec des partenaires d'horizons différents, par exemple le Comité de la surdité Québec-Guinée, un projet de coopération internationale, formé en 1989 par l'Institut avec l'aide de l'Agence canadienne de développement international (ACDI).

Cette collaboration se fait aussi en donnant des services aux 25 garderies qui accueillent en 1989 des enfants avec déficience auditive. Des services sont également offerts dans les centres hospitaliers et d'autres centres de réadaptation.

De même, héberger plusieurs associations de promotion des droits des personnes sourdes au 4e étage de l'IRD a créé une dynamique plus qu'intéressante pour celui-ci. J'étais de l'école de pensée assez courante en réadaptation physique qui croit qu'en réadaptation, on doit être attentif aux attentes et aux préoccupations de nos clients et que c'est par les associations qu'on peut les connaître. Cette présence incitera également les professionnels à développer des approches qui répondent à leurs attentes[43].

Tout comme avec le comité des bénéficiaires, l'Institut Raymond-Dewar entretient depuis ses débuts des liens étroits de collaboration avec plusieurs organismes communautaires liés au domaine de la surdité, notamment le Centre québécois de la déficience auditive (CQDA) où il siège au conseil d'administration, l'Association des adultes avec problèmes auditifs (AAPA), l'Association des Sourds du Montréal métropolitain (ASMM), l'Association québécoise pour les enfants avec problèmes auditifs (AQEPA), l'Association des devenus sourds et malentendants du Québec (ADSMQ), la Confédération des organismes provinciaux de personnes handicapées du Québec (COPHAN)[44] et le Regroupement des personnes sourdes-aveugles du Québec[45]. Les années 1980 sont marquées par le dynamisme de la communauté sourde. Pour les militantes et les militants, il importe de se donner des structures qui unifieront la communauté sourde

---

43. Gabriel Collard, entrevue du 21 août 2007. C'est le ministère des Affaires sociales qui avait à l'origine pris la décision d'héberger l'AQEPA à proximité de l'IRD, *Entendre*, n° 28 (mai-juin 1979), p. 10.
44. En 1998, cet organisme est devenu la Confédération des organismes de personnes handicapées du Québec (COPHAN).
45. Groupes auxquels s'ajoute en 1995 l'Association des implantés cochléaires du Québec (AICQ).

et lui donneront plus de pouvoir. Le contexte d'affirmation nationa-
liste au Québec encourage également les militants à se battre pour la
reconnaissance de leur culture et de leur langue, c'est-à-dire la culture
sourde et la langue des signes québécoise. Des mouvements affirma-
tifs venus des États-Unis et de la France[46] – dans ces pays, on prône la
reconnaissance de l'ASL et de la LSF comme langues naturelles pour
les personnes sourdes – et la publication du premier lexique de LSQ
en 1981 contribuent à créer une effervescence identitaire qui s'exprime dans de nombreux domaines.

Des services de soutien aux étudiantes et étudiants sourds, financés
par l'État, résultats des revendications d'associations ou d'individus,
sont offerts pendant la même période grâce aux pressions de la communauté sourde. Ainsi, en 1982, dans le but de permettre l'accès aux
études postsecondaires pour les élèves sourds, le ministère de l'Éducation charge deux institutions collégiales d'offrir des services adaptés
à cette clientèle. Cinq ans plus tard, le ministère « désigne » les deux
mêmes cégeps comme responsables des services d'interprétariat pour
tous les autres collèges qui accueillent des étudiants sourds et reconnaît leur expertise pour l'intégration des élèves ayant des besoins
particuliers. Les deux cégeps désignés sont celui du Vieux Montréal,
chargé des services pour les 22 cégeps de l'ouest de la province et
celui de Sainte-Foy, responsable des services pour les 30 cégeps de
l'est du Québec.

Au cégep du Vieux Montréal, le Service d'aide à l'intégration des
élèves handicapés (SAIDE)[47] est né de la demande et de l'action déterminée de deux jeunes finissants, Michel Lepage et France Beaudoin,
qui entendaient pouvoir continuer leurs études sans avoir à s'exiler
aux États-Unis[48]. Anciens élèves militants de la polyvalente Lucien-
Pagé, ils constatent qu'à peu près aucun étudiant sourd ne continue
ses études après la 5e année du secondaire, soit après l'âge de 17 ans[49].
Ils organisent une réunion à Québec au printemps 1981 avec des

---

46. Comme le *Manifeste de la surdité* qui paraît en France en 1980. Maurice Lemaître,
« Manifeste de la surdité », *Le Sourd Québécois*, no 68 (janvier-février 1980), p. 9.

47. Le Service d'aide à l'intégration des élèves handicapés est devenu le Service d'aide à
l'intégration des élèves en conservant le même acronyme.

48. Entrevue avec Michel Lepage, 18 et 23 avril 2008. Voir aussi Paul Bourcier, « On n'a pas
tous les jours 20 ans ! », *Voir Dire*, no 111 (janvier-février 2002), p. 12.

49. Du groupe de finissantes et de finissants de Michel Lepage, ils étaient trois seulement à
entrer au cégep après leur secondaire et ils étaient dans trois cégeps différents, Ahuntsic,
Montmorency et Rosemont. Entrevue avec Michel Lepage, 18 et 23 avril 2008.

finissantes et des finissants de la 5ᵉ année du secondaire pour fonder l'Association québécoise des étudiants sourds et malentendants au postsecondaire. Élu président de l'association, Michel Lepage entreprend des démarches auprès du ministère de l'Éducation pour que les services d'interprète soient offerts tant au cégep qu'à l'université[50]. En 1981, il obtient d'abord une bourse pour payer lui-même des services d'une interprète au cégep Rosemont, où il étudie, puis l'année suivante le ministère accepte de payer directement les services d'interprétariat. À l'automne 1982, la Commission scolaire de Montréal accepte de « prêter » Paul Bourcier, un enseignant de la polyvalente Lucien-Pagé, pour organiser le SAIDE au cégep du Vieux Montréal[51]. Ce même automne, sept étudiants sourds s'inscrivent au cégep du Vieux Montréal, faisant la preuve de l'utilité de ce service.

Dédié à la clientèle étudiante sourde au départ, le SAIDE élargit par la suite son mandat pour offrir des services aux étudiantes et étudiants présentant une déficience sensorielle ou motrice[52]. Un peu plus tard, l'Université du Québec à Montréal et l'Université de Montréal pressentent Michel Lepage pour savoir comment organiser un service d'interprètes pour sa future clientèle étudiante sourde. Le vent change puisqu'il ne sera pas nécessaire de recommencer la lutte à l'université. Les deux universités signent une entente avec le Service du cégep du Vieux Montréal afin que ce dernier assure les services d'interprétariat dans leurs établissements et c'est ainsi que l'Université de Montréal accueille ses deux premières étudiantes sourdes en orthophonie[53].

---

50. L'Association demande également des services de prise de notes afin que l'étudiante ou l'étudiant sourd puisse regarder l'interprète sans se soucier de tout noter en même temps. Elle exprime enfin le souhait que les cours de français et de philosophie soient donnés dans des classes homogènes, c'est-à-dire composées uniquement d'élèves sourds, afin que ces cours puissent se dérouler en LSQ et qu'il y ait interaction entre les professeurs et les étudiants. Ce modèle de service a été respecté depuis les débuts du SAIDE. Paul Bourcier, communication personnelle.

51. Le « prêt » de services a finalement duré sept ans, après quoi Paul Bourcier a été engagé par le cégep du Vieux Montréal. En 1992, le SAIDE a pris de l'expansion quand une autre enseignante de la polyvalente Lucien-Pagé, Julie-Élaine Roy, s'est jointe à l'équipe et a institué le programme de Communication et Surdité au cégep du Vieux Montréal.

52. Paul Bourcier, « On n'a pas tous les jours 20 ans ! », *Voir Dire*, nᵒ 111 (janvier-février 2002), p. 12.

53. Le protocole d'entente a été adopté par les autres universités au fur et à mesure qu'elles acceptaient une clientèle étudiante sourde, ainsi à l'Université McGill, à l'Université Concordia, à l'École d'architecture, aux Hautes Études commerciales, etc.

L'IRD a un protocole d'entente avec le SAIDE afin de permettre à la clientèle étudiante sourde et malentendante du cégep du Vieux Montréal d'avoir accès rapidement aux services de l'Institut. Ainsi, si une étudiante doit être évaluée en audiologie ou encore si un étudiant a besoin d'un appareil d'aide à l'audition, le cégep contacte l'IRD et l'Institut traite ces demandes avec célérité.

Le Manoir Cartierville et le Centre Roland-Major

Le partenariat formé avec le Manoir Cartierville illustre bien le type de collaboration conclu avec les autres centres du réseau de la santé et des services sociaux par l'Institut Raymond-Dewar au cours de la première décennie de son existence. Dans les années 1980, le Manoir Cartierville, le centre d'hébergement pour personnes âgées sourdes et entendantes de la rue Grenet, doit s'adapter aux nouvelles directives du gouvernement qui favorisent le maintien à domicile des personnes en perte d'autonomie. Certaines personnes âgées encore fonctionnel-les ou autonomes sont invitées à s'établir hors de la résidence et l'on interdit désormais l'hébergement des conjoints des bénéficiaires aux frais de l'État[54]. Afin de répondre aux directives du ministère de la Santé et des Services sociaux et de favoriser le maintien à domicile, le Manoir Cartierville envisage de nouveaux services qui seront offerts en externe à la clientèle âgée sourde du quartier montréalais de Bordeaux-Cartierville.

C'est dans ce contexte qu'est recruté un jeune génagogue[55], spé-cialiste de l'organisation des groupes, François Lamarre, à qui le Manoir confie l'organisation d'un centre de jour en mars 1981. Avec l'aide du comité de coordination[56], François Lamarre prépare l'or-ganisation du centre et propose un programme d'activités pour les

---

54. L'approche humaniste qui avait guidé la politique de prise en charge des personnes âgées dans les années 1970 avait conduit à héberger les conjoints « autonomes » des personnes hébergées et même parfois après le décès d'une résidente, à garder le conjoint même si celui-ci n'était pas en perte d'autonomie. François Lamarre, entrevue du 9 août 2007.
55. « Un génagogue est une personne qui travaille à optimiser le travail en équipe, il permet à des groupes de se constituer, de fonctionner et d'être efficace. » François Lamarre, entrevue du 9 août 2007. Monsieur Lamarre a été génagogue au Manoir Cartierville de 1981 à 1984, puis coordonnateur du centre de jour de 1984 à 1987, directeur des res-sources humaines de 1987 à 1993 et directeur des ressources humaines et des services d'hébergement de 1993 à 1995 et, enfin, directeur général du Manoir Cartierville de 1995 à 1999.
56. Comité composé de lui-même, de Serge Blackburn, coordonnateur et de Jacinthe Auger, infirmière.

bénéficiaires. Installé au quatrième étage de l'ancienne Institution des sourdes-muettes, à côté de l'Institut Raymond-Dewar, le centre de jour Roland-Major rejoint dès son ouverture en 1982 une clientèle qui ne fréquentait pas le nouveau centre de réadaptation en déficience auditive malgré des besoins souvent importants[57]. La proximité des locaux du centre de jour et de l'Institut Raymond-Dewar favorise les rapports suivis entre les deux établissements, d'autant que le milieu de la déficience auditive n'est pas très grand et que tout le monde se connaît[58]. La collaboration permet d'offrir des services qui autrement ne seraient peut-être pas assurés. Ainsi, le Manoir Cartierville embauche une audiologiste, Hélène Caron[59], qui travaille au centre de jour Roland-Major à partir de 1986 et qui est par la suite transférée à l'IRD en vertu d'une entente de collaboration signée entre les deux établissements[60].

C'est au moyen d'un plan d'intervention personnalisé que l'équipe multidisciplinaire[61], qui travaille au centre de jour Roland-Major, propose un programme d'action à chacune des personnes âgées sourdes qui fréquentent le centre. Cinq secteurs sont définis; ils couvrent les besoins médicaux, psychosociaux, communautaires et de soutien à domicile des bénéficiaires en concertation avec les autres ressources du milieu. Là aussi, la travailleuse sociale qui vient une journée par semaine provient de l'Institut Raymond-Dewar[62]. Le personnel des deux établissements collabore étroitement à un grand nombre d'activités – les programmes de l'Institut et du centre de jour

57. Chantal Henri, «Qu'arrive-t-il au Centre Roland-Major?», *Entendre*, n° 62 (janvier-février 1985), p. 7-8.
58. Jacinthe Auger, communication personnelle, 22 août 2008.
59. Cette collaboration a permis à madame Caron de publier à partir de son expertise avec les personnes âgées le *Guide du professionnel de la santé et de l'intervenant auprès de la personne aînée ou adulte ayant des problèmes d'audition* en 2003. À noter qu'Hélène Caron est elle-même malentendante et fait partie des pionnières qui ont obtenu un diplôme universitaire.
60. Le Manoir Cartierville entretient également de nombreux rapports de collaboration avec les groupes communautaires, c'est d'ailleurs dans des studios du manoir qu'a été produite pendant plusieurs années l'émission d'information *Coup d'œil* qui s'adressait à toute la communauté sourde.
61. Cette équipe est constituée d'une coordonnatrice, d'un génagogue, d'une infirmière, d'une travailleuse sociale et d'une technicienne en diététique. En janvier 1984, une ergothérapeute se joint à l'équipe.
62. La travailleuse sociale était à l'origine «prêtée» par le Centre des services sociaux de Montréal-Centre. Lors de la fermeture du CSSMM à la suite de la réforme des services de santé et des services sociaux, la travailleuse sociale est passée à l'Institut Raymond-Dewar et c'est l'Institut qui a repris l'entente. La réforme de 1991 est traitée plus loin.

seront d'ailleurs intégrés auprès des centres de jour de Montréal en 1997 – et cette collaboration contribue à la réussite de deux grands colloques dans les années 1980[63].

Le Sommet sur la déficience auditive

Le début des années 1980 est marqué par un réveil et une sensibilité nouvelle face aux droits des personnes handicapées. L'année 1981 est proclamée Année internationale des personnes handicapées par l'Assemblée générale des Nations Unies qui désigne ensuite la Décennie des Nations Unies pour les personnes handicapées de 1983 à 1992 dans le but « de promouvoir l'égalité et la pleine participation des personnes handicapées à la vie sociale et au développement[64] ». Au Québec, dans la foulée de ces événements et pour répondre à la demande de l'ONU d'élaborer un plan d'action, l'Office des personnes handicapées du Québec (OPHQ) prépare une politique d'ensemble et organise une conférence socioéconomique sur l'intégration des personnes handicapées. Cette conférence conduit à l'adoption en 1984 de la politique *À part... égale* lors du Sommet du même nom. Se voulant l'expression des nouvelles conceptions concernant les incapacités, *À part... égale* souligne la différence entre la déficience et le handicap, ce dernier étant vu comme le fait de ne pouvoir participer pleinement à toutes les sphères sociales en raison du manque d'ajustements et d'adaptations de la société et non en raison de la déficience elle-même.

C'est dans le but d'aller plus loin et de réfléchir collectivement aux divers aspects de la surdité et de la « réalité silencieuse[65] », souvent négligés par cet organisme selon la communauté sourde, qu'à l'invitation de l'Association québécoise pour enfants avec problèmes auditifs (AQEPA) est organisé le Sommet québécois sur la déficience auditive[66]. Première véritable rencontre d'importance réunissant

---

63. La collaboration s'est poursuivie après le déménagement en 1995 du centre de jour dans des locaux construits à même le Manoir Cartierville. Le déménagement avait été rendu obligatoire par la vétusté des lieux, devenus dangereux pour une clientèle de plus en plus diminuée physiquement, donc difficile à évacuer en cas de problème.

64. http://www.unac.org/fr/news_events/un_days/disabled1.asp, document consulté le 28 avril 2008. En 1992, l'Organisation des Nations Unies a proclamé le 3 décembre « Journée internationale des personnes handicapées ».

65. François Lamarre, entrevue du 9 août 2007.

66. C'est au congrès de 1979 de l'AQEPA qu'André Lachambre avait lancé cet appel : « J'aimerais que, dans le domaine de la surdité, les linguistes, les psychologues, les sociologues, les éducateurs puissent s'asseoir à un moment donné et penser à des projets très précis en fonction de la déficience auditive, évaluer les expériences qui sont faites

les principaux interlocuteurs concernés par la surdité, le Sommet se tient à l'hôtel Sheraton de Montréal, qu'il occupe au complet du 31 janvier au 2 février 1986. Le Sommet a été planifié soigneusement depuis 1984 par un comité organisateur, incluant des responsables du milieu associatif[67], des représentants des organismes publics du domaine de la déficience auditive et bien sûr de l'Institut Raymond-Dewar. La gestion du Sommet est confiée au Centre québécois de la déficience auditive (CQDA). François Lamarre, le génagogue du Manoir Cartierville, est nommé animateur des travaux du Sommet. Lors de l'ouverture, Arthur LeBlanc, de l'Association des Sourds du Montréal métropolitain, insiste sur l'idée que « le handicap des sourds en est un essentiellement de communication[68] ». Selon lui, si la conférence socioéconomique de 1981 a été décevante pour les personnes sourdes, c'est parce que « les autres handicapés ne peuvent comprendre les nombreux problèmes qui [...] découlent [de la surdité] ». Pour monsieur LeBlanc, il revient donc aux principaux concernés de prendre la parole et de définir leurs besoins. C'est pourquoi le Sommet comporte un important volet de consultation de la population sourde et l'on entend bien donner suite aux recommandations qui seront élaborées en assemblée plénière sur la base de cette consultation. Dans cette optique, l'Institut Raymond-Dewar et le Manoir Cartierville apparaissent comme des partenaires de premier plan.

Le Sommet québécois sur la déficience auditive/Quebec Summit on Hearing Impairment est entièrement bilingue, avec services d'interprétariat oralistes et gestuels dans les deux langues. Les thèmes retenus proviennent des résultats d'une consultation réalisée par les associations de la communauté sourde, d'un document synthèse des réflexions des associations et du document *À part... égale* de l'OPHQ. Les onze ateliers thématiques ont également été préparés minutieusement : dans chaque atelier, on retrouve dix-huit participants, trois

---

à date, de façon à pouvoir à un moment donné statuer sur celles-ci », *Entendre*, n° 28 (mai-juin 1979), p. 12-13.

67. Notamment Léon Bossé, président de l'Association des devenus sourds du Québec (ADSQ), Bertrand Dion, directeur général de l'Association québécoise pour enfants avec problèmes auditifs (AQEPA), Gaston Forgues, président de la Fondation des Sourds du Québec, Pierre-Noël Léger et Rita Gamache, respectivement président et coordonnatrice du Centre québécois de la déficience auditive (CQDA), Arthur LeBlanc, directeur général de l'Association des Sourds du Montréal métropolitain (ASMM), plusieurs de leurs collègues des mêmes associations et de très nombreux bénévoles.

68. Arthur LeBlanc, « Introduction », *Voir Dire*, n° 15 (janvier-février 1986), p. 5.

par groupes d'âge (enfants, adolescents, adultes et personnes âgées) et un par situation particulière (sourd, demi-sourd et sourd avec déficience associée ainsi que sourd de naissance et surdité acquise). De plus, de nombreuses conférences publiques sur des sujets d'actualité comme l'implant cochléaire ou le développement de l'enfant sourd selon les deux philosophies, oraliste et gestuelle, sont au programme tout au long du Sommet. Enfin, une exposition sur les nouvelles technologies en adaptation-réadaptation est accessible aux participantes et aux participants.

Le Sommet sur la déficience auditive constitue un succès pour les participantes et les participants qui peuvent enfin approfondir les questions qui les préoccupent plus particulièrement[69]. Parmi ces questions, l'accès à l'emploi occupe une place importante, car le taux de chômage demeure élevé chez la communauté sourde, plus vulnérable et souvent sous-scolarisée. De même, le sujet encore chaud de « l'intégration scolaire » amène le comité d'organisation à diviser l'atelier sur l'éducation en trois, étant donné le nombre élevé d'inscriptions. Au terme du Sommet, un ensemble de revendications est donné à la nouvelle ministre de la Santé et des Services sociaux, Thérèse Lavoie-Roux. Plusieurs d'entre elles visent à améliorer l'accès à l'emploi pour les personnes sourdes, par exemple par « la création de centres de main-d'œuvre adaptés à leurs besoins, dans chacune des régions du Québec[70] ». On recommande également la fin du contingentement de la formation en orthophonie et en audiologie, un service d'interprètes pour accompagner les personnes sourdes chez le médecin, le dentiste, etc., et de meilleurs systèmes de signaux visuels pour les personnes sourdes dans tous les secteurs de la vie, y compris dans celui du sous-titrage à la télévision. À la fin du Sommet, madame Lavoie-Roux prend la parole pour promettre « des réactions concrètes » aux recommandations formulées par l'assemblée plénière. Lors

---

69. Les autres ateliers thématiques concernent la prévention, le diagnostic et le traitement, l'adaptation-réadaptation, le soutien aux familles, les communications, la culture, les loisirs et la vie associative.

70. André Pépin, « Les sourds québécois exigent des centres de main-d'œuvre adaptés », *La Presse*, 13 février 1986. Dans la décennie qui suit, le Centre québécois de la déficience auditive (CQDA), à qui a été confié la responsabilité des suites à apporter, pousse plus à fond la réflexion et la recherche sur les problèmes inventoriés lors du Sommet afin de proposer des solutions en lien avec les partenaires concernés. Dix ans plus tard, un colloque d'après-Sommet fait le bilan des recherches et propose un plan d'action où sont déterminées sept priorités qui vont du développement des services pour personnes sourdes de tout âge à la reconnaissance de la LSQ, en passant par l'accès à l'emploi.

de son allocution, elle se montre sensible à la réalité vécue par près de 500 000 personnes au Québec et à une reconnaissance de la culture sourde ; elle enjoint finalement la population à ne plus poser de gestes « qui marginalisent les sourds[71] ».

Le 29 mai 1987, un autre colloque porte sur la situation des personnes âgées ayant une déficience auditive du Montréal métropolitain. Organisé par le Manoir Cartierville, il fait suite au Sommet sur la déficience auditive, où ont été constatés les besoins particuliers de cette clientèle, peu étudiée, peu connue et qui n'a jamais vraiment eu l'occasion de s'exprimer[72]. Le colloque donne lieu à la publication d'un document[73] où sont présentés les principaux enjeux auxquels font face les personnes âgées, en particulier le maintien de l'autonomie, la participation à la vie associative, l'accès aux services de réadaptation et le nombre grandissant des personnes âgées devenues sourdes. Le colloque se tient dans le contexte particulier de l'évolution des clientèles à l'Institut Raymond-Dewar : avec la normalisation en éducation et la désinstitutionnalisation dans le domaine de la santé et des services sociaux, il y a de moins en moins de jeunes sourds vivant en foyer de groupe. En revanche, le vieillissement de la population signifie concrètement une augmentation du nombre de personnes âgées et, parmi elles, celles qui sont affectées par la baisse de l'acuité auditive ont besoin de services particuliers, ce qui conduit l'Institut Raymond-Dewar à lancer son programme Aînés en 1988[74].

Une réorganisation des programmes

En 1988-1989, en raison de l'évolution des clientèles et à partir des constats faits lors du Sommet sur la déficience auditive et du colloque sur les personnes âgées sourdes, l'IRD procède à une première refonte de ses programmes de réadaptation. Les programmes ne se définissent dorénavant plus par les problématiques diverses de la surdité (Surdi-retard de développement, Surdi-mésadaptation socio-affective...), mais en fonction de l'âge de la clientèle, sauf en ce qui concerne le

---

71. Carole Beaulieu, « Le "mur du son" est brisé. Lavoie-Roux s'engage à reconnaître la "culture sourde" d'ici l'automne », *Le Devoir*, 3 février 1986, p. 4.
72. François Lamarre, entrevue du 9 août 2007.
73. *Colloque sur la situation des personnes âgées déficientes auditives du Montréal métropolitain (tenu le 29 mai 1987), document synthèse*, Montréal, Centre d'accueil Manoir Cartierville et centre de jour Roland-Major, septembre 1987.
74. Lors de la décennie suivante, une entente est signée entre le Manoir Cartierville et l'IRD qui vise à donner des services aux personnes en perte d'autonomie.

programme pour personnes sourdes-aveugles qui s'occupe des tout-petits jusqu'aux aînés. La restructuration répond à un changement de philosophie où l'on entend « tenir compte des personnes dans leur globalité et non plus uniquement en fonction d'une déficience ou d'une problématique précise[75] ». Cela signifie que l'on verra à « suppléer aux incapacités générées par la déficience [et] à aider la personne à diminuer le handicap qui pourrait en découler ». Concrètement, cette réorganisation survient au moment où l'on constate la baisse de la clientèle sourde avec retard intellectuel, la fermeture de plusieurs foyers et surtout l'augmentation croissante de deux clientèles, celle des adultes devenus sourds[76], qui tend à devenir majoritaire, et celle des aînés souffrant de presbyacousie.

Ainsi naissent les programmes Petite Enfance, Enfants, Adolescents et Jeunes Adultes, Adultes, Aînés et Personnes sourdes-aveugles. Dans chaque programme, on retrouve une équipe multidisciplinaire complète où l'on fait la distinction entre les professionnels de la réadaptation fonctionnelle (audiologistes et orthophonistes) et ceux de l'adaptation psychosociale (psychologues, éducateurs et travailleurs sociaux). Les deux champs sont présents dans chaque programme pour mieux couvrir l'ensemble des besoins des diverses clientèles. Cette réorganisation représente un défi car elle impose un travail en équipe encore peu développée dans l'établissement, mais qu'on souhaite voir devenir le mode de fonctionnement obligatoire dans un avenir rapproché. Concrètement, cela signifie pour l'instant l'ajout des services d'un spécialiste en psychologie pour les enfants de quatre à douze ans par exemple, et en audiologie à l'ancien programme « surdi-mésadaptation sociale » destiné aux adolescents et aux jeunes adultes dont l'équipe ne comprenait jusqu'alors que des éducateurs et un psychologue. Le programme Adultes (21 à 65 ans) a été amputé des aînés pour lesquels on a créé un nouveau programme mieux adapté à la réalité de cette clientèle sans cesse croissante et qui représente déjà le deuxième groupe en importance numérique en 1989, quelques mois à peine après sa création. Les personnes aînées font face à l'isolement et à la solitude et leurs besoins diffèrent souvent de ceux des adultes, entre autres, en matière d'information concernant les services et les aides disponibles.

---

75. *Rapport annuel de l'IRD*, 1988-1989, p. 6.
76. Qui supplantent de plus en plus les adultes avec une surdité de naissance ou acquise en bas âge.

Pour les adultes, la restructuration permet d'adapter les services au profil des utilisateurs, mieux connus grâce aux études faites à l'Institut. Ainsi 85 % d'entre eux sont des personnes devenues sourdes, ce qui entraîne l'ajout de différents services, par exemple l'apprentissage de la lecture labiale et de la « communication par signes ». Parmi la nouvelle clientèle, on note également des personnes avec acouphènes et l'on prévoit offrir avec la Commission de la santé et la sécurité au travail (CSST) des services de réadaptation adaptés aux personnes dont la surdité est d'origine professionnelle. Pour les personnes sourdes de naissance, il importe de maintenir les services existants et de viser l'amélioration des stratégies de communication.

Les deux autres programmes sont le programme Enfants (4 à 12 ans) qui remplace l'ancien programme en milieu scolaire et le programme Adolescents et Jeunes Adultes (12 à 21 ans). Le programme Enfants comporte une dimension importante de soutien à l'intégration scolaire et la majorité des interventions se fait en milieu scolaire, soit par les orthophonistes qui travaillent dans trois commissions scolaires (la CECM, la Commission scolaire Chomedy de Laval (CSCL) et la Commission scolaire Jérôme-Le Royer), soit par les membres d'une équipe itinérante comprenant une audiologiste, des éducateurs et une psychologue. Au programme Adolescents et Jeunes Adultes, en plus de services d'audiologie, d'apprentissage de la LSQ, de la langue orale et de la lecture labiale, l'accent est mis par les éducateurs communautaires sur l'épanouissement de l'individu et son adaptation à la surdité. L'adolescence étant souvent un passage difficile, les éducateurs composent avec la crise d'identité des jeunes face à leur surdité ou à leur rejet de l'appareil auditif et du monde entendant par exemple et tentent de soutenir la socialisation et le développement identitaire des jeunes.

Dans cette réorganisation, seul le programme Petite Enfance demeure inchangé parce qu'il correspondait déjà à la nouvelle structure. On y renforce toutefois la dimension de développement de la communication, en particulier pour les enfants ayant une surdité prélinguistique. Un projet pilote est mis en place dès 1988-1989 dans lequel quatre enfants entendants sont intégrés à un groupe de communication. L'année suivante, on lance l'idée d'une expérimentation où des enfants sourds pourraient apprendre la LSQ avec des adultes sourds.

Au cœur des priorités de la restructuration, on retrouve l'augmentation des services aux personnes sourdes-aveugles. Les clientèles ont évolué et, si l'Institut reçoit moins d'enfants et d'adolescents ayant besoin de réadaptation intensive, une meilleure collaboration avec les partenaires du réseau entraîne une hausse du nombre de personnes sourdes-aveugles nécessitant des services externes, de même qu'une augmentation de la clientèle adulte désirant obtenir de l'assistance dans son milieu. L'Institut procède donc au lancement du «programme pour personnes sourdes-aveugles de tout âge». La conception qui guide la structuration du programme voit dans la surdi-cécité[77] non pas le cumul de deux déficiences sensorielles mais bien une nouvelle déficience en soi, laquelle nécessite des services particuliers de réadaptation, quoique différant selon le groupe d'âge. En 1988-1989, la clientèle se répartit ainsi : 7 jeunes enfants, 13 enfants et adolescents, 53 adultes et 30 aînés. L'équipe multidisciplinaire de ce programme, qui offre services et soutien autant à la personne qu'à la famille, se compose «d'une audiologiste, d'un psychologue, d'un éducateur communautaire, de conseillers en surdi-cécité, d'une psychomotricienne, d'un spécialiste de la communication, d'éducateurs et éducatrices, de cuisinières et de préposés[78]». Avec l'aide des intervenantes du programme, le Regroupement des sourds-aveugles du Québec est créé en juin 1991.

Le programme Surdi-cécité comporte encore un foyer de groupe sur lequel on compte lorsque des mesures de réadaptation et d'accompagnement intensif sont nécessaires, par exemple lors du passage à l'adolescence. L'unité de vie qui se trouvait encore à l'Institut Raymond-Dewar déménage cependant dans une maison privée[79], ce qui réalise l'objectif d'offrir aux jeunes qui y vivent un milieu de vie plus naturel. Le programme Surdi-cécité comporte également un centre d'intervention précoce où sont suivis des enfants de 6 ans ou moins et un service de consultation externe qui reçoit la majorité de la clientèle.

---

77. On continue encore quelques années d'écrire surdi-cécité en deux mots, mais la réalité de cette nouvelle approche finit par s'imposer et, à partir de 1993-1994, on écrit surdi-cécité. Pierre-Paul Lachapelle, communication personnelle. Nous respectons l'usage de ces termes par les documents officiels.
78. *Rapport annuel de l'IRD*, 1988-1989, p. 15.
79. Cette maison privée est sous la responsabilité de la Maison Odette, une ressource intermédiaire fondée par sœur Odette Lefebvre qui a donné lieu à plusieurs foyers pour personnes sourdes avec handicap associé et pour personnes ayant des troubles graves de santé mentale.

Un service de consultation régionale permet également de soutenir les intervenants dans les autres régions. La fermeture de l'unité de vie à l'IRD sonne le glas de l'ancienne mission d'hébergement des institutions catholiques pour enfants et adolescents sourds puisque, par la suite, les services seront tous offerts en externe.

Les personnes adultes sourdes-aveugles nécessitent des services différents, car pour la majorité d'entre elles la perte d'audition est survenue à l'âge adulte. Il s'agit donc de répondre à leurs besoins d'acquisition de moyens de communication adaptés et d'accompagnement car elles entendent conserver le plus d'autonomie possible dans la poursuite de leurs activités. L'Institut Raymond-Dewar, déjà reconnu comme expert-conseil dans le domaine de la surdi-cécité partout au Québec, annonce lors de la restructuration qu'il entend pousser ses connaissances grâce à la recherche-action.

Avec la réorganisation des programmes, la mission de l'IRD se tourne de plus en plus vers la communauté, ce qu'on remarque entre autres dans la préoccupation d'inclure les proches et la famille élargie, d'intervenir dans les lieux de vie des personnes sourdes (maison, école et milieu de travail) et de sensibiliser le public à la réalité de la déficience auditive. L'Institut essaie d'anticiper les prochains défis qu'il aura à affronter et de s'y préparer adéquatement. Le *Rapport annuel de l'IRD* de 1990-1991 annonce ces défis qui quelques années plus tard seront presque tous pris en compte dans des programmes : le suivi des personnes ayant reçu un implant cochléaire, l'offre de services pour des personnes avec acouphènes, l'extension des services aux clientèles allophones, ainsi que l'élargissement des services déjà en place à différentes autres clientèles, telles que personnes adultes présentant des troubles de la personnalité, adultes atteints de surdité professionnelle, clientèle de jeunes avec troubles auditifs centraux, personnes âgées en centre d'accueil. Il prévoit enfin établir un soutien à l'intégration en milieu scolaire usuel. Pour l'heure, les programmes existants sont bien implantés et leur clientèle est sans cesse en hausse. C'est donc le cœur tranquille qu'à l'automne 1990 le directeur général, Gabriel Collard, en poste depuis 1982, quitte pour relever de nouveaux défis. L'Institut Raymond-Dewar a réussi en quelques années à se positionner comme partenaire principal à la fois dans le domaine de la réadaptation et dans celui de la surdité et les prochaines années s'annoncent sous le sceau du développement.

Tout au long de la première partie de son existence, l'Institut Raymond-Dewar élabore puis consolide ses programmes, augmentant le nombre de professionnels qui y travaillent. S'il accueille au départ une clientèle provenant de plusieurs régions du Québec, au fur et à mesure qu'ouvrent des centres régionaux de réadaptation, la proportion de bénéficiaires provenant du Montréal métropolitain augmente en même temps que diminue la clientèle venue d'ailleurs. De 1982 à 1990, l'Institut se consacre particulièrement à l'étude de ses clientèles et cherche à améliorer les programmes en offrant de nouveaux services pour les clientèles émergentes qu'on lui adresse dans le réseau de la santé et des services sociaux.

Vers de nouveaux mandats (1991 à 1999)

Cette deuxième période, qui s'ouvre avec l'avant-projet de loi puis l'adoption de la Loi sur les services de santé et les services sociaux[80], se caractérise par la consolidation de la mission et des programmes de l'Institut Raymond-Dewar et l'expansion des centres de réadaptation en déficience physique à l'ensemble du Québec. On retrouve dorénavant un centre de réadaptation dans chaque région. Tout au long des années 1990, l'IRD continue son développement en ajoutant des services puis des programmes pour de nouvelles clientèles et, enfin, en recevant de nouveaux mandats qui stimulent ses équipes, mais se révèlent parfois un casse-tête en raison des restrictions financières imposées par le gouvernement du Québec.

Cette période voit également l'arrivée en début d'année 1991 d'un nouveau directeur général, Pierre-Paul Lachapelle, un psychologue-gestionnaire issu du réseau de la santé et des services sociaux où il a dirigé précédemment un centre de réadaptation en toxicomanie et un CLSC. Si la première partie de son mandat démarre dans la continuité avec la période précédente, la seconde partie est marquée par une conjoncture de compressions budgétaires et de modernisation des services, en particulier après 1995, et par l'adoption de la politique de virage ambulatoire du ministère de la Santé et des Affaires socia-

---

80. L'adoption de la loi a été précédée par les importants travaux de la commission Rochon et par une «Consultation générale dans le cadre de l'étude de l'avant-projet de loi sur les services de santé et les services sociaux» à l'automne 1989 et à l'hiver 1990 où tous les groupes concernés pouvaient déposer un mémoire (près de 200 mémoires déposés) et se faire entendre en commission parlementaire.

les[81]. En dépit de ces bouleversements, l'Institut Raymond-Dewar connaît une phase de croissance notable qui déborde le cadre de ses activités de prestataire de services puisqu'elle inclut progressivement la recherche et la formation, deux volets que l'Institut considère être un moteur de son développement et qu'il assume en collaborant avec divers partenaires.

Une modernisation des services de santé et des services sociaux

La nouvelle Loi sur les services de santé et les services sociaux entre en vigueur en 1992. Cette loi divise le Québec en 18 régions sociosanitaires et crée 17 régies régionales de la santé et des services sociaux (en remplacement des conseils régionaux de la santé et des services sociaux qui existaient depuis 1971) et elle reconfigure la structure des services de santé et des services sociaux. Elle procède entre autres choses à des regroupements régionaux par types d'établissement[82], sauf pour la région de Montréal-Centre qui obtient finalement d'être dispensée de cette disposition en raison du bassin de population et surtout du type de services spécialisés offerts. Si la mission des centres de réadaptation physique telle qu'elle est définie par la loi change peu[83], les centres doivent tout de même adapter leur fonctionnement aux nouvelles mesures qui affectent leur conseil d'administration et plusieurs de leurs comités.

---

81. Le virage ambulatoire s'accompagne d'une «désinstitutionnalisation» en déficience physique et intellectuelle et en santé mentale et d'un «virage milieu» selon lequel une partie des soins, sinon de la responsabilité, des personnes désinstitutionnalisées est retournée aux familles ou confiée aux organismes communautaires.

82. Pour les autres établissements en dehors du territoire de Montréal-Centre, l'article se lit ainsi: «Un conseil d'administration est formé pour administrer l'ensemble des établissements qui ont leur siège dans le territoire d'une régie régionale et qui exploitent un centre de réadaptation pour les personnes ayant une déficience physique.» Loi sur les services de santé et les services sociaux, *Lois du Québec*, 1991, chapitre 42, article 121. Avant le projet de loi, il a même été question de fusionner le conseil d'administration de l'Institut avec celui du CLSC du Plateau-Mont-Royal et de l'Hôpital Jean-Talon, mais l'Institut Raymond-Dewar a fait alors valoir l'importance de préserver sa vocation spécialisée et régionale, une vocation qui nécessite une complémentarité de services dépassant le territoire d'un CLSC et de «[...] l'importance d'avoir sur le Conseil [d'administration] des représentants de chacune de nos clientèles». «Entrevue avec M. Pierre-Noël Léger», *Nous vous signalons*, vol. 11, n° 1 (1994), p. 5.

83. «[O]ffrir des services d'adaptation ou de réadaptation et d'intégration sociale à des personnes qui, en raison de leurs déficiences physiques [...], requièrent de tels services de même que des services d'accompagnement et de support à l'entourage de ces personnes.» Loi sur les services..., chapitre 42, article 84.

Le Conseil consultatif du personnel clinique (CCPC) de l'Institut Raymond-Dewar est ainsi remplacé en mai 1992 par le Conseil multidisciplinaire pour répondre à la loi qui demande qu'un tel conseil « soit institué pour chaque établissement public [...] où travaillent au moins cinq personnes qui ont les qualités nécessaires pour faire partie de ce conseil ». Le nouveau conseil multidisciplinaire intègre toutes les personnes qui ont ces qualités, c'est-à-dire qui sont titulaires d'un diplôme d'études collégiales ou universitaires et exercent au sein de l'établissement une fonction en lien avec ce diplôme et reliée directement aux services de santé, aux services sociaux, à la recherche ou à l'enseignement[84]. La loi prévoit aussi la formation d'un comité exécutif qui comprend à l'Institut Raymond-Dewar le directeur général, la directrice des services professionnels et un membre de chaque regroupement professionnel de l'établissement. À ses débuts, le nouveau Conseil poursuit les travaux amorcés par le CCPC et se concentre ainsi pour la première moitié de la décennie sur l'équipe multidisciplinaire, le bilinguisme, la clientèle multiethnique, la formation et le perfectionnement, tout en gardant un œil sur des dossiers qui s'annoncent d'intérêt stratégique pour les années suivantes : les implants cochléaires, la formation en déficience auditive et la programmation[85]. Le Conseil organise aussi des journées scientifiques en 1993 et 1994, car la réflexion sur le travail et la recherche clinique fait partie de son mandat.

Le processus de nomination et le nombre de représentants au conseil d'administration changent également. Ainsi, en 1993 le conseil d'administration de l'IRD passe de 11 à 14 membres ; six d'entre eux « sont des consommateurs », c'est-à-dire des personnes sourdes, malentendantes, devenues sourdes, sourdes-aveugles ou des parents d'enfants sourds, et le conseil inclut également un représentant du nouveau conseil multidisciplinaire[86].

Le comité des usagers, en place déjà depuis 1984 à l'Institut, n'a donc pas à être formé, mais il repense son rôle pour améliorer la représentativité des groupes de bénéficiaires au sein du comité et il précise ses priorités pour les années à venir. Désormais, sa place

---

84. Loi sur les services..., chapitre 42, article 226.
85. *Rapport annuel de l'IRD*, 1991-1992, p. 5.
86. « Entrevue avec M. Pierre-Noël Léger », *Nous vous signalons*, vol. 11, n° 1 (1994), p. 4. Monsieur Léger note aussi que le nouveau conseil d'administration compte 6 femmes. Loi sur les services..., chapitre 42, article 129.

est mieux définie au sein de l'établissement qui doit lui accorder un budget particulier et lui fournir un local. Le comité devra toutefois désormais remettre un rapport d'activités à l'Institut et à la Régie régionale chaque année. Plusieurs grands dossiers retiennent l'intérêt du comité au début de cette décennie, entre autres « l'accessibilité aux services, notamment en ce qui concerne les services d'interprétariat visuel et tactile, [...] les services aux petits enfants de 0 à 4 ans, sous l'angle de la présence de modèles sourds pour leur adaptation à la vie », ainsi que la rédaction d'un code d'éthique à l'Institut[87], le bilinguisme bimodal, l'implant cochléaire, les logements adaptés pour les personnes sourdes-aveugles et les modes de communication.

L'adoption de la loi impose aussi à l'Institut de se concentrer sur certains dossiers prioritaires pour l'année en cours, mais également pour les années suivantes, car elle introduit plusieurs autres changements dans le fonctionnement des établissements qui sont tenus de s'y conformer. L'IRD doit par exemple adopter une procédure d'examen des plaintes, élaborer un code éthique, préparer un plan d'action pour le développement du personnel[88], mettre à jour les procédures concernant la rédaction des dossiers des usagers et rendre conforme son plan d'organisation du personnel[89]. Ces dossiers mobilisent les efforts jusqu'à la réalisation complète des objectifs, pour certains dès 1993, pour d'autres en 1995-1996, comme la Charte des droits et libertés des usagers, le code d'éthique et le plan de développement des ressources humaines.

De nouvelles clientèles

À l'Institut Raymond-Dewar, les années 1990 sont marquées par la croissance : arrivée de nouvelles clientèles, hausse des clientèles existantes, ajout de services et création de programmes (après d'importantes phases d'expérimentation) : tout concourt à la consolidation

---

87. *Rapports annuels de l'IRD*, 1991-1992, p. 5 ; 1992-1993, p. 7.

88. « Ce plan contient des mesures relatives à l'accueil des employés, à leur motivation, leur valorisation, le maintien de leur compétence en tenant compte des responsabilités confiées au conseil multidisciplinaire [...], leur évaluation, leur perfectionnement, leur mobilité et l'orientation de leur carrière. [Il] doit être évalué et mis à jour annuellement avec la participation des employés de l'établissement et, le cas échéant, des syndicats dont ils sont membres », Loi sur les services..., chapitre 42, article 231.

89. « Tout établissement doit préparer un plan d'organisation administratif, professionnel et scientifique. Ce plan décrit les structures administratives de l'établissement, ses directions, services et départements ainsi que les programmes cliniques. » Il doit être révisé aux trois ans. Loi sur les services..., chapitre 42, article 183.

de la mission du centre de réadaptation alors même que le Québec amorce une importante période de compressions budgétaires qui conduisent ailleurs à la fusion d'établissements, notamment des centres d'hébergement.

De 1991 à 2000, la hausse des clientèles est pratiquement constante, de 2 294 clients inscrits en 1990-1991, on passe à 2 966 en 1993-1994, à 3 473 en 1996-1997 et enfin à 3 764 en 1999-2000[90]. En 1993, l'Institut hérite de la gestion des ressources de type familial (autrefois désignées familles d'accueil) et des ressources intermédiaires pour personnes ayant une déficience physique[91]. Les demandes de services sont également en progression pour toute la période et le décompte des « services rendus » atteint déjà 157 717 en 1994-1995. Il faut dire qu'une forte hausse marque l'année 1995, en particulier de la clientèle adulte, à la suite du décret qui autorise les centres de réadaptation à distribuer des aides auditives[92]. Adultes et aînés sourds ont alors davantage accès à des appareils auditifs fournis par l'État, ce qui leur permet d'aller plus loin dans leur démarche d'adaptation et de réadaptation. L'Institut Raymond-Dewar devient officiellement un centre de distribution des aides de suppléance à l'audition (ASA) et reçoit tant les demandes pour la prescription que celles pour l'adaptation à ces aides. Le « comptoir de distribution des ASA » ouvre ses portes le 30 octobre 1995 et, en seulement cinq mois, répond à plus de 1 400 demandes de services (dont 80 % sont des demandes de réparation). En raison de cette hausse, le nombre d'audiologistes du programme passe de deux à cinq. En mai 1997, la Régie de l'assurance maladie du Québec (RAMQ) introduit plusieurs restrictions au service des aides à l'audition qui entraînent une baisse de la clientèle adulte et âgée[93].

---

90. Les chiffres sont : 2 294 (1990-1991), 2 374 (1991-1992), 2 923 (1992-1993), 2 966 (1993-1994), 3 360 (1994-1995), 3 409 (1995-1996), 3 473 (1996-1997), 3 624 (1997-1998), 3 483 (1998-1999) et 3 764 (1999-2000). Ils sont tirés des *Rapports annuels de l'IRD* et ne concernent que les clients inscrits car les demandes sont beaucoup plus considérables, mais après le *Rapport annuel* de 1994-1995 on compte le nombre d'heures de services fournis et non plus le nombre de demandes.

91. Voir plus loin la présentation du programme Sociorésidentiel.

92. La RAMQ récupère la gestion du programme de remboursement des aides auditives en 1993-1994 dans le but d'en limiter l'augmentation des coûts, puis en 1995, autorise les établissements de soin à les distribuer en réaction au mouvement de protestation des audioprothésistes qui exigent des hausses des tarifs et se désengagent du programme de l'État. Julien Prud'Homme, *Histoire des orthophonistes et des audiologistes au Québec, 1940-2005...*, p. 111.

93. Sont désormais exclus des remboursements plusieurs aides de suppléance comme le système infrarouge, le réveil-matin adapté et la boucle magnétique, les réparations de

L'Institut Raymond-Dewar a de plus en plus de « clients collectifs », ce qui ne figure pas dans ces chiffres. En effet, le centre de réadaptation intervient dans divers milieux (CLSC, Service de police de la Communauté urbaine de Montréal, centres de jour pour personnes âgées, écoles, services de loisirs des municipalités, etc.) pour des organismes de personnes sourdes, malentendantes et sourdes-aveugles avec l'objectif de diminuer les obstacles à l'intégration dans ces milieux.

Les programmes existants (Petite Enfance, Enfants, Adolescents et Jeunes Adultes, Adultes, Aînés et Surdi-cécité) demeurent pour l'essentiel les mêmes pendant toute la période mais plusieurs nouveaux services sont mis sur pied et offerts à la clientèle. Au programme Petite Enfance, par exemple, un projet d'enseignement de la LSQ démarre en réponse à un article signifiant de Gérard Labrecque paru dans *Nous vous signalons* en 1990. Dans ce texte, intitulé simplement « Témoignage » et adressé à la direction générale de l'Institut Raymond-Dewar, Gérard Labrecque relate sa propre expérience d'enfant sourd[94], seul, triste et sans mots pour communiquer son désarroi. Maintenant éducateur spécialisé à l'IRD, il côtoie tous les jours « les enfants tristes du troisième étage, [qui] ne parlent pas, [...] ne maîtrisent pas leur langue » et il intervient pour que la situation change enfin. Se faisant le porte-parole de ces enfants incapables de communiquer, son texte est un vibrant appel à l'enseignement de la LSQ aux enfants dès leur plus jeune âge[95]. Selon lui, l'enseignement doit venir des seules personnes compétentes pour enseigner la langue

---

d'appareils et le remplacement de certaines parties des appareils (embouts et coquilles). Ces décisions font réagir les intervenants et les mouvements associatifs, mais il faudra quatre ans de luttes et de représentation pour obtenir un nouveau règlement sur les aides auditives.

94. Deuxième d'une famille de dix-sept enfants dont neuf sont sourds, Gérard Labrecque a étudié à l'Institution des sourds de Montréal avant de revenir y travailler comme éducateur spécialisé puis de passer à l'IRD.

95. D'autres avant lui ont aussi demandé que des adultes sourds enseignent la LSQ aux enfants. En effet, dès les années 1980, Mariette Hillion recommandait une approche « globale et préventive », c'est-à-dire orientée d'abord vers la communication et le développement de l'enfant. Elle proposait la mise sur pied de programmes d'intervention auprès des parents pour les amener à « dédramatiser » la surdité et à utiliser « un outil qui ne connaît pas de handicap : le langage signé ». Elle souhaitait enfin qu'on favorise les contacts des enfants avec des personnes de la communauté sourde et que soit ouverte une garderie utilisant la langue des signes pour donner aux enfants des modèles d'identification. « Les services aux sourds... un pas en avant. Le point de vue d'une mère », *Entendre*, n° 62 (mai-juin 1983), p. 12-13.

des signes québécoise, les personnes sourdes, car «seuls les sourds sont capables de signer avec tout».

C'est quoi tout?
Tout, c'est les mots-signes, les structures grammaticales,
Mais c'est surtout l'expression faciale, l'expression corporelle,
C'est le toucher,
C'est le mime,
C'est s'ajuster au niveau du langage des enfants,
C'est être capable de capter les signes imprécis des enfants,
De les comprendre,
De les corriger,
Et c'est pour ça que les enfants sourds
Apprennent plus vite la langue avec les personnes sourdes[96].

La réponse de Gabriel Collard, directeur général de l'Institut Raymond-Dewar dans le même numéro de la revue, affirme l'intérêt de l'IRD pour cette approche. «Nous sommes d'accord que la langue des signes est une langue complète avec tous ses attributs et, qu'introduite en bas âge chez un enfant sourd, elle peut contribuer au développement normal de son système conceptuel et cognitif pour ensuite mieux le disposer pour l'apprentissage de la langue de l'entourage[97].» Une consultation interne et externe est annoncée sous la supervision de la directrice des services professionnels, Jacqueline Labrèche, afin de préciser les modalités que prendra l'expérimentation de l'apprentissage de la LSQ chez les jeunes enfants.

La consultation conduit à l'embauche de deux auxiliaires parentales sourdes en 1992-1993 pour un projet d'immersion en LSQ. Deux jours par semaine, ces auxiliaires parentales, Francine Labrecque et Louise Tremblay, interviennent en servant de modèles aux tout-petits. Le projet démarre avec six enfants sourds, puis on augmente le groupe à onze enfants en 1993-1994. D'autres retombées au programme Petite Enfance suivent cette consultation[98]. En 1995-1996, un projet de contes en LSQ est proposé en collaboration avec l'AQEPA et

---

96. Gérard Labrecque, «Témoignage», *Nous vous signalons*, vol. 7, n° 2 (juillet-août-septembre 1990), p. 6.
97. Gabriel Collard «Réponse de la direction générale», *Nous vous signalons*, vol. 7, n° 2 (juillet-août-septembre 1990), p. 8.
98. Parmi ces retombées, notons le développement de l'approche bilingue qui marque plusieurs programmes dans la décennie suivante. Voir plus loin la section sur le bilinguisme.

conduit en 1989-1990 à la réalisation d'une vidéo de contes en LSQ. À la même époque, l'Institut travaille avec la garderie Lafontaine pour établir une garderie en LSQ[99]. De plus, comme les enfants peuvent recevoir un implant cochléaire à un âge de plus en plus jeune, l'IRD met au point des services pour eux.

Au programme Enfants, les intervenants proposent également des services pour la clientèle ayant reçu un implant cochléaire (ou en attente d'implant), une clientèle en croissance très rapide. L'organisation de services pour ces enfants prend forme avec l'achat d'un équipement de programmation d'implant Nucleus en 1995-1996, puis Clarion en 1998-1999. L'IRD travaille en partenariat avec les équipes d'implant cochléaire du Centre hospitalier universitaire de Québec (CHUQ) et de l'Institut de réadaptation en déficience physique de Québec (IRDPQ) pour améliorer les services aux personnes avec implant et demande à la Régie régionale de Montréal-Centre et au ministère de la Santé et des Services sociaux un financement propre aux services de programmation. À partir de 1997-1998, des activités de programmation sont offertes aux enfants. Si l'offre de services est récente, après seulement un an, le programme constitue celui qui reçoit le plus grand nombre d'enfants avec implant cochléaire. Dans les autres secteurs du programme, l'accent est mis sur les activités avec les familles, en particulier à domicile, et sur les services dans les écoles. Ainsi, les intervenants mettent en œuvre une formule d'enseignement de la LSQ à domicile, travaillent à l'intégration de la LSQ à l'école primaire Gadbois et collaborent avec des maisons de jeunes et avec le Service des loisirs de la Ville de Montréal. D'une façon plus générale, l'Institut démarre un projet de sensibilisation aux problèmes neurologiques associés à la surdité, une problématique peu couverte et pour laquelle il commence à offrir des services.

Pour le programme Adolescents et Jeunes Adultes, une des priorités de cette décennie est accordée à l'intervention psychosociale et à la réduction du temps d'attente pour les services de psychologie. Quelques projets pilotes tentent de rejoindre les jeunes dans leurs activités habituelles, entre autres un projet de communication par ordinateur où les élèves de la polyvalente Lucien-Pagé sont invités à participer à des activités de communication en LSQ. En même temps,

---

99. Projet qui se concrétise en 2001, après plusieurs années de travail. La garderie est devenue le centre de la petite enfance Lafontaine.

les intervenants du programme travaillent avec les parents d'enfants sourds et malentendants et offrent des ateliers d'art dramatique à leur clientèle. Une préoccupation fait son chemin pour la préparation aux études postsecondaires, le choix de l'orientation professionnelle et le soutien à l'intégration au travail.

Du côté des adultes, la période 1991-2000 est marquée par la progression des consultations et la consolidation du programme d'intervention pour personnes avec acouphènes. Un projet est institué pour intervenir auprès des parents sourds d'enfants entendants (souvent d'anciens clients enfants de l'IRD) et un autre concernant les personnes sourdes atteintes du sida. Le Programme de soutien aux enfants entendants (PSEE) débute en 1995 à la demande des parents sourds qui ont des enfants entendants. Le programme vise autant les enfants entendants qui reçoivent des services d'une orthophoniste que les parents qui développent certaines habiletés parentales avec l'aide d'une travailleuse sociale. Par la suite, ces enfants seront intégrés au programme Enfants. Par ailleurs, l'Institut devient une ressource importante de formation en surdité professionnelle en donnant de la formation aux agents d'indemnisation et de réadaptation de la Commission de la santé et de la sécurité du travail (CSST) et offre en ses lieux un programme de réadaptation pour les travailleurs présentant une surdité acquise en milieu de travail[100]. Cette clientèle représente pendant quelques années un très petit groupe à l'Institut, même si la surdité professionnelle est répandue, mais elle augmente à partir de 1997-1998. Pour les personnes sourdes de naissance, il importe de maintenir les services existants et de viser l'amélioration des stratégies de communication. L'IRD couvre les services pour ses deux grands types de clientèle, très différente l'une de l'autre dans ses modes de communication (lecture labiale chez les personnes malentendantes et devenues sourdes; LSQ chez les personnes sourdes à la naissance ou en bas âge). L'Institut accentue son expertise dans le domaine de l'intégration au travail, par exemple dans l'adaptation des postes de travail pour les personnes sourdes et malentendantes. À la fin de la période, il fait un bilan des interventions de groupe et s'adresse à un des défis répertoriés qui est de rejoindre la clientèle sourde gestuelle et, pour cela, d'améliorer sa présentation des services. Le bilan permet aussi de repérer des besoins encore peu traités et qui le seront dans

---

100. Projets en collaboration avec les CLSC en santé au travail de Montréal et Laval et avec le Regroupement des Sourds professionnels du Québec (RSPQ).

la décennie suivante : problèmes de santé mentale, soutien psycho-social, etc.

Au programme Aînés, on se concentre beaucoup sur la formation du milieu, sur les moyens d'avoir une meilleure connaissance de la clientèle – à cet effet, une table ronde est organisée – et sur l'information à leur donner. Les intervenants du programme organisent des rencontres dans les résidences et les associations de personnes âgées et lancent, avec la collaboration financière de la Fondation, une vidéo sur les stratégies de communication avec une personne malentendante. Durant cette période, la clientèle aînée de l'IRD ne cesse d'augmenter. L'Institut Raymond-Dewar renforce d'ailleurs les services aux organismes et aux établissements œuvrant auprès des personnes âgées tout en continuant son partenariat avec le centre de jour Roland-Major concernant les services auprès des autres centres de jour[101]. Le projet Aphasie, un projet pilote créé pour les personnes aphasiques, s'oriente vers des interventions de groupe, faute de ressources financières suffisantes.

Pour le programme Surdicécité, l'Institut Raymond-Dewar possède à partir de 1992-1993 « un mandat d'intervention auprès de jeunes multihandicapés sévères, avec surdité, de 0 à 6 ans[102] ». Du côté de sa clientèle sourde-aveugle adulte, la tempête de verglas qui paralyse pendant plusieurs semaines le Québec en janvier 1998 pose le problème de l'accès à l'information pour la clientèle sourde-aveugle ; grâce au programme Surdicécité, un bulletin de nouvelles adapté est accessible aux utilisateurs de l'ATS[103] à partir de la messagerie vocale de l'Institut Raymond-Dewar. Le développement des outils d'accès à l'information est l'occasion de réfléchir aux moyens de briser l'isolement de ce groupe ainsi que de favoriser leur intégration et leur autonomie, entre autres par le service d'accompagnement offert par l'IRD. En 1997-1998, le groupe des 65 ans et plus constitue la majorité de la clientèle du programme et nécessite d'adapter les services offerts. Par ailleurs, un travail important de soutien et de formation est fait

---

101. Les deux établissements rejoignent 6 centres de jour la première année ainsi que 16 autres établissements du réseau (CHSLD, CLSC, CH et organismes communautaires). *Rapport annuel de l'IRD*, 1997-1998, p. 8.
102. *Rapport annuel de l'IRD*, 1993-1994, p. 8.
103. Appareils de télécommunications pour sourds.

auprès des équipes de réadaptation des centres régionaux œuvrant en surdicécité.

Le 10ᵉ anniversaire de l'Institut Raymond-Dewar en 1994 est marqué par l'adoption de nouvelles orientations et, parmi elles, celle de l'approche bilingue. Un colloque sur cette question, les 20 et 21 octobre 1994[104], s'accompagne d'un programme de formation en LSQ du personnel de l'établissement et d'un mouvement d'appui pour la reconnaissance de la LSQ par le ministère de l'Éducation. L'anniversaire est aussi l'occasion de marquer l'accueil de nouvelles clientèles : personnes ayant des acouphènes, présentant des problèmes d'aphasie, de dysphasie, d'audimutité[105], de surdité centrale et d'autres troubles de communication d'origine neurologique. Parmi ces dernières, des jeunes entendants ayant des troubles de langage d'origine neurologique font l'objet d'un projet en collaboration avec la Commission scolaire Jérôme-Le Royer. Ces nouvelles clientèles préoccupent les divers comités depuis quelques années et l'Institut prépare leur arrivée avec des projets expérimentaux, car les méthodes d'intervention ne sont pas toujours très avancées. L'IRD sert de moteur dans la reconnaissance des troubles de la parole et du langage comme déficience physique et travaille à « élaborer une programmation particulière pour les jeunes présentant une dysphasie ou un trouble d'audition centrale ». À partir du milieu des années 1990, l'Institut offre donc un programme pour ces jeunes, un programme original qui inclut interventions audiologiques et psychosociales, « dans l'ouverture des services aux adolescents de ce groupe-client et dans la spécificité de l'intervention pour les enfants présentant un trouble d'audition centrale ».

L'année 1994-1995, décrétée « Année Qualité-Défi-Performance » par le ministère de la Santé et des Services sociaux, ajoute beaucoup de pression financière sur l'Institut Raymond-Dewar alors que les clientèles augmentent, mais que plafonnent les dépenses publiques. Tous les processus sont révisés pour atteindre les directives « d'efficience

---

104. Voir plus loin la partie sur le bilinguisme.
105. « L'audimutité est une dysfonction cérébrale congénitale dans le circuit auditif entraînant des limitations importantes notamment aux plans de la discrimination des sons, de l'orientation temporelle, du développement du langage et de la parole au point d'empêcher la personne de communiquer verbalement et d'accomplir des activités liées à son âge et à son milieu. » *Rapport annuel de l'IRD*, 1994-1995, p. 15, citant le *Rapport du comité sur l'audimutité* (MSSS/MEQ). Aujourd'hui, on utilise le terme « trouble auditif central », ou encore mieux « trouble de traitement auditif ».

et d'efficacité[106] ». Dans ce contexte, la reconnaissance des mandats peut revêtir une certaine importance si elle s'accompagne de budgets qui permettent de les assumer, surtout si la clientèle reçoit déjà des services.

En 1995, le ministère de la Santé et des Services sociaux publie des *Orientations ministérielles : pour une véritable participation à la vie de la communauté, un continuum intégré de services en déficience physique* dans le but « [...] de susciter et d'alimenter, autour du processus d'élaboration des Pros [plans régionaux d'organisation des services] en déficience physique, un mouvement de repérage de la clientèle, d'identification rigoureuse de ses besoins et de réflexion sur la meilleure façon de dispenser les services requis, compte tenu des ressources disponibles », ce qui signifie, en propre, en réduisant les dépenses[107]. Ces orientations veulent définir les paramètres d'un réseau de services pour la personne ayant une déficience physique et son entourage en favorisant le maintien dans la communauté. L'adoption de ces orientations touche une fois de plus l'IRD qui doit essayer d'intégrer ces nouvelles clientèles dans un continuum de services alors même que ces services sont encore peu développés par exemple pour les personnes aphasiques ou avec acouphènes.

L'Institut Raymond-Dewar réagit à la régionalisation annoncée dans les nouvelles orientations et qui menace la survie des services spécialisés et surspécialisés en surdité, impossibles à offrir à moins d'une « masse critique[108] ». Le centre de réadaptation prend position pour que soit considérés comme son territoire Montréal-Centre, Laval ainsi qu'une sous-région de la Montérégie (Longueuil). Deuxième étape du « virage ambulatoire », ces orientations de 1995 constituent également la mise en branle d'un plan de transformation de trois ans de la Régie régionale de Montréal-Centre qui a des incidences notables sur l'Institut car, au bout du compte, il se traduit essentiellement par des restrictions budgétaires alors même que le rôle de conseil-expert dans différents domaines (éducation, milieu correctionnel, centres jeunesse, etc.) se renforce et, surtout, que de nouveaux services s'ajou-

---

106. Louise Livernoche, entrevue du 23 août 2007.
107. *Pour une véritable participation à la vie de la communauté, un continuum intégré de services en déficience physique*, MSSS, 1995, p. 6. Mais la Régie régionale de Montréal-Centre n'a finalement jamais fait de PROS, ce qui a sans doute joué dans l'évolution des établissements de réadaptation de Montréal.
108. *Rapport annuel de l'IRD*, 1995-1996, p. 2.

tent. Parmi ceux-ci, outre les services pour personnes ayant reçu un implant cochléaire, notons l'ouverture d'une antenne à Laval, à l'Hôpital juif de réadaptation, le démarrage des services d'audiologie dans les écoles primaires Saint-Enfant-Jésus et Saint-Jude, l'intervention auprès des personnes sourdes suicidaires, etc. En outre, de nouveaux mandats s'ajoutent au fil des ans et accroissent la charge des professionnels comme des autres employés.

Et de nouveaux mandats...

Le *Rapport annuel de l'IRD* de 1993-1994 annonce son mandat suprarégional de réadaptation en surdicécité (dorénavant écrit en un mot)[109] ainsi que l'obtention d'un nouveau mandat, celui « de fournir, à certaines personnes ayant une déficience physique (auditive, motrice et visuelle), des milieux substituts de qualité comme famille d'accueil ou ressource intermédiaire » pour la région de Montréal-Centre, en remplacement du Centre de services sociaux du Montréal métropolitain (CSSMM) qui se réoriente pour faire place aux centres jeunesse. Ce mandat de gestion du réseau de familles d'accueil débouche sur la création d'un nouveau programme appelé « Sociorésidentiel ». L'Institut Raymond-Dewar assure aussi le suivi psychosocial de la nouvelle clientèle. Le *Rapport annuel* présente pour la première fois la mission de l'établissement en signalant qu'il offre « des services externes de réadaptation aux personnes sourdes et malentendantes des régions de Montréal, de Laval et de la banlieue montérégienne de Montréal ». L'IRD reçoit enfin un dernier mandat, celui d'assurer des services de première ligne pour la clientèle sourde gestuelle et sourde-aveugle nécessitant une adaptation de la communication, mandat que l'IRD est appelé à structurer dans les années suivantes.

Si le mandat de surdicécité consacre une situation déjà bien établie, bien qu'elle soit exigeante, le programme Sociorésidentiel demande des efforts d'organisation car la clientèle d'enfants et d'adultes présente, pour la majorité, des multidéficiences assez lourdes. De plus, la Régie régionale de Montréal-Centre ajoute au défi en demandant à l'Institut d'offrir de nouvelles places de répit pour la clientèle du service, ce qui

---

109. La reconnaissance du mandat est venue en 1991 et a consacré les efforts investis par l'IRD dans les années 1980 avec des partenaires du début, l'Institut des sourds de Charlesbourg, l'Institut Nazareth et Louis-Braille et le Centre Louis-Hébert. Le nouveau mandat suprarégional s'accompagnait « d'un budget de développement spécifique à l'actualisation de ce mandat et à l'accompagnement de cette clientèle », *Rapport annuel de l'IRD*, 1990-1991, p. 3.

s'avère difficile. Lors du transfert du service du CSSMM à l'Institut, le programme Sociorésidentiel compte 77 enfants en famille d'accueil et 105 adultes. Un comité de développement global est mis sur pied afin de répondre aux besoins de cette clientèle multihandicapée. Avec ce mandat, l'IRD reçoit également celui d'offrir des services sociaux courants à la clientèle sourde gestuelle[110].

En 1995, l'Institut Raymond-Dewar doit composer en cours d'année avec une réduction budgétaire de 200 000 $ imposée par la Régie régionale de Montréal-Centre. Le fonctionnement du programme Sociorésidentiel est menacé et oblige l'Institut à réaliser divers changements, entre autres à réduire le personnel d'encadrement afin de réussir à préserver ses ressources d'accueil pour enfants multihandicapés. À la suite de ces compressions, le personnel administratif institue un nouveau plan d'organisation pour 1997-2000 qui lui permettra, espère-t-il, de continuer à assurer son mandat tout en offrant des services à ces nouvelles clientèles qu'il a commencé à recevoir[111]. Dès la première année du plan, la Direction des programmes de réadaptation (DPR) devient la Direction des services à la clientèle (DSC) afin de refléter la mission de l'organisme et son orientation. Les Services à la communauté font dorénavant partie de cette direction, ce qui permet tout de suite une meilleure intégration puisque ces services ont justement pour objectif de faciliter les liens entre les programmes de réadaptation et la communauté. Le mandat de la recherche revient également à la DSC, qui confie alors au chef du programme Adolescents-Jeunes Adultes la formation et la liaison avec l'enseignement (stagiaires accueillis à l'Institut).

En janvier 1997, après quelques années d'expérimentation et d'adaptations, l'Institut Raymond-Dewar met sur pied un autre programme, Dysphasie et trouble de l'audition central (TAC), qui accueille une clientèle de 3 à 21 ans de Laval et de Montréal-Centre. Une équipe multidisciplinaire travaillant en collaboration avec les écoles, les CLSC et les hôpitaux s'occupe des jeunes dans le développement d'habiletés de communication, d'adaptation et d'intégration. Le programme

---

110. En 2001, la gestion du réseau des familles d'accueil et de ressources intermédiaires est transférée dans les établissements spécialisés en déficience motrice, mais les services de première ligne demeurent à l'Institut Raymond-Dewar.
111. En 1997-1998, l'IRD met en place, avec ses partenaires des centres jeunesse et l'Hôpital Louis-H.-LaFontaine, un nouveau système d'information des ressources intermédiaires de type familial (SIRTF).

mise sur le potentiel de l'usager, de sa famille et de son environnement pour faciliter son adaptation. L'Institut n'a ni nouveaux budgets ni nouveaux locaux pour ce nouveau programme et procède donc à deux regroupements de programmes : le programme Dysphasie-TAC et le programme Sociorésidentiel relèveront désormais du même chef de programme et il en sera de même des programmes Petite Enfance et Surdicécité.

Les effectifs de l'Institut se maintiennent d'ailleurs pendant toute la période à peu près au même niveau si l'on excepte l'arrivée de la dizaine d'intervenants sociaux (techniciens en assistance sociale, agents de relations humaines et travailleurs sociaux) du Centre des services sociaux de Montréal-Centre qui sont transférés à l'IRD lors de la création du programme Sociorésidentiel[112]. Les compressions de la période empêchent l'embauche de nouveau personnel même si de nouveaux services sont offerts et que des mandats s'ajoutent. Cela signifie par exemple que le temps passé avec chaque client diminue progressivement et c'est particulièrement vrai pour les programmes qui connaissent de fortes hausses comme le programme Petite Enfance où les intervenants diminuent les 128,5 heures consacrées en moyenne avec les enfants et leur famille (101 clients) en 1995-1996 à 88,5 heures en 1997-1998 (141 clients)[113]. Le personnel-cadre et de soutien subit des réductions également. Le développement que connaît l'IRD pendant les années 1990 n'a en réalité été permis que par le travail redoublé et les efforts supplémentaires de tous les employés de l'établissement, efforts salués maintes fois dans les *Rapports annuels.* De plus, leur participation aux nombreuses formations offertes sur les clientèles, les méthodes et les approches en réadaptation auditive et les types d'intervention, par exemple en situation interculturelle, témoigne à la fois de leur intérêt pour le renouvellement des pratiques et de leur dynamisme ainsi que de celui de l'établissement.

Les Services à la communauté et le Service d'accueil, évaluation et orientation

Le Service d'accueil, évaluation et orientation se trouve au premier rang du contact avec la clientèle, car c'est là qu'on accueille les usagers, analyse les demandes, informe sur les services de réadaptation de l'IRD et des autres centres du réseau, recueille les données et

---

112. Ces intervenants provenaient d'ailleurs d'un bureau constitué à l'origine par des intervenants travaillant au Service social de l'Institution des sourdes-muettes.
113. *Rapport annuel de l'IRD*, 1997-1998, p. 31.

oriente les clientèles[114]. Composé d'une équipe de deux personnes, une travailleuse sociale et un agent de réadaptation, le service « sensibilise l'ensemble des intervenants de l'Institut Raymond-Dewar aux nouveaux besoins des bénéficiaires et, de ce fait, favorise l'harmonisation constante des services offerts à l'évolution de la demande[115] ». De son côté, le service Multi-ressources prend le nom en 1992 de Services à la communauté. Les rapports annuels de l'IRD font état d'une progression de ces deux services au cours des années 1990, tant les services d'accueil qui font face à une augmentation des appels[116] que le service des archives, le centre de documentation, le service d'interprétariat et les ateliers de LSQ.

Afin de diminuer les coûts de l'informatisation des services, l'Institut Raymond-Dewar forme un consortium d'utilisateurs avec d'autres centres de réadaptation en déficience physique pour partager le logiciel *InfoRéadapt*. L'établissement suit tout de même les avancées informatiques en adhérant en 1996-1997 à l'« inforoute » et en branchant la direction et le centre de documentation à Internet. Les années suivantes voient l'élaboration d'une politique de communication, adoptée le 2 décembre 1997, et la création d'un répertoire informatisé, un « bottin des ressources » sur les services offerts à la communauté sourde.

Les ateliers de LSQ font l'objet d'une révision notable des méthodes d'enseignement d'abord en 1992, puis en 1993-1994 avec le concours de Colette Dubuisson du groupe de recherche sur la LSQ et le bilinguisme sourd de l'Université du Québec à Montréal (UQAM) afin d'intégrer les méthodes les plus récentes en enseignement des langues signées et de rendre le cours plus interactif. De plus, on aborde désormais les dimensions linguistiques, grammaticales et culturelles de la langue des signes québécoise. Le corps enseignant de l'Institut compte alors 18 professeurs sourds. En 1993, l'IRD entreprend une nouvelle étape dans la formation à la LSQ de son personnel ; celui-ci peut suivre des cours de LSQ sur son temps de travail, une politique que l'Institut conserve par la suite. Les ateliers de LSQ franchissent le seuil des 1 000 inscriptions en 1995-1996 et des documents pédagogiques vidéo sont réalisés pour enrichir les cours LSQ-3, LSQ-4 et

---

114. *Rapport annuel de l'IRD*, 1991-1992, p. 6.
115. Il relève de la Direction des services professionnels et est conçu comme programme de soutien des programmes de réadaptation.
116. 97 975 appels et 3 859 appels sur téléscripteur en 1993-1994.

LSQ-5. Finalement, l'atelier de conversation LSQ-6, un cours d'immersion en LSQ, est offert en collaboration avec Colette Dubuisson de l'UQAM. Les cours de LSQ qui se donnent à l'extérieur connaissent également une hausse d'intérêt; en 1997-1998, 500 personnes achètent les guides d'étude liés aux cours.

Les demandes d'interprétariat augmentent également : 1 460 heures d'interprétation sont requises à l'intérieur de l'établissement en 1992-1993, autant pour favoriser la participation des employés aux activités professionnelles que pour assurer des services à la clientèle sourde qui s'exprime en LSQ. À l'extérieur de l'Institut et des institutions scolaires, les services d'interprètes sont toutefois peu développés, ce qui limite singulièrement l'autonomie des personnes sourdes. C'est dans le but de rendre les services gouvernementaux plus accessibles que l'Office des personnes handicapées du Québec et les régies régionales de Montréal, de Laval, de la Montérégie et des Laurentides demandent à l'IRD de créer un nouvel organisme qui offrirait des services d'interprétation pour les personnes sourdes, malentendantes et sourdes-aveugles. Le Service d'interprétation visuelle et tactile, le SIVET, un organisme à but non lucratif, est constitué par l'Institut Raymond-Dewar en collaboration avec les organismes communautaires. Comme premier coordonnateur, on fait appel à Robert Longtin, c.s.v., ancien intervenant à l'Institution des sourds de Montréal et à l'Institut Raymond-Dewar, puis à Ginette Lefebvre qui dirige maintenant le SIVET depuis plus de vingt ans[117]. Disponible en tout temps, le SIVET favorise l'autonomie des personnes sourdes, malentendantes et sourdes-aveugles et, nouveauté dans l'approche, entend fournir à des organismes d'« entendants » les moyens de communiquer avec la partie de leur clientèle qui est sourde plutôt que de donner seulement des services d'interprète aux personnes sourdes, même si ces services font aussi partie de son mandat[118]. À partir de 1995, c'est donc le SIVET qui fournit les services d'interprètes requis à l'IRD, même si les demandes passent toujours par le service d'interprétariat. Après avoir augmenté constamment, les demandes d'interprétation diminuent puis se stabilisent à l'Institut : de 1 118,25 heures fournies

---

117. Jacques Raymond, Léon Bossé et Pierre-Paul Lachapelle en sont respectivement le président, le vice-président et le secrétaire de fondation.

118. La même année est fondé le Regroupement québécois pour le sous-titrage inc., par Gilles Boucher, Michel Lamarre, Carole Larivière et quelques autres, ce qui démontre le dynamisme des groupes dans le but d'améliorer leur accès à la communication.

en 1995-1996, on passe à 655 heures en 1996-1997, ce qui témoigne notamment de la réussite des mesures prises pour favoriser l'apprentissage de la LSQ chez les employés.

En raison des hausses de clientèles, les Services à la communauté subissent durement les contrecoups des compressions budgétaires à l'Institut Raymond-Dewar. Ainsi, le nouveau comptoir des aides de suppléance à l'audition (ASA) requiert l'aide financière de la Régie régionale de Montréal pendant tout le temps des compressions gouvernementales, mais arrive à s'autofinancer lorsque la RAMQ révise ses tarifs et les règles d'accès aux aides de suppléance à l'audition. Les autres services sont également touchés et doivent être repensés. Le Centre de documentation réduit ses ressources et instaure une politique de services payants pour les utilisateurs externes du centre de documentation. On procède au regroupement des services de téléphonie et d'accueil de l'organisme.

En plus des Services à la communauté dont c'est le mandat, les comités internes appuient le travail des intervenants des différents programmes et, de façon générale, toute la mission de l'organisme. En 1994, à l'occasion du 10ᵉ anniversaire de l'Institut Raymond-Dewar, la Fondation de l'IRD et le comité des usagers contribuent à l'organisation d'une table ronde sur les besoins quotidiens des personnes sourdes ainsi qu'à une activité de sensibilisation du public. La Fondation décide par ailleurs d'accorder une bourse de formation de 3 000 $ pour aider aux études collégiales ou universitaires d'une personne ayant une surdité[119] et d'accompagner ainsi les efforts consacrés au programme Adolescents-Jeunes Adultes pour encourager les études postsecondaires. En 1996, on projette le film *L'Opus de M. Holland* à l'Institut. Sous-titré, accessible aux personnes malentendantes, le film est également traduit en LSQ, une première mondiale financée par la Fondation de l'Institut Raymond-Dewar. Toujours grâce à la Fondation, l'Institut innove en inaugurant une salle entièrement équipée pour la communication visuelle et auditive, la salle Charles-Cusson connue aujourd'hui sous le nom de salle Pierre-Noël-Léger[120]. La Fondation reprend une tradition des sœurs de la Providence en organisant en 1997 un souper-bénéfice aux huîtres. Elle annonce en

---

119. Le récipiendaire est Martin Bergevin qui poursuit alors un programme de maîtrise en anthropologie à l'Arizona State University.
120. La salle a pris le nom de salle Pierre-Noël-Léger en 2001 afin de souligner l'engagement sans relâche de monsieur Léger au service de la communauté sourde.

1998-1999 une grande campagne de souscription qui vise à recueillir 200 000 $ afin de financer la recherche et le développement de nouvelles technologies, la création de matériel adapté et l'achat d'équipement spécialisé en adaptation et en réadaptation. Partenaire actif de l'Institut, la Fondation l'accompagne dans tous ses objectifs de développement.

La recherche et l'enseignement à l'Institut Raymond-Dewar

La question de la recherche et de la formation demeure une préoccupation constante à l'Institut Raymond-Dewar qui cherche à améliorer autant les compétences de ses professionnels que la qualité de ses programmes. Son attrait comme lieu de recherche et de formation avancée s'appuie sur des partenariats formels établis dans la période précédente et pendant les années 1990. Ainsi, au fil des années, l'Institut reçoit de plus en plus de stagiaires dans ses programmes et accueille une clientèle étudiante de maîtrise puis de doctorat (et même de postdoctorat à partir des années 2000).

Dès 1992, l'Institut signe une entente avec l'École d'orthophonie et d'audiologie de l'Université de Montréal et s'engage à accueillir 25 stagiaires en orthophonie et en audiologie par année. Par cette entente, l'Institut est reconnu comme milieu d'enseignement clinique, de stage et de recherche par la Faculté de médecine de cette même université. Cette entente concrétise des liens déjà bien établis entre l'IRD et l'École d'orthophonie et d'audiologie puisque l'Institut reçoit des stagiaires de l'École depuis 1986. Le nombre de stagiaires demeure limité par le contingentement du programme. L'IRD reçoit également des stagiaires en linguistique de l'Université du Québec à Montréal et, des cégeps, notamment en éducation spécialisée et en travail social. L'orthophonie est par ailleurs bien implantée et très dynamique à l'Institut. En 1994, Anne-Marie Bergeron et France Henry, deux orthophonistes employées par l'IRD, élaborent le *Guide d'intervention en réadaptation auditive : formule de l'enfant*[121] qui constitue une contribution marquante en matière d'intervention auprès de l'enfant déficient auditif d'âge préscolaire. Les auteures de l'ouvrage, mieux connu par l'acronyme Girafe, ont remporté le prix Germaine-Huot de l'Ordre des audiologistes et orthophonistes du Québec en 1995. Réédité en 2008, cet ouvrage de référence en orthophonie fournit des

---

121.Cap-Saint-Ignace, Éditions du Méridien, 1994.

bases théoriques autant que des modèles d'intervention pour favoriser le développement des habiletés communicationnelles chez les jeunes enfants.

Des partenariats sont également établis dans le domaine de la recherche. Aussi, au début des années 1990, constatant le retard fréquent dans le développement de la communication chez les enfants sourds et cherchant des moyens d'intervention pour changer cette situation, l'Institut Raymond-Dewar approche le Groupe de recherche sur la LSQ et le bilinguisme sourd. Ce groupe de recherche, dirigé par la linguiste Colette Dubuisson de l'UQAM, s'est d'abord concentré sur le « français sourd » avant de s'intéresser plus particulièrement à la langue des signes québécoise et au bilinguisme sourd[122]. Un comité de réflexion formé d'intervenants, de parents et de personnes sourdes est constitué et il mène au colloque sur le bilinguisme en 1994 et à une première demande de subvention conjointe IRD-UQAM auprès du Conseil québécois de la recherche sociale.

À partir de 1993, l'IRD collabore à divers autres projets de recherche, entre autres avec le Groupe d'acoustique de l'Université de Montréal (GAUM). En 1995-1996, ses partenariats avec le GAUM et avec le Groupe de recherche sur la LSQ et le français sourd de l'Université du Québec à Montréal reçoivent deux subventions du Conseil québécois de la recherche sociale (CQRS) et une subvention du programme de l'Office des personnes handicapées du Québec (OPHQ). Les recherches subventionnées par le CQRS portent sur le vécu des personnes malentendantes face à leur surdité et leurs difficultés d'intégration sociale, ainsi que sur l'acquisition de la langue des signes québécoise chez les enfants sourds de parents entendants, sur la culture sourde et sur l'apprentissage du français chez les adultes sourds[123]. La recherche financée par l'OPHQ se préoccupe enfin de l'amélioration du français écrit chez les personnes sourdes. Un an plus tard, un autre projet de recherche du programme Aînés en collaboration avec le groupe ESPACE[124] de Louise Getty, de l'École d'orthophonie

---

122. Le groupe de recherche a été mis sur pied en 1988 par Colette Dubuisson, linguiste à l'Université du Québec à Montréal. Merci à Colette Dubuisson et à Dominique Machabée du Centre de recherche sur la LSQ et le bilinguisme sourd pour leur collaboration à cette partie.
123. *Rapport annuel de l'IRD*, 1995-1996, p. 9.
124. L'équipe sociale sur les personnes âgées en communication avec leur environnement (ESPACE) étudie les conséquences psychosociales des problèmes de communication

et d'audiologie, obtient l'aval du CQRS, cette fois sur la participation sociale des personnes âgées sourdes et aphasiques. C'est également le début d'une longue collaboration entre l'équipe du programme Aînés et le groupe de Louise Getty.

Les recherches faites grâce à ces partenariats ont toujours à la fois des objectifs scientifiques et des applications pratiques. Dès le départ, les axes de recherche témoignent des liens entre les chercheurs et la communauté sourde et d'une compréhension fine des enjeux de la recherche pour cette communauté en visant l'élaboration de modes et de stratégies d'intervention.

La Loi sur les services de santé et les services sociaux de 1992 prévoyait la création d'instituts universitaires et de centres affiliés universitaires ; à l'origine, ce devait être uniquement dans le domaine médical, mais un amendement permet l'élargissement au domaine social[125]. En vertu de la loi, peut être désigné institut universitaire un centre qui, en plus de sa mission propre, dispense des services de pointe, participe à la formation de professionnels de la santé et des services sociaux ou de sciences humaines et sociales, est doté d'une structure de recherche reconnue au moins par un organisme de développement de la recherche sociale et évalue des technologies ou des modes d'intervention reliés à son secteur de pointe. La reconnaissance comme centre affilié universitaire est attribuée pour sa part à un centre qui, en plus des activités propres à sa mission, participe à la formation de professionnels de son domaine ou à des activités de recherche selon un contrat de service avec une université reconnue[126]. Dès l'adoption de la loi, le ministère de la Santé et des Services sociaux favorise la reconnaissance d'un seul centre de réadaptation en déficience physique par région, ce qui pose problème à Montréal, où, avec la diversité des groupes, des régions et des langues, on compte sept centres de réadaptation pour répondre aux besoins des populations.

---

chez les personnes âgées et élabore des modes d'intervention pour diminuer leur isolement social.

125.Luc M. Malo, entrevue du 6 février 2008. Entre autres fonctions, monsieur Malo a travaillé à l'implantation de l'Office des personnes handicapées du Québec, comme directeur général au Centre des services sociaux du Montréal métropolitain, comme directeur général des centres jeunesse de Montréal et comme sous-ministre au ministère de la Santé et des Services sociaux. Il préside maintenant le conseil d'administration de l'Institut de réadaptation en déficience physique de Québec (IRDPQ) ainsi que l'Association des établissements de réadaptation en déficience physique du Québec (AERDPQ).

126.Loi sur les services..., chapitre 42, articles 90 et 91.

La particularité de Montréal n'est pas prise en compte par le ministère qui recommande plutôt le regroupement des établissements. Dans cette conjoncture, la reconnaissance de la recherche dans les centres de réadaptation devient un enjeu pour les prochaines années[127].

Diverses étapes sont enclenchées dans les années qui suivent afin de se rapprocher de cet objectif. En 1994, le réseau provincial de recherche en adaptation-réadaptation (REPAR) est créé afin de répondre à la demande du Fonds de la recherche en santé du Québec (FRSQ) d'organiser des réseaux thématiques de recherche correspondant aux priorités du ministère de la Santé et des Services sociaux. Le REPAR accepte deux groupes, le Réseau de recherche en adaptation-réadaptation de Montréal et l'Ouest-du-Québec (RRRMOQ) et le Consortium de recherche en adaptation-réadaptation de l'Est-du-Québec (CORREQ), créés en 1989, afin de stimuler la poursuite d'études avancées chez les professionnels, la création d'équipes jumelant recherche clinique et universitaire, et de favoriser la diffusion des connaissances. Petit à petit, le REPAR définit ses axes de recherche et adapte sa structure afin de répondre aux exigences du Fonds de la recherche en santé du Québec (FRSQ). Sa formation a joué un rôle dans la poursuite de l'objectif de reconnaissance d'un statut universitaire pour l'IRD, car elle lui a permis d'établir les contacts et les collaborations nécessaires au passage à une étape plus avancée, par exemple avec de nouveaux organismes mais également avec de nouvelles disciplines, telles l'ORL et la psychiatrie.

En 1998-1999, l'Institut entame une demande d'agrément auprès du Conseil québécois d'agrément (CQA), un processus qui nécessite temps et préparation, mais qui constitue une autre étape vers la reconnaissance de l'Institut Raymond-Dewar comme établissement universitaire[128]. Pour l'obtenir, il faut d'abord réaliser un bilan en profondeur puis préparer un modèle d'évaluation qui permet d'atteindre les objectifs fixés, soit l'amélioration continue des services par une

---

127. C'est le modèle suivi par les quatre établissements de réadaptation de Québec, qui ont fusionné en 1996 pour former l'Institut de réadaptation en déficience physique de Québec (IRDPQ). Le nouveau centre ainsi formé a obtenu le statut d'institut universitaire en réadaptation, le seul à ce jour au Québec. À Montréal, autant la Régie régionale que le ministère de la Santé et des Services sociaux ne voulait pas soutenir un projet de fusion entre les sept établissements. Les centres de Montréal ont plutôt choisi une autre voie pour obtenir cette reconnaissance en bâtissant un consortium de recherche. Pierre-Paul Lachapelle, entrevue du 14 août 2007.

128. Voir la partie suivante.

meilleure utilisation des ressources matérielles autant qu'humaines. Sans être liée à la recherche à proprement parler, cette étape s'ajoute à la précédente et la renforce dans la mesure où toutes deux se concentrent d'abord et avant tout sur les besoins de la clientèle, une clientèle toujours au cœur des préoccupations de l'IRD.

Des enjeux et des débats

Plusieurs débats ont cours dans les années 1990 au sein de la communauté sourde qui la divisent parfois profondément. L'Institut Raymond-Dewar n'échappe pas aux grands enjeux sociaux et doit tenir compte des sensibilités de ses clientèles et des désaccords qui les opposent et d'abord tenter de rallier tous les groupes. Plusieurs de ces débats sont liés entre eux et ce n'est pas un hasard si le comité exécutif du Conseil multidisciplinaire crée la même année trois comités *ad hoc*, dont deux pour se pencher sur l'implant cochléaire et le bilinguisme[129].

L'implant cochléaire : une nouvelle donne

L'avènement de l'implant cochléaire a singulièrement modifié le portrait de la surdité au Québec et ses effets n'ont pas fini de se faire sentir pour la communauté sourde. Un bref rappel : c'est en 1984 qu'une équipe multidisciplinaire dirigée par le docteur Pierre Ferron, un oto-rhino-laryngologiste de l'Hôtel-Dieu de Québec, a posé le premier implant cochléaire multiélectrodes au Canada. Programme expérimental, l'implant est installé d'abord chez les adultes puis, à partir de 1987, chez les enfants, avant même que ce ne soit autorisé aux États-Unis. Comme ailleurs dans le monde, le domaine médical considère rapidement l'implant cochléaire comme une solution à la surdité, particulièrement chez les enfants, car c'est un moyen facilitant l'acquisition de la langue orale chez les jeunes sourds. Le ministère de la Santé et des Services sociaux décide de ne retenir qu'un seul lieu spécialisé d'interventions chirurgicales pour l'implant cochléaire et porte finalement son choix sur le Centre hospitalier universitaire de Québec[130]. Le choix de Québec comme seul centre spécialisé ne s'est pas fait sans heurts, d'autant que, dans le modèle élaboré par les établissements de Québec, la programmation qui suit la pose de l'implant oblige les personnes implantées à demeurer plusieurs semaines dans

---

129. Le troisième comité *ad hoc* se penche sur l'intervention auprès des personnes suicidaires.
130. Alors appelé Centre hospitalier de l'Université Laval (CHUL).

la capitale[131]. À Montréal, dans le milieu de la déficience auditive, on considère que le bassin de population du Québec justifiait l'ouverture minimale de deux sites. Le fait que le programme d'implants cochléaires soit associé au secteur hospitalier, sans affiliation avec une école universitaire en audiologie, irrite également, car ailleurs en Amérique il est généralement lié aux écoles d'audiologie[132].

Pour la communauté sourde, l'implant cochléaire pose d'abord des problèmes éthiques et son installation chez les enfants fait l'objet de vives critiques, en particulier parce que les très jeunes enfants ne peuvent donner leur consentement. En 2000, un bébé de cinq mois a reçu un implant cochléaire[133]. La communauté sourde vit la promotion de l'implant cochléaire comme un retour en arrière et comme une dévalorisation de sa culture et de sa langue. Retour en arrière parce que la surdité est à nouveau définie comme une déficience à réparer qui relève du domaine médical, et non une différence à assumer. L'unanimité qui se dessine chez les entendants en faveur de l'implant cochléaire est également un douloureux rappel d'une situation que les personnes sourdes ont connue, où la culture entendante était aussi présentée, de façon implicite ou explicite, comme supérieure à la culture sourde.

Dans un contexte où la LSQ n'a pas encore de statut officiel au Québec, l'implant risque aussi de nuire à la lutte pour la reconnaissance de la LSQ, une langue qui est toujours essentielle au développement et au bien-être d'un très grand nombre de personnes sourdes. L'implant est perçu comme une menace à la LSQ même, une langue riche dans la mesure où elle est utilisée couramment par une grande communauté. Avec le nombre de devenus sourds qui augmente sans cesse, et les enfants avec implant cochléaire dont on craint qu'ils

---

131. L'implant lui-même est financé par la Fondation du Québec pour la recherche sur l'implant cochléaire, mais les coûts associés à la réadaptation et à la programmation à Québec rendent la situation difficile pour les familles à revenu moyen qui n'ont pas droit à l'aide accordée aux familles à très faible revenu. La situation est différente ailleurs au Canada.

132. Pierre-Paul Lachapelle, entrevue du 14 août 2007.

133. Le Centre hospitalier universitaire de Québec (CHUQ) revendiquait plus de 600 poses d'implant entre 1984 et 2004. Voir le site Internet du CHUQ : http://www.chuq.qc.ca/fr/les_soins/implant_cochleaire/. Depuis, le mouvement s'est accéléré et, en 2007-2008 seulement, « 143 interventions ont été réalisées et environ 70 % de ces patients venaient de la région de Montréal ». Claudette Samson, « L'Hôtel-Dieu de Québec pourrait devenir LA référence en audition », *Le Soleil*, 24 avril 2008, http://www.alphasourd.org/alphasourd/alphanouvelles.html.

soient orientés vers l'oralisme, c'est le portrait de la surdité au Québec qui se trouve chamboulé, à une époque où n'existent plus guère de lieux où les enfants sourds peuvent apprendre en groupe avec des adultes sourds maîtrisant culture et langue Sourde. La communauté sourde craint finalement que ces enfants devenus adultes n'appartiennent à aucune des deux communautés, devenant ainsi plus handicapés socialement. La question de l'implant est donc intimement liée à la question de l'identité sourde et à la reconnaissance de la LSQ, mais elle a ses propres enjeux face aux personnes malentendantes et devenues sourdes, qui se sentent souvent peu concernées par le développement de la culture sourde et même du bilinguisme.

Bilinguisme et reconnaissance de la LSQ

Dès les années 1990, l'Institut Raymond-Dewar prend position pour une approche bilingue et offre des services en français ou en LSQ, au choix des personnes. L'enseignement de la LSQ occupe une place importante à l'Institut, nous l'avons vu, et il n'a d'ailleurs jamais été question d'abandonner ce secteur, même s'il ne s'agit pas de formation proprement universitaire ni d'un programme. L'approche bilingue s'est développée plus particulièrement pendant la décennie, à la suite des revendications de la communauté sourde pour la reconnaissance de sa langue et de sa culture. Aux États-Unis, le grand congrès célébrant la culture Sourde, The Deaf Way, s'ouvre à l'Université Gallaudet de Washington en 1989[134]. Réunissant plus de 5 000 personnes sourdes des milieux politiques, universitaires, culturels et artistiques de partout dans le monde, ce congrès marque les esprits et sonne le début du réveil dans plusieurs pays. Gabriel Collard, directeur général de l'Institut Raymond-Dewar, y assiste et constate la fierté de la communauté sourde étatsunienne à l'endroit de l'American Sign Language reconnu comme langue à part entière[135]. Conscient de plus en plus de l'importance des langues signées, l'Institut Raymond-Dewar reçoit l'article de Gérard Labrecque[136] comme une incitation à faire un pas de plus vers une philosophie à laquelle il croit de toute façon.

---

134. Harlan Lane, Robert Hoffmeister et Ben Bahan, *A Journey into the Deaf-World*, San Diego, Dawn Sign Press, 1996, p. 130. Carol J. Erting et autres, *The Deaf Way: Perspectives from the International Conference on Deaf Culture*, Washington, DC, Gallaudet University Press, 1989.
135. Gabriel Collard, entrevue du 21 août 2007.
136. Voir le début de cette partie « De nouvelles clientèles ».

Les travaux de recherche faits en collaboration avec le groupe de Colette Dubuisson de l'UQAM ont grandement aidé à soutenir la pertinence de la démarche. Le partenariat avec le Groupe de recherche sur la LSQ et le français sourd a aussi des applications directes pour l'Institut, car le groupe étudie la langue des signes pour en comprendre la grammaire et le fonctionnement, des sujets d'intérêt pour les ateliers de LSQ[137]. Se basant sur une conception de la surdité comme différence culturelle plutôt que comme handicap ou comme déficit, le groupe de recherche adhère d'ailleurs à l'idée de culture sourde. Ainsi, lorsqu'en 1993 Colette Dubuisson écrit : « Signer – ou le sort d'une culture[138] », elle prend parti pour la reconnaissance de la langue des signes québécoise comme langue à part entière et recommande sa reconnaissance officielle à partir des nombreuses recherches menées par son groupe.

Le colloque sur le bilinguisme organisé pour les 10 ans de l'Institut Raymond-Dewar, les 20 et 21 octobre 1994, marque à la fois une reconnaissance officielle de l'intérêt de l'approche bilingue et le début d'une période nouvelle, chargée d'espoir pour la communauté sourde qui se réjouit « que des entendants comprennent enfin[139] ! » Il est l'occasion pour les personnes présentes, intervenants et parents, de mieux comprendre le bilinguisme. Les conférenciers[140] insistent sur le fait que le bilinguisme constitue une voie pour les enfants sourds de « développer une compétence en langage dès le plus jeune âge, avec laquelle ils pourront acquérir une seconde langue et se développer normalement en milieu scolaire ». Allant à contre-courant de la tendance oraliste imposée depuis le Congrès de Milan selon laquelle un enfant sourd qui apprend la langue des signes ne parlera pas, l'approche bilingue reconnaît plutôt l'importance de la langue des signes québécoise dans le développement de l'enfant, dans son apprentissage et dans sa réussite scolaires. Dans ces années, plusieurs recherches commencent d'ailleurs à démontrer la supériorité en écriture et en lecture des enfants sourds ayant des parents sourds par rapport aux

---

137. Voir le site du Groupe de recherche : http://www.unites.uqam.ca/surdite.
138. Colette Dubuisson, *Nouvelles Pratiques sociales*, vol. 6, nº 1 (1993), p. 57-68.
139. *Voir Dire*, nº 68 (novembre-décembre 1994), p. 8. La communauté sourde, enthousiaste, y voit même la suite et la renaissance du *Deaf Way* de 1989.
140. En plus de ces conférenciers invités, Carol Erting, David Mason, Barbara Kannapel et François Grosjean, le colloque comprend un important forum qui réunit plusieurs spécialistes de la question, dont Colette Dubuisson, Jules Desrosiers et Gérard Labrecque.

enfants sourds ayant des parents entendants, ce qui tend à confirmer l'importance de la maîtrise de sa langue naturelle pour l'apprentissage de toute autre langue[141].

Le colloque signe enfin le début d'une période de collaboration entre divers groupes et établissements pour le développement du bilinguisme et, conséquence directe, pour la reconnaissance de la LSQ par le ministère de l'Éducation. Il faut dire que, dans les années 1990, la proportion d'enfants du côté de l'approche oraliste à l'Institut Raymond-Dewar est de 75 % alors que seulement 25 % des enfants se retrouvent dans une approche bilingue LSQ-français. En 1995-1996, l'IRD, Colette Dubuisson et l'AQEPA s'engagent dans un projet visant à intégrer la LSQ à l'école Gadbois, jusqu'alors une école oraliste[142]. À l'interne, outre les projets pilotes comme celui d'immersion en LSQ pour les enfants sourds, l'IRD prend des mesures pour favoriser le développement du bilinguisme, entre autres en formant un comité chargé de faire avancer l'approche bilingue et en adoptant son programme de formation en LSQ du personnel de l'établissement.

Un travail de concert avec le milieu associatif

L'Institut Raymond-Dewar a parmi ses mandats celui de soutenir les groupes communautaires et de collaborer avec eux « à des activités favorisant le mieux-être de la clientèle[143] ». Cette collaboration fonctionne à double sens et, pendant la dure période de crise budgétaire, c'est entre autres grâce à « l'appui de la population et des principaux groupes communautaires de la région[144] » que l'IRD a pu garder le cap. Les liens étroits que l'Institut entretient avec plusieurs groupes alimentent ses réflexions et le développement des programmes. Le CQDA et l'AQEPA, l'AAPA, l'ASMM et l'ADSMQ sont des partenaires

---

141. Daniel Daigle, « Faire le point sur les philosophies d'enseignement », *Lecture, écriture et surdité*, sous la dir. de Colette Dubuisson et Daniel Daigle, Montréal, Éditions logiques, 1998, p. 40.

142. L'expérience du Collège sourd, mis sur pied en 1998 près de Québec à l'initiative de Gaston Forgues et de la Fondation des Sourds du Québec, pour démontrer la pertinence de l'approche bilingue dans la scolarisation des enfants sourds a eu un effet positif. Premier collège à utiliser officiellement l'approche de l'enseignement bilingue, il a conduit à l'ouverture de l'école Accès Est à Montréal. *Voir Dire*, n° 111 (janvier-février 2002), p. 9 et *Bulletin de la Fondation des Sourds du Québec*, n° 1 (janvier-février 2002), p. 8. Le Collège des Sourds a dû fermer ses portes en 2001 en raison de la charge financière qu'il représentait pour la fondation.

143. *Rapport annuel de l'IRD*, 1997-1998, p. 6.

144. *Rapport annuel de l'IRD*, 1997-1998, p. 15.

des débuts auxquels se joignent dans les années 1990 de nouveaux groupes, le Regroupement québécois pour personnes avec acouphènes (RQPA), l'Association des implantés cochléaires du Québec (AICQ) et l'Association québécoise pour les enfants audimuets et dysphasiques (AQEA), pour n'en nommer que quelques-uns.

L'Institut Raymond-Dewar participe à plusieurs projets avec ses partenaires du milieu associatif. Un de ces projets démarre en 1996 par l'ouverture d'un site Internet d'information, « Surdite.com » et se concrétise par la mise sur pied en 1998 du Centre de communication adaptée (CCA) qui loge alors au 4e étage de l'édifice sur la rue Berri. Le CCA est une entreprise d'économie sociale sans but lucratif démarrée par des organismes communautaires avec l'aide du CQDA afin de « promouvoir l'accessibilité et l'apprentissage des nouvelles technologies de l'information et de la communication pour les personnes vivant avec des problèmes de communication ». Le CCA s'occupe aujourd'hui également du magasin d'aides à l'audition pour les personnes non admissibles au programme de la RAMQ[145].

Le Centre québécois de la déficience auditive (CQDA) travaille avec l'IRD à l'établissement d'un plan d'urgence et au dépôt d'un mémoire à la commission Nicolet sur la sécurité publique après la tempête de verglas à l'hiver 1998. La même année survient aussi un changement pour les groupes communautaires avec l'adoption d'une politique de reconnaissance et de financement de l'action communautaire autonome par le Secrétariat à l'action communautaire autonome (SACA). Un financement régulier permettra à plusieurs groupes d'enfin pouvoir se concentrer sur les enjeux définis par leurs membres et de jouer un rôle encore plus actif à la fois dans la communauté sourde et comme partenaire de l'Institut.

La période des années 1990 se conclut un peu à la façon dont elle avait commencé, par la formation d'une nouvelle commission d'études sur les services de santé et les services sociaux qui annonce restructuration et modernisation du réseau de la santé et des services sociaux. Pendant cette période, l'IRD a connu un accroissement de ses services et de ses programmes, l'ajout de deux mandats, un mandat suprarégional en surdicécité, un mandat sociorésidentiel en gestion du réseau de familles d'accueil pour les enfants multihandicapés et un mandat

---

145. *Rapport annuel du CCA*, 2007-2008, p. 4.

pour la dysphasie et le trouble de l'audition central (TAC), tous entrepris pendant une période de restrictions budgétaires.

Les contraintes de la période ont été surmontées en puisant aux forces de l'établissement : sa capacité de développement, le réseautage et le partenariat avec les autres établissements, les collaborations avec le milieu communautaire et, enfin, son intérêt pour la recherche et la formation. Les années 2000 annoncent de nouveaux défis mais, jusque-là, ceux-ci ont été une stimulation pour l'IRD.

Une mission reconnue et une identité renforcée (2000 à 2008)

Les années 2000 se caractérisent plus difficilement peut-être que les deux périodes précédentes en raison du peu de recul dont nous disposons ; elles paraissent néanmoins chargées en transformations où l'Institut Raymond-Dewar ne semble toutefois jamais déstabilisé, toujours à la recherche de projets et désireux d'améliorer sa valeur comme centre de réadaptation. Maintenant que sa mission est consolidée, les acquis bien intégrés, l'IRD se tourne vers de nouveaux défis, à l'image de ce qu'il a fait depuis 25 ans, et il investit avec dynamisme dans tous les volets de cette mission : programmes de réadaptation, services à la communauté, enseignement et formation, recherche ainsi qu'évaluation des technologies et des modes d'intervention, tout cela dans la perspective d'être dans les faits un institut universitaire alors même qu'il attend une réponse du ministère de la Santé et des Services sociaux. L'histoire des années 2000 peut ainsi se lire comme celle des étapes vers la reconnaissance ministérielle de ce projet mobilisateur.

La marche vers la reconnaissance universitaire

L'Institut Raymond-Dewar attaque l'an 2000 avec un changement de son énoncé de mission qui définit mieux les services offerts et inclut les nouvelles clientèles :

> En premier lieu, l'institut offre des services externes de deuxième ligne de réadaptation aux personnes de tous âges sourdes et malentendantes des régions de Montréal et de Laval et, à titre substitut, à la sous-région de Longueuil. Depuis la dernière décennie, il intervient également auprès des personnes ayant des acouphènes. Dans un cadre plus élargi de responsabilités, l'Institut dispense des cours de conversation en langue des signes (LSQ) et opère un comptoir de [distribution] et de réparations

des aides de suppléance à l'audition [à titre de] distributeur officiel de la Régie de l'assurance maladie du Québec (RAMQ)[146].

Avec cet énoncé de mission, écrit dans le vocabulaire introduit par les réformes de la santé et des services sociaux durant la décennie précédente, l'IRD entreprend sa marche vers l'obtention du statut d'institut universitaire. Rappelons que, selon les conditions définies par la Loi sur les services de santé et les services sociaux, un établissement doit dispenser des services de pointe, participer à la formation de professionnels de la santé et des services sociaux, avoir une structure de recherche reconnue par un organisme de développement de la recherche sociale et évaluer des technologies ou des modes d'intervention reliés à son secteur de pointe.

En 2000, l'Institut s'associe avec quatre autres établissements de réadaptation en déficience motrice et un centre de réadaptation en déficience visuelle, pour fonder le Centre de recherche interdisciplinaire en réadaptation de Montréal (CRIR)[147], un organisme qui permet de se rapprocher de l'objectif souhaité et, plus généralement, de faire avancer la recherche. Dans la foulée, l'IRD participe aux démarches pour intégrer ses deux partenaires universitaires, l'UQAM et l'Université de Montréal, au nouveau réseau. Le CRIR est un centre reconnu par le Fonds de recherche en santé du Québec (FRSQ)[148] et il devient très tôt le plus important centre de recherche en réadaptation au Canada. Il est le premier à regrouper plusieurs établissements du réseau de la santé et des services sociaux en centre de recherche, se faisant ici le reflet de l'effort soutenu de réseautage entre les établissements du réseau. À sa mise sur pied, trois grands axes de recherche sont définis: « Fonctions sensorimotrices et dépla-

146. *Rapport annuel de l'IRD*, 1999-2000, p. 1.
147. Ces établissements sont l'Hôpital juif de réadaptation (HJR), l'Institut de réadaptation de Montréal (IRM), le Centre de réadaptation Constance-Lethbridge (CRCL) et le Centre de réadaptation Lucie-Bruneau (CRLB) ainsi que l'Institut Nazareth et Louis-Braille. L'Hôpital juif de réadaptation et le Centre de réadaptation Constance-Lethbridge sont affiliés à l'Université McGill et l'Institut de réadaptation de Montréal, le Centre de réadaptation Lucie-Bruneau, l'Institut Nazareth et Louis-Braille et l'Institut Raymond-Dewar sont affiliés à l'Université de Montréal. Le CRIR a aussi trois membres associés, le Centre de réadaptation en déficience physique Le Bouclier, le Centre de réadaptation Estrie et le Centre de réadaptation La RessourSe qui sont spécialisés en déficience physique, auditive, motrice et visuelle pour personnes de tous âges.
148. Le CRIR est également financé par le Fonds de recherche sur la société et la culture du Québec et le ministère de la Santé et des Services sociaux du Québec.

cements », « Communication, fonctions sensorielles et psychologiques » et « Prestation de services et participation sociale ». Ces axes associent des professionnels des diverses disciplines du domaine de la réadaptation[149], dans des équipes travaillant en interdisciplinarité. La création du CRIR répond à un besoin et à un intérêt des centres de réadaptation pour la recherche et elle remplit aussi l'un des critères du ministère de la Santé et des Services sociaux pour la reconnaissance universitaire, soit d'avoir une structure de recherche reconnue par un organisme de développement de la recherche sociale.

En 2001, après des démarches de quelques années, l'Institut Raymond-Dewar devient le deuxième centre de réadaptation physique du Québec à être agréé par le Conseil québécois d'agrément. L'agrément vise « l'amélioration continue de la qualité[150] » et permet aux établissements qui le reçoivent de déterminer les conditions favorisant l'atteinte de cette qualité au sein de l'organisme, ce qui mobilise le personnel autour d'objectifs communs. Il se fonde d'abord sur les services à la population et est obtenu en fonction de la qualité de ces services et du plan d'amélioration de l'établissement. L'obtention de l'agrément en 2001 scelle pour l'Institut la reconnaissance du processus dans lequel il est engagé et qui vise la poursuite de la qualité dans les services autant que dans les rapports humains.

En 2002, l'Institut se voit octroyer officiellement par le ministre de la Santé et des Services sociaux une vocation suprarégionale pour ses services dits « surspécialisés[151] ». Sont visés par cette reconnaissance, les services aux personnes ayant reçu un implant cochléaire,

---

149. Notamment pour le champ d'intervention de l'IRD, l'audiologie, l'ergothérapie, le génie biomédical, la linguistique et la pathologie du langage, l'optométrie, l'orthophonie, l'éducation, la physiologie, la psychologie et les sciences neurologiques. Le CRIR a aujourd'hui deux grands axes de recherche : « Fonctions et activités sensorielles, motrices et cognitives » et « Participation, inclusion sociale et services de réadaptation ». Voir le site Web du CRIR, http://www.crir.ca/, site consulté le 2 septembre 2008.

150. « Le **concept de la qualité** des services retenu par le CQA se définit comme étant : la capacité d'une organisation à satisfaire les besoins et les attentes des clients (usagers), par l'utilisation des meilleures pratiques et la conformité aux normes établies, de façon efficiente et au moindre risque, au regard des ressources disponibles. Cette qualité se reflète tant au niveau des attitudes et des contacts humains établis entre le personnel et les clients, qu'au niveau des procédures et des services rendus. » http://agrement-quebecois.ca/fr/site.asp?page=element&nIDElement=2258. « Conception de l'agrément », site Web du Conseil québécois de l'agrément consulté le 22 mai 2008.

151. Cette reconnaissance se fait après consultation de la Régie régionale et elle vise une meilleure intégration de services. Loi sur les services de santé et les services sociaux, *Lois du Québec*, 2003, chapitre 42, article 112.

les services à la clientèle sourde-aveugle, les services aux personnes sourdes utilisant le langage gestuel et, enfin, le service de distribution des aides de suppléance à l'audition, un mandat confié par la RAMQ à l'Institut Raymond-Dewar. Le territoire reconnu pour ces services recouvre tout l'ouest du Québec (et les services sont dispensés en collaboration avec les centres régionaux).

Cette reconnaissance des services « de pointe » dispensés par l'Institut depuis quelque temps déjà remplit une autre condition du ministère et elle est suivie, moins d'un an plus tard, de la signature d'un contrat d'affiliation universitaire avec l'Université de Montréal. Consécration d'un partenariat vieux de vingt ans, l'entente signée par le ministre de la Santé et des Services sociaux et le ministre de l'Éducation et de l'Enseignement supérieur arrive à point nommé pour stimuler la recherche et la formation de haut niveau des « futurs professionnels de la réadaptation aux personnes sourdes ». Elle constitue aussi une condition incontournable pour devenir un établissement universitaire, car un des critères exige de participer à la formation de professionnels de la santé et des services sociaux, donc, d'avoir des activités reconnues de formation et d'enseignement[152].

En réalité, dès 2003, l'IRD remplit pratiquement toutes les conditions nécessaires à sa reconnaissance comme institut, mais il se heurte à un obstacle, celui de ne pas être le seul centre de réadaptation dans son domaine et, surtout, de ne pas couvrir un secteur suffisamment vaste pour être reconnu ; en effet, il n'intervient que pour deux des quatre clientèles de réadaptation en déficience physique, soit la clientèle ayant une déficience auditive ou celle ayant une déficience du langage. Dans le but de répondre aux exigences du ministère, l'Institut contribue en 2003 à la mise sur pied « d'une structure de réseau universitaire », le Réseau universitaire intégré en santé (RUIS) de l'Université de Montréal avec les autres établissements de réadaptation affiliés à l'Université de Montréal, soit le Centre de réadaptation Lucie-Bruneau, le Centre de réadaptation Marie-Enfant, l'Institut Nazareth et Louis-Braille et l'Institut de réadaptation de Montréal[153]. Toutefois, le RUIS a décidé de placer ses priorités ailleurs que dans le domaine de la réadaptation en déficience physique, ce qui laisse les

---

152.Institut Raymond-Dewar, *La Revue de l'année 2002-2003*, p. 7.
153.Institut Raymond-Dewar, *La Revue de l'année 2002-2003*, p. 14.

établissements de réadaptation affiliés à l'Université de Montréal en attente sur cette question.

De plus, toujours en 2003, l'Institut adopte une nouvelle présentation de sa mission et de ses mandats :

L'Institut Raymond-Dewar est un centre de réadaptation métropolitain public spécialisé et surspécialisé en surdité et en communication[154].

[...]

L'Institut Raymond-Dewar vise le développement de l'autonomie et la participation sociale de sa clientèle, notamment les enfants, les jeunes, adultes et aînés qui sont sourds, sourds-aveugles, malentendants ou ayant des acouphènes, ainsi que les enfants et les jeunes dysphasiques ou présentant un trouble d'audition centrale.

Ce nouvel énoncé de mission tient compte des dernières clientèles intégrées aux mandats de l'Institut, mais surtout il comporte désormais quatre volets, ceux d'un établissement universitaire :

1. la prestation de services régionaux et suprarégionaux pour les personnes ayant une déficience auditive et ayant une déficience de la parole et du langage ;

2. la formation professionnelle, l'enseignement collégial et universitaire ;

3. la recherche, notamment la recherche appliquée ;

4. l'évaluation des technologies et des modes d'intervention en réadaptation[155].

Le premier volet rejoint la raison première du centre de réadaptation, soit la prestation de services qui se fait dans quatre champs d'intervention : l'adaptation-réadaptation par la mise en œuvre d'un plan d'intervention centré sur la personne et son milieu, les aides techniques et linguistiques, le soutien à la participation sociale de la personne dans son milieu et le soutien à la collectivité. Ces champs apportent des précisions quant à l'objectif d'intégration sociale et ils

---

154. Maintenant, l'énoncé de mission dit « plurirégional » plutôt que « métropolitain ».
155. Direction générale, Institut Raymond-Dewar, *La mission de l'Institut Raymond-Dewar en quatre volets*, 9 septembre 2003.

acquièrent également pour certains une autonomie. Ainsi, en mars 2004, le Comptoir de distribution des aides de suppléance à l'audition se dissocie du Service des communications et devient un service autonome sous la responsabilité de Gaëtan Trottier. Le nouveau Service des aides techniques (SAT) entend accroître sa participation à la recherche et au développement de nouvelles technologies et il modernise ses procédures tout en ouvrant un comptoir de distribution à l'Hôpital juif de réadaptation[156].

Le deuxième volet vise l'enseignement et la formation, indispensables à la réalisation des mandats de réadaptation. La fonction d'enseignement a été confirmée par le contrat d'affiliation universitaire avec l'Université de Montréal, qui reconnaît les compétences du corps professionnel de l'Institut. L'IRD a ainsi des membres de son personnel qui enseignent à l'École d'orthophonie et d'audiologie de l'Université de Montréal (programmes des premier et deuxième cycles) et, depuis quelques années, également à l'Université d'Ottawa (maîtrise en audiologie), à l'Université de Montréal (École d'optométrie), à l'Université du Québec à Montréal et dans différents programmes du cégep du Vieux Montréal. En 2007-2008, 36 intervenants ont donné 180 heures d'enseignement dans des programmes universitaires de 1er et de 2e cycle et 16,5 heures au programme Communication et Surdité du cégep du Vieux Montréal. L'enseignement se fait aussi à l'institution même, par l'entremise de stages et d'internats offerts à la clientèle étudiante des collèges et des universités qui ont un contrat d'association avec l'Institut Raymond-Dewar. Les premiers contrats d'association liaient l'IRD avec l'Université de Montréal, l'Université du Québec à Montréal et le cégep du Vieux Montréal pour des stages concernant principalement l'audiologie, l'orthophonie, l'éducation spécialisée, la psychoéducation, le service social et la psychologie. Depuis, de nouvelles disciplines se sont ajoutées, optométrie, ergothérapie, neuropsychologie, psycholinguistique, médecine sociale et préventive, etc. Plusieurs autres universités et cégeps du Québec et, à l'occasion, des institutions étrangères envoient maintenant aussi des stagiaires. En 2000-2001, l'Institut a reçu 30 stagiaires, principalement pour des stages en audiologie et orthophonie ; dès l'année suivante, les stagiaires passaient au nombre de 44, puis de 55 pour l'année 2003-2004. En 2006-2007, le nombre était de 75 stagiaires et de 62 en 2007-

---

156. Institut Raymond-Dewar, *La Revue de l'année 2003-2004*, p. 20.

2008, mais on prévoit accueillir plus de stagiaires en orthophonie et audiologie dans les années futures en raison de l'élargissement du contingentement à l'École d'orthophonie et d'audiologie de l'Université de Montréal. Le plus grand nombre de stagiaires provient en effet toujours de cette école avec 27 stagiaires en orthophonie et 31 en audiologie en 2007-2008.

La formation a toujours fait partie du mandat de l'Institut. Ce dernier se soucie de la compétence de ses professionnels et de leur perfectionnement continu en leur offrant des formations à l'interne, individualisées ou en groupe – par exemple, sur l'intervention et sur le dépistage, pour ceux et celles qui interviennent dans les services de première ligne –, en les soutenant dans leur projet d'études avancées et en les encourageant à participer aux colloques, congrès et séminaires qui se tiennent dans leur domaine de spécialité. En 2005-2006, « 154 personnes ont participé à des activités de formation individuelle ou de groupe répondant à leur préoccupation clinique ou contribuant à leur développement professionnel[157] ». Des formations plus larges et générales sont offertes à tout le personnel également, par exemple sur la prévention du suicide ou les relations interculturelles, la prévention de l'épuisement professionnel et l'interdisciplinarité. Au Québec, l'IRD est d'ailleurs l'établissement du réseau de la santé et des services sociaux où la moyenne de scolarité du personnel est la plus élevée[158].

Le troisième volet de l'énoncé de mission concerne la recherche. L'Institut Raymond-Dewar fait partie de deux importantes équipes de recherche depuis plus de vingt ans, le Groupe de recherche sur la LSQ et le bilinguisme sourd de l'Université du Québec à Montréal (UQAM) et le Groupe ESPACE sur l'intervention psychosociale et les personnes âgées de l'Université de Montréal. Il participe également à d'autres projets de recherche avec divers partenaires. En 2002, l'Institut adopte une politique de recherche et s'associe avec d'autres établissements du réseau pour former un comité d'éthique à la recherche. Dans la même foulée, il se dote d'un comité de la recherche, d'abord sous la responsabilité de la Direction des programmes et des services à la clientèle, puis nomme en juin 2003 un responsable de la

---

157. *Rapport annuel de l'IRD*, 2005-2006, p. 56.
158. Institut Raymond-Dewar, *La Revue de l'année 2002-2003*, p. 14.

recherche à l'IRD pour le CRIR[159], Tony Leroux, et une coordonnatrice de la recherche clinique, Louise Comtois[160]. Avec ce tournant, les partenariats de recherche s'établissent aussi en dehors des programmes stricts pour couvrir plutôt des approches englobant plusieurs clientèles[161]. En 2003-2004, déjà seize intervenants sont partiellement libérés pour la recherche et sept cliniciens (un audiologiste, deux orthophonistes et quatre psychologues) sont membres du CRIR. Le secteur de la recherche est donc appelé à se développer et le problème qui se pose d'ores et déjà concerne la libération des professionnels, qui font face à des temps d'attente dans leurs programmes respectifs, ce qui limite leur participation. En 2007-2008, les responsables de la recherche suivent quatorze projets de recherche déjà en cours alors que trois autres projets sont en gestation.

Le quatrième et dernier volet, l'évaluation des technologies et des modes d'intervention, n'est pas complètement nouveau même s'il est apparu plus récemment dans l'énoncé de mission. L'évaluation des technologies était déjà représentée à l'IRD à l'époque du Conseil consultatif sur les aides techniques (CCAT) qui s'occupait d'évaluer les aides techniques pour les personnes handicapées. En 1988, ce mandat a été confié à une agence autonome[162] qui continue de consulter les professionnels de l'Institut à titre d'experts en audition[163]. Cette expertise de l'IRD est également reconnue par la RAMQ, autant en ce qui concerne les aides auditives que les règlements qui l'accompagnent, et par le ministère de la Santé et des Services sociaux qui consulte l'Institut Raymond-Dewar pour toute étude ou tout avis portant sur la surdité, les appareils, l'interprétation, la surdité professionnelle, le développement de téléscripteurs, etc.

L'IRD s'occupe aussi de l'évaluation des modes d'intervention et ses principales contributions dans ce domaine sont l'approche bilingue auprès des personnes sourdes, l'approche intégrée de services

---

159. Chaque établissement du CRIR nomme un « responsable de site », en charge de la recherche pour son établissement.
160. Madame Comtois a été également coordonnatrice de la recherche pour l'Institut Nazareth et Louis-Braille jusqu'en juin 2005 et elle occupe maintenant le poste de coordonnatrice de la recherche et de l'enseignement à l'IRD.
161. Louise Comtois, communication personnelle.
162. L'Agence d'évaluation des technologies et des modes d'intervention en santé (AETMIS) est un organisme indépendant relevant du ministère de la Santé et des Services sociaux.
163. L'Institut Raymond-Dewar a une expertise reconnue en Health Technology Assessment and Management (HTA&M).

s'adressant aux aînés malentendants et l'intervention à moyen terme en rédaction auprès d'enfants ayant reçu un implant cochléaire. Ces contributions relèvent de la recherche évaluative où « on porte une attention aux impacts de l'intervention autant sur la personne concernée que sur son milieu[164] ».

L'adoption de la nouvelle mission en quatre volets doit amener l'Institut à se positionner au rang des établissements universitaires. Toutefois, avant de déposer une demande de reconnaissance officielle, du travail reste à faire, surtout qu'à l'intérieur de l'établissement d'autres tâches mobilisent les énergies et qu'il faut s'adapter à la planification stratégique triennale annoncée par le ministère de la Santé et des Services sociaux.

Des réorganisations internes

Les activités pour la reconnaissance du statut universitaire s'accompagnent en effet pendant les trois premières années de nombreux changements à l'Institut Raymond-Dewar tant sur le plan des services administratifs qu'en ce qui concerne les programmes et les services de réadaptation.

L'Institut prend le tournant des années 2000 en effectuant une réorganisation et une modernisation de sa structure interne : la Direction des services à la clientèle prend l'appellation de « Direction des programmes et services à la clientèle » afin de mieux refléter ses activités[165]. Dans un but de rationalisation et afin d'éviter le plus possible des compressions dans les services[166], les chefs de programmes reçoivent des responsabilités accrues et dirigent pour la plupart deux programmes (même si ceux-ci demeurent autonomes). Les programmes Surdicécité et Aînés relèvent ainsi du même chef de programme, et la structure organique est similaire pour le service Évaluation-orientation et le programme Adultes (21 à 65 ans).

Une autre composante change de nom : les Services à la communauté deviennent le « Service des communications ». Toujours en

---

164. Institut Raymond-Dewar, *La Revue de l'année 2002-2003*, p. 17.
165. Les services de gestion des ressources financières et matérielles sont intégrés à ceux du Centre de réadaptation Lucie-Bruneau au début des années 2000 avant de revenir à l'IRD en juillet 2006 en raison entre autres de l'administration du programme conjoint avec l'Institut Nazareth et Louis-Braille (INLB).
166. En 2000, la loi sur l'équilibre budgétaire interdit de cumuler les déficits et force les établissements à réduire les services à la population pour atteindre le déficit zéro.

charge du Service d'accueil, du Service des archives, du Centre de documentation, des Ateliers de communication LSQ, des services d'interprétariat, et, jusqu'en mars 2004, du Comptoir de distribution des aides de suppléance à l'audition, le nouveau service sous la direction de Louise Livernoche s'occupe également de la production des statistiques requises par le ministère et le réseau de la Santé et des Services sociaux et, dorénavant, de l'édition du rapport annuel et de la publicité des services de l'Institut Raymond-Dewar. Ses responsabilités incluent bien sûr tout ce qui touche aux communications : accueil des visiteurs, collaboration aux éditions spécialisées, projets de communication dans les programmes, développement du site Internet de l'Institut, mise à jour des bottins de ressources internes et externes, mise en place de l'intranet, etc. Une question importante reçoit son attention, soit les demandes d'interprètes pour des services à la clientèle allophone qui augmente chaque année. En 2003-2004, des services d'interprétariat sont ainsi requis en 14 langues (autres que la LSQ). Le Service des communications collabore enfin à divers comités touchant à ses compétences. Il contribue par exemple en 2001, avec le CQDA, au mémoire sur la reconnaissance de la LSQ déposé à la commission Larose sur l'avenir de la langue française et il participe au comité d'étude des aides de suppléance à l'audition qui dépose une étude à la RAMQ.

Toujours dans cet esprit de rationalisation, l'IRD et ses partenaires du réseau des centres de réadaptation procèdent à un transfert de programmes et de services, en concordance avec leurs mission et mandats respectifs. Ainsi, deux des premières mesures adoptées concernent le transfert, en avril 2001, au Centre de réadaptation Lucie-Bruneau du Service socciorésidentiel[167], qui s'occupe de la gestion des résidences d'accueil et des ressources intermédiaires, ainsi que du service Aphasie du programme Aînés. Pour sa part, les services liés au trouble d'audition centrale (du programme DYS/TAC)[168] sont interrompus à Laval, à la suite d'une décision de la Régie régionale de Laval de ne pas renouveler son entente de services avec l'Institut, mais le programme continue à Montréal où il connaît une hausse importante de sa clientèle dans les années qui suivent.

---

167. Le programme Socciorésidentiel est devenu le Service socciorésidentiel vers la fin des années 1990.
168. Les services concernant la dysphasie continuent cependant d'être offerts. Notons qu'aujourd'hui le trouble d'audition centrale est appelé « trouble de traitement auditif » (TTA).

Parallèlement à ces transferts, et conformément au rapport sur le bilinguisme déposé en 2000 qui recommandait d'offrir «un bain linguistique et culturel» aux enfants sourds[169], l'Institut fusionne le Programme 0 à 4 ans (anciennement Petite Enfance) et le Programme 4 à 12 ans (anciennement Enfants) pour former un nouveau programme bilingue axé sur les besoins langagiers des enfants de 0 à 12 ans. Les autres programmes spécialisés en surdité demeurent séparés par groupes d'âge (encore à ce jour d'ailleurs), mais le nouveau Programme 0 à 12 ans qui entre en fonction en 2002-2003 offre désormais ses services par environnement, soit un environnement bilingue-bimodal LSQ-français et un environnement français oraliste. Ce nouveau programme concrétise ainsi le choix d'une approche bilingue de l'Institut. Un projet préparé de longue date démarre avec l'accueil le 26 septembre 2002 d'un premier groupe d'enfants sourds au Centre de la petite enfance Lafontaine, sous la supervision clinique de l'Institut Raymond-Dewar[170]. Quinze places sont réservées à des enfants sourds qui seront immergés dans un environnement bilingue cinq jours par semaine et quarante places sont pour des enfants entendants. Le groupe d'enfants sourds est multiâge «de façon à faire bénéficier les plus jeunes des modèles langagiers de leurs aînés» et les intervenantes sourdes et entendantes maîtrisent la LSQ[171]. La Fondation de l'IRD contribue financièrement à l'obtention de places réservées aux jeunes enfants sourds gestuels.

Les collaborations avec d'autres établissements du réseau se maintiennent plus fortes que jamais et des ententes nouvelles sont mises en œuvre. Ainsi, l'IRD signe un important partenariat avec l'Institut Nazareth et Louis-Braille (INLB) afin d'offrir plus de services aux personnes âgées sourdes-aveugles et aux personnes âgées en perte d'autonomie. Les deux partenaires forment également un comité de coordination (qui devient en 2004 l'équipe multidisciplinaire IRD-INLB) pour la conception et la rédaction d'une programmation commune de réadaptation des personnes sourdes-aveugles, dans le but de mieux arrimer les services de première et de deuxième ligne (dépistage). Ces projets répondent à des besoins importants, d'autant que la clientèle du programme Surdicécité est de plus en plus

---

169. Institut Raymond-Dewar, *Bulletin 2001-2002*, p. 1.

170. L'IRD offre les services de divers spécialistes tels les audiologistes et les orthophonistes autant aux petits qu'à leurs parents.

171. *Voir Dire*, n° 116 (novembre-décembre 2002), p. 8.

âgée. L'Institut signe une entente avec le Manoir Cartierville afin de démarrer un projet d'intégration des personnes sourdes-aveugles aux activités du Centre de jour Roland-Major.

Des développements concernent également les clientèles nouvelles. L'accueil des personnes ayant reçu (ou qui recevront) un implant cochléaire nécessite la mise sur pied d'une programmation particulière à plus ou moins long terme : des services sont ainsi conçus pour les enfants, avec interventions dans les services de garde et les écoles en collaboration avec le milieu associatif, mais également pour les adultes et les aînés qui ont de plus en plus accès aux implants. Ce projet, auquel collaborent plusieurs centres de réadaptation[172], la Commission scolaire de Montréal et l'AQEPA, débouche sur un programme de réadaptation fonctionnelle intensive (RFI) pour les personnes ayant reçu un implant. En 2002, l'Institut est d'abord désigné par le ministère de la Santé et des Services sociaux comme un centre d'expertise suprarégional en implant cochléaire pour tout l'ouest du Québec. En peu de temps, il devient le centre québécois qui reçoit le plus grand nombre de personnes implantées car, à la suite de l'implantation, chaque personne doit recevoir des services spécialisés et surspécialisés de réadaptation[173]. En janvier 2007, le ministère de la Santé et des Services sociaux autorise officiellement l'IRD à offrir la réadaptation intensive pour Montréal et Laval. La clinique de programmation en implant cochléaire de l'Institut « travaille en étroite collaboration avec les équipes des programmes, les autres établissements de réadaptation en déficience physique de l'ouest du Québec, avec le Centre d'implantation (CI) ainsi qu'avec les médecins ORL pour offrir des services surspécialisés relatifs à la technologie de l'implant cochléaire[174] ».

Plusieurs des projets des années 2000 se font avec les groupes de la communauté sourde, par exemple avec l'Association des implantés cochléaires du Québec, pour le développement d'une programmation intensive. Les initiatives viennent des deux côtés et l'Institut Raymond-

---

172. Les collaborateurs du projet sont le Centre montérégien de réadaptation, le Centre de réadaptation Le Bouclier et le Centre de réadaptation Mackay.
173. La décision du ministère de la Santé et des Services sociaux de maintenir les services chirurgicaux exclusivement à Québec, en dépit d'une promesse au milieu des années 1990 de développer également un centre d'intervention chirurgicale à Montréal, a déçu grandement la population concernée ainsi que les intervenants et la direction de l'IRD.
174. Institut Raymond-Dewar, *La Revue de l'année 2006-2007*, p. 27.

Dewar s'associe également aux mouvements de la communauté sourde pour la reconnaissance de la LSQ, une lutte particulièrement vive dans les années 2000. Plusieurs associations enfourchent ce cheval de bataille et luttent ensemble pour cette reconnaissance qui tarde à venir malgré le fait que l'Ontario ait reconnu la LSQ comme langue d'enseignement pour les francophones de sa province déjà en 1993, en même temps qu'elle reconnaissait l'ASL du côté anglophone[175] ! Un des modèles dans cette lutte est la Suède, sans doute le premier pays à avoir adopté la langue des signes comme langue d'enseignement. Depuis 1981, la langue des signes suédoise est reconnue comme langue première pour les élèves sourds et, depuis 1991, les élèves entendants ont la possibilité de la choisir comme deuxième ou troisième langue[176]. Le Québec fait figure de retardataire dans ce mouvement.

C'est toujours dans cette optique qu'a lieu le 15 juin 2001 une marche devant le parlement de Québec. Organisée par le Centre québécois de la déficience auditive (CQDA), des associations régionales, en particulier l'Association des personnes avec problèmes auditifs des Laurentides, et la Fondation des Sourds du Québec, la manifestation a pour but la reconnaissance de la LSQ comme langue première de communication et langue d'enseignement[177]. À l'instigation de l'Institut Raymond-Dewar et avec son soutien technique, ainsi qu'avec la collaboration de la Fondation des Sourds, un mémoire est déposé par le Centre québécois de la déficience auditive (CQDA) et le Regroupement des organismes de Sourds du Québec (ROSQ) devant la Commission des États généraux sur la situation et l'avenir de la langue française au Québec, présidée par Gérald Larose. Intitulé *Pour une reconnaissance officielle de la langue des signes québécoises (LSQ)*, le mémoire reçoit un bon accueil de la part de la Commission et le rapport final recommande :

---

175. La France a pour sa part reconnu la langue des signes française (LSF) comme langue officielle en février 2005, dix ans après avoir autorisé le bilinguisme LSF-français dans l'enseignement. Pour plus de détails sur le statut des langues signées dans différents pays et certaines provinces canadiennes, voir l'annexe 3 de *Pour une reconnaissance officielle de la langue des signes québécoise (LSQ)*, Mémoire présenté aux audiences nationales de la Commission des États généraux sur la situation et l'avenir de la langue française au Québec, Montréal, CQDA et ROSQ, mars 2001, p. 28-29.

176. *Pour une reconnaissance officielle...*, p. 28.

177. *Bulletin d'information de la Fondation des Sourds du Québec*, n° 1 (janvier-février 2002), p. 4-5.

Que le gouvernement du Québec reconnaisse la Langue des Signes du Québec (LSQ) comme langue première des Sourds et que le ministère de l'Éducation la reconnaisse comme langue d'enseignement dans une relation complémentaire de bilinguisme LSQ/français et que l'article 72 de la Charte de la langue française soit modifié en conséquence, s'il y a lieu[178].

Malgré ces encouragements et l'exemple donné par divers pays, au Québec la reconnaissance de la LSQ tarde à se faire même si l'on note des progrès ici et là. Ainsi, à l'école Gadbois, qui accueille les enfants de 4 à 12 ans, et à l'école Esther-Blondin de Terrebonne[179], on enseigne maintenant la langue des signes québécoise et non plus le français signé ou le français seulement[180]. Mais ces progrès sont mineurs si on les compare à la reconnaissance de la LSQ comme langue, et à l'influence qu'aurait cette reconnaissance sur la culture Sourde.

Nous ne pouvons énumérer tous les projets qui ont pris forme pendant les huit premières années de la décennie 2000-2010, mais la plupart des programmes connaissent des révisions importantes qui conduisent à l'offre de nouveaux services[181]. Ces révisions doivent suivre les directives récentes du ministère, soit l'harmonisation des services et leur insertion dans un réseau local intégré. Mais, avant même la modification de la Loi, l'IRD a travaillé au développement de projets d'intervention avec des établissements du réseau local de services, par exemple avec le Centre Roland-Major pour offrir des services dans les centres de jour de Montréal, ou avec le CLSC de Rosemont dans le but d'intervenir auprès de la clientèle et avec le personnel de première ligne.

---

178. Section 3.10, article 62 et annexe 4 « La langue des signes du Québec », *Le français, une langue pour tout le monde. Une nouvelle approche stratégique et citoyenne* (Rapport de la Commission des États généraux sur la situation et l'avenir de la langue française au Québec), Gouvernement du Québec, 2001, p. 75-76 et 217-218.

179. Depuis la rentrée 2003, l'école Esther-Blondin privilégie l'enseignement de la LSQ et le bilinguisme.

180. Dans un autre ordre d'idées, en mai 2008, Suzanne Villeneuve est devenue la première interprète en langue des signes à être admise à l'Ordre des traducteurs, terminologues et interprètes agréés du Québec (OTTIAQ). Il s'agit d'une autre reconnaissance pour la LSQ, mais elle ne s'est pas encore accompagnée de celle du Québec.

181. Le programme Aînés, par exemple, subit une révision complète des services de réadaptation réalisée en collaboration avec les chercheures Louise Getty et Guylaine LeDorze de l'Université de Montréal.

Un réseau local des services de santé et des services sociaux intégrés

En 2003, une nouvelle restructuration au ministère de la Santé et des Services sociaux modifie encore une fois le fonctionnement du réseau de la santé et des services sociaux. Les régies régionales de la santé et des services sociaux sont transformées en agences de développement de réseaux locaux de services de santé et de services sociaux[182], lesquelles se voient ajouter un nouveau mandat, celui d'organiser sur leur territoire un réseau local des services de santé et des services sociaux intégrés[183]. Cette nouvelle révision de la Loi sur les services de santé et les services sociaux pose un défi à l'Institut Raymond-Dewar et aux autres centres de réadaptation qui doivent pousser plus loin le fonctionnement en partenariat avec les réseaux locaux et avec les autres centres pour assurer une meilleure coordination des services. Il s'agit concrètement pour l'Institut de s'assurer que les services offerts à une personne ayant des incapacités, selon le changement de vocabulaire, soient donnés « en continuité et en complémentarité » avec ceux qui sont offerts par les autres établissements et les autres ressources de la région. La collaboration entre intervenants est essentielle à la création d'un « réseau intégré de services ».

La restructuration du système de santé s'accompagne en 2003 du document *Pour une véritable participation à la vie de la communauté. Orientations ministérielles en déficience physique. Objectifs 2004-2009*. Ces orientations poursuivent les objectifs de 1995 – et s'inscrivent donc dans la démarche de création de réseaux de services intégrés –, mais elles se concentrent davantage sur les « résultats » de l'offre et de l'accès aux services pour les personnes ayant une déficience physique.

Assurer *un continuum intégré de services* signifie la négociation d'ententes distinctes pour chaque programme de l'Institut Raymond-Dewar, non seulement avec les établissements du réseau de la santé et des services sociaux, mais avec des partenaires de nature différente, et ce, pour chaque programme. On retrouve donc des interventions en collaboration avec des centres de la petite enfance, des écoles, des commissions scolaires, des centres d'emploi, des centres de crise

---

182. Appelée communément agence de santé et de services sociaux.
183. Dix-huit agences ont ainsi été instituées et 95 centres de santé et de services sociaux (CSSS) créés pour constituer le cœur des 95 réseaux locaux de services de santé et de services sociaux (RLS). Les centres de santé proviennent de la fusion des CLSC, des CHSLD et d'un hôpital.

et des organismes communautaires qui se juxtaposent aux ententes avec les centres hospitaliers, les centres de soins de longue durée, les centres de jour, les centres jeunesse, les centres de réadaptation, etc.

Un des exemples de réussite d'un *continuum* de services est donné par deux partenariats unissant l'Institut Raymond-Dewar et l'Institut Nazareth et Louis-Braille (IRD-INLB) pour offrir des services aux personnes âgées en perte d'autonomie. Le projet, commencé avant 2003, amène l'équipe IRD-INLB à travailler avec les CLSC de Montréal et de Laval et avec l'Hôpital juif de réadaptation de Laval pour fournir des services à la population vieillissante de ces deux régions. L'équipe offre services et soutien aux établissements de première ligne afin de mettre en place le dépistage, les stratégies de communication, le recours aux aides techniques en intégrant le tout dans un plan d'intervention personnalisé et spécialisé. Le projet Réseau de services intégrés pour les personnes âgées en perte d'autonomie en lien avec les déficiences sensorielles et les déficits d'équilibre remporte en 2005 le grand prix d'excellence dans la catégorie Innovation clinique de l'Association des établissements de réadaptation en déficience physique du Québec.

Ces années se révèlent stimulantes pour l'Institut Raymond-Dewar qui cumule les réussites. En 2004, le *Guide du professionnel de la santé et de l'intervenant auprès de la personne aînée ou adulte ayant des problèmes d'audition* de l'audiologiste Hélène Caron, en partenariat avec la Fondation de la surdité de Montréal et le Groupe Forget audioprothésistes obtient une mention d'honneur de la part de l'Association des établissements de réadaptation en déficience physique du Québec (AERDPQ). Le *Guide* paru en 2003 est un outil de référence qui donne notamment les moyens « de comprendre les manifestations et les conséquences de la surdité, [... et] de développer des habiletés de communication adaptées aux personnes malentendantes[184] ». De surcroît, il propose un questionnaire simple et rapide permettant de dépister les déficiences auditives[185], ce qui en fait un instrument utile pour le public et non seulement pour les intervenants. Le *Guide* a d'ailleurs été traduit en anglais avec la collaboration du Centre de réadaptation Mackay et de ses intervenants. Un deuxième livre qui

---

184. Institut Raymond-Dewar, *La Revue de l'année 2002-2003*, p. 8.
185. Questionnaire validé en collaboration avec Michel Picard, professeur agrégé d'audiologie à l'Université de Montréal.

paraît en 2003 fait connaître la réalité des personnes sourdes-aveugles à travers des textes de réflexion, d'informations et de présentation de leur expérience personnelle. L'ouvrage collectif *Sens cachés/Hidden Senses*[186], publié grâce à la participation de la Fondation de la Surdité de Montréal, est lancé lors de la journée annuelle de la sensibilisation du programme Surdicécité. Il constitue une expérience originale et novatrice. Enfin, en 2006, un nouveau manuel d'intervention rédigé par trois professionnelles[187] du programme Adultes de l'IRD donne des outils d'adaptation et de réadaptation autant aux personnes vivant avec des acouphènes qu'aux spécialistes qui les accompagnent. Intitulé *Guide de l'intervenant. Séances d'intervention pour personnes avec acouphènes*, le manuel reçoit également un prix d'excellence de l'AERDPQ en 2007.

D'autres réalisations se révèlent des succès : la construction du site Internet de l'Institut, rapidement adapté pour être accessible en LSQ et selon la norme de la Web Accessibility Initiative, l'adoption du logiciel de gestion client RAMQ qui permet la recherche d'informations statistiques, l'installation du local de téléréadaptation[188], l'édition du *Logiciel d'aide à l'apprentissage de la LSQ* (comprenant un dictionnaire) pour les cinq niveaux d'ateliers de communication LSQ, la publication du *Guide LSQ pour camp de jour*, etc. Tous ces projets menés à terme contribuent à soutenir les programmes de l'Institut Raymond-Dewar et son engagement envers le bilinguisme et la LSQ.

Le comité des usagers est un modèle en matière d'adaptation et d'interprétation. Ses membres représentent presque tous les groupes d'usagers des programmes et, en conséquence, utilise « sept modes de communication lors de ses réunions : l'interprétation gestuelle, l'interprétation oraliste, l'interprétation-accompagnement, le sous-titrage, la télétranscription braille, la télétranscription par plage tactile et la lecture labiale assistée par le système Audisee[189] ». Le comité des

---

186. Ouvrage publié sous la coordination de Georgeta Stevan, orthophoniste, et Lyne Brisette, travailleuse sociale, toutes deux à l'Institut Raymond-Dewar.

187. France Désilets et Mireille Tardif, audiologistes, et Louise Desautels, psychologue.

188. Grâce à l'appui du ministère de la Santé et des Services sociaux et de la Fondation de l'IRD. La salle de téléréadaptation et de visioconférence permet aux intervenants d'effectuer des consultations, de donner des services d'adaptation-réadaptation ou même des formations avec des clients ou des partenaires de l'ouest du Québec ou même d'ailleurs.

189. « Comité des usagers », site Internet de l'IRD, http://www.raymond-dewar.qc.ca/1_7_comite.html, consulté le 2 septembre 2008.

usagers est présidé par Pierrette Arpin[190] et ses activités ont beaucoup évolué depuis les années 1980. En plus de collaborer activement à l'amélioration des services à l'Institut Raymond-Dewar, il organise un cycle de conférences sur différents sujets d'intérêt (les programmes, les implications des réformes de la santé et des services sociaux, les modes d'intervention, les études de clientèles, etc.), ce qui lui permet de suivre les avancées dans ces domaines. Les activités de représentation et de réseautage représentent aujourd'hui une large part du travail effectué par le comité.

Ces réussites sont bienvenues alors qu'augmentent sans cesse les clientèles, mais sans que l'embauche du personnel suive exactement le même rythme, du moins jusqu'en 2006. Ainsi, on passe de 4 828 clients desservis en 2000-2001 à 4 983 en 2003-2004, puis à 5 562 en 2005-2006 et enfin à 4 820 en 2007-2008 alors que le nombre d'employés (y compris le personnel-cadre) passe de 130 à 142 puis à 146 et enfin à 168,5. De ce nombre, le groupe qui augmente le plus est celui des audiologistes, qui passent de 19 en 2000-2001 à 29 en 2003-2004 puis à 32 en 2007-2008. Cette montée est liée principalement à la hausse des clientèles adultes et aînées qui nécessitent des évaluations ainsi qu'à la Clinique de programmation de l'implant cochléaire. L'Institut est d'ailleurs le plus important employeur au Canada en orthophonie et en audiologie[191]. En 2007-2008, c'est maintenant l'équivalent de 33 orthophonistes et de 32 audiologistes à temps plein qui travaillent à l'IRD.

En 2003-2004, le programme DYS/TAC, appelé depuis 2005-2006 programme Langage/Trouble de traitement de l'audition (TTA), obtient l'engagement de deux ergothérapeutes; elles sont trois deux ans plus tard puis cinq en 2007-2008. La clientèle de ce programme est passée de 325 en 2000-2001 à 463 en 2003-2004, à 734 en 2005-2006, et enfin à 909 en 2007-2008, ce qui constitue la plus forte hausse de tous les programmes. Ce type de troubles est mieux connu et, surtout, le dépistage s'est considérablement amélioré. De leur côté, les clientèles des programmes Adultes et Aînés ont beaucoup augmenté au début des années 2000 pour diminuer doucement à partir de 2006-2007. Enfin, les programmes Enfants, Adolescents et Jeunes Adultes et Surdicécité demeurent à peu près stables depuis le début des années 2000.

---

190. Madame Arpin travaille au comité des usagers depuis 1985 et le préside depuis 1999 après en avoir été longtemps secrétaire. Entrevue du 18 août 2008.
191. Institut Raymond-Dewar, *La Revue de l'année 2002-2003*, p. 14. Les chiffres sont arrondis.

Au total, si l'on excepte les audiologistes et l'arrivée des ergothéra-peutes, le nombre d'intervenants a peu varié durant cette période, ce qui entraîne le problème du temps d'attente pour la clientèle. L'Institut travaille constamment sur les manières d'améliorer les services afin de réduire ce temps d'attente, mais les politiques de restrictions bud-gétaires limitent la marge de manœuvre. Du côté de l'embauche des personnes sourdes, en 2005, l'Institut a adopté la Politique de dis-crimination positive à l'embauche et en cours d'emploi de personnes présentant des limitations fonctionnelles qui commence à porter ses fruits. Plusieurs personnes sourdes sont entrées à l'IRD, dont une agente de formation en LSQ, une agente administrative, une tra-vailleuse sociale et une éducatrice spécialisée, résultat de ce projet de gestion des ressources humaines.

Une porte ouverte vers l'avenir

En 2005, les six établissements membres du CRIR[192] déposent une requête pour être reconnus comme institut universitaire auprès du ministère de la Santé et des Services sociaux. Le projet d'«Institut universitaire de réadaptation du Montréal métropolitain» repose sur un partenariat solide – les collaborateurs travaillent ensemble depuis longtemps –, sur un dossier de recherches tout aussi solide – les par-tenaires font partie d'équipes de recherche reconnues et prolifiques – et sur un dossier d'enseignement et de formation impressionnant, très avancé dans le domaine des services de réadaptation du Québec. Cette requête intervient tout juste après l'obtention par l'Institut Raymond-Dewar d'un deuxième agrément du CQA. Un nouveau plan d'amélioration (2004-2007) est en marche et témoigne du processus permanent d'amélioration des procédures et de la qualité des services dans lequel est engagé l'IRD.

Une autre demande est déposée auprès du ministère de la Santé et des Services sociaux afin d'obtenir un «programme universitaire d'implant cochléaire» pour la région de Montréal. Ce projet d'un autre ordre, qui réunit des partenaires des Réseaux universitaires intégrés en santé (RUIS) de l'Université de Montréal et de l'Université McGill, d'autres universités et établissements, demande qu'un programme de chirurgie pour implant cochléaire soit établi à Montréal pour l'ouest

---

192. Soit le Centre de réadaptation Constance-Lethbridge, le Centre de réadaptation Lucie-Bruneau, l'Hôpital juif de réadaptation, l'Institut de réadaptation de Montréal, l'Institut Nazareth et Louis-Braille et l'Institut Raymond-Dewar.

du Québec. La demande fait valoir que le programme permettrait d'améliorer l'accessibilité des services, leur continuité (chirurgie, programmation de l'implant et réadaptation fonctionnelle intensive au même endroit), l'enseignement et la recherche (formation pour les oto-rhino-laryngologistes et les audiologistes).

Pierre-Paul Lachapelle, directeur général, qui a piloté ces dossiers depuis de nombreuses années, annonce sa retraite à la fin de l'année 2004. Son départ coïncide avec le vingtième anniversaire de l'IRD et une fête est organisée pour célébrer cet anniversaire et l'apport des Clercs de Saint-Viateur et des sœurs de la Providence au service de la communauté sourde. La célébration a lieu le 21 décembre 2004 et réunit près de 200 personnes venues souligner la présence des institutions pour personnes sourdes et saluer la grande contribution de monsieur Lachapelle à l'Institut Raymond-Dewar[193]. Événement mémorable pour toutes les personnes qui étaient là, la célébration du vingtième anniversaire a permis de mesurer le chemin parcouru et de mobiliser les énergies pour les années à venir.

En janvier 2005, monsieur Lachapelle est remplacé par Lise Bolduc, directrice générale du Centre de réadaptation en déficience physique Le Bouclier des régions de Lanaudière et des Laurentides, « prêtée » par son organisation pour un intérim de plus d'un an. Il est alors question d'union administrative entre l'Institut Raymond-Dewar et l'Institut Nazareth et Louis-Braille et c'est pourquoi l'IRD prend un temps de réflexion sur son avenir avant d'ouvrir le poste. Finalement, les deux établissements choisissent de continuer leurs partenariats et de garder leur programme conjoint tout en demeurant des institutions autonomes. Le processus de recrutement conduit à l'engagement de François Lamarre en juillet 2006 comme directeur général de l'Institut Raymond-Dewar. Monsieur Lamarre, un gestionnaire de carrière, connaît bien le milieu de la surdité ainsi que les groupes de la communauté sourde[194].

---

193. La célébration est également l'occasion de souligner la contribution des autres bâtisseurs de l'IRD. On offre à cette occasion une lithographie de Johanne Giasson-Trottier à monsieur Lachapelle ainsi qu'à l'ancien directeur général, Gabriel Collard, au président du conseil d'administration, Pierre-Noël Léger, qui prend aussi sa retraite en 2004, à la supérieure provinciale des sœurs de la Providence, sœur Marguerite Cuerrier, s.p., et au délégué du supérieur provincial des Clercs de Saint-Viateur, frère Robert Longtin, c.s.v.

194. Voir les parties sur le Manoir Cartierville, le Centre de jour Roland-Major et les deux sommets des années 1980.

Pendant la période de direction intérimaire et les débuts du nouveau directeur général, l'Institut met en œuvre différents projets dont le *continuum* des services en santé mentale pour la clientèle sourde gestuelle et sourde-aveugle. Cela se concrétise par la mise en place d'une équipe chargée d'accroître l'accessibilité des services psychosociaux, par la signature d'une entente avec le centre de crise Le Transit (centre-ville de Montréal) et l'équipe d'urgence psychosociale UPS-Justice et par la rencontre d'un psychiatre consultant. Un autre service est créé pour gérer les listes d'attente, les Services personnalisés pendant l'attente (SPPA) qui permettra de détecter les situations de crise. De même, une procédure de priorité est mise en place pour accueillir rapidement les personnes atteintes de surdité subite afin qu'elles puissent être évaluées pour un implant cochléaire. Sont également démarrés le projet de surdité professionnelle avec la CSST ainsi que le programme d'interventions individuelles et de groupe pour la clientèle avec acouphènes.

Quelques gains sont aussi obtenus grâce au travail mené de concert avec les organismes communautaires. Le 11 mai 2006, le gouvernement du Québec adopte des amendements au Règlement sur les aides auditives et les services assurés en vertu de la Loi sur l'assurance maladie. Un de ceux-ci fait passer le seuil d'âge des adultes admissibles aux services d'évaluation globale en lien avec leur perte auditive ou surdité de 75 à 65 ans. L'adoption survient après sept années de travail intense du CQDA, de l'Institut Raymond-Dewar, d'intervenants du réseau et du ministère de la Santé et des Services sociaux, des ordres professionnels et des universités. On mesure la portée de cet amendement quand on sait l'importance du suivi et des séances d'adaptation et de réadaptation avec l'aide de professionnels qualifiés lors du premier appareillage auditif. Un autre amendement élargit d'ailleurs l'accès aux audiologistes pour les personnes devant utiliser des aides auditives (appareils auditifs et aides de suppléance); enfin, un des amendements permet aux adultes travailleurs d'obtenir un appareillage binaural et autorise pour les enfants le recours aux aides auditives numériques, ce qui favorisera leur inclusion dans la société.

L'engagement de l'IRD envers sa clientèle se maintient aussi avec la présentation, à l'automne 2007, d'un mémoire lors de la consultation publique du ministère de la Famille et des Aînés sur les conditions de vie des personnes aînées[195]. Invité comme expert, l'Institut Raymond-Dewar fait état dans son mémoire, intitulé *Les conditions de vie des personnes aînées. La part importante qu'y joue la surdité, très présente parmi elles*[196], des difficultés vécues par les personnes âgées en perte d'audition. La surdité demeure une réalité méconnue qui affecte plus de 20 % des personnes de 65 ans et plus et plus de 40 % des personnes de 75 ans et plus. Pourtant, la déficience auditive chez les personnes âgées demeure peu diagnostiquée et les personnes affectées par une perte de l'ouïe vivent des problèmes de communication qui les empêchent souvent de fonctionner normalement et les amènent à s'isoler. L'IRD recommande donc plusieurs mesures de sensibilisation, d'adaptation et de formation afin de permettre une meilleure participation sociale des personnes aînées.

En 2006-2007, un ancien programme, celui des Adolescents et Jeunes Adultes, est repensé pour assurer plus de continuité entre la vie scolaire et l'entrée dans le monde du travail. Il couvre désormais les années de 12 à 25 ans (au lieu de 21 ans). La même année, l'IRD met en place une structure de soutien et de suivi pour les clientèles à risque suicidaire. La formation déjà offerte relativement à cette structure se poursuit pour tout le personnel. Cette année 2007 est riche en renouveau, après l'arrivée du nouveau directeur général, quelques mois plus tard, en janvier 2007, Jean Talbot, une personne sourde-aveugle, devient président du conseil d'administration de l'Institut Raymond-Dewar après y avoir œuvré plusieurs années comme membre. En plus de l'obtention du mandat de réadaptation fonctionnelle intensive (RFI) en implant cochléaire pour Montréal et Laval, l'IRD développe son offre de services en bégaiement pour les jeunes de 3 ans et plus et met sur pied une équipe multidisciplinaire qui travaille en partenariat avec les deux autres centres qui s'occupent de déficience du langage à Montréal, les centres de réadaptation MAB-Mackay et Marie-Enfant. Sur le plan des partenariats, l'Institut Raymond-Dewar amorce un nouveau tournant en annonçant, le

---

195. *Les conditions de vie des personnes aînées. Un enjeu de société, une responsabilité qui nous interpelle tous.* Consultation publique du ministère de la Famille et des Aînés menée au Québec du 26 août au 16 novembre 2007 et présidée par Marguerite Blais, ministre responsable des Aînés, Sheila Goldbloom et Réjean Hébert.

196. Mémoire rédigé par Lyne Brissette, coordonnatrice au programme Surdicécité, Micheline Petit, coordonnatrice au programme Aînés, Martine Patry, directrice des programmes et services à la clientèle, et Johanne Tremblay, conseillère cadre à la Direction des programmes et services à la clientèle, et présenté le 26 octobre 2007.

22 novembre 2007, la création d'un réseau francophone international en déficience sensorielle et du langage qui regroupe cinq établissements québécois spécialisés en déficience auditive, visuelle et du
langage ainsi que six partenaires français. L'Institut Raymond-Dewar
se positionne ainsi dans un réseau international qui ouvre la voie à
des collaborations fructueuses.

L'Institut Raymond-Dewar aujourd'hui

L'Institut Raymond-Dewar se définit en 2008 comme un « centre
plurirégional de réadaptation spécialisé et surspécialisé en surdité et
en communication ». Ce faisant, il élargit et précise ses mandats de
services à la clientèle :

> L'IRD a comme premier mandat d'offrir des services de réadaptation
> dans les régions de Montréal et de Laval pour la clientèle sourde, malen-
> tendante, sourde-aveugle ou présentant un trouble de traitement auditif.
> Dans la région de Montréal, des services sont également offerts aux
> enfants dysphasiques. De plus, l'IRD assume la prestation des services
> psychosociaux courants spécifiques aux personnes sourdes gestuel-
> les. Une vocation suprarégionale s'ajoute au rôle de l'IRD pour certains
> services surspécialisés pour tout l'ouest du Québec, et ce, en collabora-
> tion avec les centres régionaux. Ces services ont trait à la clientèle ayant
> reçu un implant cochléaire, à la clientèle sourde-aveugle, à la clientèle
> utilisant le langage gestuel et les aides de suppléance à l'audition.

Depuis sa transformation en centre de réadaptation, l'Institut
Raymond-Dewar a connu bien des changements et il attribue son
succès à sa capacité, pendant ces vingt-cinq dernières années, de
savoir répondre aux exigences de sa clientèle et aux défis sans cesse
renouvelés auxquels il a dû faire face. C'est par le développement de
ses programmes, mais également par la recherche et la formation que
l'Institut s'est distingué. Fort de ses réalisations, l'Institut Raymond-
Dewar entreprend désormais ses nouveaux mandats en établissant les
grands objectifs de développement pour les années futures.

Le projet de reconnaissance du Centre de recherche interdisciplinaire en réadaptation du Montréal métropolitain (CRIR) comme
institut universitaire demeure prioritaire. Depuis 1984, l'Institut se
soucie de recherche et de formation – l'établissement a d'ailleurs
toujours été au-delà de son rôle d'établissement régional prestataire

de services – et il vise à poursuivre la recherche, la formation et l'enseignement, toujours en lien avec la réadaptation. Le CRIR, le premier centre de recherche « multisites », a reçu en mai 2008 la cote « excellent » par le comité d'évaluation du Fonds de la recherche en santé du Québec (FRSQ) et son financement a été reconduit pour les quatre prochaines années. En mai 2008, la Direction des programmes et services à la clientèle a pris le nom de Direction des services professionnels, de réadaptation et des activités universitaires (DSPRAU) pour mieux refléter les responsabilités dévolues à la titulaire de cette direction clinique d'envergure, Martine Patry[197].

À cet objectif prioritaire s'ajoute une deuxième visée : se donner une place sur le plan international. Le réseau francophone international en déficience sensorielle et du langage, en cours d'organisation[198], amorce cette démarche. Déjà composé de plus d'une dizaine de membres du Québec et de France, ses membres organisateurs espèrent élargir le réseau aux autres pays francophones pour en faire un grand consortium en recherche et enseignement en réadaptation. « Ouverture sur le monde », le mot d'ordre lancé par le Service des communications lors du 20e anniversaire de l'Institut Raymond-Dewar, est toujours d'actualité.

L'Institut s'est aussi fixé comme but le rayonnement de l'établissement. Il s'agit ici de mettre en valeur les services spécialisés et surspécialisés en déficience auditive et du langage par l'élaboration d'un plan de communication tablant sur les forces de l'Institut. La Fondation Surdité et Communication de l'Institut Raymond-Dewar est étroitement associée à cet objectif[199]. À l'interne, l'IRD développe « une démarche d'humanisation de la gestion, des soins et des services[200] ». À cette fin, il s'est associé avec quatre autres établissements du réseau de la santé et des services sociaux.

---

197. Madame Patry occupe cette fonction depuis juin 2003 après avoir œuvré comme orthophoniste et dirigé les programmes 4-12 ans et 0-12 ans à l'IRD.

198. Un conseil d'administration provisoire a été constitué en novembre 2007 pour organiser le réseau, définir les objectifs, fixer les modes de fonctionnement et de financement, etc. *Projet de « Réseau francophone en déficience sensorielle et du langage ». Document de consultation*, Version du 11 juillet 2007. François Lamarre, entrevue du 9 août 2007.

199. En mai 2008, une alliée dans cette mission, Louise Caron-Gareau, présidente de la Fondation depuis de nombreuses années, prenait sa retraite. Maître Véronique Morin dirige maintenant la Fondation.

200. Institut Raymond-Dewar, *Rapport annuel de gestion, 2007-2008*, p. 7.

Par ailleurs, dans un contexte de vieillissement de la population, le nombre de personnes malentendantes et devenues sourdes augmente sans cesse et il importe pour l'Institut de renforcer ses liens avec les différents groupes, entre autres avec les groupes de sourds gestuels, des collaborateurs précieux pour l'avancement des projets. L'objectif est d'améliorer la concertation avec ces groupes et d'éviter les chevauchements de mandats.

L'Institut Raymond-Dewar projette également la réalisation d'objectifs plus précis, en lien avec son mandat et les volets de sa mission. Certains de ces objectifs concernent l'accessibilité des services et ils devront se faire en parallèle avec les changements de politiques sociales encore une fois annoncés en juin 2008 avec le Plan d'accès aux services pour les personnes ayant une déficience. Ce plan du ministère de la Santé et des Services sociaux prévoit une réduction des délais et une meilleure intégration des services d'intervention dans les agences, les centres de la santé et des services sociaux et les centres de réadaptation[201]. De nouvelles adaptations sont déjà en cours et l'Institut saura encore une fois y faire face avec ses partenaires du réseau et du milieu communautaire.

*****

Héritier des deux premières institutions catholiques francophones pour enfants sourds, l'Institut Raymond-Dewar a su reprendre une partie de cet héritage et tirer profit de l'expertise des communautés religieuses pour demeurer, par sa présence tant sur le plan des services directs que sur celui des collaborations avec différents groupes, un des points de convergence de la communauté sourde. Au cours des vingt-cinq dernières années, sa mission comme centre de réadaptation s'est réalisée en concordance avec les grandes réformes du secteur de la santé et des services sociaux mais également en gardant la philosophie

---

201. Le plan dont la mise en œuvre se fera sur trois ans annonce « des moyens tangibles pour améliorer l'efficacité [des] services, au profit des personnes desservies et de leurs proches » entre autres par la désignation de « gestionnaires d'accès » chargés de la diminution des listes d'attente. Si les délais fixés ne sont pas respectés, le gestionnaire d'accès pourra orienter les usagers vers un autre établissement de la région ou d'une autre région, et, en dernier recours, vers des services du secteur privé à condition qu'il n'y ait pas de coûts supplémentaires ni pour le réseau public ni pour le client. On peut consulter le *Plan d'accès aux services pour les personnes ayant une déficience* sur le site Web du ministère de la Santé et des Services sociaux : www.msss.gouv.qc.ca/.

définie à ses débuts, qui plaçait la personne au centre du processus de réadaptation et en faisait un partenaire plutôt qu'un bénéficiaire.

Le mouvement associatif a été partie prenante de ce développement, contribuant aux réflexions sur les approches adoptées par l'Institut et suscitant le renouvellement de ces approches comme celui des pratiques, de concert avec les professionnels de l'IRD. La collaboration a été tout aussi active avec les partenaires du réseau de la santé et des services sociaux qu'avec le milieu de la recherche universitaire et clinique, un des moteurs de son développement depuis les années 1980. Aujourd'hui, c'est orienté vers l'avenir que l'Institut Raymond-Dewar se définit de nouveaux défis, mais c'est aussi dans la reconnaissance de son passé et de la succession laissée par ses devancières, l'Institution des sourds de Montréal et l'Institution des sourdes-muettes, qu'il mesure la distance parcourue depuis la première école pour enfants sourds de Montréal.

Institut Raymond-Dewar, Centre de réadaptation en déficience auditive.
Le 16 décembre 1983, l'Institution des sourds de Montréal quitte
le boulevard Saint-Laurent et emménage au 3600, rue Berri.
Archives de l'Institut Raymond-Dewar.

Inauguration de l'Institut Raymond-Dewar, le 26 octobre 1984,
en présence de Camille Laurin, ministre des Affaires sociales.
Archives de l'Institut Raymond-Dewar.

Nicole Durocher, épouse de feu Raymond Dewar, et monsieur et madame Dewar
lors de l'inauguration de l'Institut Raymond-Dewar, 1984.
Archives de l'Institut Raymond-Dewar.

Gabriel Collard, premier directeur général de l'Institut Raymond-Dewar, 1982-1990. Archives de l'Institut Raymond-Dewar.

Pierre-Noël Léger, une personne sourde, premier président du conseil d'administration de l'Institut Raymond-Dewar, 1984-2007. Archives de l'Institut Raymond-Dewar.

Raymond Dewar (1952-1983). Leader de la communauté sourde,
c'est en sa mémoire que l'Institut porte son nom.
Archives de l'Institut Raymond-Dewar.

La pièce de théâtre *Les enfants du silence* adaptée en LSQ par Raymond Dewar, 1983.
Archives de l'Institut Raymond-Dewar.

Comité de direction de l'Institut Raymond-Dewar, vers 1985.
Archives de l'Institut Raymond-Dewar.

Jeunes adolescents hébergés au foyer Pasteur sur la rue du même nom,
Montréal, vers 1984. Archives de l'Institut Raymond-Dewar.

Fête de Noël au foyer Pasteur, Montréal, vers 1985.
Archives de l'Institut Raymond-Dewar.

Deux adolescents sourds hébergés en foyer de groupe jouent à une table de soccer, Montréal, vers 1985. Archives de l'Institut Raymond-Dewar.

Gérard Labrecque, premier éducateur spécialisé sourd
à l'Institut Raymond-Dewar, vers 1985. Archives de l'Institut Raymond-Dewar.

Centre de stimulation et d'intervention précoce (CSIP), pour les enfants de 0 à 4 ans. Institut Raymond-Dewar, vers 1986. Archives de l'Institut Raymond-Dewar.

Activité au programme Petite Enfance (0-4 ans), Institut Raymond-Dewar, vers 1986. Archives de l'Institut Raymond-Dewar.

Activité de communication avec un jeune du programme
Petite Enfance (0-4 ans), Institut Raymond-Dewar, vers 1986.
Archives de l'Institut Raymond-Dewar.

Sortie avec des jeunes du programme Petite Enfance (0-4 ans),
Institut Raymond-Dewar, vers 1986. Archives de l'Institut Raymond-Dewar.

Activité avec des jeunes du programme Enfants (4-12 ans),
Institut Raymond-Dewar, vers 1987. Archives de l'Institut Raymond-Dewar.

Séance de lecture labiale, Institut Raymond-Dewar, vers 1987.
Archives de l'Institut Raymond-Dewar.

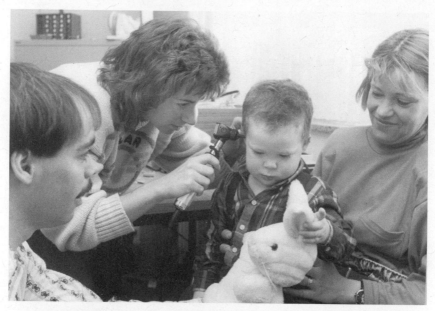

Examen audiologique avec un enfant du programme Petite Enfance (0-4 ans), Institut Raymond-Dewar, 1988. Archives de l'Institut Raymond-Dewar.

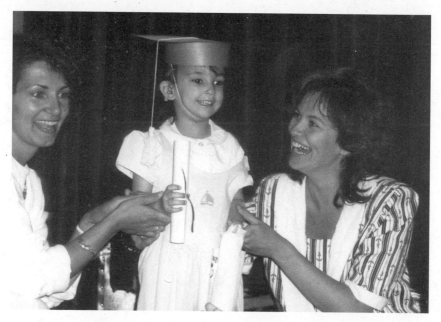

Fête des finissants au programme Petite Enfance (0-4 ans), Institut Raymond-Dewar, vers 1988. Archives de l'Institut Raymond-Dewar.

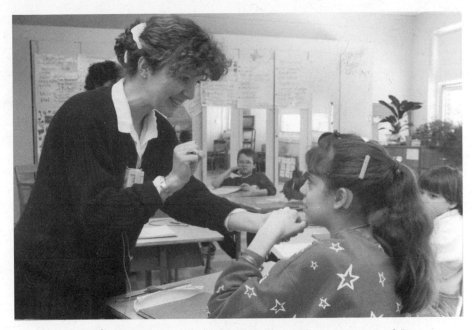

Stimulation langagière avec une orthophoniste de l'Institut Raymond-Dewar
à l'école Gadbois sur la 24ᵉ Avenue, Montréal, 1988.
Archives de l'Institut Raymond-Dewar.

Apprentissage du téléscripteur avec une orthophoniste de l'Institut Raymond-Dewar à l'école Gadbois, vers 1988. Archives de l'Institut Raymond-Dewar.

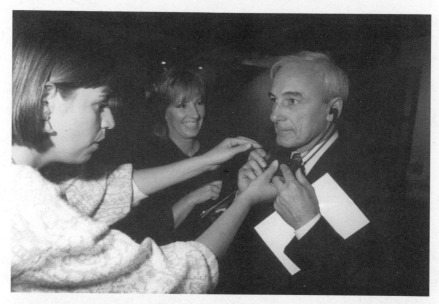

Soirée bénéfice au profit de la Fondation de la surdité de Montréal affiliée à l'Institut Raymond-Dewar, Montréal, 1988. Archives de l'Institut Raymond-Dewar.

Première soirée-bénéfice de grande envergure de la Fondation de la surdité de Montréal affiliée à l'Institut Raymond-Dewar, Montréal, 7 septembre 1988. Archives de l'Institut Raymond-Dewar.

Comité des bénéficiaires de l'Institut Raymond-Dewar, vers 1988.
Archives de l'Institut Raymond-Dewar.

Comité de direction, Institut Raymond-Dewar, 1989.
Archives de l'Institut Raymond-Dewar.

Professeurs sourds des Ateliers de communication en langue des signes
québécoise, Institut Raymond-Dewar, 1989.
Archives de l'Institut Raymond-Dewar.

Intervention audiologique au programme Aînés (65 ans et plus),
Institut Raymond-Dewar, vers 1990. Archives de l'Institut Raymond-Dewar.

Pierre-Paul Lachapelle,
deuxième directeur général
de l'Institut Raymond-
Dewar, 1991-2004.
Archives de l'Institut
Raymond-Dewar.

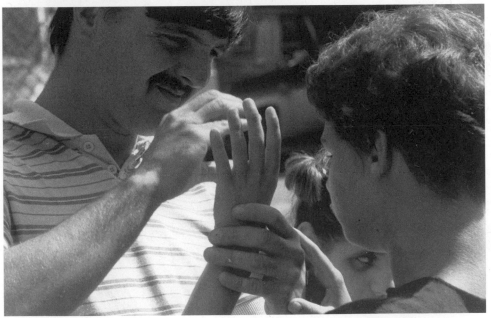

Communication en langue des signes tactile avec un jeune sourd-aveugle du
programme Surdicécité, Institut Raymond-Dewar, 1994.
Archives de l'Institut Raymond-Dewar.

Activité de sensibilisation à la surdicécité auprès du personnel
de l'Institut Raymond-Dewar, vers 1994. Archives de l'Institut Raymond-Dewar.

Atelier de groupe au programme Aînés (65 ans et plus), Institut Raymond-Dewar,
vers 1994. Archives de l'Institut Raymond-Dewar.

Colloque international sur le bilinguisme pour souligner le 10e anniversaire de l'Institut Raymond-Dewar, 1994. Archives de l'Institut Raymond-Dewar.

Ouverture officielle du Colloque international sur le bilinguisme, Institut Raymond-Dewar, 1994. Archives de l'Institut Raymond-Dewar.

Participation dynamique au Colloque international sur le bilinguisme, Institut Raymond-Dewar, 1994. Archives de l'Institut Raymond-Dewar.

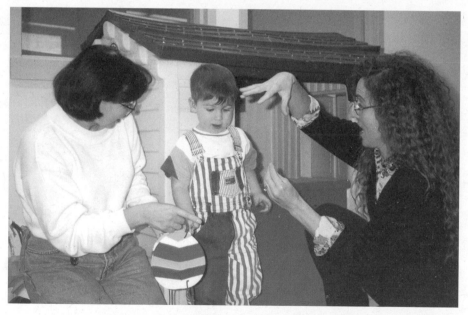

Auxiliaires familiales sourdes avec un jeune du programme Petite Enfance (0-4 ans), Institut Raymond-Dewar, vers 1995. Archives de l'Institut Raymond-Dewar.

Activité annuelle de reconnaissance du personnel de l'Institut Raymond-Dewar
dans la chapelle de l'Institution des sourdes-muettes, septembre 1995.
Archives de l'Institut Raymond-Dewar.

Ouverture du point de service de l'Institut Raymond-Dewar à l'Hôpital juif
de réadaptation de Laval, mai 1997. Archives de l'Institut Raymond-Dewar.

Activité annuelle de reconnaissance du personnel de l'Institut Raymond-Dewar à la chapelle de l'ancienne Institution des sourdes-muettes, aujourd'hui l'IRD, 1997. Archives de l'Institut Raymond-Dewar.

Comité de direction, Institut Raymond-Dewar, 2001.
Archives de l'Institut Raymond-Dewar.

Lancement – 15 places dédiées à des enfants sourds au Centre de la petite enfance Lafontaine, Institut Raymond-Dewar, 26 septembre 2002. Archives de l'Institut Raymond-Dewar.

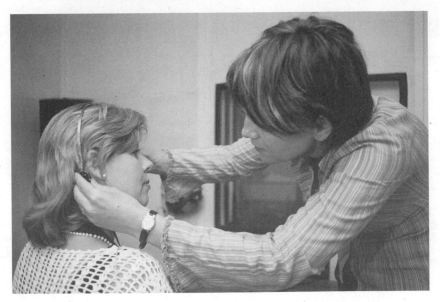

Intervention audiologique au programme Adultes (21-65 ans), Institut Raymond-Dewar, 2003. Archives de l'Institut Raymond-Dewar.

Lancement du *Guide du professionnel de la santé et de l'intervenant auprès de la personne aînée ou adulte ayant des problèmes d'audition*, Institut Raymond-Dewar, mai 2003. Archives de l'Institut Raymond-Dewar.

Signature du contrat d'affiliation de l'Institut Raymond-Dewar avec l'Université de Montréal, 3 juin 2003. Archives de l'Institut Raymond-Dewar.

En janvier 2002, débutent des interventions en ergothérapie au programme Dysphasie et Troubles de l'audition centrale (0-21 ans) à l'Institut Raymond-Dewar. Il est devenu le programme Langage et Trouble de traitement auditif, 8 septembre 2003. Archives de l'Institut Raymond-Dewar.

Accrédité par la RAMQ en 1995, le Service des aides techniques de l'Institut Raymond-Dewar assure la distribution des aides de suppléance à l'audition à la clientèle sourde et malentendante, 8 septembre 2003. Archives de l'Institut Raymond-Dewar.

Recherche et enseignement à l'Institut Raymond-Dewar,
Tony Leroux, responsable et Louise Comtois, coordonnatrice, 1er octobre 2003.
Archives de l'Institut Raymond-Dewar.

L'Institut Raymond-Dewar accueille Marguerite Blais, grande amie des sourds,
lors du lancement de son premier livre, 2003.
Archives de l'Institut Raymond-Dewar.

Activité soulignant le 20ᵉ anniversaire du décès de Raymond Dewar
lors de l'assemblée annuelle publique d'information, octobre 2003.
Archives de l'Institut Raymond-Dewar.

Madame Louise Caron-Gareau, présidente de la Fondation, remet une
lithographie à monsieur Pierre-Noël Léger pour souligner ses vingt ans
à la présidence de l'Institut Raymond-Dewar, novembre 2004.
Archives de l'Institut Raymond-Dewar.

Activité soulignant le 20e anniversaire d'inauguration de l'Institut Raymond-Dewar, regroupant partenaires, administrateurs et employés de l'IRD, 21 décembre 2004. Archives de l'Institut Raymond-Dewar.

Lise Bolduc, directrice générale intérimaire de l'Institut Raymond-Dewar de janvier 2005 à juillet 2006, 9 mai 2006. Archives de l'Institut Raymond-Dewar.

Inauguration de la salle de visioconférence et téléréadaptation mise en place avec
le soutien des fondations Bombardier et de l'IRD, Institut Raymond-Dewar,
9 mai 2006. Archives de l'Institut Raymond-Dewar.

François Lamarre, troisième
directeur général de l'Institut
Raymond-Dewar depuis 2006,
22 mai 2007. Archives de
l'Institut Raymond-Dewar.

Lancement du *Guide de l'intervenant pour personnes avec acouphènes,* protocole clinique réalisé par trois intervenantes du programme Adultes (25-65 ans) de l'Institut Raymond-Dewar, 14 décembre 2006.
Archives de l'Institut Raymond-Dewar.

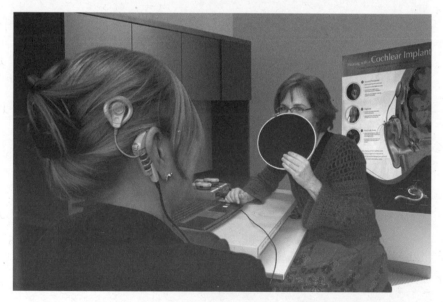

Intervention professionnelle à la Clinique de programmation de l'implant cochléaire de l'Institut Raymond-Dewar, ouverte officiellement en février 2007.
Archives de l'Institut Raymond-Dewar.

Signature de l'entente locale des parties syndicale et patronale, 25 avril 2007.
Archives de l'Institut Raymond-Dewar.

Lors du mois de la communication, présentation d'un atelier-conférence
par des intervenants du programme Langage et Trouble de traitement auditif
(0-21 ans) de l'Institut Raymond-Dewar, 17 mai 2007.
Archives de l'Institut Raymond-Dewar.

Pierrette Arpin, engagée au sein du comité des usagers de l'Institut Raymond-Dewar depuis 1985. Elle en est la présidente depuis 1998, 22 mai 2007. Archives de l'Institut Raymond-Dewar.

Centre de documentation de l'Institut Raymond-Dewar, accessible aux employés, usagers, partenaires, collaborateurs et visiteurs de l'IRD, 25 mai 2007. Archives de l'Institut Raymond-Dewar.

Pierre-Noël Léger, entouré de sa famille lors d'une activité soulignant son départ
de la présidence (1984-2007) du conseil d'administration de
l'Institut Raymond-Dewar, 7 juin 2007. Archives de l'Institut Raymond-Dewar.

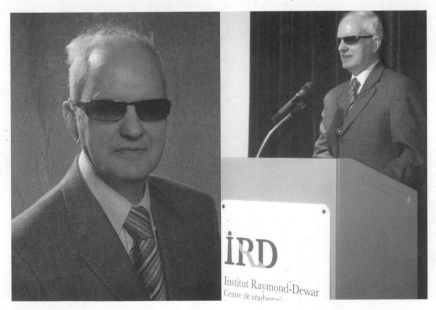

Nomination du deuxième président du conseil d'administration de l'Institut
Raymond-Dewar, Jean Talbot, 7 juin 2007. Archives de l'Institut Raymond-Dewar.

Visite de Marguerite Blais, ministre responsable des Aînés, lors de la consultation publique sur les conditions de vie des aînés, Institut Raymond-Dewar, 2 août 2007. Archives de l'Institut Raymond-Dewar.

Professeurs sourds des Ateliers de communication en langue des signes québécoise, Institut Raymond-Dewar, 30 août 2007. Archives de l'Institut Raymond-Dewar.

Signature du protocole pour la création du Réseau international francophone en déficience sensorielle et du langage, Institut Raymond-Dewar, 20 novembre 2007. Archives de l'Institut Raymond-Dewar.

Personnel sourd de l'Institut Raymond-Dewar, décembre 2007. Archives de l'Institut Raymond-Dewar.

Groupe de jeunes du programme Adolescents et Jeunes Adultes (12-25 ans) de l'Institut Raymond-Dewar, 2008. Archives de l'Institut Raymond-Dewar.

Comité exécutif du Conseil multidisciplinaire de l'Institut Raymond-Dewar, 2008. Archives de l'Institut Raymond-Dewar.

Intervenants du service de 1ʳᵉ ligne dédié aux personnes sourdes gestuelles, Institut Raymond-Dewar, 2008. Archives de l'Institut Raymond-Dewar.

Pendant le mois de la communication, présentation d'un atelier-conférence par des intervenants du programme Adolescents et Jeunes Adultes (12-25 ans) de l'Institut Raymond-Dewar, 8 mai 2008. Archives de l'Institut Raymond-Dewar.

Active au sein de la Fondation depuis 8 ans, Me Véronique Morin devient présidente de la Fondation Surdité et Communication de l'Institut Raymond-Dewar le 6 juin 2008. Archives de l'Institut Raymond-Dewar.

Dévouée à la Fondation depuis 1995, Louise Caron-Gareau est nommée présidente de la Campagne majeure de financement de la Fondation le 6 juin 2008. Archives de l'Institut Raymond-Dewar.

Mise sur pied en 2006, de la chorale de l'Institut Raymond-Dewar
lors de l'activité annuelle reconnaissance du personnel, le 19 juin 2008.
Archives de l'Institut Raymond-Dewar.

Comité de direction, Institut Raymond-Dewar, 2 décembre 2008.
Archives de l'Institut Raymond-Dewar.

L'Institut Raymond-Dewar, centre de réadaptation spécialisé en surdité et en communication, 3600, rue Berri à Montréal, 28 août 2003.

Archives de l'Institut Raymond-Dewar.

Conclusion
Au-delà des murs

À MON ARRIVÉE EN 2006 au poste de directeur général de l'Institut Raymond-Dewar (IRD), j'ai été appelé à assurer la pérennité de quelques dossiers entrepris par mes prédécesseurs, dont un assez particulier pour un établissement du Réseau de la santé et des services sociaux. Il s'agissait de réaliser un livre relatant l'histoire des institutions montréalaises vouées à la surdité et à la communication. Déjà, la partie antérieure aux années 1960 était en voie d'être complétée, le tout sous la coordination d'un comité du livre constitué de représentants de l'IRD, de personnes issues de la communauté sourde de Montréal et des représentants des deux principales congrégations religieuses à avoir desservi ce type de clientèle. Je me joignais donc à ces personnes dynamiques et engagées, avec en tête un échéancier incontournable, soit de procéder au lancement du livre pour souligner le 25ᵉ anniversaire de l'IRD qui a eu lieu en 2009.

Au fil des séances de travail pour mener à terme ce livre, je prenais plaisir à observer la dynamique de ce groupe. Des anciens étudiants sourds côtoyant des dirigeants et professeurs du temps de leur jeunesse; des administrateurs et gestionnaires de l'IRD échangeant avec certains leaders de la communauté sourde; des interprètes en langue des signes québécoise (LSQ) assurant une bonne compréhension de la discussion pour tous; des auteurs apportant constamment des corrections ou des ajouts à leurs textes; ensemble pour que les souvenirs ne puissent se perdre au gré du passage du flambeau aux générations qui suivront.

J'ai été un témoin privilégié de ces échanges passionnés portant tantôt sur l'interprétation à donner à une situation vécue à partir de sa perception d'ex-étudiant confrontée à celle de l'ex-professeur, tantôt sur la légende appelée à empiéter sur la vérité. Que de débats passionnés, que de divergences de vues, mais sans jamais se terminer autrement que par une entente sur le sens à donner.

Il est facile de donner une date à un événement. Il est encore plus facile de décrire l'évolution des bâtiments et des services. Mais c'est tout un contrat d'amener ces personnes à décrire ce qu'elles ont réellement vécu au-delà des murs des institutions. Et pourtant, sous mes yeux, j'ai vu ce projet de livre se concrétiser malgré les embûches et les difficultés auxquelles avaient à faire face ces personnes issues de cultures différentes. Car, si les jeunes filles ont grandi à l'Institution des sourdes-muettes et les jeunes garçons à l'Institution des sourds, ces jeunes ont surtout vécu entre eux, forgeant au fil de leurs relations une culture et un langage qui leur sont propres et qui s'épanouissent aujourd'hui au-delà des murs de ces institutions montréalaises. Par la suite, les différentes réformes entreprises au Québec au cours des années 1960-1980 ont amené les institutions d'origine à céder leur place à l'Institut Raymond-Dewar qui devient ainsi l'héritier de plus de 160 ans d'expertise en surdité et en communication. Mais ce qui m'a été révélé à l'intérieur de ce groupe de personnes de tous âges, c'est que la passion pour les personnes sourdes et la communication ne s'est pas érodée au fil du temps.

Aujourd'hui, ce livre est une réalité. Il relate le chemin parcouru jusqu'à maintenant. Mais l'histoire ne s'arrêtera pas à cette date. Tel un héritier, l'IRD aura à préserver son patrimoine, mais a aussi le devoir de le faire fructifier et surtout de le faire au-delà des murs. Ces murs encore debout au 7400, boulevard Saint-Laurent et au 3600 de la rue Berri à Montréal qui résonnent encore des échos des cris des générations de jeunes sourdes et sourds qui s'y sont succédé, mais aussi des signes qui s'y sont échangés. Et c'est là que tout prend racine, dans la soif de communication entre les personnes malgré les déficiences qui peuvent chercher à l'entraver. Le rapport humain est essentiel au bon équilibre de chaque personne. L'IRD est donc appelé à réaliser sa mission au meilleur de ses possibilités, mais aussi à développer davantage ce qui se fait. D'ailleurs, le slogan des fêtes du 25e anniversaire de l'IRD n'est-il pas « J'irai loin, bien loin » ?

L'avenir est prometteur. La recherche et l'enseignement sont en développement constant. L'implantation d'une démarche de veille technologique permettra à l'IRD d'être à l'affût des occasions aptes à assurer une application visant l'amélioration de la communication pour sa clientèle. L'amélioration continue de ses services et de ses programmes est une préoccupation constante. Bref, l'IRD d'aujourd'hui trace l'histoire de demain.

Merci à ces personnes qui ont accepté généreusement de donner de leur temps à travailler, à se réunir souvent lors de longues soirées et à s'être donné l'objectif de mener à terme ce projet de livre. Hors des murs des institutions qui les ont guidées, ces personnes leur ont rendu témoignage et, pour cela, elles auront notre reconnaissance pour la postérité.

FRANÇOIS LAMARRE
Directeur général
Institut Raymond-Dewar

Bibliographie

Sources en fonds d'archives

Archives historiques Providence
Fonds Institution des sourdes-muettes (M10) et tout particulièrement :
Chronique de l'Institution des sourdes-muettes
Journal des [petites] sœurs de Notre-Dame-des-Sept-Douleurs
M40.37 « Chronique de la Providence Saint-Victor de Belœil (1868-1942) »
   Souvenir du 75ᵉ anniversaire de la fondation de l'Œuvre des Sourdes-Muettes, Montréal. Montréal, Arbour & Dupont, 1927.

Archives des Clercs de Saint-Viateur à Montréal
Fonds Institution catholique des sourds-muets pour la province de Québec (P9) et tout particulièrement :
« Renseignements antérieurs aux *Ordos* de l'Institution (1848-1895) »
Journal de l'Institution des sourds-muets
Ordo de l'Institution des sourds-muets
L'Ami des Sourds-Muets (1908-1975)
BÉLANGER, Alfred. *Rapport annuel de l'Institution catholique des sourds-muets pour la province de Québec pour l'année 1881-82.* Saint-Louis-du-Mile-End, Imprimerie de l'Institution des sourds-muets, 1882.
_____. *Rapport annuel de l'Institution catholique des sourds-muets pour la Province de Québec, 1898-1899.* Mile-End, Imprimerie de l'Institution des sourds-muets, 1900.
Biographie du père Michel Cadieux, 1869-1950, *Annuaire de l'Institut des Clercs de Saint-Viateur,* nᵒ 59, 1950.
[MANSEAU, Jean-Baptiste]. *Notices historiques sur l'Institution catholique des sourds-muets.* Montréal, Institution des sourds-muets, 1893.

Programme-souvenir et historique du Centre des loisirs des sourds de Montréal inc. Montréal, [s.é.], 1976.

Programme-souvenir du cinquantenaire du Centre des loisirs et du service social, Institution des sourds-muets, 11, 12, 13 mai 1951. Montréal, Ateliers des sourds-muets, 1951.

Archives de la chancellerie de l'archevêché de Montréal
Fonds « Sœurs de la Providence, 525-106 »

Documents de l'Institut Raymond-Dewar (de 1983 à 2008)
Tous les documents produits par l'IRD, ses directions et services et tout particulièrement :

Entre nous. Bulletin de liaison interne de l'IRD. 1983-1995.

Nous vous signalons, Bulletin de liaison externe de l'Institut Raymond-Dewar. 1984-1994.

Rapport annuel de l'IRD. 1983-1984 à aujourd'hui.

La Revue de l'année de l'IRD.

La mission de l'Institut Raymond-Dewar en quatre volets, 9 septembre 2003.

Archives du Centre Mackay et tout particulièrement :
Journal de James McClelland, 28 septembre 1875.

Archives de la Commission scolaire de Montréal

Autres sources

Lois du Québec. Gouvernement du Québec. 1960 à 2008.

Orientations ministérielles. Gouvernement du Québec. 1995 à 2008.

Rapports des commissions royales d'enquête du gouvernement du Québec. 1963 à 2008.

Journaux et revues

American Annals of the Deaf (1870-1920).

Les mélanges religieux (1844-1856).

Les principales revues de la communauté sourde québécoise, notamment :

Bulletin de l'Association du Québec pour enfants avec problèmes auditifs (AQEPA), (1972-1974) devenu la revue *Entendre* en 1974.

Bulletin de la Fondation des Sourds du Québec (2002-2007).

Entendre (1974).

Bulletin du CLSM (1971-1973) devenu *Le Penser du Sourd* (1973-1975) puis, *Le Sourd Québécois* (1975-1980).

L'Écho du Sourd (1976-1979).

Sourdine (1984).

Voir Dire (1983).

Livres et brochures

Banquets des Sourds-Muets réunis pour fêter les anniversaires de la naissance de l'abbé de l'Épée ; relation publiée par la Société centrale des Sourds-Muets de Paris. Paris, Jacques Ledoyen, 1842.

BELL, Alexander Graham. *A Memoir upon the Formation a Deaf Variety of the Human Race*. Washington (DC), Alexander Graham Bell Association for the Deaf, 1883 [réimpression, 1969].

BOURGET, Ignace. *Circulaire de Sa Grandeur Monseigneur L'Évêque de Montréal au sujet des Sourds-Muets*. Montréal, Presses de Louis Perrault, 1856.

FAY, Edward Allen, dir. *Histories of American Schools for the Deaf*. Washington (DC), Volta Bureau, 1893.

ROCHELEAU, Corinne. *Hors de sa prison : extraordinaire histoire de Ludivine Lachance, l'infirme des infirmes, sourde, muette et aveugle*. 2ᵉ éd., Montréal, Thérien Frères, 1928.

Entrevues

ARPIN, Pierrette. Entrevue, 18 août 2008.

BOUCHER, Gilles. Entrevue, 17 février 2008.

COLLARD, Gabriel, Entrevue, 21 août 2007.

DESROSIERS, Jules. Entrevue, 20 février 2008.

ÉTHIER, Jeanne-Mance. Entrevue, 8 mai 2008.

FRIGON, Laurette, s.p. Entrevue, 20 août 2007.

GAGNÉ, sœur Marie-Paule, s.n.d.d. Entrevue, 9 mai 2008.

LACHAMBRE, André et Gérard BERNATCHEZ, c.s.v. Entrevue, 9 mai 2008.

LACHAPELLE, Pierre-Paul. Entrevue, 14 août 2007.

LAMARRE, François. Entrevue, 9 août 2007.

LÉGER, Pierre-Noël. Entrevue, 24 août 2007.

LEPAGE, Michel. Entrevue, 18 et 23 avril 2008.

LIVERNOCHE, Louise. Entrevue, 23 août 2007.

LONGTIN, Robert, c.s.v. Entrevue, 22 août 2007.

MALO, Luc M. Entrevue, 6 février 2008.

ROY, Julie-Élaine et Paul BOURCIER. Entrevue, 16 avril 2008.

Documents audiovisuels

Vivre sa surdité : Entrevue avec l'abbé Lebœuf. 7 juin 1982. 27 min.

BRAULT, Michel. *Les enfants du silence.* Montréal, ONF, 1962. 23 min.

DAUMALE, Réal. *Sourds-muets.* Montréal, ONF, Série « Sur le vif », 1955. 15 min.

DENIS-RAPHAËL, frère, i.c. Ephphata ! [Documentaire de l'ISM], Montréal, CommunicaSigne, 1963. 30 min.

DION, Yves, *La Surditude.* Montréal, ONF, 1981. 85 min.

GRENIER, Marie et Diane LALONDE. Sans titre [Documentaire sur la transformation de l'ISM en centre de réadaptation] 1981. 15 min.

Ministère de l'Éducation du Québec. *Le combat des sourds : premiers contacts.* 1974. 11 min.

MOREAU, Michel [Service social des sourds et Educfilm]. *Le combat des sourds.* [1972]. 28 min.

RADIO-CANADA. *L'Institut des Sourds de Charlesbourg.* Montréal, Radio-Canada, 1961. 30 min.

Études

[s.a.] *Colloque sur la situation des personnes âgées déficientes auditives du Montréal métropolitain (tenu le 29 mai 1987), document synthèse.* Montréal, Centre d'accueil Manoir Cartierville et Centre de jour Roland-Major, septembre 1987.

ADAMS, Mary Louise. *The Trouble with Normal : Postwar Youth and the Making of Heterosexuality.* Toronto, University of Toronto Press, 1997.

AUDET, Louis-Philippe. *Histoire de l'enseignement au Québec, 1608-1971.* Montréal, Holt, Rinehart et Winston, 1971.

BAYNTON, Douglas C. *Forbidden Signs : American Culture and the Campaign against Sign Language.* Chicago, University of Chicago Press, 1996.

BERNARD, Antoine. *Les Clercs de Saint-Viateur au Canada.* Montréal, Clercs de Saint-Viateur, 1947.

BÉZAGU-DELUY, Maryse. *L'abbé de l'Épée : instituteur gratuit des sourds-muets, 1712-1789.* Paris, Seghers, 1990.

BIENVENUE, Louise. *Quand la jeunesse entre en scène : l'Action catholique avant la Révolution tranquille.* Montréal, Boréal, 2003.

BLAIS, Marguerite. *La culture sourde : quêtes identitaires au cœur de la communication.* Québec, Presses de l'Université Laval, 2006.

_____ , en collaboration avec Jules Desrosiers. *Quand les Sourds nous font signe. Histoires de sourds.* Préface de Judi Richards. Loretteville, Le Dauphin Blanc, 2003.

BOURCIER, Paul, Raymond DEWAR et Julie-Élaine ROY. *Langue des signes québécois-1,* [Montréal], Association des Sourds du Montréal métropolitain, 1981.

_____ . *Langue des signes québécois-2,* [Montréal], Association des Sourds du Montréal métropolitain, 1982.

BRANSON, Jan et Don MILLER. *Damned for their Difference: The Cultural Construction of Deaf People as Disabled.* Washington (DC), Gallaudet University Press, 2002.

BURCH, Susan. *Signs of Resistance: American Deaf Cultural History, 1900 to World War II.* New York, New York University Press, 2002.

CARBIN, Clifton F. *Deaf Heritage in Canada: A Distinctive, Diverse and Enduring Culture.* Toronto, McGraw-Hill Ryerson, 1996.

COMMEND, Susanne. *Les Instituts Nazareth et Louis-Braille, 1861-2001: une histoire de cœur et de vision.* Sillery, Septentrion, 2001.

CQDA et ROSQ. *Pour une reconnaissance officielle de la langue des signes québécoise (LSQ),* Mémoire présenté aux audiences nationales de la Commission des États généraux sur la situation et l'avenir de la langue française au Québec, Montréal, CQDA et ROSQ, mars 2001.

CRESPO, Manuel et Nicole PAQUETTE, *Le déficient auditif à la polyvalente : le défi de l'intégration. Une recherche évaluative sur l'expérience de la polyvalente Lucien-Pagé.* Montréal, Service de l'adaptation de la CECM, 1978.

CROUCH, Robert A. « Letting the Deaf Be Deaf : Reconsidering the Use of Cochlear Implants for Prelingually Deaf Children », *Hastings Centre Report,* 27, 4, July-August 1997, p. 14-21.

CUXAC, Christian. *Le langage des sourds.* Paris, Payot, 1983.

DAIGLE, Daniel et Anne-Marie PARISOT, dir. *Surdité et société : perspectives psychosociale, didactique et linguistique.* Québec, Presses de l'Université du Québec, 2006.

DANYLEWYCZ, Marta. *Profession : religieuse. Un choix pour les Québécoises, 1840-1920.* Montréal, Boréal, 1988.

DAVIS, Lennard J. *Enforcing Normalcy: Disability, Deafness, and the Body*. London, Verso, 1995.

DELAPORTE, Yves. *Les sourds, c'est comme ça. Ethnologie de la surdi-mutité*. Paris, Éditions de la Maison des sciences de l'homme, collection « Ethnologie de la France », 2002.

DESMOND, Mudina M. *Newborn Medicine and Society: European Background and American Practice (1750-1975)*. Austin (TX), Eakin Press, 1998.

DESROSIERS, Jules. « La LSQ et la culture sourde québécoise », dans Colette DUBUISSON et Marie NADEAU, dir. *Études sur la langue des signes québécoise*. Montréal, Presses de l'Université de Montréal, 1993, p. 153-174.

_____. « Le respect de la différence pour bâtir un monde meilleur », 3e partie dans Marguerite BLAIS, en collaboration avec Jules Desrosiers. *Quand les Sourds nous font signe. Histoires de sourds*. Loretteville, Le Dauphin blanc, 2003, p. 133-167.

DUBUISSON, Colette. « Signer – ou le sort d'une culture », *Nouvelles Pratiques sociales*, vol. 6, n° 1 (1993), p. 57-68.

DUBUISSON, Colette et Marie NADEAU, dir. *Étude sur la langue des signes québécoise*. Montréal, Les Presses de l'Université de Montréal, 1993.

DUBUISSON, Colette et Daniel DAIGLE, dir. *Lecture, écriture et surdité*. Montréal, Éditions logiques, 1998.

DUBUISSON, Colette et Christiane GRIMARD. *La surdité vue de près*. Québec, Presses de l'Université du Québec, 2006.

DUMONT, Micheline et Nadia FAHMY-EID. *Les couventines: l'éducation des filles au Québec dans les congrégations religieuses enseignantes, 1840-1960*. Montréal, Boréal, 1986.

DUSSAULT, Gabriel et Gilles MARTEL. *Charisme et économie: les cinq premières communautés masculines établies au Québec sous le régime anglais (1837-1870)*. Laboratoire de recherches sociologiques, Université Laval, série « Rapports de recherches », n° 17, 1981.

ERTING, Carol J. et autres. *The Deaf Way: Perspectives from the International Conference on Deaf Culture.* Washington (DC), Gallaudet University Press, 1989.

GAGNON, Alain-G. et Michel SARRA-BOURNET, dir. *Duplessis: entre la Grande Noirceur et la société libérale*. Montréal, Québec Amérique, 1997.

GANNON, Jack R. *Deaf Heritage: A Narrative History of Deaf America*. Silver Spring (MD), National Association of the Deaf, 1981.

GROULX, Lionel. *Le Canada français missionnaire: une autre grande aventure*. Montréal, Fides, 1962.

HAMEL, Thérèse. *Un siècle de formation des maîtres au Québec, 1836-1939*. Montréal, Hurtubise HMH, 1995.

HARTMANN, Susan. «Women's Employment and the Domestic Ideal in the Early Cold War Years», dans Joanne MEYEROWITZ, dir. *Not June Cleaver: Women and Gender in Postwar America, 1945-1960*. Philadelphia, Temple University Press, 1994.

HÉBERT, Bruno, dir. *Le Viateur illustré, 1847-1997*. Montréal, les Clercs de Saint-Viateur du Canada, 1997.

HÉBERT, Gérard. «Mémoire de l'abbé Gérard Hébert sur le projet d'intégration d'environ 500 élèves sourds à 2000 élèves entendants à l'école secondaire polyvalente Lucien-Pagé...» Dépôt IRD, Dossier CECM Intégration du secondaire.

HÉBERT, Léo-Paul. «Jean-Marie-Joseph Young», *Dictionnaire biographique du Canada*, vol. XII, Québec, Presses de l'Université Laval, 1990, p. 1233-1234.

JOYAL, Renée. *Les enfants, la société et l'État au Québec, 1608-1989, jalons*. Montréal, Hurtubise HMH, 1999.

LABARRÈRE-PAULÉ, André. *Les instituteurs laïques au Canada français, 1836-1900*. Québec, Presses de l'Université Laval, 1965.

LACHANCE, Nathalie. *Analyse du discours sur la culture sourde au Québec. Fondements historiques et réalité contemporaine*. Thèse de doctorat (anthropologie), Université de Montréal, 2002.

_____. *Territoire, transmission et culture sourde: perspectives historiques et réalités contemporaines*. Québec, Presses de l'Université Laval, 2007.

LANE, Harlan. *When the Mind Hears, A History of the Deaf*. New York, Vintage, 1989 [©1984].

_____. *The Mask of Benevolence: Disabling the Deaf Community*. New York, Vintage, 1993.

_____, Robert HOFFMEISTER and Ben BAHAN. *A Journey into the Deaf-World*. San Diego, Dawn Sign Press, 1996.

LAPOINTE-ROY, Huguette. *Charité bien ordonnée: le premier réseau de lutte contre la pauvreté à Montréal au 19ᵉ siècle*. Montréal, Boréal, 1987.

LAVALLÉE, Marcel, en collaboration avec les membres du Groupe de recherche en évaluation des curriculums (GREC). *Les conditions d'intégration des enfants en difficulté d'adaptation et d'apprentissage.* Sillery, Presses de l'Université du Québec, 1986 (1984).

LEMIEUX, Vincent et autres. *Le système de santé au Québec: organisations, acteurs et enjeux.* Québec, Presses de l'Université Laval, 2003.

MALOUIN, Marie-Paule. *Ma sœur, à quelle école allez-vous? Deux écoles de filles à la fin du XIXe siècle.* Montréal, Fides, 1985.

MAYBERRY, Rachel. «French Canadian Sign Language: A Study of Inter-Sign Language Comprehension», dans Patricia SIPLE, ed. *Understanding Language through Sign Language Research.* New York, Academic Press, 1978, p. 349-372.

MILLER, J.R. *Shingwauk's Vision: A History of Native Residential Schools.* Toronto, University of Toronto Press, 1996.

MOORE, Matthew S. et Linda LEVITANÉ. *For Hearing People Only. Answers you Some of the Most Commonly Asked Questions about the Deaf Community, its Culture, and the «Deaf Reality».* With a foreword by Harlan Lane. Rochester, Deaf life Press, 2003 (3rd edition).

MORTON, Suzanne. *At Odds: Gambling and Canadians, 1919-1969.* Toronto, University of Toronto Press, 2003.

MOTTEZ, Bernard. «Les banquets de sourds-muets et la naissance du mouvement sourd», *Le pouvoir des signes. Sourds et citoyens,* Paris, Institut national des jeunes sourds, 1989, p. 170-177.

OPHQ. *État de la situation de la langue des signes québécoise. Rapport de recherche et pistes de solution proposées par l'Office des personnes handicapées du Québec.* Drummondville, OPHQ, 2005.

PADDEN, Carol et Tom HUMPHRIES. *Deaf in America: Voices from a Culture.* Cambridge (MA), Harvard University Press, 1988.

_____. *Inside Deaf Culture.* Cambridge (MA) et London, England Harvard University Press, 2005.

PERREAULT, Stéphane-D. «Les Clercs de Saint-Viateur et l'Institution des Sourds-Muets, 1848-1930: berceau de la communauté sourde montréalaise». Mémoire de maîtrise (histoire), Université d'Ottawa, 1996.

_____. «La naissance des communautés sourdes à Montréal entre 1880 et 1920», dans Jean-Pierre WALLOT, Pierre LANTHIER et Hubert WATELET, dir. *Constructions identitaires et pratiques sociales*. Ottawa, Presses de l'Université d'Ottawa et Centre de recherche en civilisation canadienne-française, 2002, p. 147-162.

_____. «Intersecting Discourses: Deaf Institutions and Communities in Montréal, 1850-1920». Thèse de doctorat (histoire), Université McGill, 2003.

_____. *Une communauté qui fait signe: les sœurs de Notre-Dame-des-Sept-Douleurs, 1887-2005*. Outremont, Carte blanche, 2006.

PINEL, Philippe. «Recherches et observations sur le traitement moral des aliénés», *Mémoires, recherches, observations, résultats*. Nendeln et Liechstenstein, Kraus Reprint, 1978.

PRUD'HOMME, Julien. *Histoire des orthophonistes et des audiologistes au Québec, 1940-2005. Pratiques cliniques, aspirations professionnelles et politiques de la santé*. Préface de Louis Beaulieu. Sainte-Foy, Presses de l'Université du Québec, 2005.

_____. «Histoire de l'École d'orthophonie et d'audiologie de l'Université de Montréal, 1956-2002. Des luttes professionnelles à l'épanouissement disciplinaire», *Centre interuniversitaire de recherche sur la science et la technologie (CIRST). Note de recherche*, juin 2006, 49 p.

QUÉBEC: MINISTÈRE DE L'ÉDUCATION ET MINISTÈRE DE LA SANTÉ ET DES SERVICES SOCIAUX. *Deux réseaux, un objectif: le développement des jeunes: entente de complémentarité des services entre le réseau de la santé et des services sociaux et le réseau de l'éducation*. Québec, MEQ. 2003.

QUÉBEC: *Le français, une langue pour tout le monde. Une nouvelle approche stratégique et citoyenne*. (Rapport de la Commission des États généraux sur la situation et l'avenir de la langue française au Québec), Gouvernement du Québec, 2001.

QUÉBEC: MINISTÈRE DE LA SANTÉ ET DES SERVICES SOCIAUX. *Deux réseaux, un objectif: pour une véritable participation à la vie de la communauté, un continuum intégré de services en déficience physique*, MSSS, 1995.

QUÉBEC: *Rapport de la Commission royale d'enquête sur l'enseignement dans la province de Québec (rapport Parent)*. Québec, Gouvernement du Québec, 1963-1966.

ROBERT, Jean-Claude. *Atlas historique de Montréal*. Montréal, Art global et Libre Expression, 1994.

ROBILLARD, Denise. *Émilie Tavernier-Gamelin*. Montréal, Méridien, 1988.

_____. *Aventurières de l'ombre. De l'obéissance au discernement: les missions des sœurs de la Providence (1962-1997)*. Montréal, Carte blanche, 2001.

ROBY, Yves. *Les Franco-Américains de la Nouvelle-Angleterre.* Québec, Septentrion, 2000.

RYAN, William F. « Agriculturalism, A Dogma of the Church in Québec: Myth or Reality? A Review of the Years 1896-1914 », *Canadian Catholic Historical Association Study Sessions*, 22 (1966), p. 39-49.

SAINT-PIERRE, Jocelyn. « Ronald Macdonald », *Dictionnaire biographique du Canada*, vol. VIII. Québec, Presses de l'Université Laval, 1985, p. 593-594.

STEWART, David A. *Deaf Sport: The Impact of Sports within the Deaf Community*. Washington (DC), Gallaudet University Press, 1991.

VAN CLEVE, John Vickrey, ed. *Deaf History Unveiled: Interpretations from the New Scholarship*. Washington (DC), Gallaudet University Press, 1993.

WALDEN, Keith. *Becoming Modern in Toronto: The Industrial Exhibition and the Shaping of a Late Victorian Culture*. Toronto, University of Toronto Press, 1997.

WILKERSON, Abby L. *Diagnosis: Difference. The Moral authority of Medicine*. Ithaca and London, Cornell University Press, 1998.

YEGIN, Zeycan. « Les conditions d'intégration des handicapés auditifs », dans Marcel Lavallée, en collaboration avec les membres du GREC, *Les conditions d'intégration des enfants en difficulté d'adaptation et d'apprentissage*. Sillery, Presses de l'Université du Québec, 1986 (1984).

Index

Table des matières

CET OUVRAGE EST COMPOSÉ EN WARNOCK PRO CORPS 10.8
SELON UNE MAQUETTE RÉALISÉE PAR PIERRE-LOUIS CAUCHON
ET ACHEVÉ D'IMPRIMER EN AVRIL 2010
SUR LES PRESSES DE L'IMPRIMERIE MARQUIS
À CAP-SAINT-IGNACE, QUÉBEC
POUR LE COMPTE DE GILLES HERMAN
ÉDITEUR À L'ENSEIGNE DU SEPTENTRION